郑诚 著

明清火器史丛考

上海三联书店

目　录

Contents

Appendices

图 表 目 录

第一章

明清火器与中外交流

火药与火药武器起源于古代中国。中古时期的术士在炼丹实践中发现含有硝石、硫磺、木炭成分混合物的燃烧、爆炸现象,时间不迟于唐代。为利用这种特性,专门制造的人工产品,便是黑火药。10世纪末、11世纪初,宋朝开始量产军用火药,主要是含硝量较低的火药膏,用于制造弓弩发射的燃烧箭(火箭)与抛石机抛掷的燃烧弹(火炮/火毬)。12—13世纪,宋、金、元之间的战争中,出现了利用高硝火药冲击波的铁壳爆炸弹(铁火炮、震天雷),以及原始的管形火器(陈规火枪、金人飞火枪、寿春府突火枪)。13世纪末,元朝军队已开始应用金属管形射击火器。

14世纪中叶,元末群雄混战之际,火铳已非罕见之物。14世纪后期,明朝军队装备了大量金属火器(铜手铳、碗口铳等)。15世纪初,以永乐天字铜手铳为代表的传统火器达到技术高峰。明朝前期,军队装备手铳(火门枪)、碗口铳、将军炮等铜铁铳炮。发射物包括铳箭、铁弹、石弹等。爆炸性火器主要仍是人力抛射的铁炸炮,另外少量用于火铳发射的铁壳爆炸弹。称为火筒的火药喷火器、利用火药燃气反推发射的侧杆火箭亦为常规装备。军用火药基本是粉状火药。1420—
1520 年约一百年间,中国的火器技术没有显著发展。

13 世纪前后,南宋、蒙元时期,中国火药火器技术向周边
扩散,先后催生了西亚、欧洲的火药武器。明代前期的金属火
器直接影响了朝鲜半岛与东南亚北部地区的火器发展。

14 世纪后期,中国火药火器技术传入朝鲜。朝鲜获得了
提硝技术,进而仿造中式火器。1474 年,朝鲜官方编印《国朝
五礼序例·兵器图说》详载火器形制。朝鲜"铳筒"继承元末
明初早期称谓。铳管多外箍,无药池、火门盖,形制类似洪武
火铳。"碗口"发射大石弹,大小"铳筒"皆发射为铳箭,"神机
箭"即反推式火箭,皆与中国火器一脉相承。此类装备延续至
16 世纪末壬辰战争时期。17 世纪初,朝鲜大量仿造鸟铳(火
绳枪),取代传统手铳。

16 世纪欧洲势力到达之前,东南亚北部诸政权曾在不同
程度上仿造中国传统火器,尤以安南最为突出。15—16 世纪
安南大量生产传统中式火器(火门铳)。现存最古老的安南火
器实物多为 15 世纪后期制造的小型铜手铳,既有与永乐天字
手铳极为相似的产品(铳管有锥度,设药池及火门盖),亦有风
格独特的设计。1407 年(永乐五年),明军俘虏大虞国王弟黎
澄(1374—1446)。黎澄擅长火器技术,任职工部,为明廷督造
兵仗局铳箭、火药。其子黎叔林(1401—1470)继父职,二人先
后为明廷服务约六十年。永乐年间火铳加装药池、火门盖,可
能受到安南影响。明代后期出现永乐年间神机火器传自安南
的说法,恐怕是一种误解。

明朝后期至清朝初年是近代之前中国引进域外火器技术的高潮时期。16 世纪前叶,欧洲火器经海路传入东亚。明朝东南沿海以及北部边疆的一系列军事冲突,推动了欧式火器的引进与本土化,明人亦因地制宜,有所创造(虎蹲炮、叶公炮等)。17 世纪中期,明清战争加速了火器欧化进程。17 世纪末,清廷掌握的火炮制造技术接近欧洲水平,此后一百余年长期停滞。

明清火器欧化可分为两个阶段。第一阶段为 16 世纪前叶,以佛郎机铳、鸟铳传华为代表。第二阶段为 17 世纪明清战争时期西洋大炮的引进与仿造。

16 世纪初,葡萄牙人舰船装备的提心式后装炮传华,时称佛郎机铳。相对中国传统火器,佛郎机铳最大优势在于可迅速更换子铳,连续发射。瞄准具(照星照门)与炮耳、炮架的设计也更先进。铅包铁形式的铳弹、火药制粒工艺,也随佛郎机铳一并传入中国。

出洋闽粤华商最早在东南亚接触到此类火器,进而传入本土。1517 年前后,宁王朱宸濠(1479—1520)密谋起事,曾招募工匠制造佛郎机铳。1519 年,致仕高官林俊(1452—1527)、范锡为佛郎机铳并抄火药方,派人自福建送往江西,帮助王守仁(1472—1529)平叛。1517 年,葡萄牙船队首次抵达广州。广东按察司金事顾应祥(1483—1565)接待了这批"佛郎机"人,同时获得佛郎机铳。1521 年,广东按察司副使汪鋐(1466—1536)命白沙巡检何儒派人秘密招募杨三、戴明等长期为葡萄牙人工作的海员,仿造佛郎机铳,进而驱逐葡萄牙船只,缴获火炮大小二十余件。何儒受命仿造葡人舰艇"蜈蚣船",1525 年于南京造成四艘,每艘配备了 12 门佛郎机铳。1529 年,汪鋐(时任右都御史)奏言先在广东亲见佛郎机铳,屡建奇功,请如式制造。凭借不少高层官员的大力推动,1550 年之前,佛郎机铳已成为东南沿海、北方边境明朝军队的制式火器,广泛应用于海战、城防、墩堡,亦与战车配套使用。16 世纪前期,京师军器局、兵仗局开始量产多种型号的铜制、铁质佛郎机铳。明代民间大量私造佛郎机铳。早在1540 年代,佛郎机铳已是东南沿海武装商船与海盗的常用火器。

明清时期的鸟铳,又称鸟嘴铳,即前装滑膛火绳枪。鸟铳的射程与射击精度远高于火门枪类型的传统手铳。明朝火绳枪主要有日本、噜蜜、西洋三种类型,源头皆为欧洲火绳枪。

16 世纪前叶,葡萄牙船队引发鸟铳在东亚海域的扩散。1545 年,国友锻冶成功仿造鸟铳,开启日本火器时代的序幕。1540 年代,双屿港为宁波外海走私贸易中心,中国、日本、葡萄牙商人于此聚会交易。1548 年,明军将领卢镗(1505—1577)率军攻打双屿,已经使用了少量鸟铳。此役"获番酋善铳者,命义士马宪制器,李槐制药,因得其传"(郑若曾《筹海图编》卷十三)。掌握制造技术后,鸟铳开始在东南沿海明军中推广。1556 年,卢镗次子卢相献俘京师,留任神机营教习鸟铳。1558 年,京师兵仗局造鸟嘴铳一万把。其仿造样品与技术仍可追溯到十年前的双屿之战。颗粒火药也随鸟铳逐渐流行。

1550 至 1570 年代,东南沿海长期动荡,鸟铳成为浙江、闽粤沿海明军的常见装备,民间亦多有扩散。1590 年代的壬辰战争,日军鸟铳造成了援朝明军大量伤亡。1598 年,中书舍人赵士桢(1553—约 1605)进献噜蜜铳、西洋铳等火器图式、样品,请旨广为制造,同时刊刻火器专著《神器谱》。噜蜜铳即土耳其式火绳枪,16 世纪中期已由西亚商队带入北京。

17 世纪前叶,军用单兵火器仍处于火门枪(主要为单眼铳、三眼铳)与火绳枪混用的状态。北方边镇仍以火门枪为主,东南沿海火绳枪较多。直到 18 世纪初,火绳枪基本取代火门枪成为清军的单兵常规火器。

17 世纪初,燧发枪已传入中国,然而影响很小。18 世纪的清朝宫廷收藏了不少精美的欧制燧发枪,但这一器械始终未在军中推广。17 世纪末至 18 世纪中期,清朝与准噶尔汗国的战争旷日持久,中亚流行的"赞巴拉特"火器(火绳枪为主)传入清朝,得到大量仿造,清代中期成为八旗军的普遍装备。

西洋大炮即欧式前装滑膛炮,又称红夷大炮,清朝改称红衣大炮。西洋炮管壁较厚,铳身前刍后丰,逐渐加粗。两旁加铸铳耳,方便调整射击角度。炮身设置照星照门,以供瞄准。明清时期仿造之欧式前装炮长度多在 1.5—3 米间,倍径(铳膛长度与口径之比)一般在 17 以上。相对明代传统火炮,西洋炮体量大,装药多,炮弹重,射程远,杀伤力大为提高。

16 世纪中叶,明军与葡萄牙人在闽浙沿海时有冲突,缴获少量欧式前装炮,继而仿造,时称发熕,源于葡语 falcão。

16 世纪后期,明军常规发熕的欧洲特征已不明显,重量一般不超过 500 斤,较原型多有不及。16 世纪后期,明人借鉴欧式熟铁火器,创制叶公炮、灭虏炮、虎蹲炮等熟铁前装炮,代替明朝的早期铸铜、铸铁将军炮。新兴之熟铁炮长度一般不超过 1.5 米,较之西炮,仍属轻型而已。

17 世纪西洋大炮传华,对东亚局势产生重大影响。1618 年,努尔哈赤(1559—1626)誓师伐明,辽东明军接连失利。少数接触到西学的士大夫,期望借助欧式火炮,扭转颓势。1620 年,徐光启(1562—1633)与李之藻(约 1565—1630)、杨廷筠(1557—1627)设法购求西铳,派遣张焘(? —1632)与孙学诗至澳门,经葡商捐助,获得大铁铳四门。1621 年,第一批西洋大炮运至北京。此后数年,明朝高层积极引进西洋炮。天启年间,自广东沿海三艘欧洲沉船(分属英国、荷兰)打捞的 42 门铁炮、铜炮,先后调运北京,并有少量葡萄牙军士进京传授炮术。重型西洋炮在守战与攻城战中的表现优异。1626 年,努尔哈赤围攻宁远。宁远城头安置欧式火炮 11 位,明军凭城用炮,始获大捷。1627 年皇太极进攻宁远、锦州,明军再次凭借坚城重炮战取胜。1630 年,明军以西洋炮攻城,收复后金占领下的滦州。

闽粤地区的冶铁技术发达,且易获得西炮样品,天启年间即有仿造之例。崇祯年间,闽粤地方督抚大量仿造西洋炮,近千门大小火炮先后运往北方战场。明末清初,东南沿海的海商武装集团郑芝龙(1604—1661)家族也通过荷兰、葡萄牙势力,获得西洋炮,大量仿造,称雄海上。

　　1628 年,明廷再次向澳门购募火炮、铳师。1630 年,葡萄牙军官公沙的西劳(Gonçalo Teixeira Corrêa,约 1583—1632)率领 31 名铳师、工匠等自澳门抵达北京,携有 7 门大铁铳、3 门大铜铳及 30 门鹰嘴铳。登莱巡抚孙元化(1583—1632)借助葡籍军士,练兵造铳,力图建立一支精锐的火器部队。1632 年,孔有德(1602—1652)率部兵变,攻陷登州,次年渡海降清,登州炮兵部队反而成为皇太极(1592—1643)的利器。

　　天启、崇祯年间,出现了第一批介绍欧洲炮学的编译作品,主要包括何良焘《祝融佐理》,张焘、孙学诗《西洋火攻图说》,孙元化《西法神机》,何汝宾辑《兵录·西洋火攻神器说》,韩云《西洋城堡制》,汤若望(Johann Adam Schall von Bell,1591—1666)进呈崇祯皇帝之火药城守书,汤若望授、焦勖纂《火攻挈要》。《祝融佐理》在澳门完成,问世最早,部分内容出自西班牙军事工程师柯拉多(Luys Collado)《实用炮学手册》(1586),以及普拉多(Diego de Prado y Tovar)《铸炮全书》《炮学指南》(1603)。《西洋火攻神器说》《西法神机》则大量抄录《祝融佐理》。清初尚有薛凤祚参考穆尼阁(Jan Mikołaj Smogulecki,1610—1656)传授编纂之《历学会通·中外火法部》,南怀仁(Ferdinand Verbiest,1623—1688)进献康熙皇帝之《神威图说》,以及《穷理学》的部分条目。上述作品涉及金属冶炼、加工,火炮设计(以口径为基数),炮车制作,铳弹样式,火药生产,铳规、铳尺操作,弹道问题,以及欧洲筑城术等诸多内容。

明清之际,耶稣会士直接参与传播火器技术。1642 年,汤若望受命为明廷制造西洋炮。1675—1689 年间,南怀仁为清廷监造各式火炮五百余门。明清时期,绝大多数铸炮工匠没有机会接触欧洲工艺,主要采用传统铜铁冶炼、分范合铸技术,仿造西洋炮。此外,明末绛州、雄县等个别州县曾经修筑西洋锐角台(棱堡),不过欧洲筑城术未能产生持久影响。

清朝的炮兵实力,经明清战争、三藩之乱,至 17 世纪末的准噶尔之战达到顶峰。此后一百余年,火器技术长期停滞。18 世纪,除了少数官书,几乎没有涉及火器技术的中文著作问世。19 世纪前叶的清朝军队仍处于冷热兵器混用的阶段,同时装备弓箭、刀枪与火绳枪、红衣大炮。19 世纪中后期,经过两次鸦片战争及太平天国战争,清末最终转向全面引进西方近代军事技术。19 世纪末,20 世纪初,随着近代化学工业的发展,古老的黑火药逐渐为各类无烟火药取代,不再作为主要发射药与炸药,主导军事领域。

第二章

《火龙经》源流考[①]

现存署名焦玉的火攻书,有《火龙神器阵法》(明末抄本)、《元戎济阵风雷集》(清抄本)、《火龙经》(道光二十年刻本、咸丰七年刻本等)、《海外火攻神器图说》(咸丰三年刻本)等多种题名,结构类似,内容大同小异,述火攻之法,罗列诸多火器图说,末附火药、毒药配方。以下为行文方便,统称《火龙经》。因该书冠有永乐十年(1412)焦玉自序,往往被视为明初著作。例如有马成甫《火砲の起原とその伝流》(1962)相信焦玉序言真实可靠。[②] 李约瑟《中国科学技术史·火药的史诗》(1986)认为《火龙经》是反映明初火器技术的重要文献。[③] 此类观点至今很有影响。

钟少异(1999)著文考辨,指出焦玉自序所涉元末明初史事多有纰缪抵牾,实系伪造。焦玉其人,无从稽考,或属子虚。至于这类火攻书的内容,一方面掺杂嘉靖以后著作、名物;一方面所述火器,多取材纸麻竹木、烟火元件,繁多淫

---

① 本文初稿参见《中国火器史研究二题:〈火龙经〉与火药匠》,《自然科学史研究》2016 年第 4 期。本章据之增订。
② 有馬成甫《火砲の起原とその伝流》,東京:吉川弘文館,1962 年,第 144—150 页。
③ Joseph Needham et al., *Science and Civilisation in China*, vol. 5, pt. 7, *Military Technology: The Gunpowder Epic* (Cambridge: Cambridge University Press, 1986), 22 - 33.

巧,不切实用,颇为符合明代后期朝野好谈火器的风气;推测《火龙经》成书时间,最有可能在嘉靖后期至万历末年。①李斌(2002)也指出,《火龙经》与元末明初火器实态相去甚远,是一部成书时间较晚的伪作,在中国火器史上的地位不宜高估。②笔者赞同上述观点,《火龙经》绝非明初著作,书中虽有个别火器属于明初类型,但并不适宜作为研究 14—15 世纪早期火器之一手文献。

从另一个角度看,《火龙经》的出现与流行,反映了民间火攻书秘本的传播过程,也是一种文化现象。根据现有材料,对于 16 世纪中期以降,该书的源流嬗递,已可勾勒出大致轮廓。

一、从《风雷集》到《五火玄机》

目前所知有关《火龙经》的最早记载,见于嘉靖《瑞安县志》。温州府瑞安县地处闽浙交界,濒临东海。嘉靖三十一年(1552),因受倭寇骚扰,知县刘畿(1509—1569)提出防御方案,其中"议器械"条有云:

> 瑞安所前项军器,年久颓散,不堪应用。见造火药一千斤,铅铳三百把。近访得《元戎济阵风雷集》一册,备载火攻之法,逐一修合试验,俱有可用。③

① 钟少异《关于"焦玉"火攻书的年代》,《自然科学史研究》1999 年第 2 期。
② 李斌《〈火龙经〉考辨》,《中国历史文物》2002 年第 1 期。
③ 刘畿修、朱绰等纂《瑞安县志》卷六,93a,嘉靖三十四年刻本,中国科学院图书馆编《稀见中国地方志汇刊》第 18 册,北京:中国书店出版社,1992 年,第 739 页。

《瑞安县志》系嘉靖三十四年(1555)刘畿主持编刻。该书卷六兵防志载录瑞安县城见存军器,火器列有佛郎机铳(提心式后装炮)、将军铳(前装炮)、鸟嘴铳(火绳枪)、碗口铳、竹节铳、神机箭(反推式火箭)、火箭等项。刘畿任内新造火器,有白铳一百二十把、黑铳八十把、神机箭一百支、火箭一百支、喷筒一百个、烟罐四百六十五个、铅子五百斤、火药一千斤。[①] 上述军器都是 16 世纪中期东南沿海的常规武备,并无特异之物。

嘉靖三十五年(1556),浙江总兵俞大猷(1503—1579)复信王滨湖,条议福建政务、防御事宜,言及:

> 《风雷集》只依旧本写奉,中间讹字甚多,因忙冗不及校正。海图虽写旧本,而各港澳山屿皆猷平生亲历,校正已真,但忙速未加颜色,均乞勿罪。[②]

由此可见,《风雷集》抄本已在闽浙文武官员间流传。在这封信中,俞大猷向王滨湖举荐友人、泉州百户邓诚,谓其勇略才能,"行足以当天下之大事"。邓诚之子邓锺亦为俞大猷器重。[③]

万历二十年(1592),邓锺任职广东参将,纂成《筹海重编》。该书"飞天喷筒"条后加按语,略云:"锺尝得《风雷集》二种,皆火器奇方,非今时有者。后思之,对敌亦不假此。何也?"继而

---

① 刘畿修,朱绰等纂《瑞安县志》卷六,82b—86b,嘉靖三十四年刻本,《稀见中国地方志汇刊》第 18 册,第 734—737 页。按,所谓黑铳、白铳,当即前文所谓"铅铳",发射铅子,似是长管火门铳(用支架)。
② 俞大猷《正气堂集》卷六,《正气堂全集》,范中义点校,上海:上海辞书出版社,2011 年,第 146—147 页。
③ 肖彩雅《与俞大猷一起抗倭的泉州籍将士考略》,陈继川、俞建辉主编《俞大猷研究论文集》,厦门:厦门大学出版社,2016 年,第 226—228 页。

历数当时军中火器,发熕(前装炮)、佛郎机、鸟铳、飞天喷筒、火箭、火礶之类,以为若制造不精,运用生疏,亦属无用,故而"若不求切近工夫,而驰骛于奇巧,欲以胜敌,则木鸢之谓矣"①。

刘畿、邓锺对《风雷集》的评价,一谓经过试验俱有可用,一谓非当代所有无裨实用。鉴于二人皆熟悉实战火器,评论当非虚言。两人所见《风雷集》名称虽同,内容是否一致,尚难定论。假设为同一书,刘畿所谓可用者,当指实用战具及火药毒药配方之类;邓锺以为奇方无裨者,或系木人火马之类不经之谈。今日我们能见到的《风雷集》传世版本,则为上述两类内容的混合体。值得注意的是,刘、邓二人均未提及《风雷集》的作者。他们所见到的版本,未必托名焦玉。

南京图书馆藏《元戎济阵风雷集》不分卷,清抄本二册,钱塘丁氏八千卷楼旧藏(图2-1)。② 书前有永乐十年东宁焦玉自序。丁丙(1832—1899)题记,略谓焦玉序文"语多依托,中有新安胡公平倭一语,岂有预知嘉靖间事?"③盖已冠有嘉靖以后伪造序文。

按《元戎济阵风雷集》书前目录,凡十三篇:重地固守、山险攻战、细作劫营、细作扰扶、平陆攻战、野战交锋、黑夜步战、

---

① 邓锺《筹海重编》卷十,134b—135a,万历二十年刻本,《四库全书存目丛书》史部第227册,第242页。

② 南京图书馆藏本,索书号GJ/EB/110778。八行十八字,无格。书口上书"风雷集",下书页次。总104页。钤"八千卷楼"(朱方)、"嘉惠堂丁氏藏书之印"(白方)等印记。书前内页粘有丁丙题记签条。

③ 丁丙《善本书室藏书志》卷十二,23a—b,光绪二十七年钱塘丁氏刻本,《续修四库全书》史部第927册,第339页。按,"新安胡公"即胡宗宪(1512—1565)。《善本书室藏书志》本条题记内"嘉靖"一词,丁丙手跋原作"万历"。

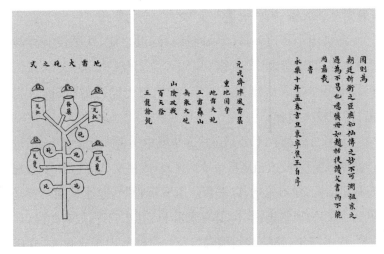

图 2-1 《元戎济阵风雷集》

白昼步战、马上攻战、马上夜战、烧船焚篦、万骑攻敌、烽堠防守,每篇各收战具三种。后为"水陆防守分形式二十七款"。以上两个部分皆有图有说。末为"火药方附具于后",开列各类火药、毒药配方。目录未载者,火药方前有"火攻神方异法"(重地固守、山险固守等项,述战法器械),后附"火攻风雷集戒语",各数叶,无插图。

该书所载地雷、喷筒、火箭、战车、百子铳、鸟铳、鸟铳方、见血封喉方等战具、药方,明显抄自嘉靖末年以降出版的兵书。举例而言,"重地固守"篇第三种"无敌火神炮",实即大型佛郎机铳,图文似源出戚继光《纪效新书》(十四卷本,1584年成书)之"无敌神飞炮"。"水陆防守分形式"内之鸟铳全形、鸟铳分形,则与《武备志》(1621)卷一二四部分鸟铳图说类似。书中不乏臆想之器,如"竹鸟铳"(竹筒火绳枪)、"狼筅火箭"

（狼筅上装火铳一支、火箭三支）之类，全无实用。

嘉靖四十年（1561）《筹海图编》问世之前，几乎没有详载火器图说的出版物。[①] 刘畿（1552）、俞大猷（1555）所见《风雷集》，不可能收入后出兵书内容，必然与传世《元戎济阵风雷集》存在较大差异。

万历二十六年（1598）五月，文华殿中书舍人赵士桢上《恭进神器疏》，提及"我太祖高皇帝肇造区夏，成祖文皇帝三犁虏庭，建置神机诸营，专习枪炮，以都督焦玉辈掌管"[②]，赵士桢很可能是见到了某种《风雷集》抄本，其有永乐十年焦玉自序，故有此说。

咸丰三年（1853），刘燿春（1784—1858，山东安丘人，嘉庆二十五年进士）校刻《海外火攻神器图说》一书，实即《风雷集》。刘燿春跋文谓尝阅《则克录》（按，即《火攻挈要》）："该书称《海外火攻神器图说》得西法正传。余心慕之，而未见也。"继而获得一部火攻书抄本，"书题《元戎济阵火攻风雷集》，又曰《神器法》，又题其函曰《神器图》。前有焦玉叙，自云得之仙传"。"书托仙传，故曰海外，则其为《海外火攻神器图说》甚明。"遂以此名付梓。[③] 按，刘燿春更改书名，实属张冠李戴。焦勖《火攻挈要自序》（1643）云："唯赵氏藏书，《海外火攻神器图说》《祝融佐理》，其中法则规制，悉皆西洋正传。"[④] 所举诸

① 按《筹海图编》书前"参过图籍"列有戚继光《三台经略》《纪效新书》，正文条目亦有与《纪效新书》（十八卷本）相类者。《纪效新书》初刻时间不详，现存最早者已是隆庆刻本。尚无证据显示《纪效新书》早于嘉靖本《筹海图编》刊行。参见曹文明、吕颖慧《纪效新书》（十八卷本）校释本前言，北京：中华书局，2001年。

② 赵士桢《神器谱》，1b，万历二十六年序刻本，《明清稀见兵书四种》，第18页。

③ 《海外火攻神器图说》，首都图书馆藏咸丰三年刘燿春刻本。

④ 汤若望授，焦勖述《火攻挈要》，海山仙馆丛书本，《中国科学技术典籍通汇·技术卷》第5册，第1267页。

书,乃是明末受欧洲知识影响的火器著作(详见本书第七章)。刘燿春校刻之书则与南京图书馆藏《元戎济阵风雷集》条目多同,实为传抄异本,并未涉明末西法炮学。

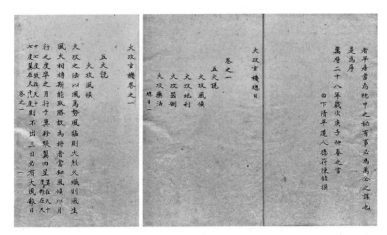

图2-2 《火攻玄机》

《风雷集》之外,第二种具有明确年代的《火龙经》类作品,名为《五火玄机》或《火攻玄机》。[①] 南京图书馆藏《火攻玄机》清抄本六册(图2-2)。[②] "玄"字缺末笔,又不避"暦"字,或系康雍间抄本。总目作十卷,现存卷一、卷四至卷十,凡八卷。书前有万历二十八年(1600)仲春"白下清平道人德符陈喆"序,略云:

---

① 按刘申宁《中国兵书总目》(国防大学出版社,1990年,第123页),《火攻玄机》(一题《五火玄机》),中国社科院考古所、福建图书馆、南京图书馆、河南图书馆、军事科学院图书馆均见藏抄本。又《浙江图书馆特藏书目甲编》(1956年油印本)卷三(5a)著录,《火攻玄机》十卷二册,抄本,周星诒旧藏。按浙江图书馆藏本(善2473),十行二十四字,无格,钤"季贶/所藏"朱文方印。书前亦有万历二十八年陈喆自序。

② 南京图书馆藏本,索书号GJ/EB/131609。八行十八字,无格。钤"木樨香馆范氏藏书"朱文长方印。

余幼得异人之传,珍惜此书,不啻拱璧。邢大司马东征,窃献之,而採行辙有成验。今将副本藏之箧笥,用志岁月。后有得予书者,平居当为枕中之秘,有事必为万全之谋也。

按,陈喆,号德符,南京人,事迹无考,似是明代后期"山人"之流。万历二十五年,丰臣秀吉再次发兵进攻朝鲜,是为壬辰战争第二阶段丁酉之役。蓟辽总督邢玠(1540—1612)出任经略,指挥明军东征。是书即陈喆向邢玠进献之火攻秘本。陈喆所谓"异人之传",似可反映后人伪造永乐十年焦玉自序的心理因素——托名古人,自高身价。

按《火攻玄机》总目:

卷一五火说,下列火攻风候、火攻地利、火攻器制、火攻药法、火攻兵戒、五火玄机歌。

卷二冲阵火器,载木人火马天雷炮诸条。

卷三远攻火器,载鑽风神火流星炮等项。

卷四近攻火器,载步战独轮车等项。

卷五水攻火器,载八面神威风火炮等项。

卷六埋伏火器,载无敌地雷火炮将军药方等项。

卷七劫营火器,载旋风狼牙炮等项。

卷八攻城火器,载神火飞鸦等项。

卷九防守火器,载万全铁围营式、铁汁神车等项。

卷十火器药品,载神火方、飞火方、毒火方、烂火方、逆风火方、解毒方、火种方、喷筒内发药、鸟枪药、制焰硝、制星药、破铳炮法并咒诸条。

相比他种《火龙经》类作品,《火攻玄机》篇章更为整齐丰富。具体条目,不无损益,部分附有插图。书中除少数嘉靖之后名物(如鸟枪药),多数仍是"木人火马天雷炮"之类臆想之物。正如宋应星《天工开物》(1637)所言:"火药火器,今时妄想进身博官者,人人张目而道,著书以献,未必尽由试验。"①

上海图书馆藏有《五火元机》十五卷,清抄本四册(索书号线普561922-25)。"元"字当系避讳,原名应为《五火玄机》。书前有陈喆序。前十卷略篇目同南京图书馆藏《火攻玄机》。第十一卷至十三卷,实抄自赵士桢《神器谱》(1598)、《续神器谱》(1599)、《神器或问》(1599),卷十四大半抄自温编《利器解》(1600)。

浙江图书馆藏《克敌武略荧惑神机》十卷,抄本四册(索书号善2450),钤有"吕晚村家藏图书"朱文长印,或系吕留良旧物。该书篇目与前述《火攻玄机》基本相同。书前冠洪武三年(1370)刘基序,至谓"高皇帝提三尺剑奋迹淮泗"云云。"高皇帝"乃谥号,朱元璋殁后追尊。洪武三年之刘基序文显系后人伪托。

军事科学院图书馆藏《五火玄机》二十卷,署名刘基,卷十一至卷十三抄自《神器谱》,书后附《南塘火攻秘诀》六叶(出自戚继光),当属同类作品,又加增广之本。②

《五火玄机》一书,明代似曾付梓。同治三年(1864)十二

① 宋应星《天工开物》卷下,31b,崇祯十一年刻本,《续修四库全书》子部第1115册,第118页。
② 范中义《戚继光评传》,南京:南京大学出版社,2011年,第360页。

月初四,巡视南城掌四川道监察御史陈廷经上《变通营制筹划海防折》,有云:

> 臣前在江南书肆,曾见明人夏氏所刻《五火元机》一书,内言火攻之法,无一不备,无一不精。有冲阵火器,有攻城火器,有劫营火器,有埋伏火器,有水攻火器,其远攻之器有火炮、火铳、火箭、火弹等名。其近攻之器有火枪、火刀、火牌、火棍等名。每名皆有图式,每图皆有讲说,人人可以制造,人人可以学习。想曾国藩、李鸿章等久在行间,必已购有此书。若能推行演习,则兵更不患其不精矣。[①]

按陈廷经奏折列举篇目,显然与南京、上海图书馆藏本为同一书。

至于《火龙经》一名,目前所知,最早见于天启三年(1623)正月,南直巡按易应昌所上《进车炮制式疏》:"乃知一切花法,如《火龙经》所载火人、火马、火柜、地雷之属,皆止可间设一出,而不可常恃者也。"[②]明末此类火攻秘本相当流行。焦勖《火攻挈要自序》(1643)评骘当代火器著作:"至若火攻专书……如《火龙经》《制胜录》《无敌真诠》诸书,索奇觅异,巧立名色,徒炫耳目,罕资实用。"[③]明人编书往往相互抄袭,上述作品恐

---

① 中国科学院近代史研究所史料编辑室、中央档案馆明清档案部编辑组编《洋务运动》第 1 册,上海:上海人民出版社,1961 年,第 12 页。编著者谓据军机处档案抄录。
② 沈国元《两朝从信录》卷十七,7a,崇祯刻本,《续修四库全书》史部第 356 册,第 476 页。
③ 汤若望授,焦勖述《火攻挈要》,海山仙馆丛书本,《中国科学技术典籍通汇·技术卷》第 5 册,第 1267 页。

大同小异。

国家图书馆藏《火龙神器阵法》抄本不分卷,钤"臣祖禹"小方印,或为顾祖禹(1631—1692)旧藏明末抄本。[①] 书前有永乐十年焦玉自序,正文分火攻风候、火攻地利、火攻器制、火攻药法、火攻兵戒等项,器物诸条与《五火玄机》不无出入,次序较为凌乱,实质仍为一脉。钱曾《读书敏求记》著录《火龙万胜神药图》一卷,谓是书记二十八种草混合诸毒药炼为神砂、神水,继列火攻诸药、水战神器。[②]《火龙神器阵法》顾祖禹藏本犹有"火龙神器药二十八品",可知与《火龙万胜神药图》当属同类。[③]

潘吉星认为浙图藏《克敌武略荧惑神机》刘基序为真,该书乃源于《补辽金元艺文志》著录之元代兵书《火龙神器图法》。[④] 按,祁承爜《澹生堂藏书目》(1628 年前成书)兵家类著录"火龙神器图法 六卷",无撰人。[⑤] 卢文弨辑《补辽金元艺文志》(1790)因之,又列入元代兵家类。《火龙神器图法》恐即明末流行之《火攻玄机》《火龙神器阵法》一类,绝非元人著作。卢文弨所纂史志书目,并非可靠证据。

茅元仪编《武备志》(1621),火器诸卷(卷一一九至一三

---

① 《火龙神器阵法》,顾祖禹旧藏抄本,《中国科学技术典籍通汇·技术卷》第 5 册,第 261 页。

② 钱曾著,管廷芬、章钰校证《读书敏求记校证》,上海:上海古籍出版社,2007 年,第 267 页。

③ 《火龙神器阵法》,顾祖禹旧藏抄本,《中国科学技术典籍通汇·技术卷》第 5 册,第 280 页。

④ 《克敌武略荧惑神机》,潘吉星、张明晤点校、注释,上海:上海远东出版社,2018 年。

⑤ 祁承爜《澹生堂藏书目》,郑诚整理,上海:上海古籍出版社,2015 年,第 552 页。

四)不少条目,与《火龙经》类著作篇章相同或相近。[1] 这些条目当抄自彼时流行的《五火玄机》或《火龙神器阵法》之类作品。例如火攻神药法品等药方、神草二十八品(卷一一九);用火器法之风候、地利、器宜、兵戒诸篇(卷一二一);火器图说之百子连珠炮、飞云霹雳炮(卷一二二)、八面旋风吐雾轰雷炮(卷一二三)、九矢钻心神毒火雷炮(卷一二七)、神机万胜火龙刀(卷一二八)、木人活马(卷一三一)、神火万全铁围营(卷一三二)等,巧立名目,多属不经。

二、鸦片战争与《火龙经》

明清易代,清廷对火器技术控制甚严,明末兵书又多涉建州事,为新朝忌讳。《登坛必究》《武备志》《兵录》《武备要略》《守圉全书》《战守全书》《军器图说》《金汤借箸十二筹》等书,乾隆年间已遭禁毁。[2] 整个 18 世纪,几乎没有讨论火器技术的个人著作刊刻出版。[3] 第一次鸦片战争时期(1839—1842),受英军坚船利炮之刺激,朝野讲求火器。道光二十一年(1841),沉寂两百年的《火攻挈要》刊刻出版,以为御敌之资。

---

① 茅元仪《武备志》,天启刻本,《续修四库全书》子部第 963—966 册。
② 这批著作因内容"违碍",1775—1781 年间奏准禁毁。参见王彬主编《清代禁书总述》,北京:中国书店,1999 年。
③ 清代各朝兵书统计,参见刘申宁《中国兵书总目》,北京:国防大学出版社,1990 年。乾隆间载有火器知识的出版物多是各类官书(如《军器则例》《大清会典》),相关条目甚简略。署名年羹尧的《治平胜算全书》,有雍正二年自序,传世抄本较多。此书实出伪托,并非年羹尧所编,内容多抄袭韩霖《守圉全书》(1638)。

《火龙经》类作品亦重获新生,大为流行。

战事期间,黄培芳为两广总督祁墳幕宾,念火攻乃当务之急,自周天爵(1772—1853)、曾钊(1793—1854)借得《火龙经》,又得别本,相互校正,编成《校正火龙经》十一卷。自序略云:"此书原序焦玉传自止止道人,不无依托。然删其鄙悖,存其精要,未始不可备用。"①道光二十年六月,翁心存(1791—1862)乡居常熟,英舰一度逼近港口,居民逃散。战后翁氏自同邑旧家假借抄录《火龙神器阵法》(据光绪二十六年翁同龢跋语),此本今在国家图书馆,篇目略同前述顾祖禹藏本。②

道光二十一年十一月,道光皇帝下旨,命派赴浙江领兵对英作战的奕经奏上《火龙经》:"《火龙经》三本,未知卿等获得观与否,顺便奏来。"十二月,奕经"又另折奏:《火龙经》已见过,军中现有此书,已在营中制造各项火器,并由牛鑑购买毒草制药发解备用。"③《故宫普通书目》(1934)著录"《火龙经》三卷 不著撰人名氏 道光二十年刊本 三册"。④ 或即进呈道光皇帝之本。

道光二十一年闰三月,林则徐(1785—1850)自广州北上,

---

① 黄培芳《黄氏家乘》卷六,又 96a—b,道光三十年广州纯渊堂刻本,《北京图书馆藏家谱丛刊·闽粤(侨乡)卷》第 5 册,北京:北京图书馆出版社,2000 年。
② 《火龙神器阵法》,中国国家图书馆藏道光二十年翁心存抄本,《续修四库全书》子部第 959 册,第 320 页。
③ 《宣宗成皇帝实录》卷三六二,道光二十一年十一月己巳;卷三六三,二十一年十二月丁亥,《清实录》第 38 册,第 526 页,第 543—544 页。
④ 故宫博物院图书馆《故宫普通书目》卷三,16a,民国二十三年铅印本,煮雨山房编《故宫藏书目录汇编》,北京:线装书局,2004 年,第 1283 页。

奉命前往宁波镇海前线。四月二十五日,林则徐自镇海致信宁波府城中的冯登府(1783—1841),商借前托冯氏搜罗之"焦氏兵法"抄本,希望与自藏"焦氏书"对校。五月四日,林则徐接获冯氏出借之本,覆信略云:

> 弟所言焦氏书,乃宛陵人焦勖刻于崇祯初年者。其所论铸炮等事,皆具西法。弟箧中有三卷,尚未得其全书。阁下所示焦书乃东宁伯所辑,弟亦有之。昨岁武林有人刊传《火龙经》三册,此卷即在其内矣。①

可知冯登府觅得之书,实即冠有东宁伯焦玉序文的《火龙经》抄本。林则徐所欲对校者,则是焦勖《火攻挈要》(1643)。② 因两种兵书作者皆为焦姓,造成误会。林氏所谓《火龙经》道光二十年杭州刻本三册,或即前引《故宫普通书目》著录之三卷本。对林则徐而言,《火龙经》远不及《火攻挈要》重要。

按道光二十二年北京琉璃厂东同文堂书肆目录,"武备类"见载《火龙秘书》两种各两函、《火龙经》一种两函,三种书

---

① 林则徐致冯登府函两札原件影本及释文,参见辽宁省博物馆编《馆藏中国历代书画著录 书法卷》,沈阳:辽宁美术出版社,2015年,第546—548页。按,第一信商借"焦氏兵书",此札早在1963年便已发表(燕鸣《谈林则徐致冯柳东手札》,《文物》1963第10期)。第二信辨明冯登府之"焦氏兵书"乃《火龙经》,非《火攻挈要》;该函长期未能公开,流传不广(未收入2002年版《林则徐全集》)。后人著述多误以为林则徐取得冯登府提供之"焦氏兵书"即《火攻挈要》。
② 道光二十一年林则徐携带焦勖《火攻挈要》抄本(林氏谓之"炮书")至浙江,托付友人陈延恩设法刊刻。参见林则徐全集编辑委员会编《林则徐全集》第七册《信札卷》,福州:海峡文艺出版社,2002年,第291页。道光二十一年十一月("道光辛丑冬月"),扬州知府汪于泗、同知陈延恩等人在扬州刊印《火攻挈要》(又题《则克录》)。扬州本也成为19世纪后续诸多刻本、活字本的祖本。

价均为一钱。① 价格低廉，当为同时期坊刻，非古本。

上海图书馆见藏《火龙经》两卷，道光二十年刻本（图 2-3）。该本内封刊"道光庚子年镌/火龙经/袖石轩藏版"。无刻书序跋。有永乐十年焦玉自序，后附"青田刘先生曰"云云。卷端无大题。上卷为火攻风候、火攻地利、火攻器利、火攻药法等，至鸟铳药方、大炮药方、竹鸟铳药方等六十四篇；下卷为八阵图、佛郎机、无敌神飞炮、威震六合神炮、鸟铳、喷筒说、神机箭等，

图 2-3 《火龙经》·道光二十年刻本

又提硝方、地雷药方、湿火药方等，至解渴方、辟荒粮，凡百余条，所记器物又与《火龙神器阵法》不尽相同。②

咸丰七年刻《火龙经》四卷本，凡两种，内容略同道光二十年刊本。其一内封刻"咸丰丁巳年新镌/武备火龙经/抱朴山房珍藏"。书前有永乐十年焦玉"火龙经序"；卷端大题

---

① 《胡宫材书目》，俄罗斯国立图书馆写本部藏清抄本，索书号 Φ 274 /268。账本形式的书目抄本，大略按四部次序开列 1 700 余种书名、函数及价格，卷首题"东同文堂"，卷末署"道光二十二年夏月写立 胡宫材制"，很可能是 1842 年北京琉璃厂东同文堂书肆（见于孙殿起《琉璃厂小志》）的售书目录。该书为斯卡奇科夫（K. A. Skachkov, 1821—1883）旧藏，很可能是 1849—1857 年间斯卡奇科夫旅居北京时的所得。
② 上海图书馆藏本，索书号线普长 346997。半叶九行，行二十二字，白口，单鱼尾，左右双边，无行线，写刻。钤有"王培孙纪念物"朱文方印。

图2-4 《火龙经》·咸丰
七年刻本

作"火龙经"。① 其二为广州刊本，内封刻"咸丰丁巳年新镌/武备火龙经/羊城十七甫明经阁藏板"（图2-4）。两本版式行款一致，皆冠有永乐十年焦玉序文，当系翻刻，孰先孰后，尚难定论。②

同治、光绪年间，另有所谓南阳石室刻本《火龙经》三卷刊行，题"汉武侯著 明诚意伯刘基 东宁伯焦玉同校"。③ 有焦玉自序。正文多同《武备志》（1621）之火器图说。所谓"南阳石室"，乃呼应"汉武侯"（诸葛亮），显系伪托，实属不经。

附刊《火龙经》二集三集，杂抄《武备志》《兵录》（1628）、《火攻挈要》（1643）诸书。光绪十年（1884），南阳石室本《火龙经》三卷，又经挖改板心、卷首，改题《火攻备要》三卷印行。④

---

① 中国人民大学图书馆藏本，索书号 PG47/310。半叶七行，行二十字，白口，单鱼尾，四周双边。钤"张星烺遗嘱赠送"朱文长印、"张星烺印"朱文方印。书中夹签或即张星烺手笔，略谓"此书已有佛郎机式，《明史》误耶？此书伪造耶？抑后人窜入耶？"又按，1948年前后，冯家昇见到两种《火龙经》，其一咸丰丁巳刻本"是张亮尘（星烺）藏的"，四卷四册，有焦玉序。参见冯家昇《冯家昇论著辑粹》，北京：中华书局，1987年，第315页。冯氏所见当即今存人大图书馆者。

② 福建师范大学图书馆藏本，索书号 690.4 HS14。半叶七行，行二十字，白口，单鱼尾，四周双边。钤"归安沈佩盦珍藏金石书画印"白文方印。

③ 《火龙经》，清末刻本，《中国科学技术典籍通汇·技术卷》第5册。

④ 《火攻备要》，清末刻本，沈云龙主编《近代中国史料丛刊》第384号，台北：文海出版社，1982年。《火攻备要》（影印本书脊题《敦怀堂洋务丛钞》）与所谓南阳石室本《火龙经》似为同版，卷题有挖改痕迹（"火攻备要"四字挤占原"火龙经"三格），内封刊"光绪甲申仲夏敦怀书屋重镌 文宜书局发售"。

综上所述，大致可以推测《火龙经》"层累"形成的过程。
16世纪五六十年代，嘉靖"倭乱"东南沿海战火频仍，当是民
间火攻书产生、流行的契机。嘉靖三十一年（1552），刘畿访得
火攻专书《元戎济阵风雷集》一册。嘉靖三十五年，俞大猷应
人之请，录副《风雷集》相赠。万历二十年（1592），邓锺已获得
两种名为《风雷集》之书。万历二十六年，赵士桢见到带有焦
玉自序的同类作品。万历二十八年（1600）陈喆撰序之《五
火玄机》（或《火攻玄机》），篇目分类整齐，明末曾经刊刻。
天启元年（1621）出版之《武备志》已摘录此类火攻书条目。
天启三年之前，易应昌已见到题为《火龙经》的火攻专书。
道光以降出现的《火龙经》刊本，其明确源头仅能追溯到《五
火玄机》。

火攻秘本主要以抄本形式流传，书名多样，内容时有增
损。成书越晚，取材明刊兵书愈多，故而出现佛郎机铳、鸟铳、
发熕等嘉靖以降名物。熟悉火器之人，如邓锺（1592）、焦勖
（1643），明谓其无用。然而直到19世纪中期，这类作品仍为
曾钊（1845）、黄培芳（1848）、刘燿春（1853）、陈廷经（1864）等
人称道。细究其故，清人认为有价值的部分，大都来自明朝后
期较为实用的兵书。例如道光二十五年（1845），曾钊跋自藏
《火龙经》三卷，谓："书中所载火器，虽多由意造，然实有适于
用者。如飞云霹雳炮，即今夷人所用之爆炮。其火礶、火箭、
喷筒之类，今亦多用之。"①刘燿春刻书跋云："其书虽亦不免

---

① 曾钊《面城楼集钞》卷二，33a，光绪二年学海堂丛刻本，《续修四库全书》集部第
 1521册，第535页。

繁巧之弊,而足裨实用者犹可十五六。"①所谓爆炮即火炮发射之空心爆炸弹。直到 19 世纪中期,中国的常规火器技术较之明末并无显著进步。明代后期出现的鸟铳、爆炸弹,以及技术含量更低的火礶、火箭、喷筒之类,对道光年间的普通读书人而言并未过时。至于道光皇帝(1841)下令搜求《火龙经》,奕经军中参考《火龙经》制造火器、毒药,可见彼时王朝统治者的见识水平。

明末成型的火攻秘本不绝如缕,不仅未被淘汰,反而在两百年后重获生机,以至多次刊印,与清代火器技术长期停滞、民间易得之火器著述极度缺乏,存在直接关系。

三、结语

本文采用了一些此前较少受到关注的重要文献,诸如南京图书馆藏《风雷集》抄本、《火攻玄机》抄本,以及刘畿、邓锺等人对《火龙经》类作品的评价,较为详细地考察了《火龙经》类著作的来龙去脉。

《火龙经》流行的载体形式,大体经历了四个阶段:抄本(嘉靖)、刻本(明末)、抄本(清前期),以及刻本(道光以降)。

明代后期,东南沿海连续不断的战争与欧人东来引发的火器扩散,乃是产生民间火攻书的土壤。最晚在嘉靖三十一年,已出现名为"风雷集"的火器书抄本,最初面貌不得其详,

---

① 《海外火攻神器图说》,首都图书馆藏咸丰三年刘燿春刻本。

可能是偏重烟火器具、火药毒药配方的杂纂。嘉靖四十年以降，实用兵书如《筹海图编》《纪效新书》《神器谱》《利器解》等相继刊行，记载、传播了较为可靠的火器知识。目前可见《风雷集》的后续版本，以及《五火玄机》《火龙神器阵法》等同类著作，已是16世纪末17世纪初的作品，载录了不少出于臆想的火器，又自《筹海图编》《纪效新书》等书吸收若干新式火器条目。总体而言，明人对内容杂驳的《火龙经》类作品评价不高。万历—崇祯年间，在兵书出版的高潮时期，此类著作亦处于边缘地位。

清前期，特别是乾隆朝，书禁甚严，论火器之书出版极罕，前朝著述动辄禁毁，无论重刊。降及19世纪前叶鸦片战争时期，受到英军强大火力之刺激，朝野转而讲求火器，力图振作。此时火器专书流传极少，供不应求。因此之故，杂抄拼凑、名不见经传的小册子《火龙经》反而成为不少文人获取火器知识的重要渠道（或云入门读物）。另一方面，道光年间，清军的常规火器技术，较之两百年前并无显著进步，鸟铳、喷筒、火箭之类仍是实战装备。故而包含明代后期火器条目的《火龙经》并不显得十分过时，道光、咸丰、光绪年间仍数次刊刻出版。道光二十年重刊《火龙经》与道光二十一重刊《火攻挈要》，皆为应对战争危机，发掘湮没已久的前朝著作，向故纸堆中寻求尖端军事技术。尽管两书承载的火器知识已存在明显代差，对于当时读者却同为新知，这也是技术停滞、知识衰退的直接后果。

20世纪中后期，中国火药火器史研究有了长足进展，形成了较为成熟的历史叙事。尽管 11 世纪成书的《武经总要》(1047)提供了中国最早使用火药武器的确证,然而 13—15 世纪,金属管形火器初创这一重要阶段,相关传世文献稀少,成为历史叙事中的薄弱环节。伪托 15 世纪初焦玉撰序的《火龙经》恰好填补了这个空白,受到研究者瞩目,被视作保存元末明初中国火器技术的重要材料。随着文物与文献证据的增加,元代及明初火器实况愈发清晰,足以证明传世《火龙经》并非这一时期的著作。① 本章试图说明,20 世纪火器史研究中的这个误会,可以追溯到嘉靖万历间该书的诞生、流布,以及道光咸丰间再度扩散的动荡历史之中。

---

① 朝鲜王朝时代的火药兵器技术受到元明两朝的直接影响。成化十年(1474),朝鲜官修《国朝五礼序例》卷四《兵器图说》系统记述了一批元末明初类型的传统火器,史料价值远超《火龙经》。参见申叔舟等编《国朝五礼序例》卷四,1a—25b,早稻田大学图书馆藏朝鲜刊本。

第三章

火药匠与爆炸弹[①]

万历二十年(1592)九月,兵部右侍郎、备倭经略宋应昌(1536—1606)移镇辽阳,统筹东征事宜,指挥明军援助朝鲜王国,抵御日本侵略。次年二月十九日,游击吴梦豹呈送之喷筒不堪应用,宋应昌乃命其监督改装辽阳民用烟火制品:

> 近见辽阳花火,内大梨花、赛月明、金蝉花,俱火焰直疾,薰烧久远,似堪应用[中略]添拘辽阳火药匠役,各照本匠自己药方,制造大梨花、赛月明、金蝉花。火药内去钢砂,加添淘净炒过细砂。或用损坏筶笼为竹筒,或用放花火木筒,或用纸筒,每筒长三小尺许,务使火熖直疾长远,飞砂眯贼眼目为主,若薰烧不论。每样先造数件,试验堪用,共造六千筒,陆续运送军前应用。[②]

所谓"火药匠役"实指烟火匠人。火药内混合之"钢砂",即在焰火中显色"成花"的铁屑。喷筒是明朝军队常用的燃烧性火

---

① 本文初稿参见《中国火器史研究二题:〈火龙经〉与火药匠》,《自然科学史研究》2016 年第 4 期。本章据之增订。

② 宋应昌《经略复国要编》卷六,30a—b,万历刻本,《四库禁毁书丛刊》史部第 38 册,第 131 页。

器,与节日烟火道具一脉相承,可以说前者便是后者在军事领域的应用。[1]

嘉靖以降,南倭北虏之患愈炽,朝野上下好谈火器。万历年间,武官王鸣鹤(? —1619)谓彼时"入幕而谈火器之利者十之六七"[2]。当时有不少民间人士创制火器,进献求用。钟少异(1999)的观点很有启发性:"其中相当一部分人可能是烟火匠师,或对烟火有所了解者。"其人惯用纸麻竹木,对金属材料缺乏经验,又不谙军事兵工,直接采用烟火元件,所制火器难免淫巧而不实用,《火龙经》之类作品,便有这种时代烙印。[3] 烟火匠或火药匠之类小人物,很少在历史文献中留下具体记载,幸而尚有个别线索可寻。

一、萧芝田与曾铣复套

嘉靖年间,火药匠萧芝田参与了北部边防的一项大事业,见诸时人吟咏,得以传名。

---

[1] 明代民间焰火配方,较知名者,如佚名编《墨娥小录》卷六,列举"金盏银台""金丝柳""赛明月"等二十二种焰火配方(中国书店1959年影印隆庆五年[1571]刻本)。当时日用类书亦有记载,传播或更为广泛。朱鼎臣《新刻邺架新裁万宝全书》(1614)卷二十四(8b—9a)"元宵诸般花方",列有大梨花、千枝梅、孩儿板花、一丈菊、千丈梅等十九种焰火配方,例如"大梨花:硝四两,黄一两二钱,炭一两,中砂二两四钱。"(东京大学东洋文化研究所藏万历四十二年序刻本)按,砂即铁砂。此外《火攻挈要》(1643)卷中(11b)载"喷筒药方":"硝十两,磺五钱,炭三两"(海山仙馆丛书本)。佚名辑《韬略世法·新编张靖峰家藏火攻急务》卷上(22b)"喷筒药方":"硝二两,黄四钱五分,细砂七钱五分,制用桐油、巴豆灰三钱五分。"(《四库未收书辑刊》第3辑第22册影印崇祯刻本)承蒙杜新豪先生提示《万宝全书》条目。
[2] 王鸣鹤《登坛必究·火器》,1a—b,万历刻本,《四库禁毁书丛刊》子部第35册,第283页。
[3] 钟少异《关于"焦玉"火攻书的年代》,《自然科学史研究》1999年第2期。

万士和(1516—1586),字思节,宜兴人,嘉靖二十年进士,诗文集中载《赠火药师萧芝田二首》:

> 少谙药性遂通灵,老去浑身是火精。金汁镕时经百遍,铁酋聚处贯千兵。水和流焰机方速,风碎遥空鬼亦惊。破产技成无所用,近来多难始传名。

> 谁度金针语莫凭,鸳鸯无谱自多能。非关力铸铅成液,自是天机水作冰。侠气负来浑忘老,剧谈玄处恰如秤。平生知己谁为用,忆得中丞旧姓曾。①

万士和之师,名儒唐顺之(1507—1560)集中亦有和诗,《次万思节韵萧芝田二首》(图3-1):

> 屠龙老已知无用,一遇时艰见术精。焠就戈矛皆吐火,幻成狮象总疑兵。空中堕语人无迹,地底藏雷贼不惊。战胜何心邀重赏,由来只欲赌声名。

> 共说火攻为上策,秘方谁复似君能。石飞陆使晴鸣雹,机转真疑夏造冰。鲁国云梯犹自拙,楚中燧象未须惊。么麽倭鬼那堪算,破虏横行记昔曾。②

按上引诗句,萧芝田"少谙药性",有火攻"秘方","破产技成无所用"。"火药师"是火药匠的敬称。此人年老,艺高,有侠气,从军破虏,扬名立万。

至于赏识、延揽萧芝田的曾姓中丞,则当为嘉靖朝名臣曾

---

① 万士和《万文恭公摘集》卷一,20a,万历二十年刻本,《四库全书存目丛书》集部第109册,第218页。
② 唐顺之《重刊荆川先生文集》卷三,18b—19a,天津图书馆藏万历元年纯白斋刊本。

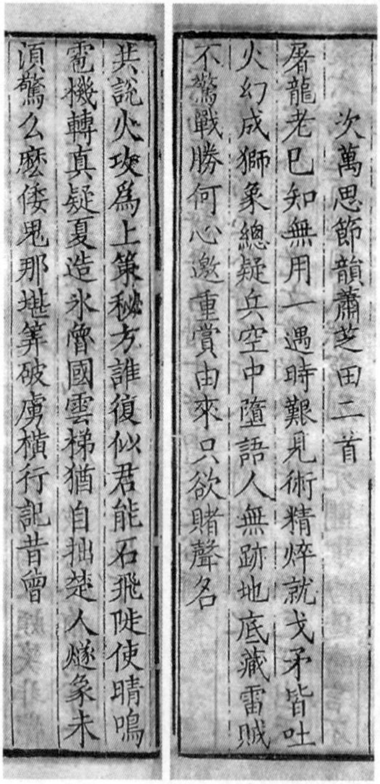

屠龍老巴知無用一遇時艱見術精焠就戈矛皆吐

火幻成獅象總疑立空中墮語人無跡地底藏雷賊

不驚戰勝何心邀重賞由來只欲賭聲名

次萬思節韻蕭芝田二首

其說火攻爲上策秘方誰復似君能石飛陡使晴鳴

電機轉真疑夏造氷曾國雲梯猶自拙楚人慙条未

頂蕩公麼倭兒那堪箅破虜橫行記昔曾　熊文燦

图3-1　唐顺之《次万思节韵萧芝田二首》

铣。《万文恭公摘集》诗篇编年为序，按目录标注，《赠火药师萧芝田二首》列入"两京郎署并在告"时期，且靠后位置，早于"江右金宪"（江西按察司金事）时期，约在嘉靖二十三年至三十三年之间（1544—1554）。玩味诗意，"旧姓曾""记昔曾"云云，似曾铣殁后之语，写作时间或在1548年稍后数年间。

曾铣（1509—1548），字子重，号石塘，浙江黄岩人，嘉靖八年进士。嘉靖二十三年（1544），提督山西三关，兼任巡抚，故可称中丞。嘉靖二十五年，升陕西三边总督，采取积极防御政策，主动出击。又上疏言方略，建议大举出兵，驱逐蒙古部落，控制河套地区。后为政敌构陷，嘉靖二十七年一月入狱，同年处决，备战努力，付之东流。

曾铣与唐顺之为进士同年，嘉靖二十六年，曾将"复套"疏稿、边图、营图寄与唐氏。唐顺之集中尚存《答曾石塘总制》书札三通，讨论河套攻守利害。[①] 唐顺之子唐鹤徵（1538—

---

① 唐顺之《重刊荆川先生文集》卷八，7b—12b。

1619)幼时亲见曾铣,后为之立传(《曾襄愍铣》),收入《皇明辅世编》,详述曾铣督边始末,"至其机械火器之巧,叠出不穷,虽古名将有不可及者"。①

在曾铣宏大的"复套"方案中,火器占据重要地位。按其嘉靖二十五年十月所上题本:

> 今欲复套,须备熟铁盏口炮六千位、长管铁铳一万五千把、手把铁铳一万五千把、手把小铁枪二万根、长枪二千根、生铁炸炮十万个。焰硝十五万斤、硫黄三万斤、包铁铅子大小二十五万斤。弓矢盾架,相为表里。庶可鞭挞此胡,恢复故壤。然此特一年之具尔。②

相应火器战术,采取多层循环射击法:

> 惟火器为御虏长技,尤该多备。大约预备五层,头层打毕即退,再装火药,二层打之,二层打毕即退,再装火药,三层打之,四层五层,无不皆然,周而复始,火炮不绝。③

盏口炮与生铁炸炮组合,即所谓毒火飞炮,彼时可称尖端武器。曾铣主持山、陕边务时期所造毒火飞炮与地雷,恐即火药师萧芝田大展身手之处。按戚继光《纪效新书》(十四卷本,1584年成书)军中杂流考核项目:"火药匠考火箭九枝、小药线三条,大将军等炮装放法则。"④该书时代较曾铣督陕晚四

---

① 唐鹤徵《皇明辅世编》卷六,83b,崇祯十五年刻本,《续修四库全书》史部第524册,第757页。
② 曾铣《复套议》卷上,20b,万历刻本,《四库全书存目丛书》史部第60册,第602页。
③ 曾铣《复套议》卷上,75b,万历刻本,《四库全书存目丛书》史部第60册,第629页。
④ 戚继光《纪效新书》(十四卷本),范中义校释,北京:中华书局,2001年,第142页。

十年,亦略可见军中火药匠技能所在。

二、毒火飞炮与地雷

关于火炮发射用爆炸弹的起源。成东(1991)谓"何时开始使用爆炸弹。过去人们常把嘉靖四年(1525 年)制的'毒火飞炮'作为最早的记载"。又举元末张宪《玉笥集》所载《铁炮行》一诗,推测元代有可能已开始使用碗口铳发射爆炸弹。[①]

按,13 世纪初,金朝已使用铁火炮、震天雷一类铁壳爆炸弹,宋蒙战争时期,铁火炮更为盛行,不过多用抛石机发射,尚未与管形射击火器结合。近年重庆白帝城、钓鱼城南宋遗址出土多枚铁火炮实物。钓鱼城范家堰南宋衙署遗址出土铁火炮,生铁球体中空,口部略残缺,高约 9.7 厘米,腹围直径11 厘米,壁厚约 1 厘米。铁火炮腰部有范缝,当为两半球合范铸造(图 3 - 2)。[②]《玉笥集》所述铁炮是否系火铳发射尚无确据,更可能是投机发射的铁壳爆炸弹。

刘旭(2004)谓"嘉靖四年(1525),明政府制造了一种毒火飞炮……这是目前从史籍上所能找到的我国最早发射空心爆炸弹的确切记载",引据《明会典》卷一九三、《钦定续文献通考》卷一三四。[③]

---

① 成东《碗口铳小考》,《文物》1991 年第 1 期。
② Yuan Dongshan(袁东山)and Hu Limin(胡立敏), "A Preliminary Study on the Spherical Bombs (*Huolei*) of the Southern Song Dynasty Unearthed in Chongqing"(重庆出土南宋球形火雷的初步研究), *Chinese Annals of History of Science and Technology* 3, no. 1 (2019): 44 - 61.
③ 刘旭《中国古代火药火器史》,郑州:大象出版社,2004 年,第 86 页。

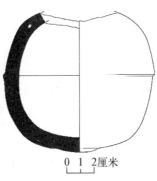

0 1 2厘米

图 3-2 铁火炮·钓鱼城范家堰南宋衙署遗址出土

上述"嘉靖四年"之说,实系误会。乾隆间纂修《钦定续文献通考》引用万历《大明会典》,字句讹谬,造成后世误解。按《大明会典》开列火器"各边自造"项下,"千里铳"条末句为"嘉靖四十四年题准辽东自造",其后为"毒火飞炮"条,另起一行。[1]《钦定续文献通考》转引《大明会典》,误作"嘉靖四年令辽东自造",且本条与下文"毒火飞炮"条连写。[2] 如是误导读者,以为制造毒火飞炮之事系于嘉靖四年。

按万历《大明会典·火器》"各边自造"项:

> 毒火飞炮。用熟铁造,似盏口将军。内装火药十两有余。盏口内盛生铁飞炮[一]个,内装[砒]硫毒药五两。

---

[1] 申时行等修《大明会典》卷一九三,4b—5a,万历刻本,《续修四库全书》史部第792册,第321—322页。

[2] 嵇璜等纂《钦定续文献通考》卷一三四,35b,天津图书馆藏武英殿刻本。文渊阁本(卷一三四,40a)此处文本、格式与武英殿本相同。参见《景印文渊阁四库全书》第629册,台北:台湾商务印书馆,1986年,第706页。

药线总缚一处。点火,大炮先响,将飞炮打于二百步外,爆碎伤人。[①]

盏口将军即盏口炮,身粗口阔,铳口外侈,属传统类型火器,明初多用铜铸。万历《大明会典》所云,乃应用熟铁打造之盏口炮,发射生铁铸造之空心爆炸弹。"生铁飞炮"爆破,弹片与毒药烟尘四散伤敌,故名之"毒火"。"毒火飞炮"一词既可指发射爆炸弹的管形火器,也可指爆炸弹自身。

《大明会典》本条未注明打造"毒火飞炮"的事由、年月、地点。按明代中期惯例,各边自造火器,需经奏准。嘉靖二十五年(1546)十月,陕西三边总督曾铣题本有云:"臣昔提督山西三关,尝造盏口炮、毒火飞炮,具式奏请。伏蒙皇上拨银数千两,以资成造。"[②]可知《大明会典》所载"毒火飞炮",当为曾铣提督山西三关任内(1544—1545)具式奏请,获得明廷发银数千两。

嘉靖二十五年六月,宣大总督翁万达(1498—1552)《置造火器疏》有云:

> 炮之先,锻铁为筒,磨石为子已矣。一变而为毒火飞炮,镕铁为子,虚其中而实之药,击处皆伤。盖传自前代,而兵家颇秘之。[③]

---

① 申时行等修《大明会典》一九三,4b—5a,万历刻本,《续修四库全书》史部第 792 册,第 321—322 页。影印《大明会典》万历刻本漫漶处,据铅印本补,加方括号。参见申时行等修《明会典》,北京:中华书局,1989 年,第 977 页。
② 曾铣《复套议》卷上,20a,万历刻本,《四库全书存目丛书》史部第 60 册,第 602 页。
③ 翁万达《翁万达集》,朱仲玉、吴奎信点校整理,上海:上海古籍出版社,1992 年,第 379 页。翁万达对毒火飞炮略加改造,名之"雷飞炮":以轻型盏口铳作为母炮,"母炮则约长尺许,上广下窄,下如神机之状,上盘菱花之形"。

　　按翁万达之说,毒火飞炮传自前代,并非曾铣首创。最早的火炮用铁壳炸弹何时出现,仍然是一个悬案。弘治十年(1497)稍前,何孟春(1474—1536)"见西安城上旧贮铁炮曰震天雷者,状如合碗,顶一孔,仅容指,军中久不用。余谓此金人守汴梁之物也……火发炮裂,铁块四飞,故能远毙人马,边城岂可不存"。又云"其城上震天雷又有磁烧者"。[①] 可知15世纪明军即曾使用铁壳炸弹,且仍然称之为"震天雷"。何孟春所见者"状如合碗"则腰部有范缝。此类旧物,更可能是金元以降之抛石机用爆炸弹。至于磁制震天雷,必不能用火炮发射,当为传统的投射武器。

　　从现存记载看来,曾铣治下毒火飞炮的生产规模应属空前。嘉靖《三关志·武备考》(1545)收录曾氏提督山西新造军器清单,内有火器十余种,包括"熟铁盏口将军八百三十二位、熟铁盏口炮一千二百六十五个""毒火飞炮十万三千八百二十三个"。[②] 曾铣在山西任职仅两年,《三关志》所记造成军火数量惊人,恐非实际完工数额。

　　唐鹤徵描写曾铣所制子母炮(子炮即毒火飞炮)有云:

　　　　其母炮则以熟铁为之,子炮则以生铁为之,贮药其中。以母炮发子炮,已至虏所,犹未炸。虏乍见未知其能炸也,簇而视之,遂击杀数十人。或曰即前所

---

① 何孟春《馀冬序录》卷五七,11a—b,嘉靖刻本,《四库全书存目丛书》子部第102册,第153页。
② 廖希颜辑《三关志》,11a—12b,嘉靖二十四年刻本,《续修四库全书》史部第738册,第716页。

称盏口炮。^①

李诩（1505—1593）《戒庵老人漫笔》引述七十老人李良回忆曾铣督边旧事，谓其：

> 又置慢炮法，炮圆如斗，中藏机巧，火线至一二时才发，外以五采饰之。虏骑群至，拾得者讶为异物，聚观而传玩者墙拥，须臾药发，死伤甚众。虏未测所谓，惟以曾爷爷呼之。^②

综合观之，二人所述似为同一事。飞炮如引线较长，落地后引爆较迟，便能起到定时炸弹的效果。不过批量制造飞炮的目的，并非专门用作定时炸弹。

曾铣造慢炮与地雷，同样久为研究者注意，视作明代爆炸类火器的重要发展，但主要根据《渊鉴类函》转引《兵略纂闻》片断，未将慢炮与毒火飞炮联系起来。^③

按瞿汝说（1565—1623）辑《皇明臣略纂闻》（又名《皇明兵略纂闻》，1635）卷二，载曾铣筹边两则。一为置慢炮法及引虏炮击事，文同《戒庵老人漫笔》。其二记竹篓沉河陷马、木人藏毒制虏事，且谓曾铣：

> 又制地雷，穴地丈许，柜药于中，以石满覆，更覆以

---

① 唐鹤徵《皇明辅世编》卷六，84a，崇祯十五年刻本，《续修四库全书》史部第524册，第758页。
② 李诩《戒庵老人漫笔》卷五，12a，万历刻本，《续修四库全书》子部第1173册，第731页。
③ 例如刘旭《中国古代火药火器史》（大象出版社，2004），第87页，第98页；王兆春《中国古代军事工程技术史（宋元明清）》（山西教育出版社，2007），第336—337页。

沙,令与地平。伏火于下,可以经月。系其发机于地面,过者蹴机,则火坠药发,石飞坠杀人。虏惊以为神。[①]

今可知《兵略纂闻》本节史源当为唐鹤徵《曾襄愍铳》与李诩《戒庵老人漫笔》。唐鹤徵曾铣传云:

> 地雷,则穴地丈许,[柜?]药于中,以石如斗大者满覆之,更覆以沙[土?],令与地平。伏火于下,可以经月。系其发机于地面,过者蹴机,则火坠药发,石之飞坠,悉能杀人。虏惊以为神,皆远徙避之。[②]

地雷伏火引爆之法,《武备志》(1621)卷一三四记载较详,人所易见。[③]上述爆炸性火器有一共同点——核心元件皆为精巧、可靠的引信。毒火飞炮(及慢炮)的引爆装置,需要慢燃药线、粉状火药与竹管、木棍、纸张之类。前引唐顺之诗,所谓“空中堕语人无迹,地底藏雷贼不惊”,颇为符合毒火飞炮与地雷的战斗效果。制作精巧的引信装置,正是烟火匠师的特长,应为萧芝田大展身手之处。

---

① 瞿汝说辑《皇明臣略纂闻》卷二,50b—51b,崇祯八年刻本,《四库禁毁书丛刊补编》第 17 册,第 57—58 页。按书前钱谦益序,瞿汝说生前“蒐讨国朝名卿大夫嘉猷伟略,散在国史家状者,著《皇明臣略》”;崇祯八年,汝说子瞿式耜整理乃父遗稿,“先刻兵略,以传于世”。是书凡十二卷,卷首大题“皇明臣略纂闻”,次行署名,第三行又题“兵事类”,书前总目则题作“皇明兵略纂闻目”。故而后世著录不一,或作“臣略”或作“兵略”。康熙间官修《渊鉴类函》,《武功部八·火攻三》引《兵略纂闻》,节录慢炮、地雷二则,文字稍有变动,如“虏”改作“敌”。参见张英等纂《渊鉴类函》卷二一三,6a,中国国家图书馆藏康熙四十九年刻本。
② 唐鹤徵《皇明辅世编》卷六,84a,崇祯十五年刻本,《续修四库全书》史部第 524 册,第 758 页。方括号为刻本漫漶之字,臆补。
③ 茅元仪《武备志》卷一三四,4b—14b,天启刻本,《续修四库全书》子部第 964 册,第 657—662 页。有关钢轮发火装置的讨论,详见刘仙洲《我国古代慢炮、地雷和水雷自动发火装置的发明》,《文物》1973 年第 11 期。

三、引信问题

关于毒火飞炮的形制，明末张同敞（？—1651）编《三甲兵书》所载"毒火飞炮式"有图有说，最为直观明白（图3-3）。主要金属组件包括飞炮与碗口铳。飞炮即空心铁弹，形若石榴，类似后世手雷，今尚有传世品。引信则分为木信与纸信两种：

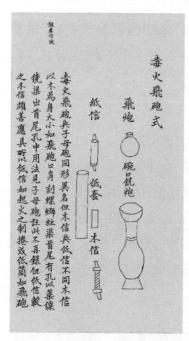

图3-3 《三甲兵书·毒火飞炮式》

> 毒火飞炮，与子母炮同形异名，但木信与纸信不同。木信以木为身，大小如飞炮口，身刻螺蛳旋渠，首尾有孔，以药线绕渠，出首尾孔中。用法见子母炮注，此不再录。但纸信较之木信颇善应具。所以纸信如起火之制，捲成纸筒，如飞炮口大，中筑火药令实，两头系傅，各装火线，点火半饷，方药发炮裂。①

子母炮形制，最早见于戚继光《纪效新书》（1561）。母炮为发射用铳，子炮即空心炸弹，后世兵书多袭取其说。按《纪

---

① 张同敞辑《三甲兵书》，傅斯年图书馆藏清抄本（无页码）。

效新书》,子炮之关键在于木信:

> 此炮用木信,雕成螺丝,转形为渠,以药线随渠缠足,
> 下露线一节,在底上露出。信之上用褙纸,信外卷紧,与子
> 铳口合。乃将好药入瓶八分,将信送入口,即将瓶覆向下,
> 摇摇按入其信。若仰瓶装信,则信底有药,放时药催信出,
> 而瓶不破响。惟覆装其信,则将信务入到底,庶底下无药。
> 药在周围,信线燃入,药乃作破子瓶。其放时,先用木马将
> 大铳装毕,以瓶入上大口,先点瓶线,燃入木信不见,即点
> 母炮线打去。若瓶线点早,母线太长,则瓶不出口而响矣。
> 若点瓶线太迟,未及燃入打去,则闪风而灭矣。又有一法:
> 共拴一线,居中点火。终是不齐,还是两点为妙。①

发射子炮,需要先点燃子炮引线,再行点燃母铳的引线,两相
配合,迟速不易掌握。这种武
器杀伤力较小,仅用于惊扰敌
营,对发射后子炮的爆炸位置
要求不高。

隆庆二年至万历十年
(1567—1582),戚继光长期担任
蓟镇总兵官。万历四年(1575)蓟
镇编刻之《四镇三关志》所载"铁
炸炮"之图(图3-4),与《三甲兵

图 3-4 《四镇三关志·铁炸炮》

---

① 戚继光《纪效新书》(十八卷本),曹文明、吕颖慧校释,北京:中华书局,2001年,第
254—255页。

书》中的"飞炮"形象略同。[①] 北京延庆(属"四镇"之蓟镇)火焰山营盘遗址出土之明代空心铁弹(图3-5),与上述两书之图如出一辙。这批空心铁弹实物为生铁铸造,直径约8—10厘米,壁厚约0.5厘米,上部突出有孔,形若石榴,弹身垂直方向有一圈明显的范缝。[②]

图3-5 明代铁炸炮·延庆火焰山营盘遗址出土[③]

郭子章(1543—1618)《城书》(1599)所载子母炮,对子母炮火药配方、子炮形制、木信形制,描述更为具体:

> 子炮火线要缓,每硝乙两,黄[原文如此]乙两二分,炭三钱。子炮腹中药,每硝乙两,黄二钱,炭二钱,班毛乙钱,取其有力,能炸碎也。

> 母炮火线要急,每硝乙两,黄三分,炭三钱,捣擂极

① 刘效祖《四镇三关志·建置》,41b,万历四年刻本,《中国文献珍本丛书》,北京:全国图书馆文献缩微复制中心,1991年。
② 程瑜、李秀辉、范学新《北京市延庆县出土兵器的初步研究》,《文物科技研究》第7辑,北京:科学出版社,2010年,第148—159页。
③ 中国长城博物馆(八达岭)藏品。笔者摄影。

细,入(酴)[酽]烧酒(税)[兑]匀,杵捣,晒干,仍复碾细。母炮腹中药,每硝乙两,黄九分,炭三钱,取其直冲而能远也。

子炮用生铁铸成,为石榴之状,或为小铁炮之状,二者较之,不如小铁炮为便也。

又云:

子炮长五寸,入母炮口中。一平子炮木笋,长二寸,紧紧打入子炮口。从笋顶上至笋下,旋转刻坎路,笋顶顶上从中斜锥一眼,从傍透头一层坎路,笋下亦从中锥一眼,透末一层(吹)[坎]路。火线从顶上眼透入头一层坎,盘旋周围坎中,从末一层坎透入下面眼垂出余线五七分,使其火透腹中药也。木笋刻坎,药线盘旋者,使其发之稍迟,俟母炮先发,送此子炮入营方响也。①

《城书》插图表现"铁石榴"(空心铁弹)、子炮入笋入药之状,以及木柄铁母炮筒(图3-6)。郭子章认为先燃子炮、再点母铳之法不便,建议改用他法:

母炮入药入子炮式:先燃子炮火线,次及燃此母炮火线。按,古制,先燃子炮火线,随即燃母炮火线。始一时迟速不便,不如将子炮颠倒放入母炮腹中,母炮中药一燃,则子炮火线一燃自(然)[燃],送去尤为便也。②

---

① 郭子章《城书》卷二,中国国家图书馆藏清抄本(无页码),《明清稀见兵书四种》,第617、619页。
② 郭子章《城书》卷二,第619页。

又按《武备志》(1621)飞摧炸炮图说(图3-7)。大铁炮发射生铁小口空腹蒺藜炮,小炮(爆炸弹)内"入炸药,杵应口"。引信用小竹筒,插进小炮内,在大炮口外留足引线。"临时先点小炮药线,次点大炮药线,以大炮而送小炮,至彼裂矣。"①

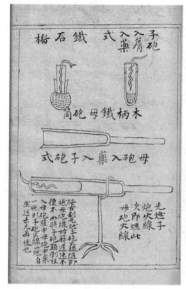 

图3-6 《城书·子母炮》　　图3-7 《武备志·飞摧炸炮》②

16世纪末壬辰战争时期(1592—1598),朝鲜军队使用之"震天雷",亦为碗口铳发射之铁壳爆炸弹。柳成龙(1542—1607)《惩毖录》有云:

---

① 茅元仪《武备志》卷一二二,26a—b,天启刻本,《续修四库全书》子部第964册,第552页。
② 本图用《中华再造善本》(国家图书馆出版社,2013年)影印中国国家图书馆藏《武备志》天启刻本。

> 震天雷飞击,古无其制,有军器寺火炮匠李长孙者创
> 出。取震天雷,以大碗口发之,能飞至五六百步,坠地良
> 久,火自内发,贼最畏此物。[①]

震天雷这个名称自然要追溯到13世纪初金朝军队所用
铁壳炸弹"震天雷",后者采用抛石机抛射,并非火炮发射
物。按前引何孟春之说,15世纪明军亦有铁壳炸弹名"震天
雷"者,但不能确定是否为火炮发射物。至于朝鲜震天雷究
竟是独立发明,抑或受到明朝毒火飞炮影响,目前尚无
确证。

柳成龙曾经研究援朝明军所携子母炮及戚继光《纪效新
书》,与朝鲜震天雷相参酌,加以改造。

> 其后又得《新书》子母炮之制,于战用尤关。余令军
> 器寺主簿李白海铸之。而余自出己意,增损其法,与我国
> 所用飞击震天雷相类而尤便利,诚为制胜之良具。[②]

具体而言:

> 今于《纪效新书》得子母炮,其制与震天雷相类,而颇
> 简省易致。盖其母炮、子炮,皆减震天雷三四分之二三
> [中略]但《新书》所载木信之制不可晓。今以天兵遗下子
> 炮观之,用药线自内垂下一端于外,使之燃火。若燃早则
> 在母炮炸裂,燃迟则在空中闪风而灭。黑夜中心手忙慌,

---

① 柳成龙《惩毖录》卷一,48b—49a,早稻田大学图书馆藏朝鲜刻十六卷古刊本。
② 柳成龙《记火炮之始》,《西厓先生文集》卷十六,25a,早稻田大学图书馆藏朝鲜刻
十一行本。

点火发放，似难适宜。今更以我国震天雷之制，参商增损。使子炮腹稍大而中置斜刻木信，以火线缠之，至底而拖出少□。笼以竹筒，令与瓶药相击。外口用铁叶闭之，中穿小穴，以通火线于外。而铁叶外用土坚实之，至炮口而止。其外以纸糊之，预为藏药。多多为善，临时用之无穷。①

韩国庆尚南道昌宁火王山城遗址出土的空心铁弹残件（今藏韩国国立晋州博物馆），可能便是壬辰战争时期使用之震天雷（图3-8）。其为生铁铸造，直径19厘米，顶部小开孔略突出，腰部水平方向可见明显范缝。② 与朝鲜震天雷相比，明代铁火炮实物体量明显较小，符合柳成龙之说。

康熙二十九年（1690），北京景山炮厂所造御制威远将军炮，实即南怀仁生前设计之欧式铜臼炮。"前哆后敛，形如仰钟。重七百五十勉，长二尺五寸。"该炮发射之空心铁弹俗称"西瓜炮"，引信装置采用药线缠绕木螺旋（"木钥匙"）外套竹筒。③ 锺方《炮图集》（1841）所绘西瓜炮（图3-9）与郭子章《城书》（1599）爆炸弹的引信设计并无实质差异。

---

① 柳成龙《子母炮》，《西厓先生别集》卷四，28a—b，早稻田大学图书馆藏朝鲜刻十一行本。
② 震天雷直径，据晋州博物馆编印馆藏文物图谱《국립진주박물관》2012年韩文版，第133页。
③ "铁子自三十斤，至三十五斤……子内以螺旋木绕药线，外裹朝鲜贡纸，盛以竹筒，入于子内，后出线寸许，以达炮药，前出六七寸，以待燃……发时，先燃铁子药线，再速燃火门药。炮发子出，迸裂四散，为用最烈。"参见锺方《炮图集》卷二"威远铜炮图说"，北京大学图书馆藏道光二十一年稿本。按，此种铜臼炮，目前故宫博物院、中国人民革命军事博物馆各藏一门，阴刻满汉文铭文，皆为康熙二十九年景山造。

 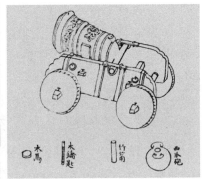

图 3‑8　朝鲜碗口铳与震天雷①　　图 3‑9　威远将军与西瓜炮·《炮图集》

四、结语

本章以万士和、唐顺之唱和诗为线索,借助《复套议》、曾铣传等资料,揭示嘉靖二十四年前后,火药师萧芝田参与了曾铣发起的边境备战,此人的特殊技能很可能运用于生产毒火飞炮(爆炸弹)、地雷这类需要精巧引信装置的爆炸性火器。

借助烟火匠师制作引信的特长,确可提升军用火器性能。不过触发式地雷在明清时期属于奇巧之物,相当罕见。毒火飞炮尽管在曾铣治下一度大量生产,此后三百年间类似武器也多次见于史籍,然而相关技术工艺始终停滞不前。

同治十二年(1873),左宗棠(1812—1885)上书总理各国事务衙门,论及福州船政派员留学欧洲事,有云:

---

① 韩国国立晋州博物馆藏品。笔者摄影。

尝叹泰西开花炮子及大炮之入中国,自明已然。现在凤翔府城楼尚存有开花炮子二百余枚。平凉府西城现有大洋炮,上镌"万历"及"总制胡"等字,余皆剥蚀。然则利器之入中土三百余年矣。使当时有人留心及此,何至岛族纵横海上数十年,挟此傲我,索一解人不得也。①

早在 13 世纪,中国已出现铁壳爆炸弹。迟至 16 世纪中叶,明朝军队已使用火炮发射铁壳爆炸,尚无证据显示与西法相关。17 世纪中期至 19 世纪中期,中国火器技术并未出现显著进步,爆炸弹没有得到广泛使用和持续改进,并非特例。19 世纪末大规模引入西方军火之前,火炮用爆炸弹在清朝军队中并未成为常规装备。左宗棠时代的"泰西开花炮子"与中国传统铁壳爆炸弹存在技术代差,早已不可同日而语。

宏观上看,中国历史上军事技术的停滞甚至退化现象颇为常见,传统时代的王朝国家对于火器技术,常态倾向控制,甚至主动停止发展,而非鼓励创新。② 至于毒火飞炮未能普及,也有技术条件的制约。限于整体技术水平,早期火炮用爆炸弹制作难度高,可靠性低,危险性大,品质高下极为依赖工匠技艺。如果得不到持续有效的支持,不断改进技术,研发新式武器,难以大规模生产应用。由于缺乏可靠的触发引信,近代早期欧洲的火炮发射物同样以实心铁弹为主流,直到 19 世

---

① 左宗棠《左宗棠全集·书信(二)》,刘泱泱、廖运兰点校,长沙:岳麓书社,1996 年,第 416 页。
② 钟少异《中国古代科技史上的停滞退化现象》,《古兵雕虫——钟少异自选集》,上海:中西书局,2015 年,第 64—70 页。

纪中后期,随着一系列技术突破,火炮用爆炸弹方法为西方军队大量采用。同时值得注意的是,具有专门技艺、实际参与改进火器的技术人员在明清时期往往是社会地位较低的武官或匠人,文艺复兴以降的欧洲则出现了军事工程师这一职业群体。

第四章

发熕考——西洋大炮前史[①]

16 世纪初，葡萄牙武装商船东来，通过贸易与战争，造成欧式火器的扩散。正德末嘉靖初，明人借鉴葡船所载提心式后装炮，开始仿造所谓佛郎机铳。嘉靖中期，东南沿海的明朝军队开始配备鸟嘴铳（火绳枪）。佛郎机铳与鸟嘴铳，也成为中国火器欧化第一阶段的标志。万历末年，明朝方面着手引进、仿制欧式前装炮，即所谓西洋大炮或红夷大炮，被视为西方火器传华第二阶段的开始。[②] 有关明代后期欧式火器（以佛郎机铳、鸟嘴铳、西洋大炮为代表）的技术特点、传播过程与影响，早已是数部中国火器史专著与众多学术论文的重点论题。西洋大炮在明清战争中扮演了重要角色，尤其受到关注。

西洋大炮传华并非始于万历末年。早在嘉靖年间，东南沿海地区已然开始仿制、运用此类火炮，时人名之发熕。研究者一般认可发熕最初系域外传入。[③] 然而迄今有关发熕的讨

---

① 本文初稿参见《发熕考——16 世纪传华的欧式前装火炮及其演变》，《自然科学史研究》2013 年第 4 期。本章据之增订。
② 尹晓冬、仪德刚《明末清初西方火器传华的两个阶段》，《内蒙古师范大学学报（自然科学汉文版）》2007 年第 4 期。
③ Joseph Needham et al., *Science and Civilisation in China*, vol. 5, pt. 7, *Military Technology: The Gunpowder Epic* (Cambridge: Cambridge University Press, 1986), 378–379. 王兆春《中国火器史》，北京：军事科学出版社，1991 年，第 133 页。

论,主要材料限于《筹海图编》"铜发贡"图说。如果放宽视野,拓展史料,加以综合研究,便会看到发熕在中国火器欧化的第一阶段占有重要地位。16 世纪后期,发熕一度是中国战场上体量最巨、威力最大的火器,不仅成为主力舰炮,且用于城镇攻防。明朝水师将发熕用作舰首主炮长达半个世纪。发熕与其他新式火器的配套使用,直接推动了海战方式的变革。与西炮原型相比,本土化之后的发熕在形制和操作方面已有许多改变。明末欧式前装火炮再次传入,老式发熕遭到淘汰,新式发熕则具有典型的欧洲风格。入清后,发熕逐渐成为一类轻型火炮的专名。本文力图探索发熕的来源、形制、作战方式、装备规模、名实变化等问题,比较全面地探讨 16 世纪传华的欧式前装火炮及其演变。

一、基本史料

有关发熕现存最早的专门介绍及图像,出自《筹海图编》(1562)卷十三"铜发贡"图说,其文曰:

> 每座约重五百斤,用铅子一百个,每个约重四斤。此攻城之利器也,大敌数万相聚,亦用此以攻之。其石弹如小斗大,石之所击触者,无能留存。墙遇之即透,屋遇之即摧,树遇之即折,人畜遇之即成血漕,山遇之即深入几尺。不但石不可犯而已,凡石所击之物,转相抟击,物亦无不毁者,甚至人之支体血肉,被石溅去亦伤坏。又不但石子利害而已,火药一爇之后,其气能毒杀乎

人,其风能煽杀乎人,其声能震杀乎人。故欲放发矿,须掘土坑,令司火者藏身,后燃药线,火气与声,但向上冲,可以免死。仍须择强悍多人为之护守,以防敌人抢发矿之患。若非攻坚夺险,不必用此也。或问:用之水战可乎?曰:贼若方舟为阵,亦可用其小者,但放时火力向前,船震动而倒缩,无不裂而沉者,须另以木筏,载而用之可也。曰:城上可用乎?曰:不可,发矿便于攻高,不便于攻下故也。[1]

发贡、发矿,皆发熕之异写。按其说,铜发熕的主要特征如下:用铜铸造;弹丸用铅子或石子;破坏力极大;水战不宜置船上,需另载以木筏;不便俯击,不能用于守城。这段文字流传甚广,后世著作常加援引。不过所谓水战需另用木筏、守城不便攻下云云,未可尽信。《筹海图编》即提到,战舰中体型最大的广船与大福船,所恃火炮有"发矿、佛郎机。是惟不中,中则无船不粉";同时也将发熕列为重要的守城火器。[2] 所谓木筏,或可理解为船内承载发熕之底座,非水上漂浮之木筏。

所谓"用铅子一百个,每个约重四斤",成东(1993)提出,不妨解作每次单独发射四斤铅弹。[3] 炮弹直径,山形欣哉

---

① 郑若曾《筹海图编》卷十三,复旦大学图书馆藏嘉靖四十一年刻本,《中国兵书集成》第16册,北京:解放军出版社;沈阳:辽沈书社,1994年,第1263页,第1259页。影印本错页,第1263页下应接第1259页。

② 郑若曾《筹海图编》卷十三,《中国兵书集成》第16册,第1203页,第1085页,第1118页。

③ 成东《明代后期有铭火炮概述》,《文物》1993年第4期。

(2004)推算约 8 厘米。[①] 相对传统形制、重量等级相近的老式大将军炮,《筹海图编》铜发烦口径减半,铳管厚度与倍径(铳口至火门距离与口径之比)必然相应增大,炮弹的射程与破坏力随之增加。[②]

《筹海图编》铜发烦图(图 4-1,图 4-2)中的火炮与炮车具有以下特征:铳身分前膛、药室、铳尾三部分;前膛有二道隆起,将铳管分隔成三段,纹饰风格各异,铳口后部浮雕类似兽头;中部药室膨大,无纹饰,两侧有铳耳,上部引出火线;后部铳尾呈锥形,有浮雕装饰,亦似兽面形象;铳尾末端装圆

图 4-1　铜发烦·嘉靖本
《筹海图编》(1562)[③]

图 4-2　铜发烦·隆庆本
《筹海图编》(1572)[④]

[①] 山形欣哉《歴史の海を走る:中国造船技術の航跡》,東京:農山漁村文化協会,2004 年,第 88 页。按,彼时火炮所用大口径弹多为铅包铁弹。按 4 斤 = 2 387.2 克,生铁(7.85 克/立方厘米)弹直径 8.3 厘米,纯铅(11.34 克/立方厘米)弹直径 7.3 厘米。

[②] 老式大将军炮遗存,如正德六年(1511)汝宁府款铜炮,直管前膛,椭圆药室,平底尾銎。通长 81 厘米,口径 22 厘米,重 348 公斤。参见赵新来《在株州鉴选出一件明代铜炮》,《文物》1965 年第 8 期。

[③] 郑若曾《筹海图编》卷十三,34a,复旦大学图书馆藏嘉靖四十一年刻本。承蒙王亮先生寄示原刻本书影。按《中国兵书集成》第 16 册影印复旦藏嘉靖本,底本部分页面有欠清晰,改用天启刻本替换影印,然替换何页,未加标注。影印本第 1262 页铜发烦之图即改用天启本。

[④] 郑若曾《筹海图编》卷十三,35a,清华大学图书馆藏隆庆六年刻本。

环,且内挂一环;车辕高起,有月牙窝承炮耳,横梁四道,车轮四个、无辐条。铳尾加环,便于套索牵引复位,很像欧洲近代早期的舰炮。

明代前期火炮(诸如大将军炮),一无大面积施加纹饰之例,二无用于调整射角之铳耳,三则铳尾底部必是平面或圈足。[①] 在这几个方面,图像中的铜发熕明显具有域外特征。

《筹海图编》"铜发贡"铳口纹饰为一兽头,铳尾纹饰难辨,或亦如是。《筹海重编》(1592)"铜发熕"之图略有改易,突出了兽头图案。[②] 这种采用猛兽形象装饰炮口或炮尾的风格在欧洲和印度均有实例。帕廷顿(Partington, 1960)据《武备志》转载之发熕图,联想到 15 世纪后期欧洲火炮装饰类似之例。[③] 无独有偶,16 世纪前期,印度北部的穆斯林君主,开始依靠奥斯曼土耳其技师,仿造欧式前装炮。传世品中,约 1541—1543 年间铸造的一门轻型铜炮(长 1.346 米,口径 3.81厘米),炮口即造成虎头装饰;更著名的例子,则是 1548 年印度中部艾哈迈德讷格尔地区铸造之巨型铜炮 Malik Maidan

---

① 明代早期火器实物中确有加铸"铳耳"者,如太原原藏洪武十年铁炮炮筒中部即有两对"铳耳",其功能应是固定铳身,而非调整射角。考证见李斌《明清火器技术研究》,合肥:中国科学技术大学博士论文,1991 年,第 121—123 页。

② 邓锺《筹海重编》卷十二,115a,万历二十年刻本,《四库全书存目丛书》史部第 227 册。

③ James R. Partington, *A History of Greek Fire and Gunpowder* (Cambridge: Heffer, 1960), 280, 295. 该图出自 Napoléon & Ildefonse Favé, *Études sur le passé et l'avenir de l'artillerie*, vol. 3. (Paris: J. Dumaine, 1862), 171, plate 12, fig. 2 (from BN MS. Fonds du Roi 6993, undated but probably 1450 – 1500); 196, plate 30, fig. 6 (Italian basilisco, c. 1450 – 1500).

（长 4.33 米，口径 73.1 厘米），其炮口外铸成虎（?）口吞象之状[1]。葡萄牙里斯本军事博物馆（Museu Militar）藏有一门熟铁巨炮（Bombard），推测为 16 世纪初制造，产地不详，铳口兽头形象与 Malik Maidan 颇为相似。[2]

　　巴黎军事博物馆（Musée de l'Armée）藏 16 世纪初西班牙造铜炮，全长 3.73 米，口径 18.3 厘米，重 2 275 公斤（据博物馆说明牌）；铳口兽头浮雕（图 4 - 3 右），作恶龙张口状，中部铸有铳耳，炮尾铸作狮头形象（图 4 - 3 左）。[3] 剑桥菲茨威廉博物馆（Fitzwilliam Museum）藏有一门 1533 年意大利造轻型铜炮，铳口及铳尾亦采用兽头浮雕装饰（图4 - 4）。

图 4 - 3　西班牙铜炮(16 世纪初)·巴黎军事博物馆

---

[1] Iqtidar Alam Khan, *Gunpowder and Firearms: Warfare in Medieval India* (New Delhi: Oxford University Press, 2004), 74 - 78. 又按 Malik Maidan 巨炮数据，参阅 Frederick Forbes, "Great Brass Gun at Bijapur," *Asiatic Journal and Monthly Register for British and Foreign India, China and Australasia*. new series, 32 (May-August, 1840): 84 - 86. 原作炮身通长 14 英尺，2.6 英寸；口径 2 英尺，4.8 英寸。

[2] Robert Gardiner, ed., *Cogs, Caravels and Galleons: The Sailing Ship 1000 - 1600* (London: Conway Maritime, 1994), 144.

[3] 本件火炮写真又可参见巴黎军事博物馆网页：www.musee-armee.fr/collections/base-de-donnees-des-collections/objet/le-dragon-canon-espagnol.html

图 4 - 4　意大利铜炮(约 1533)·剑桥菲茨威廉博物馆

　　至于药室鼓起的凸腹形制,则是明朝早期火器(手铳、碗口铳、大将军)的标志性特征。同一时期,欧洲与印度的大型火炮造型多为直筒或锥体,铳身或加粗箍,但突起之比例似不如图中之巨。何以同时出现看似矛盾的特征? 钟少异认为,《筹海图编》所绘铜发熕药室隆起,与中国传统铳炮相似,但有炮耳轴,使用轮式炮车,明显受西方影响,或许为结合中西铸炮技术制成。① 同时绘画造成的变形失真也是需要考虑的因素。

　　嘉靖本《筹海图编》为浙省官刻,按书末所载写工、画工、刻工名单,"苏州府画士薛察、定海县画士王岳绘图"。《筹海图编》刊行之年(1562),浙直总兵官卢镗已在定海县建成威远城等海防要塞,配备"铁发贡五千斤者四座,铜发贡三百斤者百余座"(后详)。如发熕图为定海县画士所绘,画士当不难接触实物。笔者认为,尽管写实程度值得怀疑,铜发熕之图还是传递了不少真实信息。至于插图与配图说明,则可分别观之。《筹海图编》铜发熕之图展示了一门具有欧洲风格的前装火炮,配备舰载四轮炮车。该铳有可能就是嘉靖二十八年(1549)明

---

① 钟少异《中国青铜铳炮总叙》,《中国历史文物》2002 年第 2 期。

军缴获的一千三百斤"佛狼机大铜铳"(详见下节)。按配图说明文字推测,铜发熕口径约 8 厘米,重约 300 公斤(500 斤);用铅包铁弹,每个约 2.4 公斤(4 斤)。这组数据恐怕来自明军的批量产品,未必是插图所绘原型炮的实际参数。

崇祯十二年(1639),两广总督张镜心(1590—1656)督造了一批红夷大炮,派员解送北方战场。济宁市博物馆现存五门张镜心款欧式铸铁炮,三门铳身铸有欧式纹章,与阳铸汉文铭文并存,可知应是直接使用西炮翻模铸造。其中一门的铳尾即铸作狮头形象。[①] 嘉靖年间,浙江福建沿海明军最初仿造发熕的情形,或相去不远。

二、语源问题

1548—1549 年间,明朝军队在闽浙沿海与走私集团(包括中国人、葡萄牙人、日本人等)发生了一系列武装冲突。朱纨(1494—1550)提督浙、闽海防军务,巡抚浙江,严厉执行海禁,奏疏中对民间与外国船只的武器装备留下了不少记载,缴获品清单内不乏佛郎机铳、鸟嘴铳、大小铜铁铳之类名目。[②] 嘉靖二十七年(1548)十一月九日,明军在漳浦外海夷屿,与葡萄牙船作战。"[葡萄牙]大夹板船齐鸣锣鼓发喊,放

---

① 黄一农《明清之际红夷大炮在东南沿海的流布及其影响》,《"中央"研究院历史语言研究所集刊》第 81 本第 4 分,2010 年,第 790—791 页。
② 中岛乐章《16 世纪 40 年代的双屿走私贸易与欧式火器》,牟方赞译,收入郭万平、张捷主编《舟山普陀与东亚海域文化交流》,杭州:浙江大学出版社,2009 年,第 34—43 页。

大铳三十余个,中小鸟铳不计,又山嘴上放大铳一个,石炮如碗。"后者似乎是一门发射石弹的舰首主炮。二十八年二月福建都司佥事卢镗与副使何乔率军在东山岛附近击败葡萄牙武装商船,缴获"佛狼机大铜铳二门,每门约重一千三百余斤,中号铜铁铳十一架,每架约重二百斤"。[①] 这种一千三百斤大铜铳很可能是前装炮,而非一般重量较轻的后装炮。这两门铜炮即有可能成为中土仿造发熕的原型。戚继光(1528—1588)之云"发熕等器,传自番夷,体重千余斤",似可与之印证。[②]

当时浙江、福建官局制造佛郎机铳,曾直接使用缴获品为原型,外国俘虏为铸铳工匠。嘉靖二十七年七月顷,福建都指挥使卢镗呈请铜匠窦光铸铳,朱纨批复:

> 仰浙江都司行取去海上近获得铜铁佛郎机铳,并工匠窦光等到杭,委官监督,铸造足用,方行福建一体铸造。仍行按察司查取见监黑鬼番,驾驭兴工,此番最得妙诀。工料议处回缴。[③]

这位被明军俘获监禁、善于造铳的"黑鬼番",应是葡萄牙商船上的非洲人、印度人,或东南亚人。[④] 次年缴获大铜铳,不无

---

① 朱纨《甓馀杂集》卷五,43b—44a,55a—b,明刻本,《四库全书存目丛书》集部第78册。按,此役明军未能缴获葡萄牙人船只,仅俘虏人员、武器。
② 戚继光《纪效新书》(十四卷本),范中义校释,北京:中华书局,2001年,第272页。
③ 朱纨《甓馀杂集》卷九,22a。
④ 16世纪葡萄牙人在亚洲海域大量役使的黑人,包括非洲黑人、马来人、印度人。明人谓之"佛郎机黑番"。嘉靖二十七年四月双屿之战,明军俘获的三名"黑番",分别来自马六甲、霍尔木兹、东非沿海。同年七月明人在福州黄崎澳俘获"凹目深肤"者十六人,八月在温州沿海俘获"黑番鬼"八名。参见廖大珂《明代"佛郎机黑番"籍贯考》,《世界民族》2008第1期。

可能照此办理，再加仿造。

　　发熕在明清文献中有多种写法，如發貢、發鑛、發槓、發碩、法熕、法貢、法攻等。显然出于音译，早期并无定字。《筹海图编》写作發貢或發鑛、發熕；《筹海重编》作發熕。熕似是专为火炮新造之字。17世纪中期，熕在闽南语中已然是火炮的泛称（如大熕、熕铳）。[①] 因发熕一词后世较为流行，且不易误会，本书遂通用此称。

　　这个名称的语源存在不同的解释。目前所见，國友当榮（1855）最早讨论发熕的词义，比照佛郎机铳传华，猜测该物初系外国进贡，故而明人以"贡"字名之，因系火器，又加火字旁。[②] 20世纪末以来，学者或认为发熕是英文 Gun 的译音。[③] 或提出发熕可能来自成语振聋发聩，比喻炮声剧烈，熕则是聩之讹写。[④]

　　16世纪中期中英间尚无直接接触，发熕一词不大可能来自英文，发聩讹写之说也稍显曲折。闽粤沿海居民最早接触葡萄牙人与欧式火器，考"发贡"二字，粤语读如 fát-kung。[⑤] 闽南语

---

① 郑大郁辑《经国雄略·武备考》卷六，9b—10a，隆武元年刻本，《美国哈佛大学哈佛燕京图书馆藏中文善本汇刊》第20册，北京：商务印书馆，桂林：广西师范大学出版社，2003年。

② 國友当榮《國朝砲熕権輿録》，2b—3a，早稻田大学图书馆藏安政二年序刻本。

③ 王兆春《中国火器史》，第133页，第152页。成东《明代后期有铭火炮概述》，《文物》1993年第4期。

④ 金国平、吴志良《郑和船队冷、热兵器小考》，《过十字门》，澳门：澳门成人教育学会，2004年，第380—381页。

⑤ Samuel Wells Williams, *A Tonic Dictionary of the Chinese Language in the Canton Dialect* (London: Ganesha Publishing, 2001), 51, 177. 原书1856年初版，2001年影印再版。

则读如 huāt-gòng，煩与贡同音，释作"旧式铁炮"。^① 日语中
"煩"读如コウ（kou），释作大炮。^② 笔者认为，发煩之名可能
来自葡萄牙语 falcāo（复数 falcōes），相当于英语 falcon。15—
16 世纪欧洲火炮形制、名称繁多，远未标准化。falcāo 原意为
猎鹰/隼，15 世纪后期借作火器之名，直译可称作隼铳。该词
义项颇多，既可表示铜铸前装旋转炮，也可指裹有加强箍之提
心式熟铁后装炮，抑或称呼前装轻型铸铜野战炮。^③

　　falcāo 一词很早便在亚洲语言中留下痕迹。印度尼西亚
布吉语 palakko（火炮）一词即借自葡萄牙语 falcāo。^④ 日语
中，提心式后装炮统称ハラカン（harakan，表记作"破羅漢"），
相当于佛郎机铳。有馬成甫（1962）认为，ハラカン即 falcon
的讹音，因日人接触此类火铳最多，遂将特殊种类的专名，作
为后装炮的泛称。^⑤

　　16 世纪初，葡萄牙人将 falcāo 带入亚洲海域。1505 年，
阿尔梅达（Francisco de Almeida）率舰队进入印度洋，武器清
单列有 falcōes 18 门，其中铁制 14 门、铜制 4 门；配有 3 子铳

---

① 厦门大学中国语言文学研究所汉语方言研究室主编《普通话闽南方言词典》，福
　州：福建人民出版社，1982 年，第 200 页，第 265 页。
② 諸橋轍次《大漢和辭典》卷七，東京：大修館書店，2001 年，第 19321 页。
③ John F. Guilmartin, *Gunpowder and Galleys: Changing Technology and
　Mediterranean Warfare at Sea in the Sixteenth Century*, rev. ed. (Annapolis,
　MD: United States Naval Institute, 2003), 171.
④ "Falcāo (in the archaic sense of 'a species of cannon'). Bug. palakko" 参见
　Sebastião Rodolfo Dalgado, *Portuguese Vocables in Asiatic Languages*,
　translated by by Anthony Xavier Soares (Baroda: Oriental Institute, 1936),
　153. 具体为前装或后装类型不详。Bugui 语（或作 Vugui/Bugi/Wugi）是印度尼西
　亚苏拉威西岛的主要方言之一。
⑤ 有馬成甫《火砲の起原とその伝流》，東京：吉川弘文館，1962 年，第 544—555 页。

的 berços（佛郎机铳）468 门，其中铜制 316 门，铁制 152 门。[①] falcão 未如 berços 一般提及子铳，则为前装炮的可能性较大。16 世纪，欧洲大陆所用作为前装轻型野战炮之小型隼铳，其重量、弹量标准，与《筹海图编》铜发煩（重 500 斤，用铅弹 4 斤）较为接近。[②]

1540 年代末，明军缴获了若干葡萄牙人舰船上的前装大炮，最初并无汉语专名，仅谓之"佛狼机大铜铳"；后因袭 falcão 读音，改用"发煩"一词，指代外来前装炮，与后装之佛郎机铳相区别。《筹海图编》铜发煩的原型或即前装 falcão，可能是根据缴获品（连带炮车）绘制。

三、火炮与战争

（一）嘉靖"倭乱"

嘉靖后期，东南沿海战乱频仍，史称"嘉靖大倭寇"。所谓"倭寇"成分复杂，多是华人为首领的中日混合海盗集团，实际成员以华人居多。1550 年代，明朝官军与海盗的一系列战

---

① 金国平、吴志良《郑和船队冷、热兵器小考》，第 391 页。

② 例如，据萨克森兵器官 Jacob Preuss（1530），Valkant 用 2Pfd 铅弹，Falkhona 用 4Pfd 铁弹；法国亨利二世（1547—1559 在位）时期，Faucon 弹重 2 Pfd；据 Tartaglia（*Quesiti et Inventioni*，1546，lib. I，Ques. II.），Falkone 用 6 Pfd 铁弹，身长 7 Venezia ft，重 890Pfd，Falkonet 用 3 Pfd 铅弹，身长 5 Venezia ft，重 400 Pfd；按 Fronsperger（*Kriegsbuch*，1573，I，p.85），Falkaune 弹重 6 Pfd，Falkonett 弹重 3 Pfd。参见ルードウィヒ・ベック（Ludwig Beck）《鉄の歴史》第 2 卷第 2 分册《16 世紀における鉄の歴史》，中沢護人訳，鳥取県米子市：たたら書房，1978 年，第 135—138 页。早期度量单位因时地各异，Pfund（pfd）约在 500g 上下。Falkonet（falconete，小隼铳）是 Falkone（falcão，隼铳）的指小词。

斗,发煩的作用已然十分突出。

嘉靖三十三年(1554),嘉兴海盐。"[五月]十五日,石墩贼复为攻澉浦状,明日亦如之。越二日之夜,携所掠辎重四船开洋,行次白塔山,兵船百余追击。时海方吐月,然水气溟蒙,方苦贼船之难辨也,俄而见一船,用门屏捍身,并力举棹,旁翼二船,因而知其为贼。遂以发煩破其船,杀溺凡三百四十级。"①这股海盗侵扰劫掠四月有余,至此方告消灭。

三十四年五月,倭寇进犯苏州府。"贼自柘林分踪出掠[中略]兵备任公环帅师为前驱,与总兵俞大猷、游击邹继芳、守备王桂合力御于坝上。贼败走,获其舟三十五艘,斩首二十级。明日(按,二十二日)贼复合伙帆而前,我兵用铜发矿毁其舟。"②

三十五年八月,浙直总督胡宗宪(1512—1565)剿灭徐海之役,最后阶段的沈庄攻防战,双方均使用发煩。海盗头目徐海率部退入浙江平湖,"分据沈家庄新宅,以为西巢。徐海盘据沈家旧宅,以为东巢"。二十二日,兵备副使刘焘(1512—1598)率部包围西巢,下令"将大发煩十二座。排列水边,或打敌台,或打门墙,声势振天"。二十三日"至二更时分,哨者报各贼下船出巢"。二十四日,明军焚烧西巢。刘焘复督兵搭桥过水,进逼东巢。

而东巢贼之火器犹多。南门安驾发煩,诸兵莫敢近

---

① 采九德《倭变事略》卷二,8a—b,中国国家图书馆藏天启三年刻盐邑志林本。
② 郑若曾《江南经略》卷二下,21a—b,中国国家图书馆藏康熙刻本。

前。刘同尹游击率轻兵五七十人,亲诣南门,被贼向刘放一发熕,其铅子去刘不远尺余,入土尚滚三五尺。刘即向贼连射三[矢],贼即弃熕。追入门内,各兵方敢挨次而进。[1]

二十五日,各路明军发起总攻,徐海死,部众溃败,是为沈庄之捷。按胡宗宪奏捷疏,沈庄战役有功人员,即包括"百户胡汉,管放发熕"。[2]

另据明人采九德《倭变事略》:

> [八月]二十四日。军门[胡宗宪]督诸路主客兵凡二十余枝,围徐海数重。贼放发熕,以银塞熕口,火发银如星飞,中人中土中水,如雨鸣。众皆不能进。[3]

盖徐海依仗发熕作最后挣扎,炮火猛烈,与《见只编》相合。用银两作炮弹并非孤例。按《清仁宗实录》,嘉庆十四年(1809),清朝水师于定海鱼山外海,追击海盗蔡牵船队,后者"因不得铅丸接济,用番银作为炮子点放"。清将王得禄被炮击伤。[4] 沈庄的情况与之类似。

(二) 卢镗·威远城·鸟铳

嘉靖三十九年(1560),浙直总兵官卢镗于定海县东招宝山修筑威远城,四十一年复于山麓西南,展筑靖海营堡。"于

---

① 姚士麟《见只编》卷下,12a—16b,中国国家图书馆藏天启三年刻盐邑志林本。
② 采九德《倭变事略》卷四,16a。
③ 采九德《倭变事略》卷四,16a。
④ 刘旭《中国古代火药火器史》,郑州:大象出版社,2004年,第197页。

大小狭口，分布战舰，以严扃钥。置铁发熕五千斤者四座，铜发熕三百斤者百余座，诸战守器械，靡不毕具，夷人即鸟举不能度也。"①"公知东南咽喉在于招宝山，乃筑城山巅，名威远城。铸铁发熕重五六千斤者四座，置城左右。"②可见这是四门生铁铸造的重型守城炮。

按嘉靖《定海县志》卷一《定海县治图》，甬江入海口南北两岸各有一座"发熕厂"(图4-5)，绘作坡顶屋舍；北岸者在威

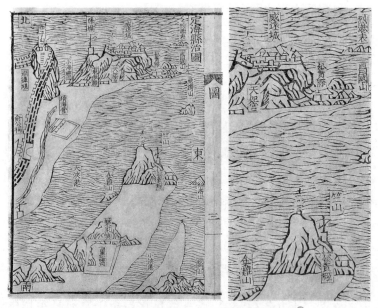

图4-5　威远城与发熕厂·嘉靖《定海县志》③

①　张时彻纂修《定海县志》卷六，20b—22a，嘉靖四十二年刻本，《天一阁藏明代方志选刊续编》，上海：上海书店出版社，1990年。
②　张时彻纂修《定海县志》卷九，14a—b。
③　张时彻纂修《定海县志》卷一，3b(局部)，天一阁博物馆藏嘉靖四十二年刻本。

远城东面山脚,南岸者在竺山(竹山墺)东侧①。两地隔江相望,钳制海口。所谓"发贡厂",同书谭纶祠记谓之"架放发贡厂",当即炮台,或亦为铸炮之所。②

五千斤铁发熕,约合 2 984 公斤,将近 3 吨,或许是 16 世纪体量最大的明朝火炮。③ 直到近一个世纪后的明清战争时期,才出现类似重量级的铜炮、铁炮。定海铁发熕的具体长度、口径难以估计。参照明末欧式火炮,崇祯十六年款"神威大将军"铸铁炮(山海关长城陈列),铭曰"重五千斤",实测口径 10 厘米,通长 266 厘米。④

卢镗久经沙场,早在 1547—1549 年间,即在朱纨麾下与武装海商作战,接触并缴获了不少欧式火器(主要是鸟铳和佛郎机铳),也成为中国引进与推广鸟嘴铳的关键人物。郑若曾(1503—1570)云:

> 予按,鸟铳之制,自西番流入中国,其来远矣。然造者多未尽其妙。嘉靖廿七年,都御使朱纨遣都指挥卢镗破双屿,获番酋善铳者,命义士马宪制器、李槐制药,因得

---

① 张时彻纂修《定海县志》卷一,3b。同卷《威远城图》(4b)相应两处位置分别绘出三间房舍,仅竹山墺下一处标注为"发贡敝"(原文如此)。
② 张时彻纂修《定海县志》卷六,24b;卷九,8a。按《筹海图编·浙江沿海山沙图》(29b),黄岩县海门卫城外亦标注一"架炮厂"。参见郑若曾《筹海图编》卷一,《中国兵书集成》第 15 册,第 107 页。
③ 15、16 世纪,欧洲出现了不少重型火炮,然受其冶金技术传统制约(生铁铸造工艺成熟较迟),主要采用青铜铸造或熟铁锻条拼接。威远城的重型铁发熕则应是生铁铸造而成。
④ 成东、钟少异编著《中国古代兵器图集》,北京:解放军出版社,1990 年,第 241 页,彩版 11—50。

其传,而造作比西番尤为精绝云。①

双屿港(位于舟山群岛六横岛)乃是 1540 年代宁波外海著名的走私贸易中心,中国、日本、葡萄牙商人于此聚会交易。嘉靖二十七年(1548),明军攻打双屿时,已经使用了少量鸟铳。②"总兵卢镗攻破双屿,得番寇鸟嘴铳与火药方,其传遂广。"③由于掌握了关键技术,鸟铳开始在东南沿海明军中推广。赵士桢《神器谱或问》(1599)犹称"尝闻卢将军镗南方初造鸟铳,工值三金之外"。④

特别值得注意的是,嘉靖三十五年(1556)八月,卢镗次子卢相擒获辛五郎,献俘京师,兵部"奏留神机营教习鸟铳";三十六年,卢相"以教演鸟铳成,升仪真守备"。⑤嘉靖三十七年,京师兵仗局造鸟嘴铳一万把。⑥卢相在京教习鸟铳,与次年兵仗局大规模生产鸟铳之事,恐有密切关系。推测鸟铳样本与制造技术,当即卢家传授。发煩或许同样是 1540 年代末期,卢镗之类明朝军官,利用缴获品,命工匠仿制而成。

---

① 郑若曾《筹海图编》卷十三,《中国兵书集成》第 16 册,第 1272 页。
② 中岛乐章《16 世纪 40 年代的双屿走私贸易与欧式火器》,《舟山普陀与东亚海域文化交流》,第 34—43 页。
③ 张时彻纂修《定海县志》卷七,18a。按,总兵系后来官职,平双屿时,卢镗尚为福建都司佥事。
④ 赵士桢《神器谱或问》,22a,万历刻本,《明清之际西法军事技术文献选辑》,第 203 页。按此处"三金"代指白银三两。
⑤ 许国忠修,叶行淑纂《续处州府志》卷八,3a—b,南京图书馆藏万历三十三年刻本。有关嘉靖三十五年金塘之捷,卢镗擒辛五郎事,参见郑若曾《筹海图编》卷九,《中国兵书集成》第 15 册,第 738—740 页。常修铭进一步探讨了卢镗与鸟铳传华之关系,参见常修铭《16—17 世纪东亚海域火器交流史研究》,新竹:清华大学历史研究所博士论文,2016 年,第 25—31 页。
⑥ 申时行等修《大明会典》卷一九三,3b,万历刻本,《续修四库全书》史部第 792 册。

万历二十年(1592),浙江总兵侯继高(1533—1602)追记嘉靖间沿海倭乱,谓嘉靖三十五年八月"总兵卢镗擒贼酋辛五郎等。五郎善造火鸟铳,今之鸟铳自伊传始"。[①]其说又与郑若曾所言有差。侯氏著述已在擒获辛五郎卅六年后,可信程度相对较低。不过他的看法,也可从侧面印证擒获辛五郎引发的连锁事件,对于鸟铳在华流行,影响颇大。

(三) 隆庆万历间的海战

隆庆二年(1568)正月,广西总兵官俞大猷(1503—1580)奉命前往广东征剿海寇曾一本。俞大猷提出,在远离战场的福建造船募兵,新建一支强大的舰队。同年七月十二日,俞大猷向两广总督张瀚提交了一份造船制器方案,包括新建不同型号的福船三十艘、冬仔船(小号福船)五十艘,加之配套军火器械,总预算约白银三万两。其中冬仔船面阔一丈八尺者计划建造二十只,各船主要火器,包括"生铁发贡一门,重四百五十斤,价银二十两,只用大石子。硝四担,每担银三两,共银一十二两。磺七十斤,每斤银三分,共银二两一钱";一百斤铁佛朗机铳(配子铳六个)四门,每门四两五钱;鸟铳十四门,每门一两;另有喷筒十支,每支七钱;神机箭四十支,每支四分。[②]

---

① 侯继高《全浙兵制考》卷一,旧抄本,《四库全书存目丛书》子部第 31 册,第 122 页。
② 俞大猷《洗海近事》卷上,《正气堂全集》,范中义点校,上海:上海辞书出版社,2011 年,第 557—583 页,第 575 页。按《洗海近事》,面阔一丈八尺之冬仔船每只用银一百四十两,配套军火器械用银一百四十二两有零,合计二百八十二两。一门生铁发烦(二十两)即占总成本的 1/14。如计入配套火药、炮弹,比例更高。

这份预算的许多条款遭到上峰削减。船只方面,冬仔船面阔一丈八尺者被减去十只;军器方面,硝磺、铅子、佛郎机铳、鸟铳、标枪等亦为大幅减少。[①] 七月二十六日,俞大猷致书广东巡抚熊桴(1507—1569),抱怨此事:

> 冬仔船欲减十只,何哉? 减此船则发贡亦减。两大将不顾身,督一军出洋,乃不论贼势,不问胜败,只欲省费,其计左也。[②]

同年,福建总兵李锡(即俞大猷所谓"两大将"之一)致书京师友人,述进剿曾一本方略,亦谓"舟师合战,惟火攻为上。若发煩之力最大,可以破坚沉舟"。[③] 经历种种曲折,福建造船计划终于得到地方督抚的支持。隆庆三年五月,俞大猷与李锡统帅大小舰船一百零五艘在自闽省南下。六月初四,曾一本率大船五十只小船五十只进攻漳州铜山港。"幸闽新造巨舰器械俱备",俞、李率舰队在港内迎击,将其击溃。十二日,明军尾随逃敌,冲入柘林港,大破之。十八日,再败残敌于莲奥。三战三捷,曾一本舰队已被消灭四分之三。二十六日,广东总兵郭成率鸟船拦截曾一本残部,终将曾氏抓获。按当时战报,此役曾氏残部仅剩大小船二十二只,最终仅九只逃往外洋。[④]

---

① 俞大猷《洗海近事》卷上,《正气堂全集》,第 573 页,第 575 页。预算裁减项目,均刊于明刻本天头,当希两广总督张瀚批文。俞大猷刻入书中,立此存照。参见俞大猷《洗海近事》卷上,46a,江苏省立国学图书馆影印明刻本,1934 年。
② 俞大猷《洗海近事》卷下,《正气堂全集》,第 592 页。
③ 马森《李大将军靖海殊勋诗序》,郝玉麟监修,谢道承等纂《福建通志》卷七十,17a—18a,中国国家图书馆藏乾隆二年刻本。
④ 俞大猷《洗海近事》卷下,《正气堂全集》,第 635—637 页,第 644—645 页。

　　隆庆三年闰六月,俞大猷条议进剿林道乾应备事宜,谓"又前攻曾贼,赖福建发贡、百子铳之多"。[①] 足见发熕在海战中的重要作用。与曾一本作战的明军舰队包括新造舰船,以及福建、广东水师原有战船,配备的发熕数量当不止前引预算清单中的 20 门而已。

　　隆庆三年,京师兵仗局奉命仿制"龙虎炮、发熕火器","题照浙直军门式样料造各二十架,京城备用"。[②] 龙虎炮不详何物,姑置勿论。发熕进入京师军器库,可能与其在漳州之战的表现不无关系。天启崇祯年间,兵仗局再次铸造铜发熕,或许仍然参考了半个世纪前的这批仿制品。

　　隆庆万历间,海盗同样使用发熕与官军作战。彼时粤东潮州府为海盗渊薮,前述曾一本、林道乾两大海盗集团皆出自潮州。与之齐名的海盗首领诸良宝(或作朱良宝)"其火(药)[器]如大发熕、百子铳等类号最精"。[③] 隆庆中,潮州海盗头目莫应敷受抚,解散部众四百人,请求落籍澄海县,"曩所治鸟铳及铜铁百子、发熕、铁弹,无虑数种,并皆送奉县,备它盗"。[④] 另一位潮州海盗魏朝义首领"行则有白艚船,自恃吾以数百人,披倭甲绵甲皮甲,冠藤盔,佩挞刀,及手持佛郎机、大发熕、鸟铳、铁炮、西瓜炮横行海上"。随着万历二年诸良宝被明军消灭,魏朝义自知不敌,次年解散部众六百余人,缴械

---

① 俞大猷《洗海近事》卷下,《正气堂全集》,第 650—651 页。
② 申时行等修《大明会典》卷一九三,4b。
③ 瞿九思《万历武功录》卷三,49a—b,52b,万历刻本,《四库禁毁书丛刊》史部第35 册。
④ 瞿九思《万历武功录》卷三,77a。

归降,后居潮州府城。①

四、技术问题

发煩在海战中是如何使用的？以下就炮位、炮架、射程四个方面加以探讨。

《苍梧总督军门志》(1581)是一部官修两广边防志书,卷十五水兵制附"兵夫列船式",绘有"平时立船阅视图",反映了船内各兵种站位(图4-6)。以一号乌艚、福船"平时立船阅视图"为例,自左首船头起,两舷并排,依次为发煩(煩)、鸟铳(鸟)、百子铳(百子)、佛郎机铳(机)、藤牌(牌)、镖枪(镖)、火箭(火)、弓箭(弓)、喷筒(喷)、鸟铳(鸟)、佛郎机铳(机)。②

图4-6　平时立船阅视图

---

① 瞿九思《万历武功录》卷三,67a—b。按,明代潮州地区长期动荡,私人武装兴盛,民盗界限模糊,有其社会结构的深层原因,不能简单解释为海禁政策的反弹。参见陈春声《从"倭乱"到"迁海"——明末清初潮州地方动乱与乡村社会变迁》,朱诚如、王天有主编《明清论丛》第二辑,北京：紫禁城出版社,2001年,第73—106页。
② 应槚编,刘尧海重修《苍梧总督军门志》卷十五,11b,万历九年刻本,《明代史籍汇刊》,台北：台湾学生书局,1970年。

一号乌艚、福船人员配置，除军官、舵工、水手、杂役外，每只配备兵夫七十人，分为七队：

第一队专习鸟铳，贼近船下，兼放药桶。

第二队专管放发熕铳、百子铳，贼逼船下，管放蒺藜等器。

第三队专管放佛郎机铳，贼逼船下，管用枪刀等器。

第四队藤牌兼镖枪，贼远管摇橹，贼近船，长枪石药等器俱便宜攻打。

第五队火箭弓箭，贼船相近，执长枪，贼远摇橹，随便攻打。

第六队第七队放喷筒，贼近船，用藤牌石块刀镰等器随便攻打，船远荡橹。①

又云"其船头用铳一架"。船头之铳，当即发熕。其余各级战船兵员递减，大都配有发熕。一号乌艚即大型广东海船（广船），一号福船指大型福建海船，又称白艚。②

发熕乃 16 世纪后期明朝水师火力最强的武器，广东参将邓锺（1592）谓"势大力雄，无如发熕"。③ 然而铳体重大难移，后坐力猛，填装弹药、复位操作均非易易。戚继光就曾抱怨："船内狭窄，[发熕]身长殆丈，难于装药，预装则日久必结，临时装则势有不及。一发之后，再不敢入药。"④如何提升发熕

---

① 应槚编，刘尧诲重修《苍梧总督军门志》卷十五，10a—11a。
② 邓锺《筹海重编》卷十二，89a，91a。
③ 邓锺《筹海重编》卷十二，134b—135a。
④ 戚继光《纪效新书》（十四卷本），第 272 页。

的作战效能,也是当时主管海防事务的官员和将领关心的问题。

隆庆三年(1569),福建巡抚涂泽民咨文有云:

> 今之火器,若发熕、佛郎机、鸟铳诸类,咸与贼相角,是无以相制也。而贼之缮器练技,视我过之。至于发熕,则又以载放无法,置之不用。

继而提出改进办法:

> 以八桨载放发熕。铺泥于底,实糠泥上,以长木冒船舱为筏,施于糠上。前后即置栏格,护以牢索,筏上置坚木熕床。要之床与筏固,筏与船固,编合快船,联艅援御。[1]

"八桨"是一种轻型船只,帆桨并用,涂泽民认为可用之对抗海盗常用的快船"叭喇湖"。[2] 发熕置于木床内,木床与其下木筏固定,木筏依靠索具与船身连接,前后有栏格。甲板则先涂泥,上覆糠。索具与栏格用于吸收后坐力。糠皮光滑,方便牵引木筏复位。"八桨"艇身细长,发熕应是作为主炮,安置在船头。

广东参将邓锺《筹海重编》(1592)卷十二"铜发熕图说",首先抄录《筹海图编》,后增一段:

---

[1] 涂泽民《行监军道(水防火器募兵)》,陈子龙等编《皇明经世文编》卷三五四,13a—b,崇祯间平露堂刻本,《四库禁毁书丛刊》集部第27册。

[2] 叭喇湖,或作叭喇唬、叭吓唬,源出马来语 Perahu(船)。参见陈希育《中国帆船与海外贸易》,厦门:厦门大学出版社,1991年,第195页。

游击彭信古云:火器之大者,莫如发熕,但放之难。今反复思之,每铳设软架一座,架后设檑木一块,各绚以大缆。置之船头,则借金顶之力。发之船傍,则架担梁一根。其檑木内又设软座一件,以黄麻水草结之。彼铳一发去,势必倒回,架有绚绳,多不能坐绝。即或断绝,至檑木上,有软座可抵刚猛,有大缆可制余威。使一发中贼,收利十倍,远而陷阵,无逾此者。[1]

彼时邓、彭二人同在广东担任武职,《重编》遂增益此条[2]。按其说,发熕既可"置之船头",又可"发之船傍"。软座内的"黄麻水草"相当于缓冲垫。大铳发炮后坐,冲力可为索具、软座吸收。檑木是则阻止铳身移位的最后屏障,需以粗缆绳连接船身坚固部件。

同年成书的《全浙兵制考》(1592),收录"造新修旧大小福、鸟船工料数式"清单。一号至三号鸟船物料内均列有"发贡铳架檑木一块"(银一钱至七分)、"安发熕铳铺板并车路削板二片"(银三分六钱)。[3] 可见较为简易的发熕铳架已是部分战船的标准配置。

三十余年后,广东总兵官何汝宾所辑《兵录》(1628),也提

---

① 邓锺《筹海重编》卷十二,16a。

② 彭信古,字叔钱,号龙阳,湖广麻城人,万历癸未(1583)武进士;万历二十二年任参将,驻新安县(今深圳市),改广州海防游击。万历二十六年十月,朝鲜泗川之役,总兵董一元统帅明军进攻日军城寨。"[步兵游击]彭信古用大铳击寨门,碎城垛数处,步兵齐至壕,砍折城栅涌入。忽营中损破,火药发烟涨天。倭乘势冲杀,固城援倭亦至。我师骑兵先溃,遂奔晋州。"按,大损当即大熕之讹。明军溃败的直接起因,似是彭信古阵内火炮炸膛。参见茅瑞徵《万历三大征考·倭下》,9b—10a,天启刻本,《续修四库全书》史部第436册。

③ 侯继高《全浙兵制考》卷三,第207—210页。

及类似的发熕铳架：

> 发熕之设，当在船头上御敌。将浪斗内铺钉板停当，用双料板二片，放在居中，前至覆狮头下，后至抛（猫）[锚]梁阁定。发熕铳架，安在版上，后顶抛（猫）[锚]梁，再用短梁塞紧，顶着头桅夹。仍上冲天板，中间只空三片冲天板，以备放发熕之用。如对敌试放，可照高下。放毕再上完冲天板，可以冲犁贼船。①

铳架位置，在船首"覆狮头"与"抛猫梁"之间。中式大帆船方首方尾，船首正面最上一层宽大木板，称伏狮头；"头桅夹"则是前帆柱的固定装置②。装卸"冲天板"相当于开合炮窗，可防水。铳架后垫木块，与"头桅夹"相接，阻止后坐移位。"钉板"与"双料板"似即《全浙兵制考》所谓"安发熕铳铺板并车路削板二片"。

按清代抄本《闽省水师各标镇协营战哨船只图说》记载："大炮架以松木配造，安于面上两炮眼处"，赶缯船"各配炮架六个并盖，共厚板三十六块，每块长四尺六寸，大八寸，厚二寸五分"。参照插图，炮架结构简易，不过两长板加四短梁（图4－7）。③ 道光十五年（1835）成书之《闽粤南澳镇标左营额设军装炮械等项图册》抄本绘有炮架、炮盖侧视图（图4－8），与

---

① 何汝宾辑《兵录》卷十，19a—b，崇祯元年刻本，《四库禁毁书丛刊》子部第9册。
② 伏狮头、前桅夹图式，参见李昭祥《龙江船厂志》，王亮功点校，南京：江苏古籍出版社，1999年，第34页，第38—39页。
③ 《闽省水师各标镇协营战哨船只图说》第3册，柏林国立图书馆（Staatsbibliothek zu Berlin）藏清抄本，无页码。

闽省《图说》形制略同。① 上述清代文献虽然年代较晚，炮架设计仍然相当原始，仍可据之推想明代后期舰载炮架大概。

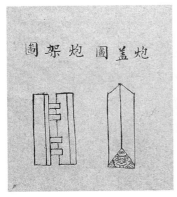

图 4-7　炮盖图、炮架图

图 4-8　架炮图

《兵录》也简单描述了舰载发熕的操作规范：

> 其发熕大铳，亦较药数称足，用绵纸包裹，量铳口大小，分作几包，用木棍送进。各项铅弹，照铳磨圆收装，免致紊乱，临时仓卒有误，违者重治。

大小铳炮分工不同，发熕等重火器专以敌船为打击目标：

> 其铳又分大小，如发熕、神飞、威远、佛狼机等大者，专看准船打，如鸟铳、百子、斑鸠等小者，专看准贼首、斗手、舵工打去。②

---

① 参见郑美卿《麦吉尔大学图书馆藏〈闽粤南澳镇标左营额设军装炮械等项图册〉》，徐鸿、马小鹤主编《天禄论丛：中国研究图书馆员学会会刊》第 2 卷，桂林：广西师范大学出版社，2012 年，第 175—182 页。
② 何汝宾辑《兵录》卷十，18b—19a。

综合上述材料,海战中发熕主要用作舰首主炮,安置于铳架内。铳架除依靠船体部件固定,有时会采用有利于减小摩擦(稛皮)、缓冲后坐(软座)的设备。16世纪文献中尚未发现铳架使用车轮的迹象,与《筹海图编》车载铜发熕的形象甚为不同。1600年之前明军的常规发熕是否铸有炮耳,亦无确实证据。至于选用鸟船(小型福船)、冬仔船、八桨之类轻型舰艇承载发熕,当是取其吃水较浅,灵活快捷,适合近岸追击。甲板较低,有利发熕近距离平射,破坏敌船船体。

考察欧洲海战武器的发展,可看到类似的火炮配置与铳架设计。15世纪末,经由一系列技术革新的积累,威尼斯首先采用舰首主炮(main centerline bow gun),装备桨帆战船(galley)。炮位在前甲板中轴线,炮身修长,火力猛烈,发射大石弹或铁弹,直接破坏敌船船体。整个16世纪,前甲板中轴线安置重炮,成为地中海桨帆战船的基本模式,并扩散至北欧海域。这类武器,最先是熟铁锻造的后装炮(两截分体式)或前装炮,继而是更为昂贵的前装铜炮,往往体量硕大。例如1501年一艘威尼斯桨帆战船,舰首配备 basilisk 一门,炮弹即超过50 lb。1506年,阿拉贡的费迪南麾下的王家桨帆战船,则载有一门重达4 360 lb 的 bombard,舰首炮相应配备滑动铳架。[1]

《筹海图编》中的铜发熕,更像是欧洲风帆战舰的车载炮。

---

[1] John F. Guilmartin, "The Earliest Shipboard Gunpowder Ordnance: An Analysis of Its Technical Parameters and Tactical Capabilities," *The Journal of Military History* 71, no. 3 (2007): 649 - 669. 桨帆战船舰首主炮早期图像(1486年版画),参见文献 Robert Gardiner, ed., *Cogs, Caravels and Galleons: The Sailing Ship 1000 - 1600*, 139. 1500年前后威尼斯桨帆战舰复原图,参见 Augus Konstam, *Renaissance War Galley 1470 -1590* (Oxford: Osprey, 2002), 14.

然而在东南沿海的实战中,发煩被当作舰首主炮使用,铳车让位于结构更为简单的滑动铳架。功能相近,导致形态趋同,故与地中海桨帆战船不无类似之处。时代较晚近的文献,如表现嘉庆年间两广总督百龄指挥清军平定广东海盗的彩绘长卷《靖海全图》(香港海事博物馆藏品),亦可见水师战船仅在船首安置火炮,数量一门至三门不等,然未绘出炮架。

顺带一提,嘉靖初年,明朝仿造葡萄牙人在广东沿海所用桨帆战船,名之"蜈蚣船",装备佛郎机铳。嘉靖四年(1525)首先在南京造成四艘,每艘配备佛郎机铳十二门。新近研究显示,蜈蚣船的原型,未必是学界长期认定之地中海桨帆战船(galley),更可能是葡萄牙人在南海海域使用的东南亚兰卡桨帆船(lancaran)。[①]

明人所造发煩,最初当为铜炮(铜发煩),继而以生铁铸之(如威远城、俞大猷舰队),成本随之降低。嘉靖四十四年(1565),郑元韶任松江府海防同知,其《防春条议》有云:

> 又查得各战船原领发磺等项,皆生铁所铸,遇放每致崩裂,不惟不能击贼,而且误中船兵。佛郎机皆锈损不堪,厚薄不一。袖铳则又短小,及无龙头打放。如以各项渐次改造飞砂铳、鸟铳,给发各船,庶得实用。[②]

---

① 谭玉华《汪鈜〈奏陈愚见以弥边患事〉疏蜈蚣船辨》,《海交史研究》2019 年第 1 期。嘉靖四十四年(1565),广东总兵俞大猷致书两广总督吴桂芳,谓澳门葡人所恃"龙头划"一二十只(《正气堂集》卷十五)。按《南船纪》《龙江船厂志》《筹海图编》等书之蜈蚣船图,船艏俱类龙头,似即俞大猷所谓"龙头划"。
② 郑若曾《江南经略》卷八上,5b—6a。按郑元韶,字善夫,侯官人,嘉靖四十四年,以举人除松江府同知。

可知 1560 年代南直隶松江府水师舰载发熕系生铁铸造，且质量不佳。

此后又有熟铁锻造者。万历二十一年（1593），福建巡抚许孚远（1535—1596）鉴于生铁发熕容易发生炸膛事故，下令模仿广东，锻造三五百斤之熟铁发熕：

> 一、发熕铳，闽中俱用生铁铸成，薄则易炸，厚则重至千余斤，无所用之。近查广中用铜，或铁打成数片，然后合并煅炼，重至三五百斤而止，放之不炸，诚为得法。今合召匠作谙晓者造之，然后发熕不为虚器。①

万历二十九年，浙江巡抚刘元霖下令宁波、绍兴水师添造威远炮（一二百斤之熟铁前装炮）四百门，与原有发熕并用，装备战船。②

射程方面。发熕是一类火炮的统称，体量、弹药用量各异，射程自然相差甚多，尚未发现精确资料。万历间宁绍参将徐一鸣（1609—1613 年在任）在《东海筹略》中云：

> 威远、发熕、佛狼机等铳，可以致远，于五十步之外，照把根打去，百步之外，照把中打去。[中略]当敌宁持重而待近，勿轻率而远发，此其大略也。③

可知发熕与威远炮、佛郎机铳，打靶距离百步，按五尺合

---

① 许孚远《查处造船制器事宜行各道》，《敬和堂集》卷八，46a，日本公文书馆藏万历刻本（据台北汉学研究中心藏影印本）。
② 范涞辑《两浙海防类考续编》卷六，59b—60a，万历三十年刊本，《四库全书存目丛书》史部第 226 册。
③ 王在晋辑《海防纂要》卷七，24a—25a，万历四十一年刊本，《四库禁毁书丛刊》史部第 17 册。

一步,约 160 米。

天启三年(1623)一月,徐一鸣(时任福建总兵)在厦门会见荷兰舰队司令官莱尔森(Cornelis Reijersen)。同年十月底,徐氏率军与荷兰舰队在厦门港开战。据荷方船长记载,明军在岸上或船上均曾使用小型加农炮回击。[①] 荷兰人看到的小型加农炮,当即发熕、威远炮之类。

总之,在 16 世纪后期至 17 世纪初的海战中,发熕置于铳床内,不易调整射角,唯沿船头所指方向发射。早期滑膛炮的诸多不确定性因素以及船只的颠簸也会影响弹道。只有尽量接近敌船,才有可能命中目标。

五、装备规模与生产成本

发熕系前装火炮,多为铜或生铁铸造,亦有熟铁锻造者,重量自三百斤至五千斤不等;发射铁弹、石弹或铅弹(铅包铁弹);通常用作舰首主炮,配备炮床(而非炮车)。16 世纪后期,明军舰载发熕技术参数(口径、长度、倍径、重量等)如何,罕见记载。不过装备数量、生产成本相关资料,在个别官修志书中仍有保存。可知自隆庆至万历中期,发熕已是东南沿海诸省水师的常规舰炮。

万历二十年(1592),浙江总兵官侯继高写道:

---

① 威·伊·邦特库著《东印度航海记》,姚楠译,北京:中华书局,2001 年,第 83 页、第 89—90 页。黄一农《明清之际红夷大炮在东南沿海的流布及其影响》,《"中央"研究院历史语言研究所集刊》第 81 本第 4 分,2010 年,第 773—775 页。

以本镇亲涉洋中所目击者,谓海上战船,除福、沙、唬三项实用之外,余皆巧其名而虚其费也。至如铳炮之类,惟发贡、鸟铳、佛狼机、百子铳四项。火器之类,惟一窝蜂、钉篷箭、喷筒、火罐四项,皆切实用者。其余不过眩新视听,糜损工钱,无用之物耳。[①]

调任浙江之前,侯继高"备役潮漳,专驻南澳,实兼摄广、福二省"[②]。多年身处海防前线,所述当较为权威。

万历二十三年,浙江巡抚刘元霖(1556—1614)下令宁波、绍兴二府整顿战船军火配置。按照新定"军火器械规则文册":

各船器械均分三等。如福船给壹等军器:铜发贡壹座,铁弹三拾伍个,佛狼机三门,提铳玖个,百子铳陆架,鸟铳拾门,碗口铳贰门。[中略]草撇、苍艚、铁渔、沙船每只给贰等军器:佛狼机贰门,提铳陆个,百子铳五架,鸟铳捌门,碗口铳壹门。[中略]沙、哨、军民唬船每只给三等军器:佛狼机壹门,提铳三个,百子铳贰架,鸟铳伍门,碗口铳贰门。[③]

同时规定,发贡每十年一换,百子铳、佛郎机、碗口铳八年一换,鸟铳三年一换。

《两浙海防类考续编》(1602)载有沿海各府水师军器定额

---

① 侯继高《全浙兵制考》卷一,第123页。
② 侯继高《全浙兵制考》卷三,第194页。
③ 范涞辑《两浙海防类考续编》卷六,58b—59a。

清单,其中唯独宁波、绍兴二府防区内四处哨所配备发煩,主要火器如下(表4-1):

表4-1　宁波绍兴二府海防军器清单(1602)[①]

	临观总水哨 (绍兴区)	舟山正兵左右 游哨(宁波区)	定海总哨 (宁波区)	昌国总哨 (宁波区)
铜发贡	4	3	13	9
铁弹	128	105	455	315
铜佛郎机	25	*99+20	*169+25	*175+20
铜提铳	72	*297+80	*507+100	*525+80
铁佛郎机	43	——	——	——
铁提铳	142	——	——	——
连珠炮	30	+50	+60	+50
子铳	120	+200	+240	+200
百子铳	124	217	375	385
鸟铳	224	442	706	760
碗口铳	——	77	119	131

(*仅云佛郎机,材质不明;+原注"加造备敌")

　　浙江沿海,宁波府防区火炮最多,宁波府内,又以定海总哨实力最强,昌国总哨次之。盖定海为浙江总兵驻地,全省军事枢纽。铜发煩、百子铳为前装式,连珠炮则系一类佛郎机铳,为提心式,皆为嘉靖以降之新式火器。碗口铳则是延续明初形制的旧式火器。

　　《两浙海防类考续编》载有"军火器械工料价值"账册,兹摘录火器相关条目,列表如下(表4-2)。

---

① 数据参照范涞辑《两浙海防类考续编》卷六,52a—57a。

表 4-2　浙江海防军器价格表(1602)[①]

名　称	银价(两)	名　称	银价(两)
铜发熕	36.109/37.35	四花铳	0.44
大铜佛郎机	14.61/15.02	五花铳	0.375
小铜佛郎机	6.01/8.28	排山炮连铳	5.624
铜子铳	0.46	大铅子(每斤)	0.033
铁碗口铳	0.39	中铅子(每斤)	0.033
鸟铳	0.9	小铅子(每斤)	0.036
百子铳	1.34/1.77	*一号威远炮＋炮架	7.735
铁佛郎机	2.89	*二号威远炮＋炮架	5.537
[铁]子铳	0.33	*密鲁铳	1.18
木架	0.22	*大铁弹(每斤)	0.022 4
三连铳	0.276	*中铁弹(每斤)	0.024 8

(*万历二十九年[1601]新制)

　　1602 年前后,浙江沿海官军装备之铜发熕,单价约为 37 两,在所有火器中最为昂贵,是大铜佛郎机铳的 2.5 倍,是鸟铳的 41 倍。当时浙江铜价如何,数据阙如。参照《工部厂库须知》所载北京地区时价(1609 年会估价格),各类铜材,每斤在 1 钱至 7 分白银之间。[②] 按此标准,37 两白银大致可购铜材 528—370 斤。考虑到人工成本等因素,浙江水师铜发熕重量不会超过 500 斤。嘉靖万历间,明军之常规发熕在中国为重炮,按同时期欧洲舰炮标准,则属轻型而已。

　　万历四十一年,广东韶州府奉文改造战船六十三只,作为琼州府(海南岛)水师的主力,分守各处港口要地。按各船配备军器

---

① 数据参照范涞辑《两浙海防类考续编》卷六,64b—66a。
② 高寿仙《明万历年间北京的物价和工资》,《清华大学学报(哲学社会科学版)》2008 年第 3 期。

清单,铳炮方面,合计发熕("熕铳")18门、佛郎机铳169门、百子铳169门、鸟铳502门。[①]　铳炮仅此四种,颇合前引侯继高之说。

约在同一时期成书之《戎事汇纂》载有《铜发贡铸造略说》,除摘录《筹海图编》相关图说,又增一段,他书未见:

> 一号大铜发贡重一千斤
>
> 二号铜发贡重五百斤
>
> 三号铜发贡重三百斤

以上三等发贡,须国初旧铜者乃无炸爆之失。盖国初法令森严,官匠畏惧,所以铜净而式美,制造如法,故得实用。今则不然。若新制者必须将铜十分提净。铸造之式,凡一号者长六尺,二号者长五尺,三号者长四尺,庶铳管长而发力远,照星准而击必中。其药线眼须在着底,可无退坐之患,智者审之。[②]

此三等发熕,究属何时何地,是否实指,尚不明确。按《戎事汇纂》详述鸟铳、佛郎机、百子铳,然未提及西洋大炮。《铜发贡铸造略说》误以为明初已有发熕。这段文字撰成大约已

① 欧阳璨等修,陈于宸等纂《琼州府志》卷七,90a—94b,万历四十五年刻本,《日本藏中国罕见地方志丛刊》,北京:书目文献出版社,1990年。

② 佚名《戎事汇纂》卷十九"火攻类",2b,大连图书馆藏清初抄本。按《戎事汇纂》五十三卷,三十册,未题撰人,分门汇抄前代兵书,如《武经七书》《武经总要》等等。卷十四训练类之比鸟铳式,卷十六器什类盔甲、顺袋、倭刀等项,卷十九火攻类之发贡、百子铳、鸟铳诸条,所述"今制"皆为明代后期式样,部分图说为他书所无。卷一至卷三收录《孙武子辑解》,前有《刻孙武子说》,署"知长清县事大梁宋明德识"。按,宋明德,号毅谦,河南祥符人,万历三十一年任山东德州知州。万历三十二年顷,邢侗(1551—1612)过德州(广川)"见宋守所造兵仗,龙雀之刀,绿沉之枪,雄于武库"。参见谭平国《邢侗年谱》,上海:东方出版中心,2018年,第433页。宋氏任山东长清知县当在1603年之前十年间,其人究心兵法,整顿军器,《戎事汇纂》或出其手,成书当在万历后期。

在万历后期。一号、二号发熕重量,略同戚继光所谓"体重千余斤"、《筹海图编》"约重五百斤"之说。三号发贡重三百斤,犹可与卢镗于定海所造三百斤铜发熕相印证。

六、明末发熕之转型

中国长城博物馆(八达岭)现藏一门崇祯元年(1628)兵仗局造欧式前装滑膛炮(图 4-9),铭文刻有"铜发熕"字样。此炮内膛为铁质(自外观判断当为生铁,厚约 2 厘米),外用铜铸。口径 7.8 厘米,通长 170 厘米(不计尾环 162 厘米),重420 公斤(704 斤)。铳口至火门 141 厘米,倍径 18。铳身前弇后丰,有三道隆起,无装饰花纹。铳口后一径处周长 56 厘米,火门处周长 80 厘米,相应炮管厚度,推算为 5 厘米和 8.8 厘米。第三道隆起稍前,铸有铳耳一对,直径约 7 厘米,长 10 厘米,距铳口 82 厘米。铳口上部有照星残迹。火门药池原有活盖,仅存底座。铳尾末端装有小铁环,其中又套入一大铁环,与《筹海图编》所绘铜发熕(图 4-1)铳尾形制相同。[1]

铳身阴刻三段铭文,第 1—2 道隆起间曰:(A)崇祯戊辰年兵仗局铸造/(B)捷胜飞空灭虏安边发熕神炮。第 2—3 道隆起间曰:(C)头号铁裹铜发熕炮一位用/药二斤宁少勿多/打五六木榔头不等/木马儿一个/二斤重铅子一个或再添一斤铅子亦可。A、B 两段铭文字迹颇有差异。B 段似为战功封

---

[1] 炮体重量据博物馆说明牌,尺量数据为笔者实测。

图4-9　崇祯元年铜发熕·中国长城博物馆

号;C段系使用说明。"木马儿"即分隔火药与炮弹之圆形厚木片(木活塞),也是明代传统火器的常用配件。

　　所谓头号,当即此类铁心铜体发熕,体量最大之型号。按《明熹宗实录》,天启六年三月,京师发送"头号发熕三位、二号九位",以及九边神炮、虎蹲炮,头号、二号佛郎机等火器往山海关;七年二月,发送"头号发熕炮三位、二号发熕炮六位,铁裹安边神炮六十位、铁裹虎蹲炮六十位"等火器往皮岛。[①] 所谓"铁裹"当即铁心铜体。按刘若愚《酌中志》兵仗局条,"逆贤擅政时,凡解送宁远、皮岛等处发熕、佛郎机等件,本局库中物为多"。[②] 可知天启间(魏忠贤擅政)、崇祯初,北京兵仗局生产了一批具有典型西炮特征的发熕。

　　长城博物馆中的这门铜发熕,完全是欧式火炮形制。除铜体铁心较为特别,其他基本特征与现存崇祯间铸造之"西洋

---

① 《明熹宗实录》卷六十九,5b,天启六年三月丁未(3290);卷八十一,9b,天启七年二月乙巳(3924)。按,1984年北京西三条42号院内发现铜炮,阴刻铭文"天启癸亥年造安边神炮",长49.5厘米,口径4厘米,外径12厘米,重38.75公斤。直筒型,七道箍;药室略粗,呈椭圆形,尾部稍凹,无耳轴及瞄准具。参见沈朝阳主编《秦皇岛长城》,北京:方志出版社,2002年,第294页。
② 刘若愚《酌中志》,清抄本,《四库禁毁书丛刊》史部第71册,第161页。

炮""红夷炮"大同小异。这门铜发熕是否能够反映嘉靖隆庆万历三朝发熕之面貌？与隆庆三年(1569)京师兵仗局仿制发熕有何关系？尽管实物与《筹海图编》铜发熕图颇多相似之处(特别是炮尾铁环)，但现有材料尚无法得出明确结论。天启年间，已有原装欧式前装滑膛炮，自澳门及闽粤沿海英国、荷兰沉船运至北京。① 兵仗局更可能根据新得之欧式火炮重加仿造，但仍然使用发熕的名称。

明末福建沿海地区，熕已是欧式前装大炮泛称。隆武元年(1645)，泉州人郑大郁编成《经国雄略》，内"熕铳制"略云"发熕之制，大者千余斤，小者四五百斤，用药一二斗，铅弹大于升"。② 基本延续了《筹海图编》铜发熕图说相应段落。配图绘有三门火炮，一"佛狼机铳"、一"大熕"、一"佛狼机大熕铳"。前两种即《筹海图编》卷十三内大佛郎机、铜发熕二图，细节稍有变化。"佛狼机大熕铳"则描绘了一门重型欧式前装炮，载于四轮炮车，铳身前部花纹，似是拉丁字母。显然已将铜发熕与葡萄牙人的前装炮(佛郎机大熕铳)视为一类。

万历末年以降，后金/清朝在辽东战场，缴获了大量明军火器，其中主要的欧式前装炮便是红夷炮与发熕炮。③ 二者极受清

---

① 黄一农《欧洲沉船与明末传华的西洋大炮》，《"中央"研究院历史语言研究所集刊》第75本第3分，2004年。
② 郑大郁辑《经国雄略·武备考》卷六，9a—10a。
③ 崇德七年(1642)，清军攻陷松山、锦州、塔山、杏山，俘获大批人员、物资。按奏事公文所列清单，火器有红衣大炮、红衣小炮、发贡炮、大将军炮、二、三等将军炮、行营炮、佛郎机炮、子母炮、斑绰嘴炮、把子总炮、三眼枪、单眼枪、木竹炮、万人敌炮火药。参见《崇德七年奏事档》，郭美兰译，《清代档案史料丛编》第十一辑，北京：中华书局，1984年，第1—15页。

廷重视,以至成为祭祀的对象。"顺治初年,定致祭红衣、发贡之神之礼。初定祀礼,每岁以九月初一日,致祭于卢沟桥北沙锅村。"①

康熙二年(1663)江宁巡抚韩世琦《报铳炮工料价值疏》中提:顺治十七年七月至康熙元年八月,苏州府军器局造完"三号发熕炮五百四十一位、四号发熕炮一百位、佛狼机一千位、百子炮一千九百九十位、鸟枪三百二十杆"。这批发熕"用铁铸造"。四号发熕原型样炮"[重]三百四十五斤,堂口宽一寸八分(5.8厘米),长三尺六寸(105.6厘米)";三号发熕,则为"四号发熕炮式样外,加重五十五斤,计重四百斤,堂口加宽二分,计宽二寸(6.4厘米),加长四寸,计长四尺(128厘米)"。相应炮弹,"每位一出用铁子大小不等,一个重三斤,每位一百出。铁子一百个,重三百斤"。②从重量、口径、长度等三项数据看来,上述三号、四号发熕炮,与崇祯元年兵仗局头号铜发熕似属同一系列,延续了明末火炮的等级标准(表4-3)。

苏州军器局同时计划添造"沙唬船上发熕炮磨盘架子三百座",后由"镇江府造过发熕炮匣四百位,磨盘炮架三百座"。可见生产这批火器,乃供战船之需。生铁发熕、佛郎机、百子炮、鸟枪——这套配置与万历中期浙江、广东战船铳炮标准,大体相同。所谓"磨盘炮架",当可旋转,已较万历年间的滑动铳架灵活方便。

道光年间,正黄旗汉军参领锺方(1793—1852后)主管八旗炮局,所著《炮图集》(1841)"发熕铁炮图说"一节有云:

---

① 嵇璜等纂《皇朝文献通考》卷一〇五,21b,中国国家图书馆藏武英殿刻本。
② 韩世琦《抚吴疏草》卷二十六,23a—32b,康熙五年刻本,《四库未收书辑刊》第8辑第6册。

表4-3 明清间发熕炮参数

年代	名称	材质	重量	口径	长度	制造地	出处
1562	铜发熕	铜	500	8?	——	欧洲?印度?	《筹海图编》
1562	铜发熕	铜	300	——	——	浙江定海	《定海县志》
1562	铁发熕	生铁	5 000	——	——	浙江定海	《定海县志》
1568	生铁发熕	生铁	450	——	——	福建	《洗海近事》
1602	铜发熕	铜	<500	——	——	浙江	《两浙海防类考续编》
1628	头号铁裹铜发熕炮	铁心铜体	704	7.8	170	北京兵仗局	中国长城博物馆
1662	三号发熕炮	生铁	400	6.4	128	苏州府军器局	《抚吴疏草》
1662	四号发熕炮	生铁	345	5.8	105	苏州府军器局	《抚吴疏草》
清中前期	发熕炮	生铁	350	——	137	北京	《炮图集》
清中前期	发熕炮	生铁	450	——	156	北京	《炮图集》

(重量单位:斤;口径、长度单位:厘米)

　　谨按：本朝制发熕炮，铸铁为之。前弇后丰，底如覆笠。重自三百五十斤，至四百五十斤。长自四尺三寸，至四尺九寸。用火药，自八两至十二两。铁子自一斤至一斤八两。不镂花文。隆起四道，旁为双耳。载以双轮车。辕长六尺九寸，轮九辋十八辐，通髹以朱。当轴两辕上处，有月牙窝以承炮耳。此项炮位内，亦有明天启崇祯年间铸造者。①

　　清朝的仿造品继承了明末发熕炮的部分特征，发熕最终成为一类轻型欧式铸铁炮的专名（图 4-10，图 4-11）。

图 4-10　发熕炮·《炮图集》(1841)

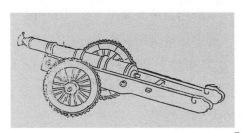

图 4-11　法攻炮·嘉庆《大清会典图》(1818)②

---

① 锺方《炮图集》卷三，北京大学图书馆藏道光二十一年稿本，无页码。《炮图集》主要反映道光二十年京师八旗炮局存藏实况。各省要地，同样多有配备发熕之记载，详见董诰等纂修《钦定军器则例》，嘉庆二十一年兵部刻本，《续修四库全书》史部第 857 册。

② 托津等纂《大清会典图》卷六十九，12b，19b—20a，清刻本，《近代中国史料丛刊三编》第 705 号，台北：文海出版社，1992 年。乾隆间编纂之《皇朝礼器图式》卷十六为火炮图，内无发熕。

七、结语

以上各节,首先讨论了发熕的早期图像主要特征和语源问题,进而梳理了这类火炮自出现至转型时期(16—17世纪)的相关史料,涉及海战、围城战中的应用,炮位、炮架、材质、射程等技术问题,以及装备规模与生产成本,以下稍作总结。

发熕这个名称很可能源于葡萄牙语 falcão,一种欧式轻型前装铜炮。笔者推测,发熕的原型可能是1540年代末明军自葡萄牙船只缴获之物,类似《筹海图编》(1562)铜发熕图说表现之车载炮。1550年代前期,东南沿海的明朝军队开始装备称作"发熕"的前装滑膛炮,陆战水战皆有应用。参考威远城(1562)、福建舰队(1568)、浙江水师(1602)装备资料,嘉靖万历间明朝军队所用发熕大都在300—500斤之间,为东南沿海地区量产火炮中体量级别最高者。威远城之5 000斤生铁发熕(1562)则是少数特例。总体而言,未向大型化发展。16世纪后期,发熕主要是东南沿海的地方性武器,并未如佛郎机铳一般在北部推广。

迄今尚未发现16世纪发熕实物,图像仅《筹海图编》内一幅,形制细节不得其详,但可确定多数为铜铸或生铁铸造的前装炮。早期的仿造品或许仍具有某些典型的西炮特征,诸如炮管前弇后丰、有炮耳、加纹饰等。鉴于当时中国工匠接触到的西炮样品数量极少,加之难以获知欧洲火炮原型的设计理念与工艺细节,"仿真"程度,恐难有保证。[①] 原型的外部特征,很可能渐次消失,返回传统火炮样式。与新式火炮相配套的操作技术,也未能随个别实物的传入而得到广泛应用。从明代有关发熕铳架的记载看来,万历年间,明朝水师的常规发熕似乎并无可用于调整射角的耳柄;舰载发熕置于滑动铳架内,未使用有轮铳车。实际使用中,发熕蜕变为无炮耳、用铳架的舰炮,与《筹海图编》所绘大为不同。与 17 世纪明清战争时期引进的西洋大炮/红夷大炮相比,16 世纪的发熕,属于较低程度技术传播的产物。

发熕的故事见证了明代海战武器的演变。永乐年间(15 世纪初),明朝某些精锐部队(如神机营)已然装备了大量优质火器(以铜手铳、碗口铳为主)。对于这类"危险"的技术,中央政府垄断生产渠道,控制使用范围,严禁民间私造。然而,有效运用火器,涉及冶金制造、火药配制、人员训练诸多环节,运转成本高昂。在缺乏战争威胁的情况下,难以长期维持高水平。随着大规模战事的平息,几代人以后,边境守卫部队使用火器的能力亦随卫所制度的解体而衰退,这与清朝中期火器技术的长期停滞颇为相似。

自正德末年至嘉靖中期(1520—1550),由广东而闽浙,沿海地方官府不时与葡萄牙武装商船发生冲突,刺激了某些文

---

① 明末仿造吕宋铜炮的情况可资比较。万历四十八年(1620),协理戎政黄克缵自其家乡泉州地区,招募十四名工匠至北京,铸成 28 门吕宋铜炮。这批工匠中虽然有人曾在菲律宾接触过西班牙人的铸炮过程,但因未能掌握关键技术,所造之炮仅外形差似,铸造质量与炮身设计均颇有缺陷,未能在辽沈之役中发挥作用。参见黄一农《明末萨尔浒之役的溃败与西洋大炮的引进》,《"中央"研究院历史语言研究所集刊》第 79 本第 3 分,2008 年。

武官员主动引进佛郎机铳、鸟铳、发熕等欧式火器。葡萄牙人在舰船、火器方面虽有技术优势,但人员寡少,军事力量非常有限,最终定居澳门,并以臣服纳税换取贸易特权的方式,结束了敌对状态。

1550 年代,明朝的海禁政策引发"嘉靖大倭寇",东南沿海官军的主要对手乃是众多海盗集团。闽广交界地区(如潮州、漳州)王朝控制力薄弱,明初以来即存在大量编户外人口。新式火器之于海上武装集团,如虎添翼。福建巡抚涂泽民(1569)所谓"今之火器,若发熕、佛郎机、鸟铳诸类,咸与贼相角,是无以相制也。而贼之缮器练技,视我过之"。① 16 世纪后期,官军与私人武装均着力仿造欧式火器,借之角逐,由此引发军备竞赛,新式火器得以大量生产,作战方式相应发生变化。1550—1580 年间的一系列军事冲突,直接推动了海战兵器更新换代。战船前甲板安置前装重炮(发熕)是一项重要革新。此时的战船方才成为真正的移动炮台——舰首主炮发射大口径实心弹,破坏敌船船体。至万历初年,明军大型战船的军械配置,大约为舰首一门发熕;侧舷、船尾安置佛郎机铳、百子铳(swivel gun)各若干门;另有鸟铳若干门,外加火箭、喷筒、火罐等燃烧性火器,佐以镖枪之类冷兵器。这一时期东南沿海新式火器的发展与普及,系由内部因素推动,主要是社会矛盾激化,长期处于战争状态所致。

随着万历末年努尔哈赤誓师伐明,天启初年荷兰舰队进

---

① 涂泽民《行监军道(水防火器募兵)》,陈子龙等编《皇明经世文编》卷三五四,13a—b。

攻澳门,东亚局势进入新一轮激烈动荡时期,火炮技术也迎来加速发展阶段。此时发煩仍是与西洋大炮/红夷大炮最为相似的武器,"煩"字在闽南地区已是前装大炮的同义语。闽粤沿海地区有能力迅速仿造、应用西炮,与其原有生产、应用前装炮(发煩)的经验不无关系。明末的技术引进更为彻底,新型发煩完全是前弇后丰、铸有炮耳的欧洲样式。启祯以降至清朝之发煩,重量级别大体保持在 300—700 斤间,继承了嘉隆至万历初年发煩的部分特征。随着明清之际各政权大量仿制西炮,发煩转变为一类轻量级欧式火炮的专属称谓。这时的发煩炮反而与《筹海图编》中的形象更为接近,某种意义上,完成了"名实相副"的漫长过程。

第五章

舍铸务锻——明代后期熟铁火器之兴起[①]

　　嘉靖后期至万历中期,前后六十年间(1550—1610)战事频仍,著名者如东南沿海地区的"嘉靖大倭寇"以及万历中期的宁夏、朝鲜、播州之役,即所谓"万历三大征"。火器史方面,佛郎机铳与鸟嘴铳已经传入(约 1520—1550),西洋大炮/红夷大炮(约 1620 年以降)尚未正式登场。这一时期,新式火器的本土化已然引发了一系列技术革新。借助明人自身的观察,能够发现一系列有趣的问题。王鸣鹤《帷间答问》(约1597)有云,火器"古惟铜铁铸成者,自广东叶军门始以熟铁打造,较铸者远矣"。[②] 赵士桢《神器谱或问》(1599)自设问答,有云:"近日大小神器,易铜为铁,舍铸务锻,犹然不堪。此何以故?"[③]"易铜为铁,舍铸务锻"一语可谓重要线索。

---

① 本文原题《从佛郎机到叶公炮——明代后期火器技术之演变》,收入中国社会科学院历史研究所编《第七届中日学者中国古代史论坛文集》,北京:中国社会科学出版社,2016 年,第 285—335 页。本章再行增订。
② 冯应京辑《皇明经世实用编》卷十六,54a,万历三十一年刻本,《四库全书存目丛书》史部第 267 册。
③ 赵士桢《神器谱或问》,22a,万历二十七年序刻本,《明清稀见兵书四种》,第203 页。

佛郎机铳的引进与传播在 16 世纪的中国火器史上最为引人瞩目。正德年间，葡萄牙船队到达中国南海，与明朝官方发生接触。随着贸易活动与武装冲突，葡萄牙人(时称佛郎机人)携带的提心式后装炮传入华土，时人谓之"佛郎机"(以下称佛郎机铳)。[①] 民间传播又当早于官方记录。1510 年前后，华商或许已在东南亚接触到这类火器，进而传入本土。[②] 1540 年代，佛郎机铳已是东南沿海武装商船的常用火器。[③] 1550 年代，佛郎机铳更成为东南沿海、北方边境明朝军

[①] 有关"佛郎机"(作为人群或火器)一词的语源问题，存在多种观点，参见 Kenneth Warren Chase, *Firearms: A Global History to 1700* (Cambridge: Cambridge University Press，2003)，242-243。

[②] 佛郎机铳之民间传播，早期确证有二。一为正德十四年，致仕高官莆田林俊(1452—1527)闻宸濠之乱，范锡为佛郎机铳并抄火药方，命人寄送王守仁，助其平叛。此事因王守仁《书佛郎机遗事》(1520)广为人知。二则据《刑部问宁王案》(《玄览堂丛书》影印本误题作"刑部问宁夏案")，正德十二年后，宁王朱宸濠密谋起事期间，曾差人制造"佛郎机铳"。参见周维强《佛郎机铳与宸濠之叛》，《东吴历史学报》第 8 期，2002 年 3 月。此外，据清初仙游知县侯绍岐辑《金沙魏公将军壮烈志》(1660)卷上年谱部分，正德元年(1506)民间武装首领魏昇，派遣部下用"佛郎机神铳数百头"，伏击撒掉仙游之流贼；七年，漳汀流盗来攻仙游县城，魏昇与典史黄琯用"佛郎机神铳百余"败敌城下。魏昇(1459—1517)为地方豪强，领导乡兵保卫仙游数十年；正德十二年，再次率兵抵御流贼，重伤不治；邻县莆田林俊感其英勇，为作碑记。周铮推测，魏昇可能通过海外贸易，自阿拉伯人获得佛郎机铳，继而加以仿造。林俊获得之佛郎机铳制造技术即源自魏昇。参见周铮、许青松《佛郎机铳浅探》，《中国历史博物馆馆刊》第 17 期，1992 年。按，魏昇年谱记事多有可疑。据郑主忠撰魏氏祠状(1517)，魏昇击退漳汀流盗，在正德五年，而非七年，且未提火器；《武经开宗》(崇祯间成书)名将篇记魏昇事，则以正德元年败敌于"佛浪矶"(地名)，全未提及火炮。此种异说，周铮文未提及。参阅侯绍岐辑《金沙魏公将军壮烈志》卷上，32b—33a、41a—b，卷下，42a—45b、48b—50a，中国国家图书馆藏顺治十七年刻本。又张维华引证道光《福建通志》(卷二六七，10a—b)所载正德五年黄琯与魏昇用佛郎机铳击退漳汀流盗事，认为闽广商人贩南洋者习得佛郎机术，仿拟制作。王兆春则认为传说失实，正德初年仙游即有佛郎机铳之说不足凭信。参见张维华《明史欧洲四国传注释》，上海：上海古籍出版社，1982 年，第 23 页；王兆春《中国古代军事工程技术史(宋元明清)》，太原，山西教育出版社，2007 年，第 276 页。

[③] 中岛乐章《16 世纪 40 年代的双屿走私贸易与欧式火器》，牟方赞译，收入郭万平、张捷主编《舟山普陀与东亚海域文化交流》，杭州：浙江大学出版社，2009 年，第 34—43 页。

队的制式火器。① 这种提心式后装火炮在二三十年内完成了本土化,型号多样,产量巨大。讨论 16 世纪后期明朝境内出现的新型火炮,不能不首先考虑佛郎机铳之影响。

佛郎机铳之所以深受重视,自然是因为性能优越,相对中国传统火器,具有独到之处。形制方面,佛郎机铳最突出的特征无疑是提心式后装设计,方便迅速更换子铳,连续发射;瞄准具、炮架、尾柄设计也很重要。② 至于其他方面直接或间接的影响,尚多有待探索,例如火药制粒工艺、铅包铁弹之应用。明代佛郎机铳向大型化发展,出现了所谓"无敌大将军",直接催生了万历间新型熟铁前装火炮(如叶公炮、灭虏炮等)。

本章分三部分。第一部分从火药、铳管、铳弹、铁心铜体设计、佛郎机铳大型化等方面,讨论佛郎机铳对明朝火器技术发展的直接影响。第二部分"叶公炮始末",探讨万历中期,北方边镇研发之新型熟铁前装火炮。第三部分"如何制造熟铁炮",从制造工艺演变的角度,分析明代后期火器之革新。

一、佛郎机铳之影响

(一) 火药问题

火药制粒是火药制造史上的重要革新,保证了颗粒成分

---

① 关于佛郎机铳,可参考王兆春《中国科学技术史·军事技术卷》,北京:科学出版社,1998 年,第 198—204 页。周维强《佛郎机铳在中国》,北京:社会科学文献出版社,2013 年。

② 周维强《明朝早期对于佛郎机铳的应用初探(1517—1543)》,《全球华人科学史国际学术研讨会论文集》,台北县:淡江大学,2001 年,第 203—232 页。

比例稳定,不易变质,且令颗粒间获得充分空隙,暴露面可迅速燃烧,大幅提升了爆炸能量,也可通过颗粒大小控制能量释放的速度。1420年前成书之 *Feuerwerkbuch* 已论及粒状火药的特性与加工方法。[①]

正德十二年(1517),葡萄牙船队首次抵达广州,广东按察司佥事顾应祥(1483—1565)代管海道,接待了这批"佛郎机"人,同时获得了佛郎机铳。顾氏晚年在《静虚斋惜阴录》(1564)中回顾了这次事件,相关文字也成为佛郎机铳初传中国的著名史料,有云:"其火药与中国药不同,都司曾抄其方,不知广中尚存否。"[②]嘉靖《广东通志》(1561)记载了佛郎机铳的两种火药配方,其一为本地军器局常规配方,其二则是来自葡萄牙人:

> 佛朗机铳　军器局凡铳一函,子铳四枚,状如黄瓜。方入药满,装铅弹一颗。药用焰硝一斤,硫黄三两,沙木炭三两七钱,樟脑五钱,浓烧酒一盏,醋半盏。引药则硝一两,硫黄一分,沙木炭三钱。然犹未尽其妙也。

> 云南宪副赵崇信,尝询得佛朗机夷人云:称定焰硝

[①] 关于粒状火药燃烧机制与实验结果,参见 Bert S. Hall, *Weapons and Warfare in Renaissance Europe: Gunpowder, Technology, and Tactics* (Baltimore: Johns Hopkins University Press, 1997), 79-87。早期所谓制粒(*Knollen*)实指成团:过酒碾磨,揉制成小团块晒干,打碎使用,并非必成圆粒。主要是为了长期保存,防止火药变质(前揭书,第69—74页)。

[②] 顾应祥《静虚斋惜阴录》卷十二,19a—21b,明刻本,《四库全书存目丛书》子部第84册。李斌《关于明朝与佛郎机最初接触的一条史料》,《文献》1995年第1期。《静虚斋惜阴录》谓"近见浙中军门所刻海防图编,画佛郎机铳"云云。"海防图编"似即《筹海图编》,嘉靖四十一年浙直总督胡宗宪刊之杭州,顾应祥晚年居里(湖州长兴)犹能见之。

一斤,硫黄二两二钱,炭四两五钱,置墙角小便沃湿。过二三日,带润入擂,至乾燥飞扬,仍用小便洒定。擂极细,乃入碓。每斤用去衣蒜头三枚,和浓烧酒春如面膊,作豆腐片,置屋瓦上晒极乾,用闸刀闸碎如豆大。入铳一两三四钱,只可及一千五百步矣。[①]

赵崇信(1494—?)[②]的火药方,自葡萄牙人("佛朗机夷人")询问得来。两种配方中的有效成分比例相近,造成性能差异的关键因素,应是葡萄牙人加工火药多一制粒程序(表5-1)——先将粉末充分混合,和酒春捣,成块晒干,再"用闸刀闸碎如豆大"。

表5-1 佛郎机铳火药配方比较表

	广东军器局火药方		葡萄牙人火药方		近代通行黑火药方
焰硝	一斤	70.5%	一斤	70.5%	75%
硫磺	三两	13.2%	二两二钱	9.7%	10%
木炭	三两七钱	16.3%	四两五钱	19.8%	15%
制粒	否		是		是

戚继光《纪效新书》(十八卷本,1561年成书)所载鸟铳火药方与之类似:

① 黄佐纂《广东通志》卷三十二·军器,18b,中山图书馆藏嘉靖四十年刊本,广东省地方史志办公室1997年影印,第783页。按"沙木"即杉木。
② 赵崇信,字仲履,广东顺德人,嘉靖十四年(1535)进士。嘉靖二十四年在广西左参议任上,监军至柳州地区平叛,次年丁忧回籍。三十三年升贵州按察副使。参见《嘉靖十四年进士登科录》,嘉靖刻本,《明代登科录汇编》第8册,台北:台湾学生书局,1969年,第4152页。张岳《小山类稿·报柳州捷音疏》,林海权、徐启庭点校,福州:福建人民出版社,2000年,第39页。王耒贤、许一德纂修《贵州通志》卷二,16b,万历刻本,《日本藏中国罕见地方志丛刊》,北京:书目文献出版社,1990年。

硝一两,磺一钱四分,柳炭一钱八分。通共硝四十两,磺五两六钱,柳炭七两二钱。用水二钟,舂得绝细为妙。秘法:先将硝、磺、炭各研为末,照数兑合一处,用水二碗,下在木柏,木杵舂之。不用石舂者,恐有火也。每一柏,舂可万杵。若舂干,加水一碗,又舂,以细为度。舂之半乾,取出日晒,打碎成荳粒大块。此药之妙,只多舂数万杵也。①

硝、磺、炭比例为 75.8%∶10.6%∶13.6%。过水混合,充分研磨,晒干制粒。谓之"秘法",可见火药制粒尚属新知。这个配方可能便是嘉靖二十七年(1548)卢镗攻破宁波双屿,自"番寇"获得的鸟铳药方。② 另外值得注意的是,上述制粒工艺,仅是"闸碎""打碎",尚未提及使用筛网。

武官王鸣鹤(?—1619)的一段回忆很能说明制粒工序对火药品质的影响。

昔余练兵陕西,有闸司督造火药,分发各兵,始而试放不响,既而大响损铳。主者莫知其故,疑而问余。余曰:有说也。南方火药,对定分两,皆加水舂。其硝磺与灰三者合一,皆如绿豆子大,临时入铳甚易,无崩塞之患。今所造,只将三者碾细耳,并未入水舂过。各兵又不能分定分量,或用纸筒或用竹筒装乘,以便听用,而乃总入一大皮袋

---

① 戚继光《纪效新书》(十八卷本)卷十五,曹文明、吕颖慧校释,北京:中华书局,2001年,第249—250页。
② "总兵卢镗攻破双屿,得番寇鸟嘴铳与火药方,其传遂广。"参见张时彻《定海县志》卷七,18a,嘉靖四十二年刻本,《天一阁藏明代方志选刊》,上海:上海古籍书店,1982年。按,1548年攻双屿时,卢镗系都司佥事。

装了。兵系马兵,终日马上撞筛,其硝与磺性重而沉底,灰性轻而上浮。初放者灰也,故多不响,既放者硝黄也,磺多则铳损。此理甚明,精知火药之性,又何疑焉。①

可知万历二十年(1592)前后,王鸣鹤任陕西参将之时,当地边军尚未使用粒状火药。

按万历二十八年(1600)刊行之火器专书《利器解》,彼时宣府镇军中所造火药(发射药)分为"寻常药"与颗粒药,二者硝、磺、炭之比例同为 5∶1∶1(71.4%∶14.3%∶14.3%)。前者为硝磺炭之简单混合,后者需加特制。

> 每料用硝五斤,燶一斤,茄杆灰一斤。以上硝燶灰共七斤,分作三槽,定碾五千八百遭。出槽,每药三斤,用好烧酒一斤,成泥仍下槽内,再碾百遭。出槽,拌成粒,如黄米大,或绿豆大。须入手心燃之,不觉热方可。寻常药用一斤,此药只用半斤。因药力大迅,不可多用。如无茄灰,柳条亦可,去皮去节。南方如无柳茄,杉槁俱可。②

---

① 冯应京辑《皇明经世实用编》卷十六,63b—64a,万历三十一年刻本,《四库全书存目丛书》史部第 267 册。又,天启间何良焘编译之《祝融佐理》(上海图书馆藏道光间抄本)介绍西法炮学,"炼造火药说"一节有类似说辞:"最可笑者,今时火药,不用水捣,又要细拌匀。不知一人军士之手,或步走,或马上,终日撞筛。其磺与硝性重而沉底,炭性轻而上浮。初放不响,以炭多故。后放铳炸,以硝磺多故。此不可不察也。"孙元化《西法神机》(光绪二十八年刻本)卷下"炼火药总说"内文句略同。《火攻挈要》卷中(海山仙馆丛书本)也有类似的警告,不过变成了欧洲故事:"昔西国一兵,偶尔放铳,发弹不及数步,且声亦不响,再过数时放之,铳又炸矣。[中略]所以先放无力而不响者,以炭多故也。后放而铳炸者,以磺多故也"云云,强调制粒的重要性。《火攻挈要》编者焦勖曾经参考《祝融佐理》,且谓之"西法正传"(崇祯十六年自序),或因此误认为这个故事源于欧洲。当然,情节相似的故事也不能排除独立来源的可能。
② 温编《利器解·总解》,4b—5a,日本公文书馆藏明刻本,《明清稀见兵书四种》,第 584—585 页。

　　火门药配比相同,无需制粒。这段文字或可反映 1600 年前后北方边军火药制造工艺的较高水平。此时颗粒火药并非"寻常药",在当地尚属新事物。上述火药方后收入《武备志》,流传甚广。乾隆间赵学敏纂辑《火戏略》(1780),收录炮仗、烟火配方百余种。内颗粒药仅一种,谓之"珠儿火药",药方配制文字略同。①

　　《神器谱》(1598)所载火药工艺,更为讲究,鸟铳发射药,"每硝十两,灰一两五钱、磺五钱"。研磨极细混合,反复喷水、春捣,晒干打碎后,需用竹筛筛过,"只取如粟米一般者入铳";火门药("发药")配比小异,最后需用"马尾罗筛出,要如蒸糕米粉一样粗细为妙"。②

　　终明之世,火药制粒的概念远未普及。万历四十八年二月福建道监察御史彭鲲化上"通州哗变幸定"疏,谓"前见顺德推官蔺完植条陈内有火药一款,言炮中之药不宜虚散无力,必成颗粒,方能力摧铅子,其火门、钻眼、铸子一一有法,其说亦可采也"。③

　　明人记载荷兰战船重炮所用火药,专门说明制粒工艺,以为新异。

　　　　每大铳一口,受药可二斗,铅弹二丸,重可二十余斤。火药精炼,用乳泉捣碎如粉,泼以火酒调匀,和丸如绿豆

---

① 赵学敏《火戏略》卷二,7a—b,天津图书馆古籍部影印稿本,1985 年。
② 赵士桢《神器谱》,31a,万历二十六年序刻本,《明清稀见兵书四种》,第 77 页。
③ 程开祐辑《筹辽硕画》卷三十八,18b—22b,20b,明刻本,《国立北平图书馆善本丛书》,上海:商务印书馆,1937 年。按,推官为各府佐贰官,故此"顺德"应是北直隶顺德府,非广州府顺德县。

子大。一发，声大如雷迅震空，发弹如流星飚电，当者击如灰泥，其所冲疾烈而远，烟少而白，此其长技也。①

明末出现的一系列西法军事作品，如《祝融佐理》（约1625）、《西法神机》《兵录·西洋火攻神器说》（1628）、《守圉全书》（1636），收录了大量火药配方，均言及颗粒工艺，且须过筛。《火攻挈要》（1643）云：

> 俟药已捣成，即用粗细竹筛，其大铳药用粗筛，筛成黍米珠。狼机药用中筛，筛成苏米珠。鸟枪药用细筛，筛成粟米珠。②

重型火器发射药颗粒较大，轻型火器药粒较小，也是16—17世纪欧洲火器的惯例。清朝军队延续了早期传统。1860年，英法联军进军北京，一位法国军医记载了通州战场所见清军遗留火药："大炮的火药很大，步枪的火药却很小，呈圆粒状，就像细小的铅沙"。③

我们尚不了解宋元及明代前期是否存在军用颗粒火药。

---

① 郑大郁辑《经国雄略·武备考》卷八，19a—22b，"夷舟"，隆武元年刊本，《美国哈佛大学哈佛燕京图书馆藏中文善本汇》第20册，北京：商务印书馆，桂林：广西师范大学出版社，2003年，第418页。《武备考》"夷舟"一节引用《异域志》，谓"红毛夷，其种又有二，一呼英机呢，一曰乌喃呢。惟乌喃呢最为强悍，尝为海患"云云，用不少笔墨描述乌喃呢甲板船形制。按，英机呢当即English；乌喃呢似为Verenigde(联合)的对音。与明人接触之荷兰舰船全部属于联合东印度公司(Verenigde Oost-Indische Campagnie)，彼时荷兰的正式国名为尼德兰七省联合共和国(Republiek der Zeven Verenigde Nederlanden)。

② 汤若望授，焦勖述《火攻挈要》卷中，4b，海山仙馆丛书本，《中国科学技术典籍通汇·技术卷》第5册，郑州：河南教育出版社，1994年。

③ 阿尔芒《出征中国和交趾支那来信》，许方、赵爽爽译，上海：中西书局，2011年，第319页。

目前看来，即便曾经存在，也未能得到有效传承。16 世纪中期以降，铳炮发射药开始采用颗粒火药，应是受到域外知识影响，总体上是东南沿海得风气之先，逐渐向北方边镇扩散。由于配方与工艺的差别，同等重量的火药爆炸能量差距甚大。明代前期的老式火器（如铜手铳、碗口铳、将军炮之类）如改用粒状火药，会增加炸膛的危险。这也是明人最初仿造佛郎机铳，以及发展新式火器之时需要解决的问题。

（二）铳管与铳弹

佛郎机铳的制造工艺具有域外特色。由于冶金传统的差异，与中国 14 世纪便出现生铁铸造火炮不同，欧洲早期火炮采用熟铁锻造或铜铸。直到 16 世纪中期，英国始大量铸造生铁火炮，开欧洲各国之先河。[①] 16 世纪初，葡萄牙商船带入东亚的火器，全部为铜铸或熟铁锻造制品。

正德十六年（1521），广东按察司副使巡视海道汪鋐（1466—1536）招募杨三、戴明等长期为葡萄牙人工作的海员仿造佛郎机铳，成功驱逐葡萄牙船只，缴获火炮大小二十余件。嘉靖初年，汪鋐官至兵部尚书，力主在北方边镇推广佛郎机铳。汪鋐（1529）对佛郎机铳有这样的描述：

> 其铳管用铜铸造，大者一千余斤，中者五百斤，小者

[①] 欧洲大陆 15 世纪中叶已出现铸铁炮，但缺陷显著，未能流行。1543 年由欧洲大陆进入英国的技师铸造出性能更佳的铁炮，将大炮的生产费用降至原先的十二分之一。自此英国在制造耐用铁炮方面的垄断地位保持了半个世纪。参见麦尼尔《竞逐富强：西方军事的现代化历程》，倪大昕、杨润殷译，北京：学林出版社，1996 年，第 91 页，第 120 页。

一百五十斤。每铳一管,用提铳四把,大小量铳管,以铁
为之。铳弹内用铁,外用铅,大者八斤。其火药制法,与
中国异。其铳举放,远可去百余丈,木石犯之皆碎。①

正德十二年至十六年间,汤沐(1460—1532)任广东左布
政使,亦"因获于私番舶船"见得佛郎机铳:

> 其制前有管,中有腹,后有柄。置于木床,机括转移,
> 可四方上下。其礌用铅包铁弹。小铳置腹中,发自管中,
> 最正不偏,且远而径疾,当击无不糜裂者。②

汪鋐、汤沐所见葡萄牙舰载提心式后装炮,母铳为铜制,子铳
(提铳)为铁制。铁制子铳,必为熟铁打造。火药爆炸产生的
冲击力,绝大部分由子铳承受,较之母铳,品质要求更高,是整
件武器质地最为坚韧的部件。"火药制法与中国异",可与前
引顾应祥之说及嘉靖《广东通志》佛郎机人火药配方(表
5-1)互证。

嘉靖后期,东南沿海持续战乱,即所谓"嘉靖大倭寇"时

---

① 汪鋐《奏陈愚见以弭边患事》,载黄训编《皇明名臣经济录》卷四十三,1a—3b,中国
国家图书馆藏嘉靖三十年刻本。嘉靖八年十二月庚寅,都御史汪鋐奏:"先在广东
亲见佛朗机铳,致远克敌,屡奏奇功,请如式制造"。参见《明世宗实录》卷一〇八,
10b(2558)。此疏当即《奏陈愚见以弭边患事》。又按汪氏奏疏中的戴明或杨三,
当即 Diogo Calvo 船上的中国基督教徒 Pedro。参见 Charles Ralph Boxer, "Notes
on Chinese Abroad in the Late Ming and Early Manchu Periods Compiled from
Contemporary European Sources (1500 - 1750)", *T'ien Hsia Monthly* 9, no. 5
(December 1939): 447 - 468. 汉译见博克塞《明末清初华人出洋考(一五〇〇—
一七五〇)》,载朱杰勤译《中外关系史译丛》,北京:海洋出版社,1984年,第96—
97页。
② 汤沐《汤廷尉公馀日录》,41b,李如一编《藏说小萃十集》,中国国家图书馆藏万历
三十四年刻本。

期,佛郎机铳已经是中国战船上的常见火器。名将戚继光
(1528—1588)非常重视佛郎机铳,对其尺量标准、造法、演练
均有严格要求——"造法:母铳铜铁不拘,子铳必用熟铁,惟
以坚厚为主"。①

　　嘉靖十六年(1537),明廷发给陕西三边"熟铁小佛朗机"
3 800副。② 嘉靖二十三年,题准山西三关自造"连珠佛朗机
炮","用熟铁造,二管合为一柄"。③ 文献中常见之"铁"佛郎
机,多应是熟铁制品。

　　按嘉靖《广东通志》(1561),海盗私造之佛郎机铳,最长者
九尺(288厘米),外口径四五寸(13—16厘米),与戚继光规定
之一号佛郎机铳不相上下(参见表5-2);毫不理睬严惩私造
火器的律法。④

　　　海寇所铸[佛郎机],大者九尺,其次三五尺不等,中
　　藏铁管,横薄四五寸,厚一分许。铁铳心一条,卷铁叶二
　　三重,圆直光滑,弹出无阻。⑤

"铁铳心"即子铳,数层铁叶卷成,自为熟铁锻造,与葡萄牙人
提心子铳原型一致。此外,明末西法炮学编译著作,如《祝融

---

① 戚继光《纪效新书》(十四卷本)卷十二,范中义校释,北京:中华书局,2001年,第
　277—278页。万历十二年成书。
② 《明世宗实录》卷一九六,4b,嘉靖十六年正月戊戌(4146)。
③ 申时行等修《大明会典》卷一九三,5a,万历刻本,《续修四库全书》史部第792册。
④ [大明律]私藏应禁军器。凡民间私有人马甲、傍牌、火筒、火炮、旗纛、号带之类
　应禁军器者,一件杖八十,每一件加一等。私造者,加私有罪一等,各罪止杖一百,
　流三千里。"参见李东阳等《大明会典》卷一三九,7a～b,东京大学附属图书馆藏
　明刊本,东京:汲古书院,1989年,第213页。
⑤ 黄佐纂《广东通志》卷三十二·军器,18b。

佐理·椎击铁铳说》(约1625)、《火攻挈要·制造狼机鸟枪说略》(1643)均主张佛郎机铳(子母铳)全用熟铁打造。[①]

　　铅包铁之铳弹设计,也随佛郎机铳传入。汪鋐所谓"铳弹内用铁,外用铅",应是为了防止铁弹锈蚀,发射时在炮管内受阻,导致炸膛。[②] 此外铅质相对柔软,便于修整圆滑。此种铳弹形制,乃是早期欧洲火器之特色。著名的英国战舰 Mary Rose 号,1545年沉没,1979—1982年间打捞出大小铅弹282枚,其中仅40枚小口径纯铅弹(直径13—26毫米);多数为铅包铁弹,以中等大小为主,直径在38—42毫米间,较大者直径达到65毫米;另有少数铅包石弹。[③] 明人仿造继承了这一设计。嘉靖二十三年(1544),巡抚曾铣在山西增造军器,包括"大小铅子并铅包铁子共二十七万九千六百二十二个"。[④] 又按《苍梧总督军门志》(1581),两广总督府(梧州府城)军器:大样、次样、中样、小样佛郎机用"铅包铁"铳弹;小样佛郎机、爪哇铳用"净铅"铳弹;鞭枪用"铅弹"。[⑤] 可见仅小口径火器之铅弹为纯铅。明代后期军器清单所载火炮用"铅子",恐亦是铅炮铁弹。

---

① 何良焘《祝融佐理》,上海图书馆藏道光间抄本,《明清之际西法军事技术文献选辑》,第30页;汤若望授、焦勗述《火攻挈要》卷上,25a—28a,海山仙馆丛书本,《中国科学技术典籍通汇·技术卷》第5册,第1294—1295页。

② 周维强《明朝早期对于佛郎机铳的应用初探(1517—1543)》,第215页。

③ Robert Walker and Alexzandra Hildred, "Manufacture and Corrosion of Lead Shot from the Flagship 'Mary Rose'", *Studies in Conservation* 45, no. 4. (2000): 217-225.

④ 廖希颜辑《三关志·武备考》,11a—12b,嘉靖二十四年刻本,《续修四库全书》史部第738册,第716页。

⑤ 应槚编,刘尧诲重修《苍梧总督军门志》卷十五,11a,万历九年刻本,《明代史籍汇刊》,台北:台湾学生书局,1970年,第650页。

(三) 铁心铜体

明代佛郎机铳,至少有京师官造、地方官府自造、民间私造三种来源,涉及时空范围广阔。传世品数量不多,迄今仅发现母铳十余件、子铳约四十件,多为京师官造。[①] 官造佛郎机铳有铜、铁之别。现存实物中,母铳、子铳均以铜质品为多。兵仗局造胜字中样铜佛郎机铳,万历二年(1574)款子铳编号已至一万九千余号,足见产量之大。[②] 铁制母铳,有生铁铸造,熟铁锻造两类标本。[③] 全铁制子铳尚未见报道,另有铁心铜体样式,最为特别。

嘉靖二十二年,工部军器局奉命,每年将 105 副手把铜铳或碗口铜铳改造为适用的中样佛郎机子铳(万历《大明会典》卷

① 王兆春《中国科学技术史·军事技术卷》,第 198—204 页。刘旭《中国古代火药火器史》,郑州:大象出版社,2004 年,第 107—110 页。邸和顺、沈朝阳《抚宁县发现明代"胜字"小型子母炮》,《文物春秋》1989 年第 4 期。邸和顺《河北抚宁县出土明代火铳》,《考古》1992 年第 3 期。于力凡《首都博物馆藏明代铜火铳火炮》,《文物春秋》2013 年第 3 期。

② 周铮、许青松《佛郎机铳浅探》。"铜制子铳。蓟县黄崖关出土,阴刻铭文'胜字壹万壹千壹百拾□号 □□中样铜佛郎机 万历二年兵仗局造'。"尺寸、内胎不详,可能亦为铁心铜体。

③ 生铁铸佛郎机母铳至少尚存五件(无配套子铳)。日本现藏三门,有范缝铸痕。据信为 16 世纪末侵朝战争虏获品。口径分别为 3.2 厘米、3.5 厘米、4.2 厘米;长度分别为 131 厘米、127 厘米、124 厘米;样式基本相同。第一件前部铳管正面铸有铭文:"万历十年正月 日匠易二天五号"。民国间宣武门北京历史博物馆见藏二门,口径 5.8 厘米、3.0 厘米;长 184 厘米、57 厘米(按,长度一口径比例与照片[第 247 图]不符,著录有误),无铭文。参见有马成甫《火砲の起原とその伝流》,東京:吉川弘文館,1962 年,第 556—561 页。1990 年河北赤城县出土明代火器窖藏,包括铜铁铳炮 32 件及车辖、铁箭镞等项。内有佛郎机铳母铳一件,熟铁卷打制成,口径 2.9 厘米,长 105 厘米,无铭文。参见赤城县博物馆《河北赤城发现明代窖藏火器》,《文物春秋》1994 年第 4 期。另中国历史博物馆(今国家博物馆)藏一件,铁质,口径 5.2 厘米,长 151 厘米,无铭文,是铸是锻不详。参见周铮、许青松《佛郎机铳浅探》。

一九三）。现存嘉靖十九年款"马上佛郎机"子铳（口径1.7厘米，长15.5厘米），前膛有外箍，药室隆起，与手铳甚为相似，仅尾銮改为半月槽形，便于插销固定。嘉靖庚寅（九年）款"流星炮"子铳（口径2.5厘米，长29厘米）、嘉靖十二年兵仗局款"胜字"铁心铜体子铳（口径2.6厘米，长29.5厘米）设计亦是如此，更加装了与天字手铳相同的火药槽与火门盖。[①] 上述实物可证，改造手铳为佛郎机子铳，应早于嘉靖九年，二者存在明确的继承关系。

已确认的五门铁心铜体子铳，长度均在30厘米以下。四门刻有兵仗局造胜字款"佛郎机中样铜铳"铭记，年代最早者为嘉靖十二年造胜字2451号，最晚者为嘉靖二十年造胜字6443号。由此推测，1533—1544年间，这类子铳的年产量在500门上下。[②]

铁心铜体子铳内层管壁应为熟铁，外包铸铜。佛郎机子铳采用铁心铜体，中外似乎皆无先例，兵仗局为何选择这一独特样式？

永乐以降，至嘉靖初年，南北二京的中央军工厂（军器局、鞍辔局、兵仗局）生产管形射击火器已有上百年的历史，产品始终以铜制品为主（铜手铳、碗口铳），尚无证据表明曾经大批量制造熟铁铳炮。换言之，中央造兵机构在原料供给，匠作工艺方面，长期处于稳定状态，自成系统。笔者认为，锻铁内膛应是对葡萄牙原型火器的模仿，可能直接来自汪鋐之类官员的要求。铜体则是原有生产系统的延续。一般而言，锻造熟铁制品的成本低于铜铸品。然而，完全改变原有系统，意味着

---

① 于力凡《首都博物馆藏明代铜火铳火炮》。黄一农《明清独特复合金属炮的兴衰》，《清华学报》新41卷第1期，2011年，第77—79页。
② 黄一农《明清独特复合金属炮的兴衰》，第77—79页。

供应链条、工匠技艺的转变,加之相关人员利益多受牵动,必然存在阻力,综合成本或许更高。因此,铁心铜体更有可能是外来技术标准与原有生产系统妥协下的产物,未必是主事者预先考虑到复合金属炮管性能更为优越。

(四) 无敌大将军

隆庆元年(1567),戚继光调防蓟镇,三年升任蓟镇总兵官,至万历十一年(1583)谪调广东,十余年间练兵制器,多有创设,直接推动了东南沿海火器在北部边疆地区的传播。鉴于蓟镇原有"大将军"(旧式前装大炮)装放困难,戚继光下令制造大型佛郎机铳,名之"无敌大将军"。

> 旧有大将军、发𤏡等器,体重千余斤,身长难移,预装则日久必结,线眼生涩,临时装则势有不及,一发之后,再不敢入药。又必直起,非数十人莫举。今制名仍旧贯,而体若佛狼机,亦用子铳三,俾轻可移动,且预为装顿。临时只大将军母体安照高下,限以母枕,入子铳发之。发毕,随用一人之力,可以取出,又入一子铳云。一发五百子,击宽二十余丈,可以洞众,罔有不惧而退者。[①]

按《卢龙塞略》(1610),"[隆庆]四年(1570)四月永镇置虎蹲炮及改造大将军"。[②] 永镇即蓟镇总兵驻地永平府(三屯

---

① 戚继光《练兵实纪·杂集》卷五,邱心田校释,北京:中华书局,2001年,第311页。《杂集》(万历五年成书)详细说明了"无敌大将军"的弹药装填步骤。
② 郭造卿《卢龙塞略》卷十四,17b,万历三十八年刻本,《中国史学丛书三编》,台北:台湾学生书局,1987年,第478页。

营),虎蹲炮是戚继光设计的轻型熟铁炮,改造大将军当即制造大型佛郎机铳。《四镇三关志》(1576)谓:"无敌大将军,佛郎机制新置,甚便。"①插图写实,可反映蓟辽边镇此类大型佛郎机铳的真实面貌(图5-4)。

戚继光又将海战使用的大型佛郎机铳称作"无敌神飞炮",形制稍有改造。

> 今如用之舟中,恐力大坐损船身,铸时减口一寸,则身分俱减,而其厚只当加,不必减。改一号为二号,妙妙。一号共重一千五十斤。②

毕懋康《军器图说》(1638)对这类大型佛郎机铳的描述更为详细,略云:

> 神飞炮号火攻中狮子吼,其超出诸炮有三便焉。[中略]他炮多系铸造,不无炸裂。今止借母身以致远,而弹药俱实于另造子炮中,母身到底完好,永无炸裂之虞,其便三也。其子炮,必练极精熟铁打成。上有照星、照门。乘坚木小车,以便移运。水战则枕于舟舱,后用活机以便升降。遇坚阵巨舰,照准一发,横击二三十丈,触之立成齑粉矣。③

---

① 刘效祖辑《四镇三关志·建置》,41a,万历四年刻本,《四库禁毁书丛刊》史部第10册,第34页。四镇即蓟州、辽东、保定、昌平。蓟镇无敌大将军铳具体生产数量不详。此炮乃车营中坚。戚继光有诗云:"飞羽辽河上,移军滦水东。前驱皆大将(新制神器名),列阵尽元戎。夜出榆关计,朝看朔漠空。但期常献馘,不敢望彤弓。"参见戚继光《止止堂集·和徐使君秋日建昌营闻警得戎字》,王熹校释,北京:中华书局,2001年,第58页。"大将"即"无敌大将军",元戎则是战车的名称。
② 戚继光《纪效新书》(十四卷本)卷十二,第271—272页。
③ 毕懋康《军器图说》,4a—5a,崇祯十一年刻本,《四库禁毁书丛刊》子部第29册,第348页。

　　毕懋康(1574—1644)，字孟侯，号东郊，歙县人，万历二十六年进士。崇祯七年（1634）升兵部右侍郎，寻以政争告归。[①] 次年完成《军器图说》，并所造武钢车、神飞炮进呈御览。《军器图说》神飞炮一节，特别强调子炮"必练极精熟铁打成"。与前引戚继光所谓佛郎机"子铳必用熟铁"之说一脉相承。《军器图说》与《战守全书》(1638)均载神飞炮之图，可供参考（图 5-1，图 5-2）。[②]

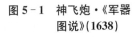
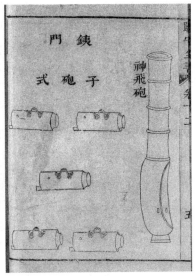

图 5-1　神飞炮·《军器图说》(1638)　　　图 5-2　神飞炮·《战守全书》(1638)

---

① 胡博文《毕司徒东郊先生年谱》，清抄本，《北京图书馆藏珍本年谱丛刊》第 56 册，第 247—248 页。
② 毕懋康《军器图说》，4a，中国国家图书馆藏崇祯十一年刻本，善本书号 00958。范景文辑《战守全书》卷十二，5b，中国国家图书馆藏崇祯十一年刻本，善本书号 A00430。

比较尺量数据(表5-2),可知《军器图说》之第一号神飞炮大体相当于《纪效新书》(十四卷本)之一号佛郎机。

表5-2　佛郎机铳尺量比较表

佛郎机 (《纪效新书》)①	神飞炮(《军器图说》)
一号　长九八尺 　　　共重一千五十斤	长八尺　径八寸　重一千斤 　子炮重八十斤　长一尺五寸　径七寸 　合口弹重二十五斤　火药五斤
二号　长七六尺	长七尺　径七寸　重八百斤
三号　长五四尺	长六尺　径五寸　重六百斤
四号　长三二尺	——
五号　长一尺	——

无敌大将军、神飞炮大同小异,均是大型佛郎机铳。万历十四年顷,叶梦熊在蓟镇所见"大将军"炮,铜母铳重达一千斤,子铳一百五十斤,长二尺,必是"无敌大将军"(参见本章第二节)。可惜明代大型佛郎机铳(母铳长六尺以上者)尚未发现传世品。②

二、叶公炮始末

万历十四年顷,永平兵备道叶梦熊新造熟铁前装炮,体量较大者仍称为大将军炮,时人名之"叶公炮",较小者则曰灭虏

---

① 戚继光《纪效新书》(十四卷本)卷十二,第271—272页,第277—278页。"共重一千五十斤",似可理解为母铳一千斤,子铳五十斤,与《军器图说》一号神飞炮(母铳一千斤,子炮八十斤)类似。

② 万历间朝鲜之战,日军虏获之大型佛郎机铳,有数门流传至今。据有马成甫考证,皆为欧洲式样,或系明军拥有之葡萄牙火炮。参见有马成甫《火砲の起原とその伝流》,第548—554页。

炮。万历二十年壬辰,丰臣秀吉发兵入侵朝鲜,明廷随即派军东征救援。战事延续七年之久,史称壬辰战争。为应对朝鲜战事,明朝方面生产、调集了大批叶公炮与灭虏炮。有关叶公炮的文献资料较为丰富,且有实物传世,为探讨万历中期新式火器的研发与应用提供了难得的案例。

(一) 明代前期将军炮

明代前期,火炮最终取代抛石机。抛石机原有的"将军炮"之称,亦为火炮继承。有明一代,习惯将重型火炮命名为"大将军"。随着时代的推移,不同类型的火炮,先后分享了"大将军"的名号,对于后世读者未免造成困扰。有马成甫(1942)很早就注意到,明代至少有三类差异甚大的火炮,都曾称作"大将军"——明代前期的旧式前装炮、明中期提心式后装炮(大型佛郎机铳),以及明末欧式前装大炮(西洋大炮/红夷大炮)。[1] 二十年后,有马成甫(1962)进一步指出,《登坛必究》卷二十九《神铳议》所载叶梦熊改良之大将军炮别为一种,图式特征与传世万历二十年天字款大铁炮一致。[2]

"大将军炮"的说法,文献记载较早者,如嘉靖《宣府镇志》(1561)载宣德四年(1429)内府兵仗局颁降宣府"大将军炮一十四箇"[3];成化《山西通志》(1475)军器清单,约有六百门"大

---

① 有馬成甫《朝鮮役水軍史》,東京:海と空社,1942 年,第 136 页。

② 有馬成甫《火砲の起原とその伝流》,第 180—182 页。

③ 栾尚约辑《宣府镇志》卷二十三·兵器考,43a,嘉靖四十年刻本,《中国方志丛书·塞北地方察哈尔》第 19 号,台北:成文出版社,1970 年,第 249 页。嘉靖末年,宣府镇各卫所共有约百门将军炮。

小将军铳"分布于山西各卫所。[①]

洪武年间,地方卫所一度有权自造火器。永乐以降,手把铜铳、碗口铳、将军炮等火器,均由内府兵仗局颁降。按正德《大明会典》(1509),内府兵仗局掌管火器二十七种,包括大将军、二将军、三将军、夺门将军,"其各边城堡所用大将军、二将军、三将军,并手把铜铁铳口,一出颁降"。[②] 政府的垄断政策,造成边镇火器短缺,不敷应用。正统七年(1442)朝廷政策开始松动;九年,宁夏总兵黄真未经奏请,自造火铳九百支,仅受申饬,未加降罪。[③] 正统十四以后,频频出现准许地方奏请自造将军炮的情况。[④]

图像资料方面。正德《琼台志》(1521)刻有明初颁降琼州府(海南)卫所火器形象,且注明材质,或铜或铁,殊为难得。内含铜制矮将军,铁制大将军与铁制赛将军。[⑤] 万历《琼州府志》(1617)加注"赛将军亦名二将军""矮将军亦名曰三将军"。[⑥] 火

---

① 李侃、胡谧纂修《山西通志》卷六,72a—79a,84b—90a,民国二十二年影钞成化十一年刻本,《四库全书存目丛书》史部第 174 册。"大小将军铳"属"原降守城军火器械"。平阳卫最多(157 件),其次潞州卫(104 件),再次太原左卫(64 件),其余各卫仅数门至二三十件。太原为省城,平阳与潞州则是山西著名的冶铁中心。可见虽云"颁降",恐系明初本地铸造者为多。

② 李东阳等纂《大明会典》卷一五六,8b;卷一二三,4a。

③ 张志军《论明代允许地方自己制造火铳的时间和地点》,《宁夏社会科学》2004 年第 2 期。

④ 申时行等修《大明会典》卷一九三,3b,4b。"正统十四年,四川;弘治四年,湖广、广西;正德六年,青州左卫;七年,徐州;十二年,凉州。俱准自造铜将军神铳等器。""正德十二年(1512)兵仗局又造四将军、五将军。"

⑤ 唐胄编纂《琼台志》卷十八·兵器,15b,正德十六年刊本,《天一阁藏明代方志选刊》,上海:上海古籍出版社,1982 年。

⑥ 欧阳璨等修、陈于宸等纂《琼州府志》卷九·兵器,79b,万历四十五年刻本,《日本藏中国罕见地方志丛刊》,北京:书目文献出版社,1990 年。

炮图形虽嫌简略,不能准确反映各铳相对比例,然基本特征尚属清晰(图 5-3)。《四镇三关志》(1576)亦载有将军炮之图,写实程度较高,应是根据蓟镇武库实物绘制(图 5-4)。[①] 除"无敌大将军"系隆庆年间戚继光所造大型佛郎机铳,其余大将军、二将军、三将军显然表现了明代早期旧式前装炮形制,可与《琼台志》相互参证。四镇(蓟镇、辽东、保定、昌平)与琼州处于明帝国南北两端,将军炮的形制基本一致,似可说明其普遍性。

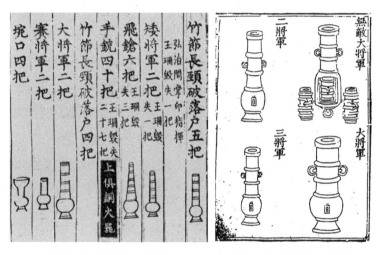

图 5-3　将军炮·正德　　　　图 5-4　将军炮·《四镇
　　　　《琼台志》(1521)　　　　　　　　　三关志》(1576)

实物遗存方面。山西省博物院(太原)藏"大明洪武十年丁巳岁□季月吉日平阳卫造"阳文款铸铁炮三门,形制一律,

---

① 刘效祖辑《四镇三关志·建置》,41a。

图 5-5　洪武十年
款铁炮[2]

尺量相近（图 5-5）。[1] 口径约 21 厘米，通长约 100 厘米，重量约 445 千克。前膛直筒，铸有两对耳柄，尾部药室膨大。铳身有明显范逢，为生铁铸成，且有两对耳柄。其中一门铁炮筒内，尚遗存合口大石弹。山西汾阳尧庙存同类生铁大炮一门，范铸阳文铭文"大明洪武十年丁巳□夏孟月吉日□□卫铸造"，耳柄残缺，铭文磨泐。[3] 临汾即明代平阳府治所，此铳当亦为平阳卫所造。山西平阳为冶铁中心，造铳足见地方特色。

1978 年，四川宜宾发现一门无铭文铜炮，通长 80 厘米，口径 23 厘米，重 250 余千克。由前膛、药室、尾銎三部分组成。前膛后部亦有两对耳柄（图 5-6）。[4] 双排耳柄并无调整射角的功能，其作用更可能是方便固定炮架，防止后坐伤人。[5]

1965 年，湖南省株洲发现一件正德六年（1511）款铜炮（图 5-7），与《琼台志》《四镇三关志》所载旧式将军炮图像较

① 胡振祺《明代铁炮》，《山西文物》1982 年第 1 期。王兆春《中国科学技术史·军事技术卷》，图版·照片 7。成东、钟少异编著《中国古代兵器图集》，北京：解放军出版社，1990 年，第 238 页，彩板 30。郑巍巍《洪武大砲をめぐって：明前期の火砲技术および制度の一断面》，《同志社グローバル·スタディーズ》第 2 号，2012 年 3 月，第 41—68 页。按成化《山西通志》（卷六，89a—90a）卫所军器清单，大同后卫（1 门）及安东中屯卫所辖应州（3 门）、浑源（2 门）、怀仁（2 门），共有"双耳铳"八门。不知是否即传世双排耳柄铁炮。
② 本图承蒙郑巍巍女士摄赠。
③ 感谢常佩雨先生告知临汾尚存洪武大炮并赐示照相。
④ 秦保生《四川宜宾市合江门出土明代铜炮》，《考古》1987 年第 7 期。
⑤ 李斌《明清火器技术研究》，合肥：中国科学技术大学博士论文，1991 年，第 121—123 页。

为接近。该铳通长 81 厘米,外口径 32 厘米,口内径 22 厘米,铳身最粗处外围 112 厘米,重 348 千克。铳身上部阴刻铭文"正德陆年拾月内汝宁府知府毕昭守御千户任伦奏准铸造"二十五字。[①] 汝宁府即今河南汝南。"奏准铸造",符合明代制度。

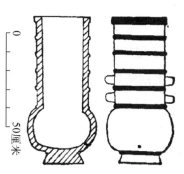

图 5-6 宜宾无款铜炮   图 5-7 正德六年款铜炮

关于明代前期将军炮的长度、口径、重量等基本参数,文献记载甚少。按万历初年南直隶应天府《通州志》(1577)所载守城器械:

> 铜大将军铳三。一在西门,高三尺二寸。一在南门,高四尺五寸,俱围三尺。一在东门,今废。小将军铳八,铁将军铳三,俱高三尺许,围八寸。[②]

旧式将军炮底部平坦,可垂直放置,高度即长度。西门、

---

① 赵新来《在株州鉴选出一件明代铜炮》,《文物》1965 年第 8 期。
② 林云程修,沈明臣纂《通州志》卷三,23b—24a,万历五年刻本,《天一阁藏明代方志选刊》。修志时编纂者已不知将军铳来历,谓"汉中山静王刘胜铸,今藏于守御所"。实际当为明代前期颁降。

南门两处大将军铜炮,长度分别为 102 厘米、144 厘米。"围"似指药室最厚处尺量。围三尺,计药室外径约 30 厘米。小将军铳、铁将军铳,通长 96 厘米,药室外径 8 厘米。

道光二十一年(1841),汉军八旗炮营主管锺方(1793—1852 后)赴天津公干,获睹"铁威远炮,身长二尺八寸(90 厘米)。明永乐年造"。锺氏所绘图像与《琼台志》"大将军"铁铳之图颇为相似。前腔直筒,有五道隆起(含两端);药室椭圆,中部加箍一道,后部开点火孔;尾部短平。同年锺方又在山东登州,目击古炮,定为"元代黄铜铸造",称之"威远铜炮","重六百十二斤八两(365 千克),身长三尺二寸(102 厘米),底围二尺六寸一分(83.5 厘米),口径四寸五分(14.4 厘米)"。前者既云"永乐年造",当有年款铭文;后者谓元代之物,不详有何依据。自图绘看来,登州古铜炮的基本特征与明代前期将军炮完全一致,唯加箍隆起较多(凡十道),长度则与万历五年南通州西门"铜大将军铳"无异,恐非元代之物。①

尽管制造时代、地域各异,尺量参差,仍可总结出明代前期将军炮的一般特征:铜或生铁铸造之前装滑膛炮,形制类似铜手铳的放大体,炮身由三部分组成:直管前腔、椭圆药室、平底尾銎。管壁较薄,铳身附有若干加强箍。无调整射角之铳耳,无照星照门。"大将军"为将军炮系列体量最大者,其

---

① 锺方《炮图集》卷三,铁威远炮式;卷四,山东威远铜炮,北京大学图书馆藏道光二十一年稿本,无页码。道光二十年末廿一年初,正黄旗参领锺方奉命带领京师八旗炮兵驻位,先后赴天津、登州海防要地,教习炮术。时值中英战争,山东巡抚托浑布力图加强海防,查得山东诸城县存贮古炮七位,乃下令运至登州府五位,山东当地官兵不晓其名,呼为太平炮。锺方则谓之"威远铜炮"。

余二、三、四、五诸号相应缩小。参考上述早期传统火炮数据（表5-3），推测明代前期内府兵仗局制造之头等"大将军"，长度超过80厘米，口径大于20厘米，重逾200千克，铜铸或生铁铸造。

表5-3　明代前期大型火炮参数

名　　称	口径(厘米)	长度(厘米)	重量(千克)
洪武十年平阳卫款生铁炮	21	100	445
宜宾无款铜炮	23	80	250
正德六年汝宁府款铜炮	22	81	348
南通州铜大将军铳	——	102、144	
《炮图集》永乐铁炮	——	90	
《炮图集》"元代"黄铜炮	14.4	102	365

(二) 叶梦熊与叶公炮

万历二十年八月,山西巡抚吕坤(1536—1618)发布移文,"造战具"一款有云:

> 叶公炮　今陕西总督龙潭叶公制。有重五百、四百、三百斤者,中间翁孙铅子,有重(十)[七?]斤者,打造之法,俱载《战车纪略》。至于一切火器,全在熟铁砧多,合缝欲成一家,略无痕迹;周围欲使一般,略无厚薄;洞中欲极圆滑,略无涩滞;铅子欲极圆结,略无棱平。[1]

万历二十五年(1597)前后,副总兵王鸣鹤《帷间答问》

---

① 吕坤《吕坤全集》,王国轩、王秀梅整理,北京:中华书局,2008年,第1159—1160页。

有云：

> 夫火器之用，无间古今，无间攻守，其种实多。如发
> 熕，即神机、大将军、二将军、三将军，威猛无敌，破敌可成
> 血路，攻城可使立碎。古惟铜铁铸成者，自广东叶军门始
> 以熟铁打造，较铸者远矣。[1]

"叶公炮"即"广东叶军门"以熟铁打造的新型火炮。叶梦
熊（1531—1597），字男兆，号龙塘、龙潭，广东惠州府归善县
人，嘉靖四十四年（1565）进士，历官至兵部尚书、南京工部尚
书。[2] 万历二十年（1592）宁夏之役，叶梦熊出任陕西三边总
督，可称"军门"。熟铁炮并非叶梦熊首创，但是叶梦熊设计、
推广之前装大型熟铁炮，确具典范效应。[3]

---

[1] 冯应京辑《皇明经世实用编》卷十六，54a。《皇明经世实用编》卷十六经武考（52a—67a）收录"火攻答 总兵王鸣鹤"。按"火攻答"即"火攻答问"，原属《帷间答问》。王鸣鹤《登坛必究·凡例》略云："战阵奇伏攻取之机，及新变火器诸法……虽别有《帷间答问》尝及之，然亦不敢不慎秘也。"《登坛必究》万历二十六年成书，知《帷间答问》撰成当稍早，惜未见传本。明清间不乏完整收录《火攻答问》之书。除《皇明经世实用编》，尚有吴惟顺、吴鸣求辑《兵镜》卷十四（《四库禁毁书丛刊》子部第 33 册影印崇祯刻本）；佚名辑《韬略世法·新编张靖峰家藏火攻急务》卷上（《四库未收书辑刊》第 3 辑第 22 册影印崇祯刻本）；清徐宗干辑《兵鉴全集》四卷附《火攻答》一卷（中国国家图书馆藏咸丰二年[1852]刻本）。节引者更多，如何汝宾辑《兵录》卷一一（《四库禁毁书丛刊》子部第 9 册影印崇祯元年刻本）；张萱《西园闻见录》卷七三（《续修四库全书》第 1168—1170 册影印民国二十九年哈佛燕京学社铅印本）。韩霖辑《守圉全书》（《四库禁毁书丛刊补编》32 册影印崇祯九年刻本）"采证书目"列有"帷间问答　王鸣鹤"；《守圉全书》除卷三之二引用《火攻答问》内数段外，卷二之二引王鸣鹤"边堡说""地网说"，亦摘自《帷间答问》。

[2] 《嘉靖四十四年乙丑科进士履历便览》，42a—b，中国国家图书馆藏嘉靖刻本。

[3] 叶公炮并非明朝最早的前装熟铁火炮。嘉靖二十三年（1544）巡抚都御史曾铣在山西增造军器，"火器六十万八百八十四件枝"，内有"熟铁盏口将军八百三十二位、熟铁盏口炮一千二百六十五"。参见廖希颜辑《三关志·武备考》，11a—12b。按，盏口炮为明初既有类型，原为铜铁铸成，改用熟铁打造，应为嘉靖中期的新方法。盏口炮较之叶公炮，体量小得多，往往可由单兵携带。

王鸣鹤(?—1619),字羽卿,号汉翀,海州人,万历十四年武进士,官至广东总兵,"身在诸边三十余年,征宁讨播,剿苗攻缅,定交平黎,大小经数十战"。[①] 万历二十年,王鸣鹤为陕西参将,系叶梦熊下属,曾出策助督抚平叛;次年三月兵部议覆宁夏赏功疏,谓"王鸣鹤才勇超群,防御最久,仍应纪录"。王、叶二人当有直接交往。[②]

万历十二年十二月,叶梦熊调任山东副使整饬永平兵备(永平兵备道),十四年九月升右参政,照旧管事,十六年七月升山东按察使。[③] 任职永平期间,叶梦熊"造火车、神铳,事闻,命解进大内,面试称旨,着兵部行九边为式,加参政衔"。[④] 按《叶公神道碑》谓:"公调永平[中略]所制轻车、神炮尤精,一试而敌房披靡。当事者上闻,下其式于九边。仍温旨

---

① 参阅唐仲冕修,汪梅鼎等纂《海州直隶州志》卷二十三,31b—32a,嘉庆十六年刻本。小传谓"[王鸣鹤]迁甘肃参将,哱拜勾西人内讧,防守固原,逐之出塞。"按彼时固原属陕西。王鸣鹤生年不详,卒年据朱翊𨯳《广讌堂集》(日本公文书馆藏崇祯元年序刊本[据台北汉学研究中心藏影印本])卷十六(17b—18a)《送王无竞还广陵》诗序:"无竞,故大将军王羽卿重客也,有绝艺膂力,能诗。自羽卿以己未(1619)夏亡于南都"云云。

② 王鸣鹤《登坛必究》奏疏卷四,19a—b,万历刻本,《四库禁毁书丛刊》子部第35册,第591页。黄克缵《淮阴王羽卿兵法序》(1599)云:"哱刘之变,[王鸣鹤]曾督兵固[原]、静[宁],房不得如阃入内地。又曾以反间诸计谍上督府,督府阴用之,拔其城,尽诛反者,羽卿有力焉。"(《四库禁毁书丛刊》子部第34册,第7页)。

③ 《明神宗实录》卷一五六,2a,万历十二年二月丙午(2877):"浙江副使叶梦熊为山东副使整饬永平。"按《嘉靖四十四年乙丑科进士履历便览》(42a—b):"(叶梦熊)[壬午]十一月调浙江海道。甲申十二月调永平兵备,丙戌正月卓异纪录,九月升右参政,照旧管事,戊子七月升山东按察使。"《实录》"二月",《履历》"十二月",或是授职与到任的时间差。按明制,直隶不设布政、按察司,实职均挂名邻省(山东、河南)。叶梦熊万历戊子升山东按察使,则为实赴山东任职。参见郭造卿《送按察使龙潭叶公之山东序》,《海岳山房存稿》文部卷一,1a—4a,中国国家图书馆藏万历三十七年刻本。

④ 《明神宗实录》卷三二三,6a—b,万历二十六年六月庚午(6005—6006)。

慰劳,加右参政。"①可知造炮制车,事在万历十三、十四年间。后纂成《战车纪略》,述滚车、轻车、神炮事宜。除吕坤外,万历二十年顷,陕西三边总督魏学曾(1525—1596)亦获赠此书。②

按万历十五年正月蓟辽总督王一鹗奏疏:永平兵备道叶梦熊议造轻车四百辆、大炮滚车二百辆,王氏"躬亲试验,委果便利",遂从其议。经奏请,支用银九千四百三十余两,由叶氏选官造成车、炮,并加练习。"遂以半合营御虏,以半分路。令南兵游击龚子敬查酌延边极冲设之,选胆勇百总一名,专管装放。其炮房三面开门,两傍可击骑墙之虏,向外可击驰突之酋。"新制火炮初设桃林口,"号笛一发,炮声雷震,群子飞出。北山角轰然而崩,石飞旋空若陨"。③

栗在庭《九边破虏方略》(1587)引叶梦熊《神铳议》:

> 参政叶梦熊曰:塞上火器之大者,莫过于大将军。蓟镇一年止放一次,以其势大,人不敢放也。铳身一百五十斤,以一千斤铜母装发,如佛朗机样。余熟思之,改铳身为二百五十斤,其长三倍之,得六尺,不用铜母,径置滚车上发之,可及八百号。内大铅弹七斤,为公弹,次者三

---

① 王弘诲《资政大夫太子太保南京工部尚书龙塘叶公神道碑》,《天池草》卷十六,3b,康熙刻本,《四库全书存目丛书》集部第 138 册,第 289 页。

② 魏学曾《魏恭襄公文集》卷九《又与叶督院》,3a—4a,中国人民大学图书馆藏民国十四年铅印本。又清初屈大均云:"归善叶少保公……其《车战录》一书,奇奇正正,靡不备极,古今兵法,一览而犁然在目。"参见屈大均《广东新语》卷十六,15b,康熙刻本,《四库禁毁书丛刊补编》第 37 册,第 465 页。《车战录》与《战车纪略》当即同一书,未闻传世。

③ 郭造卿《卢龙塞略》卷十四,19a—20a,万历三十八年刻本,《中国史学丛书三编》,第 481—483 页。

斤,为子弹,又次者一斤,为孙弹,三钱二钱者二百,为群
孙弹,名曰公领孙。尚以铁磁片,用斑毛毒药煮过者佐
之,共重二十斤。此一发,势如霹雳,可伤人马数百。若
沿边以千万架而习熟之,处处皆置,人人能放,则所向无
敌,真火器绝技也。初疑其重,今运以车,登高涉远,夷险
皆宜。余制成,每日几次试之,见者莫不胆寒。①

蓟镇为明代九边之首,管辖山海关至居庸关长城沿线防
御,系京师门户。永平府属于蓟镇核心地区,明代后期,蓟镇
总兵官驻扎永平府迁安县三屯营。叶梦熊所谓"大将军""如
佛朗机样"者,并非明代前期的老式大将军炮,而是隆庆年间
蓟镇总兵官戚继光任创制的"无敌大将军"。"一千斤铜母"即
铜制母铳,子铳则应为熟铁锻造而成。按其说,叶梦熊将原重
一百五十斤、长二尺的佛郎机子铳,改造为重二百五十斤
(149.2 千克)、长六尺(192 厘米)的前装炮。射程八百弓
(步),合四千尺,约 1280 米。一斤与三斤铅子,当为先行填装
之散弹,七斤铅子则是最后填装之合口大弹。万历间东征援
朝之役(壬辰战争),明军所用大将军炮实即新制叶公炮,配备
七斤、三斤、一斤,三种规格的铅弹。传世万历二十年造天字款
大将军炮(叶公炮),通长约 1.42 米,口径约 11 厘米(后详)。假
设七斤铅子直径 10 厘米,则密度为 7.98 克/立方厘米,与生铁

---

① 栗在庭辑《九边破虏方略》(万历十五年成书)卷一,22a—b,日本公文书馆藏明刊
本(据台北汉学研究中心藏影印本)。又见郑文彬辑《筹边纂议》(万历十八年成
书)卷二,21a—b,辽宁省图书馆藏抄本,《中国公共图书馆古籍文献珍本汇刊》,北
京:中华全国图书馆文献缩微复制中心,2001 年。

密度接近。① 所谓"七斤大铅弹"大概也是铅包铁弹。

《九边破虏方略》引《大神铳滚车图式》(图 5 - 8)：

> 每铳一位，净铁用一千斤，长四尺五寸。铁箍九道，点火眼处加大铁箍一道。②

叶梦熊新制火炮(以下称"叶公炮")无疑是熟铁锻造拼接而成。《武备志》(1621)所谓"叶公神铳""其炮净铁打造"，亦是旁证。③《大神铳滚车图式》云铳长四尺五寸(1.44 米)，与万历二十年叶公炮传世品近似，后者约三百七十五斤。"净铁一千斤"，似可理解为净铁原料一千斤。经过冶炼加工，最后的火炮成品，重量约三百余斤。前引《神铳议》谓长六尺，重二百五十斤(192 厘米,149.2 千克)，恐系虚数，未可尽信。

叶梦熊同时制造了名为灭虏炮的轻型熟铁炮(图 5 - 9)：

> 栗在庭曰：余过永平，叶公梦熊出新制灭虏炮，运以滚车，打放郊埛，一发可五六百步。铅子总一斤，势如巨雷，良为奇矣。余取其式，制于辽阳数百位，真可矜灭黠虏也。[中略]每炮一位长二尺，用净铁九十五斤，箍五道，唐口二寸三分，每道箍一寸五分。一车三炮，合三百斤，极其便利。④

---

① 铅密度 11.34 g/cm³，生铁密度约 7.3 g/cm³。明代一斤合 596.8 g。
② 栗在庭辑《九边破虏方略》卷一，24a；郑文彬辑《筹边纂议》卷二，22a。
③ 茅元仪《武备志》卷一二三，25b—26b，天启刻本，《续修四库全书》子部第 964 册，第 566 页。《武备志》谓："其炮净铁打造，天地玄三号，名曰公孙引。天字号神炮，每位重二百八十斤，长三尺五寸。地字号神炮，重二百斤，长三尺二寸。玄字号神炮，重一百五六十斤，长三尺一寸。每位用车一辆。"
④ 栗在庭辑《九边破虏方略》卷一，24b，"灭虏炮车图式"。

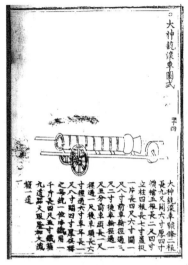

图5-8　大神铳滚车图式　　　　图5-9　灭虏炮车图式

栗在庭(1538—1598),字应凤,号瑞轩,陕西巩昌府会宁县人,隆庆二年(1568)进士。万历十四年升辽海东宁边备道①,与叶梦熊职务类似,辖区相邻,途经永平,目睹叶氏新制铳车、火炮,进而在驻地辽阳加以仿造,并将相关文献收入《九边破虏方略》(1587)。② 自图式观之,灭虏炮铳身有五道铁箍,

① 栗在庭《刻九边破虏方略序》(1587)署衔"整饬辽海东宁道边备兼理屯田山东布政司右参政"。生平事迹,参阅乔因阜《河南右布政使栗公墓志铭》,《远志堂集》卷十二,1a—5b,万历三十七年刻本,《原国立北平图书馆甲库善本丛书》第818册。
② 《九边破虏方略》(1587)卷一载《神铳议》《大神铳滚车图式》《灭虏炮车图式》《制轻车以备战》《轻车图式》诸篇,部分引用叶梦熊之语(似即摘自《战车纪略》),部分为栗在庭自作。以上诸篇,郑文彬《筹边纂议》(1590)、王鸣鹤《登坛必究》(1598)、郭造卿《卢龙塞略》(1610,无图式)、王在晋《海防纂要》(1613,无图式)、茅元仪《武备志》(1621)等亦载之,间有删节改动。周维强主要根据《九边破虏方略》,详细讨论了叶梦熊设计的各类战车以及栗在庭的战车思想;关于叶氏新造火炮,谓其放弃佛郎机子母铳设计,改回传统形制。参见周维强《明代战车研究》,新竹:清华大学历史研究所博士论文,2008年,第298页。

火门处未加厚。长度二尺（64 厘米），口径二寸三分（7.4 厘米），与戚继光虎蹲炮形制类似，重量或有七八十斤。[①]"铅子总一斤"，当为散弹，射程"五六百步"，合 750—900 米。

五百斤之叶公炮，可能是万历中期明朝境内体量最大的前装熟铁炮。叶梦熊于直隶永平府，借鉴大型佛郎机铳最为坚固的部件熟铁子铳，采用熟铁锻造重型前装火炮，品质超越铜铁铸造之老式前装将军炮。按当时的工艺水平，这类五百斤以下的熟铁炮，较之同等体量的生铁炮更为坚固耐用，炸膛风险降低，可与粒状火药匹配使用。同时，其生产成本仍低于同等重量之铜炮。王鸣鹤所谓"古惟铜铁铸成者，自广东叶军门始以熟铁打造，较铸者远矣"，有其深远的背景。

万历二十年二月，明廷批准叶梦熊（时任甘肃巡抚）奏请，发太仆寺银及原经略所留马价银一万二千两，造大神炮一千门御虏。[②] 实际造成数量不详。有证据显示，为制造这批火炮采购了大量煤炭。[③] 同年八月叶氏升陕西三边总督，代替魏学曾督战，镇压宁夏叛军。"用神炮燔其楼橹，击破卜、着二虏酋援贼者"，打退蒙古部落，又"以神炮攻克[宁夏镇

---

① 虎蹲炮，熟铁打造，长二尺，口径二寸余，外用五箍。参见戚继光《练兵实纪·杂集》卷五，第 315 页；一说虎蹲炮，长二尺，重三十六斤。参见戚继光《纪效新书》（十四卷本）卷三，第 59—62 页。
② 《明神宗实录》卷二四五，3b，万历二十年二月丙午（4568）。
③ 按万历二十四年六月二十二日陕西三边总督李汶奏疏，此前兵部覆议"前督臣叶"题本，"钦依动发马价银五万两前来专备买马造炮支用"。"前督臣叶"当即叶梦熊。李汶上任后查核账册，发现守备张元勋"将造炮石炭二千四百五十石该脚价银四十九两"等款项侵吞。可见当时陕西边镇造炮燃料主要用煤。参见李汶《总督三边奏议》卷九，72a—b，大连图书馆藏万历刻本。

城]南关"。① "神炮"当即叶氏在永平时所创熟铁大炮。

前述负责选派蓟镇炮手之南兵游击龚子敬,本年受叶梦熊举荐,升甘肃镇夷参将。七月,蒙古部落入边劫掠,与宁夏叛军有呼应之势。龚氏率一千苗兵,十八日夜三更出灵州城,赶赴沙湃地方,截敌归路。叶梦熊谓其"[二十一日]仓促与虏相值,扎营出边路口拦阻。先将大炮齐发,即伤虏百余,内有酋首一名",终因孤军无援,力战身亡,苗兵生还者仅十之二三;《行状》谓天明接战,"众举神炮击之,伤其酋长",至日暮,"炮误发,药尽燃",弓矢亦绝。龚氏度不免,遂自刎。龚子敬(1543—1592),义乌人,早年入戚继光麾下;驻防蓟镇时(约1573)曾受兵部尚书谭纶之命制造虎蹲炮、斧戟等器;任定海备倭都司时(1581—1585)与叶梦熊(时任浙江海道)相善;万历十三年(1585)一度"以都司总练蓟辽保定火器"。其弟龚元佐(1554—1641)随子敬入陕,署石空寺都司,督造火器。② 沙湃之战,龚子敬所用火器,当即虎蹲、灭虏、叶公炮之类。按彼时军中常规,龚氏手下当有至少数十家丁,管放火器。

万历二十三年,刘敏宽出任西宁兵备道,数年间大造军器,如神炮车、独轮车、拒马枪、大神炮、涌珠炮、三眼枪、伏榔

---

① 王弘诲《资政大夫太子太保南京工部尚书龙塘叶公神道碑》,《天池草》卷十六,5a。
② 参见龚深等纂修《松门龚氏总谱》(中国国家图书馆藏民国三年活字本)卷二上,叶梦熊《请加子敬优恤并元佐实授都司疏》;卷三上,武一绪《将军子敬公行状》曹学佺《都阃元佐公墓志铭》;卷七,9a—b,龚子敬、龚元佐小传。赵士桢《神器谱或问》(1599,13b)有云:"壬辰沙湃苗兵为虏蹂躏,近日朝鲜泗川之兵为倭所乘,俱因军中火起,将胜转败,是火器反为兵累矣。今日云何?"(《明清稀见兵书四种》,第186页)按,沙湃苗兵,当即龚子敬之事。朝鲜泗川云云,指万历二十六年十月董一元统军进攻泗川倭城溃败事。

机、火龙箭、单矢弩,乾隆《西宁府新志》俱载尺寸、用法。刘敏宽所造神铳、涌珠炮,从尺寸、重量、铳弹类型看来,基本可以肯定,大神炮乃是仿造叶公炮,涌珠炮则与叶梦熊之灭虏炮近似。

> 大神炮,长三尺五寸,围一尺五寸,重三百五十斤。每炮一出,用火药三十八两。装毕,摇者三,上槌九,用土三罐,复槌十。内装大熟铁子四,一重四斤,一重一斤半,一重一斤,一重半斤。小生铁子一百五十,各重一两,铅子五十,各重八钱。掩口用铁子一,重七斤。每炮共备五出,每二队备一位。按察使刘敏宽增置八十七具。

配套之"神炮车,制高四尺,阔三尺五寸,长一丈二尺","每车用骡一头,御车炮步军六人"。

> 涌珠炮,长一尺七寸,围八寸,重四十五斤。每炮一出,用火药八两。装毕,摇者三,上槌九,用土一罐,复槌十。内装生铁子四十,各重一两。铅子十,各重一两。掩口大铁子一,重一斤二两。每队一位,共备十出。每炮驮马一匹,马军四人。[1]

由此可知,大神炮长112厘米,口径约10厘米(据掩口七斤铁弹推算),重约209公斤。涌珠炮长54厘米,口径约3厘米(据掩口铁弹推算),重27公斤。大神炮、涌珠炮的装填步骤,大概也是叶公炮、灭虏炮的常规装填方式。万历二十四年,刘

---

① 杨应琚纂修《西宁府新志》卷十八,5b—6b,1954年青海省人民政府文史研究馆重印乾隆刻本。

敏宽于西宁本地开矿炼铁,供应军需,撰有北山铁厂碑记。[①] 所造火器,当为铁制品。

"涌珠炮"之名出现较早。隆庆四年(1570)正月,兵部尚书霍冀(1516—1575)条陈畿辅武备十事,"制造火器"一款"谓中国之长技全在火器。如连珠炮、涌珠炮、神枪、快枪等项,宜一一多备,仍选军民精锐有胆力者充为火器手,不时教习,以济缓急"。[②] 按《工部厂库须知》(1615),北京工部生产之涌珠炮、连珠炮,原料主要是"废铁"与"熟建铁"(用量约一比二),与打造盔甲原料相同。[③] 可知涌珠炮与连珠炮皆为熟铁锻造。

万历二十七年(1599)八月一日兵部题覆温纯(1539—1607)等条陈防播四事,谓"中国长技,唯三眼枪、大将军铳、涌珠炮为最。近闻各边多有,应如议移文查取解用"。[④] 温纯所谓大将军炮当即叶公炮。万历四十八年二月,新任辽东经略熊廷弼(1569—1625)向工部讨要优质铁炮随行,工部检选"盔甲、王恭两厂涌珠铁炮二千位、连珠铁炮五百位,一一演放,甚皆堪用"。[⑤] 涌珠炮应是轻型熟铁前装炮,产量较高。

(三) 壬辰战争

万历二十年,壬辰战争爆发,京畿地区的大批新式火炮随

---

① 苏铣纂修《西镇志·碑记》,35a—38a,顺治刻本,《四库全书存目丛书》史部 212 册,第 690—692 页。
② 《明穆宗实录》卷四十一,2a(1011),隆庆四年正月乙亥条。
③ 何士晋《工部厂库须知》卷八,79a—80a,万历四十三年刻本,《续修四库全书》史部第 787 册,第 645 页。
④ 《明神宗实录》卷三三八,2a(6259),万历二十七年八月丁丑条
⑤ 《明神宗实录》卷五九一,10b(11344),万历四十八年二月丙子条。

即投入朝鲜战场。万历壬辰癸巳间(1592—1593),战事第一阶段,援朝明军所用前装火炮,主要为叶公炮(仍称大将军)、灭虏炮、虎蹲炮,均系熟铁锻造。叶公炮创制不过六七年,是北方边镇威力最大的新式火炮。参战之叶公炮,幸有实物流传至今。结合文献与实物资料,对于朝鲜战争期间叶公炮之生产、调集、战术,能够获得更为深入的认识。

万历二十年四月,丰臣秀吉下令日军侵入朝鲜,不出两月,汉阳(今首尔)、平壤相继陷落,日军前锋逼近辽东。朝鲜国王逃至义州,向明廷求援。九月二十六日,兵部右侍郎宋应昌出任经略,统筹御倭军务。宋应昌(1536—1606),字时祥,号桐冈,浙江仁和人,嘉靖四十四年(1565)进士。《经略复国要编》收录宋应昌经略朝鲜期间公私信函,为考察火器相关问题留下宝贵资料。

大战在即,筹集军火器械,乃是当务之急。宋应昌极为重视火炮的作用,万历二十年十月二十一日"檄永平道"云:

> 一为紧急倭情事。查得先年永平道叶兵备,置造轻车、佛郎机、大将军等项火器,分发建昌等六营路应用,最称近利。即今倭警报急,相应酌取。所用车兵,必须平时演习惯熟之军,方克有济。牌仰本道,即将原造轻车四百辆,随车佛郎机八百杆,枪刀火器俱全。车载大将军一百辆位、灭虏炮六百位,酌量本地防御倭虏,量留一半。其推车步军并合用火药铅子,随带足用。一面动支本部马价银两,照数置造补还。各军应给行月二粮、盐菜银两,照常支给。仍委原管将官统领,限文到日起程,前往辽

东,听候调遣。先具起程日期,并统领官职名呈报。系干紧急军务,该道勿推诿阻挠,致误事机未便。①

此时距叶梦熊自永平兵备道离任(1588)不过四年。毫无疑问,自永平府征调之大将军炮,即熟铁锻造之叶公炮。当时永平的火炮储备,佛郎机八百杆,叶公炮(大将军)一百位,灭虏炮六百位,大部分应为叶梦熊在任期间所造。宋应昌欲征发永平府车兵,携带半数火炮前往辽东,预备渡鸭绿江入朝。

本年兵部发马价银一万八百余两,行蓟州兵备道委任千总陈云鸿造大将军炮二百二十位,供京师防守之需。据监督通判孙兴贤并陈云鸿呈报:至十一月末,造完一百一十位,已解京营六十位,见存五十位,未完一百一十位。宋应昌获知此事,十一月二十七日移咨兵部,商借京营大将军炮一百位,用于朝鲜战场。

　　缘由到部试验,得营中诸样火器,惟大将军最称迅利。虽有前数,尚不足用,若欲打造,匠作办料甚难。况时日有限,诚恐缓不及事,拟合借用。为此合咨本部,烦借京营大将军炮一百位,请借官银,雇觅骡车,差人押运辽阳军前应用。②

十一月二十六日,宋氏致信兵部尚书石星(1538—1599),请求支持。

---

① 宋应昌《经略复国要编》卷二,27b—28a,万历刻本,《四库禁毁书丛刊》史部第38册。按万历二十年,杨镐任永平兵备道。参见徐准修,涂国柱纂《永平府志》卷四·职官,11b,中国国家图书馆藏万历二十七年刻本。
② 宋应昌《经略复国要编》卷三,29b—30a。推算每门成本约白银49两。

日与二赞画及诸将领细议,咸云攻城利器,惟大将军称最。近虽少集一二,尚未足用。此地打造甚艰,且稽时日,闻陈云鸿解进京营百位。专此奉恳,力为主张暂发军中。须借给银两,雇倩在京骡车,竟运辽阳,庶得济用。①

十二月初八,宋应昌坐镇辽阳(辽东都司驻地),传檄提督李如松,告知征调兵马、器械数目。火器方面,除各路增援兵将自带外,各道调运收贮辽东都司者,"大将军八十位(滚车十辆),见留四十位(续发)。灭虏炮二百一十门(滚车十辆)"。另有快枪五百杆、三眼铳一百杆、铅子一千斤、虎蹲炮二十位等项。辽阳本地(辽海道)造完灭虏炮五十八位、虎蹲炮九位、百子铳一百六十八架,火箭七千余枝,火药三千余斤,大小铁子约四万个。同时预备再造大将军铅子重七斤三斤一斤者各一千个,火药三万斤。②

十二月十五日,蓟州道所造"大将军五十位、灭虏炮二百一十门、小信炮二百个、滚车二十辆"已运至辽阳;宋应昌檄辽海分守道,"照式制造大将军滚车四十辆、灭虏炮车六十辆"。③ 与此同时,宋应昌移文顺天巡抚李颐,请求征调库存大将军炮弹:

> 一为紧急倭情事。照得本部军前大将军、灭虏炮合用大小铅子颇多,一时查办不及。查得贵院所属地方俱制有前项铅子,相应权宜酌借,以济急用。拟合咨

---

① 宋应昌《经略复国要编》卷三,28b—29a。"二赞画"即刘黄裳与袁黄。
② 宋应昌《经略复国要编》卷四,9a—10b,"檄李提督"(万历二十年十二月初八日)。
③ 宋应昌《经略复国要编》卷四,20a,"檄分守道"(万历二十年十二月十五日)。

请。为此合咨贵院,烦将所属收贮大将军炮所用铅子,重七斤者五百个,三斤者五百个,一斤者五百个,借给差去委官,押运过部,转发军前急用。(咨顺天李抚院,十二月十五日)①

顺天巡抚李颐对制造火器甚为重视,因朝鲜倭警,乃在地方开局造炮。《条陈防倭疏》(万历二十年十二月初六),"备神器"一款有云:

中国大将军炮远可六七里,三眼铳及火箭远可数百步,以我之长,攻彼之短,彼敢当我哉。臣于遵化另开厂局,躬自料理,选委中军参将陶世臣等,调集匠役星夜打造,炮一百五十位、炮车五十辆、三眼铳一千杆、火箭二万枝、火药二万斤、鱼脊竹牌三千面,并随铳炮铅子什物,刻期正月内尽数完报。再于丰润县局,委官陈云鸿等,现造大将军炮,续完者借留五十位,载炮滚车五十辆,俱听分发沿海要害,以资防御。②

蓟州与永平府均属顺天巡抚管辖。遵化、丰润为蓟州属县,东境毗邻永平府。遵化境内设有明朝规模最大的官办铁厂,为中央政府制造武器提供原料。③ 尽管遵化铁厂已于万历九年(1581)裁革,官局用铁改从民间征购,蓟州、永平一带

---

① 宋应昌《经略复国要编》卷四,20b。
② 李颐《李及泉先生奏议》卷一,5a—11a,咸丰六年刻本,《四库全书存目丛书》史部第63册。
③ 佐久间重男《明代製鉄業の発達と変遷》,佐久间重男先生米寿記念会编《明代史論集:佐久间重男先生米寿記念》,東京:汲古書院,2002年,第15页。

仍是京畿地区的冶铁中心。

三门"天字大将军"经历朝鲜之役，东传日本，炮身阴刻"万历壬辰"年款，且有"监督通判孙兴贤""兵部委官千总杭州陈云鸿"字样（参见本节第四小节）。孙、陈二人见于前引宋应昌信札。陈云鸿，浙江杭州人，兵部尚书石星亲信，督造火炮外，亦曾奉派朝鲜，万历二十三年一月、二十四年六月，两入釜山倭营，交涉退兵封贡事宜。①

宋应昌调集叶公炮，原本设想发挥重炮优势，攻克城池。宋氏向前线将领提出克复平壤城方案，谓"火攻一策，尤今所亟用者"，略云：

> ［平壤城］其南面、北面、西面，及东南、东北二角，各设大将军炮十余位。每炮一位，须用惯熟火器手二十余人守之，或抬运，或点放。炮后俱以重兵继之，防护不测。

---

① 陈云鸿在朝鲜期间活动，《李朝实录》（學習院東洋文化研究所 1961 年影印本）记载颇详，参见《宣祖实录》卷五十八，万历二十二年十二月壬戌（十九日）；卷六十，二十三年二月癸丑（十日）、二十三年二月庚申（十七日），"［陈］游击，浙人也"；卷七十六，二十四年六月丙辰（二十日）；卷八十四，二十五年正月辛丑（十日）诸条。按申钦《象村稿》："封倭册使诸官一行往来各衙门……陈云鸿，以钦差宣谕游击将军，甲午十月出来，乙未随册使入倭营，丙申从杨邦亨回去。"参见《韩国文集中的明代史料》第九册，桂林：广西师大出版社，2006 年，第 289 页。又《明神宗实录》卷二八五，1a—b，万历二十三年五月癸酉（5273—5274）："神机营坐营陈云鸿报称，同总督孙鑛差官骆一龙直抵行长营中，行长率夷僧玄苏、宗一、倭将平调信等出迎恭谨，且倭船大半归巢，载还倭兵一万五千名，其所量留以候天使者，不过行长幕下残士耳。"卷二九〇，8a，万历二十三年十月乙丑（5381）："加京营佐击陈云鸿游击职衔，与原任游击李金统押防海南兵发回原籍。"又，万历二十五年正月，赵士桢上疏攻石星罪状，谓："［陈］云鸿色目夷种，非我族类，石星爱其善谎，自白身听用，未几二年，官跻三品。"参见柳思瑗《文兴君控于录》，载郑期远《见山先生实纪》卷四，14b，韩国国立中央图书馆藏朝鲜刻本。按万历二十五年八月（?）邢玠奏疏，拘执沈惟敬时，"内党魁陈云鸿已死"。参见邢玠《经略御倭奏议》卷二，10b，中国国家图书馆藏明刻本，《御倭史料汇编》第 4 册，北京：全国图书馆文献缩微复制中心，2004 年，第 20 页。

（与副将李如柏李如梅等书，十二月二十一日）[①]

按其设想，三面包围平壤城后，唯空出"东面长庆、大同二门，为彼出路"。至夜半风静之时，"先放毒火飞箭千万枝入城中，使东西南北处处射到，继放神火飞箭及大将军神炮"，待"铁箭铅弹雨集，神火毒火薰烧"，日军必自东面城门撤退，"则必走大同江，俟半渡以火器击之。又伏精兵江外要路截杀之，必无漏网"。[②] 又可用大将军炮轰破城门，令敢死之士突入，以火药袋纵火。[③]

平壤之战，《宣祖实录》记载最详。万历二十一年正月初六，提督李如松率军三万，抵达平壤城下。八日上午开始总攻。首先炮击，再射火箭（反推式侧杆火箭）。明军奋勇登城，数支队伍攻入城内。战至日暮，日军犹据险固守，双方死伤均甚惨重。李如松与日方协议，令其退走，不加阻截。夜半，小西行长率部弃城，经冰封之大同江撤离。[④]

按知中枢府事李德馨对朝鲜国王之报告，明军克复平壤，火炮作用甚大。

德馨曰：平壤陷城时见之，则虽金城汤池，亦无奈何。上曰：以何器陷之乎？德馨曰：以佛狼机、虎蹲炮、灭虏炮等器为之。距城五里许，诸炮一时齐发，则声如天

---

① 宋应昌《经略复国要编》卷四，25b。
② 宋应昌《经略复国要编》卷四，25b—26a。
③ 宋应昌《经略复国要编》卷四，7a，"檄李提督并袁刘二赞画"（万历二十一年正月初四）。
④ 《宣祖实录》卷三十四，13a—15a，《李朝实录》第27册，东京：學習院東洋文化研究所，1961年，第441—442页。

动,俄而火光烛天,诸倭持红白旗出来者尽僵扑,而天兵骈阗入城矣。上曰:相持几时乎? 德馨曰:辰时接战,已初陷城矣。上曰:以我军决不可凭仗矣,且后世非火攻不能成功矣。军数三万云,此不多,而素所节制者,故能战矣。①

朝鲜官员,震于炮火声势,有所夸张。佛郎机、虎蹲炮、灭虏炮之类,皆为轻型火炮,有效射程绝无四五里之遥。当然,火炮在平壤之战中确实发挥了作用。例如明军进攻七星门时,"贼据门楼,未易拔,提督[李如松]命发大炮攻之。炮二枝着门楼撞碎,倒地烧尽,提督整军而入"。② 火炮轰鸣对于战争双方的心理影响,亦不容忽视。

另一方面,尽管取胜,宋应昌的战术设想,实际大半落空。攻城期间,叶公炮尚未运至平壤城下,无从发挥宋应昌期望之作用。③ 日军自城东撤退,亦未遭到有效截击。不过宋氏对重炮战术仍然抱有信心。

鄙意谓往后凡遇阵战,当离倭营四百余步,我先以大将军炮挑击之,彼必以鸟铳抵我。俟其放尽,方以大兵进之,必获全胜矣。(与参军郑文彬赵汝梅书,万历二十一

---

① 《宣祖实录》卷四十九,18b,《李朝实录》第28册,第41页。
② 《宣祖实录》卷三十四,14b,《李朝实录》第27册,第441页。
③ 按宋应昌《经略复国要编》卷五(24a)《与参军郑文彬赵汝梅书》(万历二十一年正月十四日)略云:"闻围楼时大将军炮亦有至者,以此击之,必为齑粉。乃仓皇之际,遗此一着,虽不足为崇勋累,实当为后事预也。" 稍后,宋氏乃知前述消息不确。同卷(57b—58a)《檄李提督》(正月二十七日)有云:"平壤之战,倭奴屯积角楼,被我兵施放明火毒火等箭焚掠殆尽,是火攻为今日第一策也。但闻彼时大将军神器尚未运至军前。"

年正月十四日)①

　　今进取王京在即,倭奴但知我火箭之利,而不知我大将军神速,一发数里,势如霹雳,触之者立为齑粉,相应亟为催督军前应用。牌仰提督,即便督催大将军神器,收执军中。如遇进攻王京,先行大将军分布施放,大兵随后继进,倭必胆寒,当收全胜。(檄李提督,万历二十一年正月二十七日)②

　　就在宋应昌发出前信的同一天,正月二十七日,李如松兵败碧蹄馆,明军攻势减缓。四月,日军放弃王京,退守朝鲜南部,大规模陆战基本平息。明日双方进入相持阶段,继而长期和谈。宋应昌本年三月入朝,九月回国,未几去职,顾养谦接任经略。③万历二十五年,丰臣秀吉再次进兵,大战又起。丁酉戊戌间第二阶段战役,明军水陆军中南兵(浙江)、广东兵火器装备不乏鸟铳、发煩等件,足见地域特色,兹不详论。

　　朝鲜战事,刺激了京畿地区大批量生产火炮。除前引遵化、丰润外,永平府昌黎县也曾开局造炮。三十八年后,县城内存留的火炮遂派上用场。崇祯二年(1629)冬,清军绕过宁

---

① 宋应昌《经略复国要编》卷五,24b。
② 宋应昌《经略复国要编》卷五,58a。郑文彬,号三桥,祖籍山东,寓辽三十余年,自称辽海人。万历年间,官至山西潞安府同知,管理蒲州事。万历十八年编成《筹边纂议》,为边疆御敌之资。叶梦熊神铳战车诸篇见收,或抄自栗在庭《九边破虏方略》。万历二十年十二月,郑文彬以原任河间府同知入朝管粮,次年九月回国,丁酉再至平壤管粮。参见申钦《象村稿》,第281页,第294页。
③ "宋经略名应昌,号桐冈,杭州右卫籍仁和县人,嘉靖乙丑进士。万历壬辰,以兵部右侍郎右佥都御史,来督御倭军务。癸巳三月。渡江驻安州。[中略]请撤兵去,乃于九月还。未几,我国差陪臣黄琎赍奏贼情,经略拦止之不得达。后为给事中许弘纲所劾致仕回籍。顾经略养谦代之。"参见申钦《象村稿》,第279—280页。

锦防线,攻入关内,年末迫京师,继而分兵攻永平府。遵化、永平(府城)、滦州相继失守,攻抚宁,四日不克。崇祯三年正月,清军转攻昌黎。据昌黎教谕马象乾(?—1644)《昌黎战守略》(1630)记载:

> 神庙时东征,曾于昌黎铸神器,遗贮颇多,但承平久,人不娴习。会辽东火器千总山东人李随龙侨寓城中。职廉知征至,与语会心,厚待之,徐言之左公(按,知县左应选)。公初不轻任,职力荐,公乃令引诸教场,历试之,果堪御敌,始信职非谬举。李感职之知己,誓死效力。无何,贼陷遵化、固安,薄京师,还袭香河,据永平。庚午正月初七日,发精兵约二万来昌黎,札城东关帝庙前,去城二里许。李随龙患其逼近,以炮击之。贼徙营五里外。自此人心稍安,知炮之得力,且服李能用炮,缓急可恃。[1]

李随龙点放万历年间东征朝鲜时所造之炮,射程达两里,很可能便是叶公炮。正月初九日至十三日,清兵猛攻昌黎县城。其中"十二日,叛民王国佐教贼用红夷炮打城,放火箭烧

---

[1] 马象乾《昌黎战守略》,韩霖辑《守圉全书》卷一,91a—93b,崇祯九年刻本,《四库禁毁书丛刊补编》第 32 册,第 478—479 页。篇名据《守圉全书》卷首"采证书目"。马象乾文末云:"时虏遁解严,会试就道,回想当日危机情形,战守颠末,历历在目,刻刻在心,不觉笔录。"知为崇祯三年二三月间所作。守城之昌黎知县左应选与韩霖为天启元年山西乡试同年。韩霖可能是借参加崇祯三年会试,获得此文。马象乾,宛平人,天启七年顺天举人,选昌黎教谕,崇祯五年升濮州知州,次年罢归居里,甲申之变全家自经死难。参见李先芳纂《濮州志》卷二,67a,中国国家图书馆藏康熙十二年刻本;李鸿章等修,黄彭年等纂《畿辅通志》卷二一七,光绪刻本,《续修四库全书》史部第 638 册,第 20 页。

楼,迄无恙。"红夷炮当是清军缴获之物。这类利器反为敌有的情况,在明清战争中频频上演。"十四日,贼复悉众攻城东北面。有酋金盔绿袍,登高指挥。李随龙点其所安城上大炮击死之。贼众大败溃逃,哭声震地。十五日,乃引归永平"。

昌黎军民戮力死守,竟得保全,其事甚壮。二十年后,顾炎武途径昌黎,犹作《拽梯郎君祠记》(1659)扬其勇烈。马象乾为当日指挥防御的要角,所述更为详实,谓"至李随龙始以炮定众志,继以炮歼渠魁,贼终不敢再犯昌黎,厥功尤为显著"。足见火炮之效。

明末内地动荡,州县多自造火器,以资防御。崇祯八年至十三年间(1635—1640),南直庐江知县耿廷篆,"尚以濬筑城濠为务,火药铳炮,储积甚多"。[①] 所造火器,有地雷、灭虏炮、斑鸠铳等。"灭虏炮採闽铁之良者,按叶公梦熊旧式炼成,火候工力,殊绝寻常。斑鸠铳管如噜密铳,而摧坚及远倍之。"[②]第二次鸦片战争期间,守卫大沽口的清军仍在使用类似的小型直筒锻铁火炮。[③]

---

① 孙弘喆修、王永年等纂《庐江县志》卷四·名宦,54b,中国国家图书馆藏顺治十三年刻本。耿廷篆,字虞门,云南河西县人,天启四年举人。初任青阳县教谕;崇祯八年,史可法题授庐江知县,历陕西耀州知州、山西金事,弘光元年授四川巡抚,未赴;顺治三年,李定国军过河西,廷篆自杀。《明史》卷一八三有传。详见前引顺治《庐江县志》卷四,61a;同书卷八,51a—53a,孙弘喆《书庐江前令耿公城守事》。

② 陈弘绪《送庐江令耿君之耀州序》,《陈士业先生集·鸿桷集》卷一,18a—20a,康熙二十六年刻本,《四库全书存目丛书补编》第54册。

③ George Banks, "Chinese Guns," *Illustrated London News* 38, no. 1082 (April 6, 1861): 325. 1861年英国海军外科医生 George Banks 的速写并撰文,所绘第3号炮类似神机炮,长76.2厘米,口径9.5厘米;第4号火门加厚处作左竹节状,前膛有八道外箍,无铳耳,长140.2厘米,口径9.5厘米。Banks 谓均为锻铁炮。

(四) 叶公炮实物

三门天字款大将军炮东传日本，乃是壬辰战争期间(1592—1598)侵朝日军房获之物。其中两门在明治年间由小早川隆景(1533—1597)后裔赠与靖国神社游就馆，相传为碧蹄馆之战(1593)缴获品。一门为岩国藩初代藩主人吉川广家(1561—1625)旧物，或得自蔚山之战(1598)。小早川隆景与吉川广家为叔侄，同属战国大名毛利一族，皆曾率军在朝鲜半岛与明军交战。[①]

据有马成甫介绍，三门铁炮样式、材质相同，尺量小异。以"天字壹佰叁拾伍号大将军"为例(图5-10)，炮身为锻造直筒，九道细铁箍等距排列，火门处包裹宽大铁箍，与前引《大神铳滚车图式》所谓"铁箍九道，点火眼处加大铁箍一道"完全一致。第九道箍两侧有耳柄。口径113毫米，通长1 430毫米。铳口至火门1 220毫米，倍径10.8。"天字贰拾伍号大将军"重"三百七十五斤"，见载玉乃惇成《大将军炮图记》(1825)，另二门重量数据阙如。[②] 天字69号、135号大将军，二战前藏于东

---

① 详见常修铭《16—17世纪东亚海域火器交流史研究》，新竹：清华大学历史研究所博士论文，2016年，第150—157页。按，壬辰战争中，明军数次失利(如南原、蔚山、泗川)，随军火炮均可能为日军缴获。万历二十五年(1597)杨元率三千辽东马军驻守南原，"城门安大炮数三坐"；八月十六日南原为日军攻陷，火炮当为所房。蔚山、泗川之役，明军先用火炮攻城，后仓促撤退，火炮必有损失。至于碧蹄馆遭遇战，明军骑兵孤军深入，"提督所皆北骑，无火器"。大将军炮之类重火器机动性较差，传闻参战，未必可信。参见柳成龙《惩毖录》卷二，5a—b，26a—b，早稻田大学图书馆藏朝鲜刻十六卷古刊本。

② 有马成甫《火砲の起原とその伝流》，第174—179页。

京游就馆,两铳镌有"贰贯目玉"字样,系日人所刻,表示所用炮弹重量。天字 25 号大将军,19 世纪初藏于岩国城(今山口县岩国市)。此三门古炮,目前下落不明。

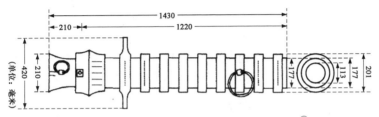

图 5-10　天字壹佰叁拾伍号大将军(叶公炮)[①]

仁字款大将军炮一门,现藏中国人民革命军事博物馆(图5-11),样式与天字大将军相同,尺量相近。[②]

图 5-11　仁字伍号大将军·中国人民革命军事博物馆[③]

现将四门火炮尺量参数、铭文列表如下(表 5-4):

---

① 原图见有马成甫《火砲の起原とその伝流》,第 175 页。此为改绘,转引自刘旭《中国古代火药火器史》,第 82 页。

② 成东、钟少异编著《中国古代兵器图集》,第 238 页,彩版 30;刘旭《中国古代火药火器史》,第 110 页。

③ 王全福《军事博物馆藏明代火器》,《文物春秋》2018 年第 5 期。

表 5－4　万历二十年熟铁大将军炮尺量、铭文

编号	口径	长度	铭　　　　文	藏　　地
1	121	1 362[①]	皇图巩固 天字贰拾伍号大将军 监造通判孙兴贤 万历壬辰季夏吉日 兵部委官千总杭州陈云鸿造 教师陈湖 铁匠董世金	岩国城(19世纪初)
2	119	1 420	皇图巩固 天字陆拾玖号大将军 监造通判孙兴贤 万历壬辰仲秋吉日 兵部委官千总杭州陈云鸿造 教师陈湖 铁匠徐玉	游就馆(二战前)
3	113	1 430	皇图巩固 天字壹佰叁拾伍号大将军 监造通判孙兴贤 万历壬辰仲秋吉日 兵部委官千总杭州陈云鸿造 教师陈湖 铁匠刘淮	游就馆(二战前)
4	105	1 450	保阵边疆 仁字伍号大将军 巡抚顺天都御史李颐置 整饬蓟州兵备金事杨植立 整饬永宁兵备金事杨镐 监造通判孙兴贤 万历壬辰孟冬吉日 兵部委官千总杭州陈云鸿造 教师陈胡(按,当作湖) 铁匠卢保	中国人民革命军事博物馆(北京)

(口径、长度单位：毫米)

　　参考上表铭文,天字大将军炮大约自从万历二十年夏季开始生产,季夏六月已造出 25 门,第 69 门与第 135 门皆为仲秋八月造成。如此,七月内最多完成 45 门,而八月内至少造

---

① 有馬成甫《火砲の起原とその伝流》,第 177 页。按《大将军炮图记》(1825),本铳用南蛮铁造,长四尺八寸,口径四寸,唇厚一寸五分,腹围一尺九寸一分,底径六寸,重三百七十五斤。有馬成甫换算为公制毫米,然标准不一,如口径用 1 尺合 30.3 厘米,计 121 毫米;铳长用 1 尺合 28.4 厘米,计 1 362 毫米。铳身全长数值与三门同型号大将军炮相差过多,恐换算有误。按江户时期常用的四郎尺(30.258 厘米)计,铳长 1 452 毫米。

出 67 门。可以想见当日兵工厂加急赶工,全速运转,锻铁之声不息的火热场面。

　　由实物看来,天字、仁字大将军炮形制无甚差别。比照前引宋应昌、李颐之说,天字、仁字大将军炮似乎均属于蓟州道委任陈云鸿督造之二百二十门火炮,产地为蓟州丰润县局。天字者原本预定制造二百二十位,用于拱卫京师,故铭曰"皇图巩固"。宋应昌提出借调其中一百位配备援朝明军,至少获得了五十位。至于"仁字伍号大将军",万历二十年十月孟冬造成,时间较天字者为晚,或许属于李颐所谓"续完者借留五十位",发往直隶沿海要害,故而改刻铭文曰"保阵边疆",并有"巡抚顺天都御史李颐置"等字样。

　　如以万历壬辰天字款大将军作为叶公炮的标准器,与之类似的铁炮亦可视为叶公炮。其火门外铁箍自两端逐渐加厚,中部有棱,若竹节状,容易辨认。仅就所知,列出八门(表 5-5),实际存世者当不至此数。

表 5-5　叶公炮型铁铳统计表①

编号	口径	全长	特　　　征	藏　　地
1	80	1 125	细铁箍七道。第七箍两侧有耳柄。第二、三箍及铳尾上方共有小铁圈四个。	中国长城博物馆(八达岭)
2	95	1 310	细铁箍八道。第二、三、五、六、八箍缺失。无铳耳。	同上

---

① 第 1 号至第 5 号口径、长度为笔者测量。

（续表）

编号	口径	全长	特　　征	藏　地
3	105	1 455	细铁箍十道。第十箍缺失。无铳耳。	同上
4	125	1 790	细铁箍八道。无铳耳。	同上
5	115	1 440	细铁箍九道。第八道断开。存单侧铳耳。	中国人民革命军事博物馆
6	125	1 770	细铁箍八道。无铳耳。	同上
7①	100	1 430	细铁箍七道。第七箍两侧缺耳柄，残留痕迹。	山海关城楼
8②	110	1 440	细铁箍九道。第九箍缺失。无铳耳。样式同天字大将军。阴刻铭文：万历甲午盂县知县杨希古督造	山西省博物院
9③	109	1 230	细铁箍八道。第八箍有铳耳。第三、八箍上安小铁环。	韩国陆军士官学校军事博物馆

（长度单位：毫米）

　　以中国长城博物馆（八达岭）藏品为例（图 5 - 12），第 1 号叶公炮型铁铳口径 80 毫米，通长 1 125 毫米，铳口至火门

---

① 王兆春《中国火器史》，第 162 页，照片 15。
② 成东、钟少异编著《中国古代兵器图集》，第 238 页，图 11—37；刘旭《中国古代火药火器史》，第 110 页（误作"盂县"）。按，杨希古，陕西安定人，隆庆庚午（1570）举人，万历二十一年至二十六年任山西盂县知县，升保定通判。参见马廷俊等修，吴森纂《盂县志》卷六，10a，中国国家图书馆藏乾隆四十九年刻本。张尔介修，曹晟纂《安定县志》（康熙十九年成书）卷六，40b，抄本，《中国方志丛书·华北地方》第 350 号，台北：成文出版社，1970 年。
③ 赵仁福编著《韓國古器器圖鑑》，漢城：大韓公論社，1975 年，第 33—34 页。材质注明为铸铁。又见有马成甫《火砲の起原とその伝流》，第 179 页。二战前原藏汉城勤政殿。

940 毫米,倍径 12。炮管厚 3.8 厘米。除火门前后包裹粗铁箍外,铳身共有细铁箍(宽约 3.7 厘米)七道。第七道箍两侧有耳柄。未见照星、照门。火门处药池左后有小铁环,右后有残迹,应是火门盖转轴处(图 5 - 13)。炮身锈蚀,是否原有铭记,肉眼难辨。如能去锈重光,未必不能再睹铭记,获得更多信息。[①]

图 5 - 12　第 1 号(近景)、2 号(远景)
　　　　　叶公炮型铁炮[②]

图 5 - 13　第 1 号叶
公炮型铁炮(局部)

　　熟铁大将军炮(叶公炮)自万历十四年(1586)顷创制,延续至崇祯末,前后约六十年。制造、使用范围,以北方边镇为主。总产量估计在千门以上。天启崇祯年间,铸铜或铸铁之

---

① 按文政八年(1825)岩国城藩士玉乃淳成所撰《大将军炮图记》:"天字贰拾伍号大将军"炮身原多锈蚀,不见文字;土田喜重究心炮术,见得此铳,发心探索,刀刮水洗,去除锈迹,令完整铭文重见天日,为考证之资。参见有马成甫《火砲の起原とその伝流》,第 177—178 页。按《大将军炮图记》原文,出自玉乃惇成《松雪洞遗稿》卷下(1a—2b),嘉永七年(1854)刻本。研究著作中最早引用《图记》全文者,似为有坂鉊藏《兵器考·炮熕篇一般部》(東京:雄山閣,1936 年,第 26—27 页),然未注明出处。有马成甫则转引自五弓久文(1823—1886)编《事实文编》。《松雪洞遗稿》传本较少,该书所载《大将军炮图记》全文书影,参见常修铭《16—17 世纪东亚海域火器交流史研究》,第 162 页。
② 笔者拍摄。

红夷型火炮取代了叶公炮的地位。明清鼎革后,这类重型熟铁炮似已不再生产。万历间的壬辰战争(1592—1598)应是叶公炮生产的高峰时期。

此外也出现了模仿叶公炮形制的生铁火炮。例如宾夕法尼亚博物馆藏古炮一门,1898 年自长城运下。火门加厚处作竹节状,炮管外箍六道,与炮身一体铸成。[1] 2009 年,河北抚宁县长城脚下亦出土类似铁炮多门。[2] 明朝末年,样式更为简单的小型生铁炮大量生产——直筒加多道外箍,火门未加厚。清代官书,如《皇朝礼器图式》《大清会典图》等称之为“神机炮”“神枢炮”。民国二十年(1931),北平市政府应允拨付历史博物馆旧炮一千一百九十余尊。“全在旧都城上,明崇祯十四年神机营及神枢营所造居者其十之六七。其中有标记年号及神机神枢某营某司队者,有仅标神机神枢某营某司队者,崇祯二三年造者亦有数尊。”[3]这类小型生铁炮,北京周边地区屡次出土。直筒外箍或三或五,或粗或细,全长多不超过 1 米,样式简单古朴,然恐非万历之前产品,某种意义上或可以说是叶公炮的最后变体。[4]

---

[1] Charles E. Dana, “Cannon Notes in the Far of Past,” *Bulletin of the Pennsylvania Museum* 5, no.18 (1907): 21 - 28.

[2] 杜文杰《河北抚宁长城脚下出土 14 门明代铁制火炮》(新华网石家庄 2009 年 8 月 3 日电):“这 14 门废弃火炮集中埋藏在秦皇岛市抚宁县大新寨镇程家沟村以北一段残存的明代长城脚下,在雨水冲刷下部分炮体裸露出地表。两名农民近日在山上放羊时意外发现后,报告了当地文物部门。抚宁县文物管理所所长赵子英介绍说,火炮为铸铁所制,长 1 米有余,炮体呈竹节形,重约 85 公斤。从铸造技法和出土地点判断,这些应该是明代长城防御用的火器,距今有 400 多年历史。”

[3] 《国立中央研究院历史博物馆筹备处十九年度报告》,收入欧阳哲生主编《傅斯年全集》第 6 卷,长沙:湖南教育出版社,2003 年,第 238—242 页。

[4] 关于崇祯十四年神机营款小型铁炮,详见本书第九章第三节“灭虏炮源流”。

三、如何制造熟铁炮

有关明代熟铁火器制造工艺的研究,原始文献方面,长期局限于《神器谱》(1598)鸟铳造法、《利器解》(1600)威远炮制法。《利器解》相对罕见,后世又多据《武备志》(1621)转引。[①]熟铁冶炼技术则根据《武编》《涌幢小品》《神器谱》《天工开物》《广东新语》《春明梦余录》等常见载籍。[②] 近来《火攻挈要》(1643)内相关材料,开始受到研究者的重视。[③] 除此之外,《武备要略·制造或问》(1632)、《祝融佐理·椎击铁铳说》(约 1625)、《利器解·钻架》、《戎事汇纂·鸟铳铸造略说》等材料,向来研究者未受注意,实则甚为重要。明代遵化铁厂志书,傅浚所纂《铁冶志》(1514)近年重现于世,亦值得参考。

崇祯初年,泾县萧之龙作《制造或问》,专言熟铁大将军炮(即叶公炮)造法:"尝一友自关外来,对予言曰:今国家之金钱,锱铢取之,泥沙费之。微独关外之冗官冗兵,冒滥无度,即一制造器械,冒破之弊,未易更仆。"随即讲解大将军炮严格的

---

① 茅元仪《武备志》卷一一九,4b—5a。
② 吉田光邦《明代的兵器》,载薮内清等著《天工开物研究论文集》,章熊、吴杰译,北京:商务印书馆,1959 年,第 196—220 页,第 212 页,第 219 页。杨宽《中国古代冶铁技术发展史》,上海:上海人民出版社,1982 年,第 178 页,第 232 页。刘旭《中国古代火药火器史》,第 226—226 页。韩汝玢、柯俊主编《中国科学技术史·矿冶卷》,北京:科学出版社,2007 年,第 615—618 页。
③ 尹晓冬《明代佛郎机与鸟铳的制造技术》,张建雄主编《明清海防研究论丛》第三辑,广州:广东人民出版社,2009 年,第 51—71 页。

制造工序。"果皆如此制造,虽点放数十次,亦无损动,尚患炸裂哉。""今关门则不然。监以都司,而又任以委官,作头衙役,众相蚕削。"后果便是偷工减料,品质残次,不克杀敌,反至害己。终篇感叹"今国家之事,大都如此,人谋乎,天意乎。予且不忍言,亦不敢言矣"。①

以下按工序先后,分熟铁生产与火炮制造两节,综合各家之说,探讨技术细节。

(一) 精炼熟铁

造铳先需精炼熟铁。按《铁冶志》(1514),铁砂入大铁炉炼成生铁(分为板铁与碎铁),生铁再入灌炉(高七尺,长六尺五寸)炼成熟铁。"炼生铁用炭,炼熟铁用柴。"②

炼熟铁,先热灌炉,乃置生铁于炉膛,实柴于井口,悉泥而封之。用鞴以扇炉,其风使注于下。柴尽更增,复封而鼓之。凡五六番而铁熟,乃用刀截钳制而鎚之。[中略]作熟铁,每炉五日领生铁一千三百八十斤、碎铁二百二十斤、柴四千六百八十斤,炼出熟铁一千三百斤,计六十六挂,每挂凡四块。③

万历二十一年(1593),福建巡抚许孚远(1535—1596)下

---

① 程子颐辑《武备要略》卷十四,3b—6a,崇祯五年刻本,《四库禁毁书丛刊》子部第28册,第446—447页。《制造或问》署"崇祯壬申孟夏宛泾萧之龙顿首书于金陵之仰思阁中"(《武备要略》卷十四,19b,影印本第454页)。时在崇祯五年(1632)。
② 傅浚《铁冶志》卷下"杂识",圣彼得堡国立大学东方系图书馆藏康熙间抄本(无页码)。
③ 傅浚《铁冶志》卷上"炉冶"。

发公文,规范本省军器制造标准,可见三类熟铁铳炮原料、成品重量比例:

> 佛狼机铳重百斤者须用荒铁三百斤炼成方不炸损。[中略]百子铳重五十斤者须用荒铁一百五十斤炼成。[中略]鸟铳重五斤者须用荒铁二十五斤炼成。①

《神器谱》"神器杂说"论造鸟铳之法:

> 制铳须用福建铁,他铁性燥,不可用。炼铁,炭火为上。北方炭贵,不得已以煤火代之,故迸炸常多。铁在炉时,用稻草戳细,杂黄土,频洒火中,令铁尿自出。炼至五火,用黄土和作浆,入稻草浸一二宿,将铁放在浆内,半日取出再炼,须炼至十火之外。生铁十斤,炼至一斤余,方可言熟。②

万历年间成书之《戎事汇纂》"鸟铳铸造略说"篇略云:

> 以真正福建尤溪条铁,每铳约用铁二十八斤,不计火数,以无铁花为止,精炼成片。用线悬起,以大钉敲其音响如青铜镜声为佳。然后打成铳管。炼精约重七斤,挫磨洁净约重四斤半。③

《利器解》略云:

---

① 许孚远《查处造船制器事宜行各道》,《敬和堂集》卷八,46a—47a,公文书馆藏万历刻本(据台北汉学研究中心藏影印本)。
② 赵士桢《神器谱》,26b—27a,万历二十六年序刻本,《明清稀见兵书四种》,第68—69页。
③ 佚名《戎事汇纂》卷十九"火攻类",7a,大连图书馆藏清初抄本。

一、制炮须用闽铁，晋铁次之。炼铁炭火为上，煤次之。铁在炉，用稻草戳细，杂黄土频洒火中，令铁尿自出。炼至五六火，用黄土和作浆，入稻草，浸一二宿。将铁放在浆内，半日取出再炼，须炼至十火外。生铁五七斤，炼至斤方熟。入炉时仍用黄土封合，一以防灰尘，一以取土能生金，不致炼枯铁之精气。①

《祝融佐理》"椎击铁铳说"篇略云：

用铁以福建为上，炼铁以炭火为上。炼铁至五火，用黄土和作浆，入稻草，浸一二宿。将铁放在浆中半日，取出再炼至十火。荒铁十斤，炼至三斤为熟。②

《火攻挈要》"制造狼机鸟枪说略篇"略云：

大铳宜用铜铸，小铳宜用铁打，其铁用闽广者佳，但打铳全在炼铁极熟，卷筒全要煮火极到。［中略］炼铁炭火为上，但北方炭贵，无奈用煤，烧铁在炉，时用稻草剉细，搥好黄土，凭洒火中，令铁汁自出。炼至五火，用黄土和水作浆，入细稻草，浸一二宿。将铁放在浆内，泡沃半日，取出再炼至十火之外。必须生铁十斤，炼至一斤之时，方可言熟。③

《武备要略·制造或问》略云：

① 温编《利器解·总解》，3a—b，日本公文书馆藏明刻本，《明清稀见兵书四种》，第581—582页。
② 何良焘《祝融佐理》，上海图书馆藏道光抄本，《明清之际西法军事技术文献选辑》，第24页。详见本书第七章。
③ 汤若望授、焦勖述《火攻挈要》卷上，25a—b，海山仙馆丛书本。

如大将军一位,法用铁数百斤,极大者千斤,融炼七次,方可入造。每一融炼也,有看火色者,有司鼓鞴者,有司煤炭者。[1]

按,以上诸书多谓用铁以福建为佳,炼熟铁以炭火为上。从工艺看来,《铁冶志》所谓熟铁显然与他书之熟铁尚非一物(后详)。其余各家叙述相近,《神器谱》相对早出,他书似多本其说。

原料与燃料方面,所谓福建铁(闽铁)当指铁砂熔炼之生铁块(含碳 2%—5%)。明代后期北方地区木炭稀缺,普遍使用煤作燃料。自现代技术观点言之,煤虽较廉价易得,但在炉内容易碎裂,阻塞炉料的透气;且煤中含磷、硫等杂质较多,影响生铁品质。[2] 南方多用木炭,故而铁制铳炮品质往往较北方为佳。《神器谱或问》即谓"南方木炭锻炼铳筒,不唯坚刚与北地大相悬绝,即色泽亦胜煤火成造之器"。[3] 按,煤中所含硫化铁残留在熔化的生铁中,凝固后形成共晶体;生铁脱碳处理无法除硫,锻打时会出现热脆现象,导致锻造失败或品质低劣。[4]

迟至万历早期(1580 年代),明朝最大的官办铁厂遵化铁冶业已关闭。中央政府已主要依靠福建铁,在北京

---

① 程子颐辑《武备要略》卷十四,4b。
② 杨宽《中国古代冶铁技术发展史》,第 157 页,第 232—233 页。
③ 赵士桢《神器谱或问》,万历二十七年序刻本,21b,《明清稀见兵书四种》,第 202 页。
④ 黄维等《川陕晋出土宋代铁钱硫含量与用煤炼铁研究》,《中国钱币》2005 年第 4 期。

制造兵器。① 经过初加工的福建毛铁,再行精炼,有利于保证产品质量。这大概是促成明代北方边镇开发熟铁火炮的原因之一。

炼铁炉形制细节。《祝融佐理·椎击铁铳说》记载颇详:炉形长方,长六尺,阔四尺,高一尺六寸,前后有高墙,左右中砌衡墙三带;炉内密嵌炉条,下悬铁扇叶。左右墙下各开孔,安置木扇鼓风,"木扇得风,以煽铁扇,铁扇得风,以透上于炉也";炉外三尺即铁砧,铁砧见方一尺五寸,钤锤、圈钤俱长五尺余;每炉钤手二人,锤手四人,鼓风二人。这是一种低矮的平地炉,似乎是两个小炉的组合体。鉴于《祝融佐理》系天启年间在澳门成书,上述炼炉或为当地样式。

生铁炼制熟铁,是一个不断去除杂质与减少碳含量的过程。借助近人对云南传统炼铁工艺的调查,我们或许能更好地理解明代文献。根据 1960 年代的调查报告,云南土法炼铁分三个阶段:矿砂炼生铁,生铁炒毛铁,毛铁锻成熟铁。毛铁炉可容生铁 150 斤,配煤 20 斤。鼓风 4 小时左右,生铁熔化呈海绵状,晶莹如雪团。此时增大火力,放二三块松木入炉。

---

① 按万历《大明会典》(1587)卷一九四,"见今岁课"项下,凡"浙江铁"七万四千余斤、"福建铁"二十九万九千余斤(其中邵武府一万九千斤,折熟切铁六千四百余斤);另有"广东潮州府铁七万斤"。参见《续修四库全书》史部第 792 册,第 339 页。又按《工部厂库须知》(1615),北京工部制造涌珠炮、连珠炮,原料主要是"废铁"与"熟建铁"(用量约一比二);燃料用"炸块"与"木炭"(用量约十比一)。制造盔甲金属原料、燃料相同。参见何士晋《工部厂库须知》卷八,33a—34b,79a—80a,万历四十三年刻本,《续修四库全书》史部第 878 册,第 622 页,第 645 页。万历四十八年,徐光启受命练兵通州,即曾"买办熟建铁六万六千斤",预备打造军器。参见徐光启《徐光启集》,王重民辑校,上海:上海古籍出版社,1984 年,第 172 页。建铁当即福建产经初加工之毛铁。"炸块"即煤炭。

再用大铁钳钳出团块,反复锤打,即成毛铁块,各块约为20厘米×5厘米×5厘米。生铁150公斤可炒成毛铁130斤。六人一炉,每天工作12小时,共炒3炉,可得毛铁390公斤,用煤约60公斤。熟铁炉形如南方炉灶,略近方形,每次置毛铁六到八块。鼓风炒炼约20分钟,取出锤打一次,淬火后再入炉炒炼。再炼再锤,凡三次,淬火三次,即制成熟铁。100斤毛铁可打熟铁78—80斤,消耗约五分之一。一炉三人操作,一人掌钳,二人锤打(并用小型鼓风机),一天工作12小时,可打成熟铁80—100公斤,用煤约110公斤。[①]

按前引《铁冶志》,1 600斤生铁五日炼成1 300斤熟铁,用柴4 680斤。比较可知,《铁冶志》所谓"熟铁"大概相当于云南土法之"毛铁",尚非淬火打造精炼之熟铁。

《神器谱》所谓"炼"—"火",研究者大都没有明确解释。[②] 参照云南土法,推测相当于炉内炒炼并出炉锻打一次。"炼"有烧炼、锻炼两层含义,如非反复加热锻打,很难解释何以"生铁十斤,炼至一斤余"。至于《神器谱》每炼一火,是否包括淬火,尚不清楚。参照云南土法,五炼后入黄泥浆浸泡,或许相当于淬火。

《神器谱》提及炉内烧炼时需撒入黄土稻草碎屑,五火后用黄土和稻草作浆浸泡。前人解释不一,或认为是为了帮助

---

① 黄展岳、王代之《云南土法炼铁的调查》,《考古》1962年第7期。
② 何堂坤以为《神器谱》此处"炼铁"之意不明,可能指锻炼,也可能指冶炼。参见何堂坤《中国古代金属冶炼和加工工程技术史》,太原:山西教育出版社,2009年,第580页。

氧化；①或认为系造渣溶剂，并避免过度氧化。② 新近有学者提出一种更有说服力的解释：黄泥及草灰（稻草高温成灰）的主要有效成分二氧化硅和磷，相当于锻接剂。③ 二氧化硅和磷可与高热铁块面表的氧化铁反应，形成低熔点的硅酸盐、磷酸盐、氧化铁三元共晶（熔点在 900℃ 附近）。这种低熔点化合物可阻止氧化铁膜层的进一步氧化，且在锻造过程中会不断熔化排出，从而提高材料的锻接性能。④

或许可以这样理解《神器谱》记载的炼铁过程：生铁块下炉，搅拌翻炒（炒炼），同时投撒黄土稻草碎屑，待出渣滓，钳出高温铁块锻打一遍，再行入炉；如此反复五次，是为"五火"；此时将铁块放入事先预备之黄泥稻草浆，浸泡半日；取出，至少再炼"五火"，方可获得合格的造铳熟铁。按现代概念，产品已是低碳钢（含碳量小于 0.5％且杂质少）。《神器谱》所述炼铁工艺，应属于传统炒铁法的变体。⑤

前引各家之说，炼数与炒铁产出比两项指标颇有差异（表 5－6），或是基于产品性能与成本的综合考虑。《神器谱》鸟铳造法对熟铁要求最高："炼至十火之外"，"生铁十斤，炼至一斤

---

① 杨宽《中国古代冶铁技术发展史》，第 232 页。

② 华觉明《中国古代金属技术——铜和铁造就的文明》，郑州：大象出版社，1999 年，第 431—432 页。

③ 按，900℃ 左右即可折叠锻造表面无垢的铁板。如铁板表面形成氧化铁膜层，锻接面则难以熔合，因此需要所谓锻接剂。

④ 郑巍巍等《明后期锻造大将军炮的金相学研究案例》，收入《第十届科学史研讨会汇刊》，台北："中央"研究院科学史委员会，2015 年，第 57—84 页。承蒙郑巍巍女士惠赐文稿。

⑤ 杨宽认为《神器谱》介绍了一种不经过炒炼的生铁脱碳制钢技术（参见《中国古代冶铁技术发展史》，第 232 页）。按，炒铁既是炼制熟铁的常规工序，赵士桢或因此未加特别说明。

余,方可言熟"。按单支鸟铳铳管 5 斤计,约需生铁 50 斤。按《利器解》"生铁五七斤,炼至斤方熟"计,一百二十斤之威远炮需生铁 600—857 斤;二百斤之威远炮消耗生铁 1 000—1 428斤。造熟铁"大将军",铁经七炼,成品三四百斤者(如天字贰拾伍号大将军,重三百七十五斤),原料生铁大概在千斤以上。

表 5-6　明代文献冶炼熟铁参数比较表

成书时间	文献出处	火器种类	炼数	炒铁产出比
1593	《和敬堂集》	佛郎机铳	——	33％
1593	《和敬堂集》	百子铳	——	33％
1593	《和敬堂集》	鸟铳	——	20％
1598	《神器谱》	鸟铳	>10	约 10％
1600	《利器解》	威远炮	>10	14—20％
1625 前后	《祝融佐理》	欧式熟铁炮	10	30％
1632	《武备要略》	大将军(叶公炮)	7	约 30％
1643	《火攻挈要》	鸟铳、佛郎机铳	>10	约 10％
万历年间	《戎事汇纂》	鸟铳	——	16％

实际火器生产中,可直接购买已经初步炒炼之毛铁(或熟铁),再行精炼。《武编·火器》载嘉靖中期"鸟铳匠头义士马十四呈"制造鸟铳工料银价,"每铳一杆,用福铁二十斤,价银二钱"云云。[①] 此处的"福铁"应非生铁块,故而二十斤炼成五六斤即可。

---

① 参见唐顺之纂《武编》前编卷五,10a—b,万历四十六年刻本,《中国科学技术典籍通汇·技术卷》第 5 册,第 319 页。按,马十四似即马宪。

（二）火炮制造

熟铁火炮的制造流程，大致可分为锻造炮管，旋铣炮膛，加底开火门三个步骤。火炮口径大，管壁厚，锻造工艺与鸟铳造法多有差别。[①]《武备要略·制造或问》略云：

> ［造大将军炮］数人持锤，数人执钳，百打千敲，方成一券。每四券合成一筒，数筒合成一铳。合成，然后十人持锤，冷端相续，不厌时日。内有针发细孔，俱用针条缜补。磨锉光莹，铳身如镜。[②]

《利器解》言之稍详：

> 制炮不离炉，方成一片。如威远炮，将铁分作八块，打如瓦样。长一尺四寸，阔一尺一寸，中厚边薄。将瓦四块，用胎竿打成一筒。八块共成二筒。凑齐，用铁钉数个将二筒接作一处。再用前余铁三十斤，分作两块，亦打如瓦，围于炮腹中装药发火处加厚。合缝时稍有灰渣，日后必至损伤，须锉磨极净。成筒孔欲小，止容钻磨之沙。[③]

《祝融佐理》"椎击铁铳说"篇更为具体：

> 先较成铳者若干，分作九节，节者一尺二三寸。阔照

---

① 鸟铳多采用单层或双层熟铁片卷筒锻接，详见尹晓冬《明代佛郎机与鸟铳的制造技术》，《明清海防研究论丛》第三辑，2009 年，第 51—71 页。
② 程子颐辑《武备要略》卷十四，4b—5a。
③ 温编《利器解·总解》，3b，《明清稀见兵书四种》，第 582 页。

铳口空径,周墙定数,仍计前后厚薄斤两派定。每节先打铁剌八片,合成铁瓦四块。然后用口径铁棒长三尺,将铁瓦围上,左右包裹如笋壳。要烧极熟,先打中节,两头调打。以铁枣过之,口撞击之,有缺处补之,多处凿之。待后平接,又用铁撞,即于火内接撞。[①]

以上诸条,皆谓打制铁瓦四片,合成一筒。《制造或问》云"冷端相续",似为挥锤冷锻。《利器解》谓用铁钉将二筒(各长一尺四寸)接作一处。合符前引一百二十斤威远炮长二尺八寸之说。铁瓦甚厚,恐系多层合成。"成筒孔欲小,止容钻磨之沙"不易理解,或指胎竿与筒壁间空隙。《祝融佐理》云"每节先打铁剌八片,合成铁瓦四块",似即双层铁片,合成一瓦。"要烧极熟""火内接撞"云云,则接合用热锻。

熟铁火炮管壁越厚,越需多层打成。按《守圉全书》(1636)"火攻要言",谓"打熟铁大炮,须用炼铁打成瓦,第一层厚五六分,卷成筒,二层三层四层,加至二寸厚为止"。[②] 如此炮管,自截面观之,或是类似笋壳、接缝相间包裹的多层结构。对比 15 世纪欧洲大型锻铁炮作法,先用细长铁条平行排列,接成内管,外用铁箍约束,结构则类似木桶。[③]

明代大型锻造铁器,主要是大铁锚(数百斤至千斤)与熟铁火炮。两者的制造工艺当有相似之处。参照宋应星《天工

① 何良焘《祝融佐理》,《明清之际西法军事技术文献选辑》,第 24—25 页。
② 韩霖辑《守圉全书》卷三之二,51a,崇祯九年刻本,《四库禁毁书丛刊补编》第 32 册,第 609 页。
③ Bert S. Hall, *Weapons and Warfare in Renaissance Europe: Gunpowder, Technology, and Tactics*, Baltimore: Johns Hopkins University Press, 1997, P. 93.

开物》所载铁锚造法：

> 锤法，先成四爪，以次逐节接身。其三百斤以内者用
> 径尺阔砧，安顿炉旁，当其两端皆红，掀去炉炭，铁包木棍
> 夹持上砧。若千斤内外者，则架木为棚，多人立其上，共
> 持铁链，两接锚身，其末皆带巨铁圈链套，提起掇转，咸力
> 锤合。合药不用黄泥，先取陈久壁土筛细，一人频撒接口
> 之中，浑合方无微罅。[1]

接合铁锚，轻者用阔砧，重者用木架（参见同书"锤锚
图"），孙元化（约 1622）谓："宜于京局多造熟铁铳，熟铁小者
用钳，大者用提架，庸工所能也。"[2]《火攻挈要·制造狼机鸟
枪说略》亦云："铳身卷筒，小者用钳，大者用提架，或三节五
节，煮成全体。"[3]正可与之对应。"陈久壁土"作合药，可解释
为壁土含硝（强氧化剂），接触红热铁件，大量放氧，有助提高
温度，以利金属熔化接合。[4]《天工开物》又云：

> 凡铁性逐节粘合，涂上黄泥于接口之上，入火挥锤，泥
> 滓成楂而去，取其神气为媒合。胶结之后，非灼红斧斩，永

---

① 宋应星《天工开物》卷中，47b—48a，崇祯十一年刻本，《续修四库全书》子部第
1115 册。
② 孙元化《论台铳事宜书》，韩霖辑《守圉全书》卷三之一，99a—100a，傅斯年图书馆
藏崇祯九年刻本。
③ 汤若望授，焦勖述《火攻挈要》卷上，26b。
④ 王冠倬《中国古船图谱（修订版）》，北京：生活·读书·新知三联书店，2011 年，第
276 页。对于壁土的作用，存在不同的解释，或认为与黄泥相同，在锻合过程中，
撒在接口，与氧化铁皮形成液态硅酸盐，被挤出接缝，因而不会留下缝隙，胶结牢
固。参见杨宽《中国古代冶铁技术发展史》，第 268 页。按宋应星之说，黄泥、壁土
二物，应用场合不同，作用当有差别。且壁土取硝之习，乡间犹未绝迹。笔者倾向
王冠倬之说。

不可断也。[中略]凡焊铁之法,西洋诸国别有奇药。中华小焊用白铜末,大焊则竭力挥锤而强合之,历岁之久,终不可坚。故大炮西番有锻成者,中国惟恃冶铸也。[①]

威远炮两筒接成,长二尺八寸。大将军炮不过四五尺(表5-4)。相比之下,《祝融佐理》所述西式熟铁炮(以"铳口空径"为基数),筒用九节接成,长逾一丈。体量之别,或可印证宋应星之说。然宋氏谓中土"大焊"唯挥锤强合,似与前文合药用黄泥、壁土之说抵牾;谓西洋"别有奇药",不明何物,似为当时传说。工艺细节尚多未明,有待继续研究。

接成炮筒后加以修整,即可进入第二步,旋铣炮膛。熟铁较之生铁更易切割,可以加工出非常光滑的内膛。明末双层铁炮采用内膛熟铁、外铸生铁的设计,保存了这个优点。具体旋膛方法,各家所述颇有异同。

按《武备要略·制造或问》:"然后用冬瓜锉,前后系以铁绳,八人分扯,一推一拽,直将铳腹接痕,磨平无迹。"《祝融佐理·椎击铁铳说》:"然后取出椎击,趁红,用口径铁枣,上下揎擦接光凡六次。多打冷锤,自然合一。"《利器解》:"炮既成,然后上架。用墨线吊准,不失分厘。用钢钻洗塘,可光可圆。药去即到,看过极净,方可安底。"

"冬瓜锉"与"口径铁枣"当是类似工具。《利器解》另有"钻架"图说,详细讲解了更为机械化的铣膛方法:穿地作穴,竖炮固定,上覆圆盘,炮架孔中;高竖木架,悬垂钢钻,升降可

---

① 宋应星《天工开物》卷中,45a。

调。"人推钻腰铁杆,如磨旋转,钻渐下而炮堂自通。盘中稍旁作一孔,大可容人。人立穴下,透半身于上,时加油以利钻。"参照图式,一目了然(图5-14)。[①]《神器谱》鸟铳造法,加工铳管,亦采用垂直旋铣的方式(图5-15)。[②]

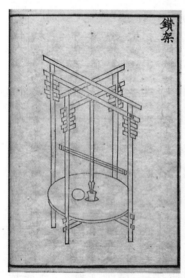 

图5-14 《利器解·钻架》(1600)　图5-15 《神器谱·钻筒图》(1598)

第三步,加底开火门。《武备要略·制造或问》:"然后置底。置底已,然后度其浅深,再四较量,不俯不昂。扣底开一火门,盖此处微高一分,则点放之时,铳身便后坐二尺矣。万一较量不准,或差二三分,亦甚细事,及至点放,后坐数尺,则为祸烈矣。"《利器解》:"火门近底,点放不致倒坐。照门及护

---

① 温编《利器解》,11b,日本公文书馆藏明刻本,《明清稀见兵书四种》,第560页。
② 赵士桢《神器谱》,29a,万历二十六年序刻本,《明清稀见兵书四种》,第73页。

门,俱就炮本身锉成,务令坚致。各炮大约仿此。"《祝融佐理·椎击铁铳说》:"铳尾另打撞入,火门用钢铁钻钻之,务必帖底始妙。"各书相当一致,均强调火门须贴近炮底,避免点放时炮体猛烈后坐。

四、讨论

以上各节首先分析了引进佛郎机铳的影响与后续发展,其次重点论述明代后期北方边镇熟铁火炮(叶公炮、灭虏炮)的创制与应用。此外,明朝后期广泛应用之虎蹲炮(隆庆间戚继光创制)、百子铳、威远炮亦多为熟铁打造。[1] 赵士桢(1599)所谓"近日大小神器,易铜为铁,舍铸务锻",[2] 小者以鸟铳为代表,大者便是前述各种火炮(表5-7)。

---

[1] "虎蹲炮解……今乃特造熟铁炮,长二尺,腹内粗二寸余,外用五箍,光磨如镜,棱面可爱"(戚继光《练兵实纪·杂集》卷五,第 315 页);"虎蹲炮制(水陆俱可用,舟师尤可用):长二尺,重三十六斤"云云(戚继光《纪效新书》[十四卷本]卷三,第59—62 页);"虎蹲炮,即百子铳也,因其形故名"(同书卷六,第 137 页)。虎蹲炮因装散弹,又名百子铳,系前装轻型野战炮,用铁腰绊架设,支架两脚钉入土中固定,状若虎蹲,故名;壬辰战争与明末辽东战事,应用甚多。另有舰载前装百子铳,铳管细长,用两层熟铁卷成,尾加木柄;有铳耳,用架支撑,操作灵活,是明代后期战船常用的轻型旋转炮。图说参见范涞辑《两浙海防类考续编》卷十,59a;何汝宾《兵录》卷十二,10a;程子颐《武备要略》卷二,15b—16a。许孚远《敬和堂集》卷八(46a):"百子铳重五十斤者,须用荒铁一百五十斤炼成。"又,朝鲜王朝仿造之虎蹲炮,传世品为青铜或生铁铸造。详见宇田川武久《東アジア兵器交流史の研究:十五—十七世紀における兵器の受容と伝播》,東京:吉川弘文館,1993 年,第328—335 页。

[2] 赵士桢《神器谱或问》,22a,万历二十七年序刻本,《明清稀见兵书四种》,第203 页。

表 5-7　明代后期主要新式火炮(1520—1610)

火器名称	出现年代	早期生产地域	主流材质	常规重量(斤)
佛郎机铳	约 1520	东南沿海	铜、熟铁	——
发熕	约 1550	东南沿海	铜、生铁、熟铁	300—500
虎蹲炮	约 1570	东南沿海	熟铁	<40
百子铳	约 1570	东南沿海	熟铁	<40
涌珠炮	约 1570	蓟辽边镇	熟铁	40—50
大将军炮 (叶公炮)	约 1586	蓟辽边镇	熟铁	250—400
灭虏炮	约 1586	蓟辽边镇	熟铁	70—80
威远炮	约 1600	蓟辽边镇	熟铁	120—200

　　战争是军事技术发展的直接动因。16 世纪中叶,明朝最有技术含量的战争发生在东南沿海。葡萄牙人东来引发之欧式火器扩散(如海盗造佛郎机铳、倭寇造鸟铳),加剧了官方与民间的技术竞争。为应对战事,中央政府许可地方督抚、将领自行制造火器。中国成熟的冶金技术,则为仿造外来火器提供了必要条件。佛郎机铳、鸟铳、发熕先后传入并迅速本土化,进而有虎蹲炮、百子铳之创制。随着南方将领与部队(南兵)调防北部边镇,新式火器技术加速扩散。叶公炮即自大型佛郎机铳熟铁子铳发展而来。灭虏炮、威远炮之类,形制类似,体量减小,则是适应北方边镇之改造,用作轻型野战炮,对抗蒙古骑兵。

　　本文讨论之时段(1550—1610),中土火器发展的主要特色为熟铁火器的广泛应用。北方边镇火炮得以更新换代(叶公炮、灭虏炮、虎蹲炮等取代老式将军炮),颗粒火药亦逐渐流行。重大军事危机促成了新式火炮的迅速推广,诸如壬辰战争之于叶公炮。

采用熟铁铳炮替代生铁制品,其乃具有一定普遍性。万历二十一年(1593),福建巡抚许孚远鉴于原有生铁发熕(前装火炮)容易发生炸膛事故,下令模仿广东,锻造三五百斤之熟铁发熕。[1] 北方研发之熟铁炮甚至回流南方——万历二十九年(1601),浙江巡抚刘元霖下令沿海各防区添造威远炮,宁波、绍兴二区水师,添造一号威远炮 144 门、二号威远炮 262 门;台州区则于万历三十年添置一号威远炮 20 门、二号威远炮 40 门。新造威远炮全部配发战船,一船一门,应是用作舰首主炮。一、二号威远炮或即对应《利器解》所载大小两种型号。[2]

李弘祺先生非常重视煤炭对中国火炮发展的影响,称其造成中国"第二次铜器时代"。

> 宋代以后中国北方大量用煤取代了木炭,而北方的煤含硫量甚高,熔炼(smelt)铁矿砂时会使铁的质量改变。用这种铁铸炮,坚硬度不可靠。因此他们放弃用铁,而以铜来铸炮。于是中国在南宋末也进入了第二次铜器时代。铜铸的炮固然比较可靠,但是昂贵得多。宋元时代的人已注意到中国的铸铁质量不好,却

---

[1] 许孚远《查处造船制器事宜行各道》,《敬和堂集》卷八,46a,公文书馆藏万历刻本(据台北汉学研究中心藏影印本)。引文详见本书第四章第四节。

[2] 范涞辑《两浙海防类考续编》卷六,61a。《两浙海防类考续编》将《利器解》改题《火器图说》,全文收入。故此处之"威远炮"当是熟铁炮。

不了解个中关键。这是中国第二次铜器时代无法结束的原因。①

此说尚不能解释地区差异,即华南(如闽广地区)始终可用木炭铸造铁炮的情况。不过李先生敏锐地注意到,"在西方,当他们正由 wrought iron 朝着铸铁的方向'进步'时,中国正从铸铁往熟铁的方向转折前进",惜未展开讨论,加以论证。

南北方火器发展的差异,很能说明这个问题。16 世纪后期,东南沿海地区重炮,首推铜铸或生铁铸造之发熕,大者可至五千斤(详见本书第四章)。北方边镇则出现熟铁打造之叶公炮,替代铜铁铸造之老式大将军炮。南北重炮发展何以殊途?燃料问题或是一大原因。南方炼铁仍多用木炭,火候容易控制,且杂质较少,故而明人称许福建铁,适合制造火器。北方缺乏木炭,燃料多用煤(富含硫等杂质),造成生铁品质低落,影响铳体强度;加之重炮火药用量较大,增加了炸膛危险。生铁质量难以保证,转而发展熟铁火炮,显然是个合理的选择。

优质的熟铁火炮,相对生铁制品,炮管强度高(安全耐用)、重量轻(机动性高),且原料较铜材廉价易得。"舍铸务锻"既受外来熟铁火器影响,亦得本土技术条件支持,在当时的环境下,提供了增强火器性能,最为易行的技术选择。

_____

① 李弘祺《中国的第二次铜器时代——为什么中国早期的炮是用铜铸的?》,《台大历史学报》第 36 期,2005 年 12 月。

第六章

《利器解》与《神器谱》

崇祯八年(1635),绛州韩霖(约 1598—约 1649)评骘当世火器著作有云:

> 万历时,赵中书常吉最精鸟铳,著《神器谱》,授之者游击将军陈寅、锦衣卫指挥朵思麻也。同时三原温恭毅有《利器解》,授之者材官赵世登、朱腾擢也。尺寸斤两之得宜,赵为胜。虽有纰缪,合法者多矣。王羽卿《火攻问答》得失相半,至谓鸟铳宜南不宜北,是惩噎废食也。茅止生未见《神器谱》,而兼收不择,滥恶之器,不可枚举。[①]

韩霖列论四书,即赵士桢《神器谱》(1598—1603)、温纯《利器解》(1600)、王鸣鹤《火攻答问》(1598 年前,属《帏间答问》)、茅元仪《武备志》(1621)。《神器谱》与《利器解》二书较有原创性,多经验之谈,某种程度上反映了 1600 年前后中国火器技术的发展水平。

---

① 韩霖辑《守圉全书》卷三之二,85a—86a,崇祯九年刻本,《四库禁毁书丛刊补编》第32 册。

有关《神器谱》的研究相对成熟。[①]《利器解》传本稀少，长期不为研究者注意。[②] 本章首先考察《利器解》传世版本，成书始末及影响。其次讨论《利器解》设计之火器营与威远炮。再次探索《利器解》素材提供者武官朱腾擢生平事迹。附论《神器谱》版本源流、存藏现状，《利器解》与《神器谱》之渊源，以及噜蜜铳传授者朵思麻事迹，补充既往研究。[③]

[①]《神器谱》相关研究，参阅孙诒让《温州经籍志》(民国十年刻本)卷十六，6a—16b，考释自藏《神器谱》《续神器谱》初刻本、《备边屯田车铳议》艺海珠尘本。吴丰培等整理《吴丰培边事题跋集》(乌鲁木齐：新疆人民出版社，1998)，第 50—53 页(原刊《大公报·图书副刊》第 93 期，1935 年 8 月 22 日，题"赵士桢神器谱"，署名"玉年")，介绍北京大学藏初刻本。王重民《赵士桢传》(原刊《图书季刊》新 5 卷第 1 期，1944 年 3 月)考赵氏事迹，《读玄览堂丛书》(原刊《图书季刊》新 8 卷第 1、2 期合刊，1947 年 6 月)，综合北大藏《神器谱》初刻本、日藏明刻五卷本(内阁文库、成篑堂文库)著录信息。参见王重民《冷庐文薮》，上海：上海古籍出版社，1992 年，第 159—161 页，第 461—462 页。和田博德《明代の铁炮伝来とオスマン帝国——神器谱と西域土地人物略》(《史學》第 31 卷 1—4 号，1958 年，第 692—719 页)，讨论噜蜜铳来源、明朝与西域关系。藤井宏《神器谱の成立》(《岩井博士古希記念典籍論集》，東京：岩井博士古希記念事業会，1963 年，第 568—591 页)，讨论内阁文库(今公文书馆)藏明刻五卷本与《玄览堂丛书》影印本关系，指出《玄览堂丛书》缺少《续神器谱》(当时尚不知《续神器谱》初刻本存世)。洪镇寰《赵士桢：明代杰出的火器研制家》(《自然科学史研究》1983 年第 1 期)，提示上海图书馆藏《续神器谱》有赵士桢藏印。杜婉言《赵士桢及其〈神器谱〉初探》，《中国史研究》1985 年第 4 期。尹晓冬《明代佛郎机与鸟铳的制造技术》，张建雄主编《明清海防研究论丛》第三辑，广州：广东人民出版社，2009 年，第 51—71 页。周维强《明代战车研究》，新竹：清华大学历史研究所博士论文，2008 年，第 319—339 页。后四种文献侧重讨论赵士桢事迹及火器技术。

[②] 专门讨论，仅见黄裳介绍自藏本。参见黄裳《翠墨集·跋〈利器解〉》，北京：生活·读书·新知三联书店，1985 年，第 29—33 页；《前尘梦影新录》，济南：齐鲁书社，1989 年，第 25—28 页，修订前文；《来燕榭读书记》，沈阳：辽宁教育出版社，2001 年，第 121—122；《劫余古艳：来燕榭书跋手迹辑存》，郑州：大象出版社，2008 年，第 66—70 页，收录书影二幅(温编刻书引首半叶、五雷神机图)及黄裳跋文写真；《前尘梦影新录》，北京：中华书局，2015 年，第 47—53 页，影印黄裳手稿。

[③]《神器谱》明刻本二种(北京大学图书馆藏初刻本、公文书馆藏五卷本)、《利器解》明刻本(公文书馆藏本)俱已影印收入郑诚整理之《明诚稀见兵书四种》(北京：湖南科学技术出版，2018)，书影与录文逐页对照。《神器谱》此前已有蔡克骄点校本(上海社会科学院出版社，2006)，底本依据日本文化五年刻五卷本，参校《玄览堂丛书》影印初刻本和抄本。

一、《利器解》版本考

万历二十八年（1600），温编、温纯合编之《利器解》成书。温编（1555—1625），字希孔，号约斋，陕西三原县人，国子生，万历二十年（1592）谒选兵部，授汉南守备，升定州营游击，万历三十二年致仕。[①] 温编胞兄温纯（1539—1607），字希文，号亦斋，谥恭毅，嘉靖四十四年（1565）进士，曾任浙江巡抚（1584—1587），万历二十六年至三十二年（1598—1605），历官至都察院左都御史，长居京师。[②]《利器解》很可能是万历二十八年在北京刻版，后有贵州刻本（1602）、吉安刻本（1615）。[③] 19 世纪初有日本翻刻本。前后至少四次付梓。今可考得明刊本两部（非同版）、和刻本五部存世。

日本公文书馆藏明刻本一册（内阁文库·子 16‐14），原属德川幕府红叶山文库，当是明清间舶入。半叶九行，行十八字，白口，单白鱼尾，四周单边，端楷写刻，附刊句读，无刻工。版心上刻书名，下刻页码。全书总约五千字，不分卷，无序跋。分图说、总解两部分。图说包括威远炮、地雷连炮、合打、迅雷

---

① 温编生平，参见温自知《昭武府君行实（代三兄启知）》，《海印楼文集》卷七，68b—72a，温良儒编《温氏丛书》，民国二十五年铅印本；刘绍攽纂修《三原县志》卷八，20b—21a，乾隆四十八年刻本。

② 温纯生平，参见《嘉靖四十四年乙丑科进士履历便览》，38b，中国国家图书馆藏嘉靖刻本；王友怀编《咸阳碑刻》，西安：三秦出版社，2003 年，第 565—572 页，沈鲤撰温纯墓志铭。

③ 温自知《先公文集凡例》（1639）历数温纯著作："先公旧锓《二园诗集》《学集》《督抚两浙稿》《齐民要书》《雅约》《利器解》，久播海内。"参见温纯《温恭毅公文集》，中国国家图书馆藏崇祯刻乾隆间后印本。

炮、剑枪、铳棍、火枪、五雷神机、三捷神机、万胜佛郎机、钻架、地涌神枪、挝足杀马风镰、神臂床子连城弩、药瓶药囊弹模、噜蜜鸟铳，凡十六条（十九叶）。总解下分布阵、教演、束伍、制炮、提硝、提磺、造火药方、铅弹、放炮、火线药、制扁线、对垒、遇贼相敌、见血封喉药方，凡十四条（七叶）。

文化六年（1809），井上正清翻刻《利器解》，现存至少五部。有证据显示，井上氏所用翻刻底本即公文书馆藏本。①

1950年黄裳（1919—2012）在上海购得明刻本一部。②

> 《利器解》一册 万历刻本，棉纸大方册，写刻。九行十八字，白口，单边。板心上记书名，下记叶数及刊工姓名。前有万历壬寅泰和郭子章序，万历庚子陕西西安前卫指挥佥事温编刻书引。全书先图后说，所记通十六事，威远炮、地雷连炮、合打、迅雷炮、剑枪、铳棍、火枪、五雷神机、三捷神机、万胜佛狼机、钻架、地涌神枪、挝足杀马风镰、神臂床子连城弩、药瓶药囊弹模、噜蜜鸟铳也。其后为总解一章，所论者布阵、教演、束伍、制炮、提硝、提磺、造火药方、铅弹、放炮、制火线药、扁线诸法，末附军中救急各方凡八事［中略］卷前有"小李山房图籍"白文方印。③

---

① 详见本章附录《关于和刻本〈利器解〉》。
② "庚寅始秋中元日获此一卷书于海上。人间奇秘，当珍护之。黄裳题记。""此书为绍兴李柯溪旧藏，流入武林。王富山见之，挟来沪上，由石麒之介归余，极珍秘之册也。"参见黄裳《来燕榭读书记》，第121—122页。
③ 黄裳《前尘梦影新录》，第47—48页，第53页。按，"小李山房"系李宏言（约1737—1816)堂号，宏言号柯溪，浙江山阴人，编有《小李山房书目》（佚)。

　　黄裳藏本目前下落不明。按上述著录,该本图说十六事,名目与公文书馆本相同。总解十一条,黄裳藏本较公文书馆本少对垒、遇贼相敌、见血封喉药方三条,疑有脱页。郭子章序、温编刻书引,以及军中救急各方八条,俱为公文书馆本所无。两本版式行款相同,黄裳本有刻工,公文书馆本无之。对比书影,两本字体近似,刀工小异,并非同版(图6-1,图6-2)。

图6-1 《利器解·五雷神机》　　图6-2 《利器解·五雷神机》
　　　　（黄裳藏明刻本）[①]　　　　　　　　（公文书馆藏明刻本）

　　浙江右布政范涞纂《两浙海防类考续编》,万历三十年(1602)刊行。[②] 该书卷十《火器图说》实即翻刻《利器解》,无诸

---

① 黄裳《劫余古艳:来燕榭书跋手迹辑存》,第68页。本书收录《利器解》书影二幅（温编刻书引首半叶、五雷神机图）并黄裳跋文手迹（第66—70页）。
② 范涞辑《两浙海防类考续编》卷十,28b—49a,北京大学图书馆藏万历三十年刊本,《四库全书存目丛书》史部第226册,第605—615页。另有《续修四库全书》史部第739册影印中山大学图书馆藏本;《中国史学丛书三编》第28种影印本;《中国方志丛书·华中地方》第482号影印本。

序及军中救急各方，条目与公文书馆本基本一致，可以视为《利器解》现存第三种明刻本。万历崇祯间类书及综合性兵书，如《三才图会》（1607）①、《武备志》（1621）、《兵录》（1628）、《守圉全书》（1636）等皆摘录《利器解》条目，俱不及《两浙海防类考续编》引用完整。《火器图说》较公文书馆本、黄裳藏本多出"大追风枪"图说一篇，从文句看来，很可能来自《利器解》初刻本。地雷连炮"合打"图内，《火器图说》本刻有小字注："自药包至炮所，相去十步，各线务要均停，一发各炮齐响。"此句又为公文书馆本所无。

郭子章《黔草》一书载有《利器解序》（未署年月），明言该书为温纯寄赠，郭氏重刊并为之序。② 又按郭子章《传草》："《利器解》二卷。予征播汇集诸家火器作也。刻于黔，自序序刻在《黔草》，再刻于吉州守备府，湖西吴观察正志序。"③按《郭公青螺年谱》万历乙卯（1615）条："春三月，著《城书解》《利器解》成，巡道彻如吴公序刻之。"④可知郭氏再加增订，贵州、吉安两付剞劂。黄裳藏本郭子章序署万历三十年（1602），或即本年贵州刻本。军中急救各方八条疑为郭氏增补，非温氏原书内容。公文书馆本插图既有缺文，恐非初刻，或即万历四十

---

① 温纯与《三才图会》编者王圻为同年进士，且为《图会》作序。
② 郭子章《蠙衣生黔草》卷七，28b—29b，万历刻本，《四库全书存目丛书》集部第155册，第353页。
③ 郭子章《蠙衣生传草》卷十七，15a—b，万历刻本，《四库全书存目丛书》集部第156册，第227页。
④ 郭孔延《资德大夫兵部尚书郭公青螺年谱》，民国间朱丝栏抄本，《北京图书馆藏珍本年谱丛刊》第52册，第568页。按，吴正志，字之矩，号彻如，宜兴人，万历十七年进士。

三年(1615)吉州刻本。至于《两浙海防类考续编·火器图说》(1602),当据万历二十八年初刻本翻刻。

关于《利器解》的素材来源,万历二十八年,温编《刻利器解引》略云:

> 而先是,闻伯氏与材官赵世登、朱腾擢谈火器而心识之。其后伯氏屡荐世登,未试;晚乃荐腾擢上谷抚台王公所,始深信。以书往返参润,立令制验,与其药,果精利。连炮广里,远倍之,或五之。威远炮小者远五之,或十之,大者又十之。其佐亦精而便。①

温编"以书往返参润"的对象,究竟是何人? 温纯曾致信宣大总督王世登(1595—1598 在任),论火攻当以守为战,"守惟以弩为城,以连炮为地雷";推荐"里人赵镇抚世登""幸勿以年稍长而忽之"。②《刻利器解引》(1600)谓温纯"屡荐世登",又云"未试",可见温编与赵氏并不熟悉,且温纯的推荐似乎并未成功。而朱腾擢乃令温编"始深信"火器之利,且温纯"晚乃荐腾擢上谷抚台王公所"。"上谷抚台王公"当指宣府巡抚王象乾(1594—1601 在任)。③ 可知朱腾擢一度备员宣府。《利器解·总解》"教演""束伍"条后有"以上二款,皆宣镇见行"之语,也是一条旁证。由此可知,朱腾擢为温编提供了材料,与其"往返参润"。温纯、温编兄弟最终编成

---

① 转引自黄裳《前尘梦影新录》,北京:中华书局,2015 年,第 49—50 页。
② 温纯《温恭毅公文集》卷二十六,14a—b,"报王怀棘总督"。
③ 吴廷燮《明督抚年表》,北京:中华书局,1982 年,第 141—142 页。

《利器解》。[①] 至于噜蜜鸟铳相关条目则来自赵士桢。[②]

温纯非常重视火器,加之位高名重,推广火器与有力焉。奏疏、信札中屡言火器之利。例如致函西宁兵备道刘敏宽函介绍连炮;致函山东总兵李承勋推荐使用连炮、三眼枪。[③]

万历二十七年,播州事起。温纯上疏条陈机宜,"多练火器"一款,谓"近来火器益精,然莫如三眼枪与连炮",建议兵部多加调用、制造。[④] 同年八月一日,兵部题覆温纯等条陈防播四事,其三谓:"一多炼火器。中国长技,惟三眼枪、大将军铳、涌珠炮为最。近闻各边多有,应如议移文查取解用。仍令川贵多方募工制造,以收全胜。"[⑤]温纯个人"复以其所制火器与《利器解》纳之师中,以助一臂,人莫知也。已而蓟辽东关堡被围急,居民数万家,哭声振天。公火器适至,两发而虏皆辟易,

---

① 前人著录已有差异。韩霖《守圉全书·采证书目》作"利器解 温纯";祁承㸁《澹生堂藏书目》(上海古籍出版社 2015 年版整理本,第 551 页)兵家类作"利器解一卷一册 温编撰";万斯同《明史》(中国国家图书馆藏清抄本)卷一三五《艺文志·兵家类》著录"温纶利器解一卷"。"纶"似系"纯"字之误。黄虞稷《千顷堂书目》卷十三兵家类因循此误。按,黄虞稷室名"千顷斋",今日通行之《千顷堂书目》乃杭世骏据黄虞稷《明史艺文志》稿传抄本校补而成,改题《千顷堂书目》,非黄氏原有此一著作。参见井上进《〈千顷堂书目〉と〈明史芸文志〉稿》,收入氏著《書林の眺望:伝統中国の書物世界》,东京:平凡社,2006 年,第 338—369 页。按,国图藏万斯同《明史》抄本,据考应为康熙四十一年(1702)熊赐履进呈本之抄件。参见李开升《万斯同〈明史稿〉研究述论》,收入虞浩旭、饶国庆主编《万斯同与〈明史〉》,宁波:宁波出版社,2008 年,第 517—538 页。
② 详见本章第四节。
③ 温纯《温恭毅公文集》卷二十九,《与刘定宇兵备》(1a—b),《与李景山总兵论平倭》(3a—b)。
④ 温纯《温恭毅公文集》卷五,45b。
⑤ 《明神宗实录》卷三三八,2a,万历二十七年八月丁丑(6259)。

东关得安堵如故”。[1]

万历三十年，郭子章（1542—1618）为《利器解》作序，略云：

> 余从里中受讨播命，俶装七日，行橐中只携有闽人所赠倭铳、九龙等铳数十门。入黔，自督将造于署之东园，而未有佳匠。又其制不甚猛烈。大中丞三原温公自长安函《利器解》见示，乃其季将军编所梓者。予卒业焉，如受黄石公。又虞纸上威远、图中迅雷，人犹谓画饼也。乃以其所制五雷、三捷、万胜等器见遗。予拜受之，如开丰匣，急令匠仿制之。未几，公又虞器即具而拨机、提硝者或匪人也，乃驰其素所善击裨将王真等来。于是火传药喷、星门钻架之类，无不具备。会黔数捷后，围贼于险囤，乃以公利器授故监军杨义叔，分授诸将，东击西突。[2]

“大中丞三原温公”即左都御史温纯，时官京师，故此处“长安”当指北京。万历二十六年，郭子章升任贵州巡抚，次年与湖广总督李化龙督师入黔，镇压苗民。二十八年二月播州土司杨应龙侵入贵州。六月，郭子章率军征讨，彻底击败杨氏，结束播州战事。[3] 杨义叔，即贵州监军按察使杨寅秋（1547—1601，字义叔），尝复函温纯，述制备

---

① 语出沈鲤撰温纯墓志铭，参见王友怀编《咸阳碑刻》，第568页。

② 郭子章《蠙衣生黔草》卷七，28b—29b，万历刻本，《四库全书存目丛书》集部第155册。按《黔草》所收该序未署年月。《前尘梦影新录》谓“万历壬寅泰和郭子章序”（第47页）。

③ 山根幸夫《郭子章及其著作》，南开大学历史研究所编《南开大学历史研究所建所二十周年纪念文集》，天津：南开大学出版社，1999年，第110页。

火器事宜。^①"神将王真"即入杨寅秋麾下，参与平播，负责教习铳炮。^②按郭子章序中所言，得《利器解》及诸火器，按式制造，击破负险顽抗之残敌。郭氏即在贵州重刻此书，后再刻于江西吉州。^③

二、威远炮与火器营

《利器解》(1600)以蒙古骑兵为主要假想敌，从装备、组织、训练、战法等方面，设计了一支三千人的火器部队。各类铳炮，包括野战用威远炮十门、地雷连炮三百门、迅雷炮一百门；铳棍约二千只，火枪、剑枪各数百支；特种火器，五雷神机、三捷神机、万胜佛郎机，凡数十位。

全书开篇之威远炮——轻型熟铁前装炮(图 6 - 3)，乃是这支火器部队的中坚力量：

> 每位重百二十斤。如一营三千人用十位，每位用人三名，骡一头，人仍各带铳棍一条。旧制大将军炮，周围

多用铁箍,徒增斤两,无益实用,点放亦多不准。今改为光素,名威远炮。惟于装药发火著力处加厚。前后加照星、照门,千步外皆可对照。每用药八两,大铅子一枚,重三斤六两,小铅子一百,每重六钱。对准星门,垫高一寸,平放,大铅子远可五六里,小铅子远二三里。垫三寸,大铅子远十余里,小铅子四五里,阔四十余步。若攻山险,如川广各关,炮重二百斤,垫五六寸,用车载行。大铅子重六斤,远可二十里,视世之所名千里雷尤轻便。倭虏营中,或将近我营,昼夜各发大铅子数枚,令惊溃。若欲诱贼至,用后连炮,则此炮在连炮前后发可也。此炮不炸,不大后坐,就近手可点放,观后制法与药去之速,始知此与地雷等炮的可用。①

威远炮与多箍之熟铁将军炮的区别,在于不用外箍,外表光素,仅加厚火门前后。具体分两种型号,一百二十斤者"高二尺八寸(90 厘米),底至火门高五寸,火门至腹高三寸二分",口径"过二寸二分"(7 厘米)。倍径计得 10.5。二百斤者"照前量加尺寸"。所谓平放射程五六里(1 里合 1 800 尺,约560 米),则必为夸饰之词。发射三斤六两之大铅子,火药用量仅八两,应是采用的颗粒火药。《利器解》谓寻常药(粉状火药)加工后"如黄米大或绿豆大""寻常药用一斤,此药只

---

① 温编《利器解》,1b—2a,公文书馆藏明刻本;《明清稀见兵书四种》,第 540—541 页。所谓"千里雷",见诸赵士桢《神器谱·原铳》:"原任总兵侯之胄所制千里雷,俱堪冲锋破阵"(7b—8a,万历二十六年序刻本,《明清稀见兵书四种》,第 30—31 页)。按,侯之胄,山东东阿人,历任神枢营参将(1573)、南京左军都督府金书(1585)、贵州总兵官(1591)。千里雷当亦为轻型前装炮,较威远炮稍重。

用半斤"。按《利器解》威远炮之图为俯视图,带插销之火门盖在正面,照星、照门皆在右侧侧面,恐系画法问题,非实际如此。

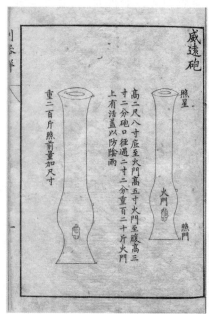 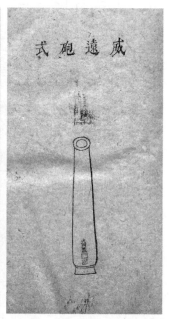

图6-3 《利器解·威远炮》① 图6-4 《武备要略·威远炮》②

程子颐《武备要略》(1632)亦有威远炮图说(图6-4),显系源自《利器解》,然图文不无异同。图说谓"威远炮每位重一百三四十斤,架于车上,行阵利便","每用药八两,大铅子一枚约重三斤,小铅子一百枚,每枚约重三四钱"。③ 相应图式铳

① 温编《利器解》,1a,公文书馆藏明刻本。又见《明清稀见兵书四种》,第539页。
② 程子颐《武备要略》卷二,7a,中国科学院图书馆藏崇祯五年刻本。
③ 程子颐《武备要略》卷二,6b—7a,崇祯五年刻本,《四库禁毁书丛刊》子部第28册,第30—31页。

身无外箍,有火门盖,铳尾系平底。铳管绘作前弇后丰,似受明末欧式火炮影响,与《利器解》图中威远炮前膛直筒,药室突起之状不同。

中国古代金属管形射击火器均为铜、铁制品。制造工艺,大体可分铸造与锻造两类。铜制品全为铸造,铁制品则有生铁铸造、熟铁锻造之别。明代前期主要管形射击火器为铜手铳、碗口铳、将军炮,均为铜、铁铸造品。1550 年前后引进之发熕(欧式前装火炮)最初也采用铜材或生铁铸造。然而 1600 年之前,明朝之火器已然出现了明显转变,熟铁锻造品增多,诸如戚继光之虎蹲炮,叶梦熊之新型大将军炮(叶公炮)、灭虏炮,各类鸟铳亦为熟铁锻造,改变了铜铁铸造品独大的局面。[1]

按《利器解》“总解”造炮法部分,威远炮亦为熟铁锻造而成,且云“各炮大约仿此”,则地雷连炮、迅雷炮等轻型火炮亦当为熟铁制品。自图示观之,威远炮造型简洁,略如未加铁箍之小型叶公炮。

如前所述,早在万历二十年宁夏之役,朱腾擢与叶梦熊当已相识。威远炮或可视为叶公炮的改进型,舍弃外箍(似无铳耳),加装瞄准具。不用外箍,减少重量,固然轻便利于野战,但对炮管的坚固程度要求更高。此类熟铁威远炮是否尚有存世之品,有待继续寻访。[2]

---

[1] 关于明代后期火器“舍铸务锻”之转变,以及熟铁火器制造工艺详情,详见本书第五章。

[2] 赵仁福编著《韓國古火器圖鑑》(汉城:大韩公论社,1975 年,第 39 页)以《武备志》(卷一二二,11b)威远炮插图(源自《利器解》),对照朝鲜威远炮照片。按,韩国现存朝鲜王朝时期所造“威远炮”若干门,均系生铁铸造,与万历间熟铁威远炮实非一类。

万历二十九年(1601),浙江巡抚刘元霖下令浙江沿海各防区添造威远炮:

> 近造威远炮,壹号者其发远及贰里,贰号者远及三百余步,势如轰雷,无坚不破,制敌长技,莫过于此。近据宁绍参将袁世忠册开福船原有发熕不给外,其草撇、苍艚、铁、渔、沙、哨、军民唬船,共肆百陆只,合用壹号威远炮壹百肆拾肆座,贰号威远炮贰百陆拾贰座。已委把总金继超打造。即时不能猝办,亦当次第打造,务足肆百陆门之数。其温、台、嘉三区,必当一体增造,随该本院牌行各道,照发去宁区式样置造,分发各船备敌,见在遵行。①

本年宁波、绍兴二区水师,奉文添造一号威远炮 144 门、二号威远炮 262 门。台州区则于万历三十年奉文添置一号威远炮 20 门,二号威远炮 40 门。② 新造威远炮全部配发战船,一船一门,仅"福船原有发熕不给",可见作用与发熕相当,为舰首主炮。一、二号威远炮或即对应《利器解》所载大小两种型号。"壹号者其发远及贰里(约 1 150 米),贰号者远及三百余步(约 480 米)"。射程数据较为可信。

《两浙海防类考续编》(1602)既将《利器解》全文收入,刘元霖新造之威远炮当与《利器解》之威远炮存在直接关联。明代火器技术传播,如佛郎机、鸟铳等,多为自南方传入北方。威远炮则是由北而南的罕见事例。

---

① 范涞辑《两浙海防类考续编》卷六,59b—60a。
② 范涞辑《两浙海防类考续编》卷六,61a。

　　《利器解》设计之三千人火器营,以十门威远炮为中坚。另有地雷连炮(图6-5)、迅雷炮两种,都是超轻型的直筒前装炮。地雷连炮每位二十斤,或单发八两重之大铅子;或装填百枚小三钱重的小铅子,散发横击。每十门一连,事先布列如扇骨,药线相接,炮手在其后数十步,点燃总引线,即可齐射。全营用此炮三十组,凡三百门,每组配十五人。迅雷炮形制略同,约十余斤,全营一百位,每位配二人。① 全营炮兵六百人,占总人数五之一。

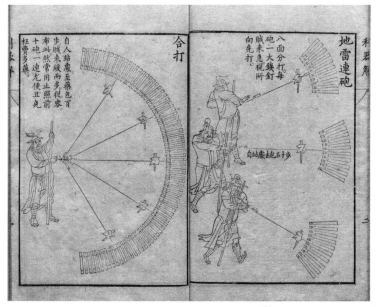

图6-5　《利器解·地雷连炮》②

---

① 按《利器解》之"迅雷炮"为前装轻型炮,《神器谱》之"迅雷铳"则为多管火绳枪。
② 温编《利器解》,2b—3a,公文书馆藏明刻本。又见《明清稀见兵书四种》,第542—543页。

全营每人装备单兵火器一件。约一千六百人使用十斤重、六尺五寸长（2.1米）的单管火门枪（铳棍），兼作闷棍。其余装备特种火门枪（剑枪）与特种喷筒（火枪），各约七百支。火门枪均已加装照星、照门。

特种火绳枪、火门枪数种，并非单兵装备：五雷神机、三捷神机，即五管、三管火绳枪，每位二人；万胜佛郎机，即子母炮式火绳枪，每位三人。大追风枪，即重型火门枪，用三脚支架，共约百位，每位配二人，一人瞄准，一人点火。火器之外，同时装备地涌神枪、挝足杀马风镰，皆为陷阱式的冷兵器，用于杀伤敌军马匹。

《利器解》展现的火器营，是温氏兄弟提出的理想化方案，兼具现实基础与个人偏好。[1] 其火器装备分三个层次：轻型火炮为核心战力。单兵用火门枪兼作冷兵器，搭配喷火器。少量火绳枪、重型火门枪，射程在火炮与铳棍之间。参照《利器解》"布阵""演教"诸条，该营战法重在野战布阵，铳炮配合，对抗未装备火器的蒙古骑兵。1600年前后，明朝北方边镇驻军中，普遍装备火绳枪的部队乃是调防南兵，以及壬辰战争之"降倭"（作为将领的家丁）。本地边军很少使用火绳枪。《利器解》似乎反映了火门铳向火绳枪过度初期的情况。

三、朱腾擢事迹

武官朱腾擢在北方边镇服役逾三十年，长期负责制造、教

---

① 温纯书信、奏疏多次提及地雷连炮，颇为推崇。不过从同时期其他文献看来，这种武器在实战中相当罕见。

练火器,指挥火器部队。按温编《刻利器解引》(1600),朱腾擢为编纂《利器解》提供了不少资料。他的军旅生涯则书写了现实版本的《利器解》。

清初藏书家钱曾(1629—1701)跋《火器大全》,略云:

> 此未知撰自何人,称李承勋、朱腾擢、赵士桢皆负笈
> 其门,随才授艺。夫三子骨腾肉飞,声施当世,而其师之
> 氏名,予竟无从考得之。徒抚残编,惜其苦志未申,亦可
> 以观世矣。[①]

《火器大全》业已失传,姑置勿论。万历年间,李承勋、朱腾擢、赵士桢三人以擅长火器著称,则可无疑。[②] 朱腾擢,陕西渭南人,曾在宁夏、宣府、辽东、延绥等边镇服役,历任把总、守备、都司、游击等职,善于制造机械,长期专司火器。[③]

万历二十年(1592)六七月间,监军御史梅国桢(1542—1605)致信甘肃巡抚叶梦熊,言及制备军器,进攻叛军据守之宁夏镇城,札云:

> 朱腾擢所制临冲,须三四日始完,完即可用,皆我翁

[①] 钱曾著,管庭芬、章钰校证《读书敏求记校证》,上海:上海古籍出版社,2007年,第266—267页。

[②] 李承勋,字锡庸,号景山,处州卫人,世袭军职,早年在浙江各营,万历二十五年(1597)升山东总兵,驻防登州;二十七年改提督朝鲜总兵官,七月入朝,驻王京负责善后,二十八年十月回国。二十九年转浙江总兵。万历十六年,李承勋在福建任游击时翻刻了戚继光《纪效新书》十四卷本。温纯巡抚浙江期间(1584—1587)曾举荐李承勋(时为浙江都司金书),特谓其"制火器便而且利"。参见温纯《温恭毅公文集》卷四,49b。

[③] "朱腾擢,延绥游击。朱国梁,腾擢子,西安前卫指挥,历升副将。"参见岳冠华纂修《渭南县志》卷八,26a,中国国家图书馆藏雍正十年刻本。

之教也。望钢铁坚炭甚急，幸催发之。[1]

由于久攻不下，明廷决定引黄河水淹灌宁夏城。陕西三边总督魏学曾(1525—1596)致信梅国桢，言及后续方案：

> 水虽至城下，若不挖城则不破，挖城不于水底，则贼得而炮射之。今与朱把总议得一法，水手可以匿水中无患，令持窃盗所为挖墙之具，从水底掏城砖，不一日而城可崩也。今令其呈样，惟门下裁之。[2]

"临冲"当指攻城所用高大战车。水下挖城之具，不得其详。朱把总似即朱腾擢。九月，明军平叛得胜。次年三月，兵部议覆宁夏功赏疏，亦可见"朱腾擢、赵世登"随数百人并叙，"同加赏赉"。[3]

温纯与弟书有云：

> 火器曾令朱腾渊来面告，亦尽其技否。近阮州成功曾以宣镇送来数件付宋大斌带去。其威远炮一入巢，众即大惊而溃，故我兵尽入，此一效也。或川中攘功，或不肯归阮州，亦未必肯说出大斌耳，然足以徵此技之可用矣。《利器解》四册附致。[4]

朱腾渊与朱腾擢当是同族兄弟(后详)。此信未署年月，

---

[1] 梅国桢《西征集》卷八，18b，日本公文书馆藏崇祯刻本（据傅斯年图书馆藏影印本）。
[2] 魏学曾《魏恭襄公文集》卷九，17b，中国人民大学图书馆藏民国十四年铅印本。
[3] 王鸣鹤《登坛必究》奏疏卷四，18a，34b，万历刻本，《四库禁毁书丛刊》子部第35册。
[4] 温纯《温恭毅公文集》卷二十五，8a。

所言"入巢"云云,似指播州后续战事,约在万历二十九年。阮州或系沅州之误刻。明军自湖广入黔征讨杨应龙,即以湘西沅州为后方基地。游击宋大斌曾东征朝鲜,后入西南参与平播。"宣镇送来数件"火器包括立功之"威远炮"。温编刻书引谓"时上谷业屹然金汤焉,即以作行间嚆矢可也。"上谷即宣府。可知万历二十八年之前数载,朱氏在宣府任内,颇有成绩,可能督造了不少火炮。①

万历二十八年八月,蓟辽总督邢玠(1540—1612)"题请火器把总朱腾擢加守备职衔,在辽东巡抚标下专管打造教练全镇火器事务",部复允之。② "火器把总"一职,足见其专业属性。万历三十二年,科臣锺兆斗参劾温纯受贿专擅。温纯上疏辩诬,有云:

> 朱腾擢与臣无亲,其任辽东,为创火攻,图省兵饷,果为地方害,议斥何难。而臣乃倚之通关节耶。③

可见温纯与朱腾擢关系密切,以至成为政敌攻击的口实。

几年后,朱腾擢自辽东调延绥,驻防榆林镇城。延绥巡抚涂宗濬《奏报阅视条陈十事疏》(万历三十六年四月二十五日)有云:

---

① 康熙十二年,宣府镇标左右营、镇城、鸡鸣驿城、深井堡等处尚存大小威远炮数百位。参阅姜际龙纂修《新续宣府志·兵器》(约 1673 年成书),中国国家图书馆藏抄本(无页码)。又按,康熙二十六年(1687),清廷开始生产铸铜臼炮,定名"威远将军",省称威远炮,与明代威远炮并无传承关系。
② 《明神宗实录》卷三五〇,6b,万历二十八年八月癸巳(6564)。
③ 温纯《人言再至义难姑留三乞圣恩早赐罢斥以杜祸端疏》(乙巳四月),《温恭毅公文集》卷六,59b。

臣入镇以来,查验火器,多不如法。已取原任辽东都司朱腾擢,将贮库火器一一试验讲求。有可仍旧用者,有新改造者。如随营灭虏、涌珠等炮,皆改轻便;百子铳、大追风、小神枪创新制造;三眼枪短者加长。①

涂宗濬担任巡抚期间(1606—1611)新造火器甚多。万历《延绥镇志·军器》谓"大中丞涂公近制火器,俱从手定,如三眼、灭虏大小诸炮,无不精巧中度,尤称中国利器"。②

当时延绥镇城(今陕西榆林)置造局见存火器:大神铳十五位(滚车六辆)、三眼枪四十五杆、随营驮炮五百四位、倒炮一百七十三位、灭胡炮八十四位、百子铳十八杆(百子铳架二十副)、大小手炮三十杆、鸟枪四十二杆、十眼铳一杆、镶炮九十八杆、迅雷炮一位、五雷神机一杆、三捷神机一杆、地雷连炮三位、威远炮九十三位;新军器库见存火器:毒虎将军一十二位(系旧贮)、连珠炮六十一位、大铁连珠炮一十五位、(勇)[涌]珠炮五十四位、灭虏炮八位、铜盏口炮一百二十八位、百子铳四位。③

"大神铳"当即叶公炮(熟铁锻造前装大炮)。迅雷炮、五雷神机、三捷神机、地雷连炮、威远炮,均见于《利器解》。除威远炮外,库存迅雷炮、五雷神机、三捷神机、地雷连炮数量极

① 涂宗濬《抚延疏草》卷四,25b,傅斯年图书馆藏明刻本。
② 郑汝璧等纂修《延绥镇志》卷三,霍光平等点校,上海:上海古籍出版社,2011年,第198页。按万历《延绥镇志》系巡抚郑汝璧初修(1605),涂宗濬续成并为之序(1607),其后复略加增补。现存增修八卷本的刊刻时间约在万历四十七年(1609)或稍后。参见前引整理本点校前言。
③ 郑汝璧等纂修《延绥镇志》卷三,第198—199页。

少,恐怕仅为实验性的产品,实用性较低。

万历《延绥镇志·纪事》更载有朱腾渊、朱腾擢运用火器,击败蒙古骑兵的战例:

> [万历三十七年]九月十三日,沙计贼夷二千余骑入犯梁家原。[参将]杜文焕密令前锋把总赵奉、红旗百户杜勇领兵四百余兵绕出贼后,又令火器千总朱腾渊伏傍用火炮连发打死贼众,而自以正兵当之,当阵斩首虏一十七级。众大败遁去。①

同年十二月,巡抚涂宗濬获得猛克什力将西犯波罗堡的谍报,与总兵张承胤(? —1618)议定先发制人。

> 九日,[张承胤]出兵掩击,共斩首虏一百八十二级。众虏奋追。火器游击朱腾擢用新制循环、追风、神枪等炮设伏在傍,连发打死贼众无算,虏方败北。我兵大捷而还。②

"火器千总朱腾渊"当即朱腾擢兄弟行。"循环"或即万胜佛郎机,"追风"当是大追风枪。有理由相信,《利器解》列举之主要火器,朱腾擢曾主持制造,用之延绥边镇。关于此战,涂宗濬奏疏(万历三十七年十二月二十八日)谓:"管火器原任游击朱腾擢,当三军危急之秋,举放火炮,打死贼兵无算,虏方败北,厥功甚伟,尤当优叙者也。"③

---

① 郑汝璧等纂修《延绥镇志》卷三,第 238 页。
② 郑汝璧等纂修《延绥镇志》卷三,第 239 页。
③ 涂宗濬《抚延疏草》卷六,51a。

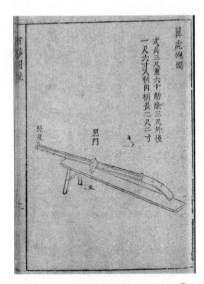

图 6-6　《军器图说·翼虎炮》①

万历三十九年（1611），毕懋康（1571—1644）巡按陕西，次年奉敕阅视延绥、固原二镇②。毕氏所撰《军器图说》（1638）收录延绥（榆林）军用"翼虎炮"与"追风枪"，应为朱腾擢任职期间榆林诸营的常规装备。翼虎炮（图 6-6）铳管长三尺（96 厘米），有照星照门，重六十斤，加尾柄全长五尺二寸（166 厘米），置木架上，作用轻型回旋炮：

翼虎炮之制，昉于榆林。该镇每与虏使讲折时，当场用翼虎炮及追风枪演试，虏使为之咋指。盖其威力在诸炮上，故以翼虎名之。其制有柄有架，有铁嘴插入木架环中，对敌举放，临时可游移上下，或平架放去，或稍昂其首，无不宜之。每营共得数十位架，在阵前分作十数层，次第发之，再以数位分架两翼，或桥口，或田塍，或津渡敌可往来之处，如法备御，贤于数万精兵矣，奚患冲突哉。若西北边塞，造用须以万计，旷野平原，动以百数为一层，次第举火，稍近即用各色火箭，接续不断。虏虽众悍，安

---

① 毕懋康《军器图说》，2a。
② 胡博文《毕司徒东郊先生年谱》，清抄本，《北京图书馆藏珍本年谱丛刊》第 56 册，第 111 页，第 118 页。

能当此？曩岁广宁之役，西平堡击毙虏贼无数，即此器之力也。[1]

《军器图说》之追风枪（图 6-7）与《两浙海防类考续编·火器图说》之大追风枪（图 6-8）为同一物（表 6-1）。如前所述，《火器图说》或翻刻自《利器解》初刻本。综合两书之说，追风枪为重型火门枪，枪管长四尺四寸（142 厘米），有照星照门，重十六至十八斤，加尾柄全长六尺二三寸（约 2 米），用三

图 6-7　《军器图说·追风枪》[2]

图 6-8　《两浙海防类考续编·大追风枪》

---

[1] 毕懋康《军器图说》，2b，中国国家图书馆藏崇祯十一年刻本，善本书号 00958。

[2] 毕懋康《军器图说》，3a。

表 6-1　追风枪二种比较表

军器图说	两浙海防类考续编·火器图说
追风枪图。式长四尺四寸,重十六斤,除四尺四寸外,后一尺入柄内,柄长一尺八寸。【图 6-7】夫火器透重铠之利在于腹长,腹长则火气不泄,而送出势远有力。射能命中,在于出口直,须用双眼看后照门对前照星,前照星对所射击之人,故十发有八九中。尝用药三钱,下铅子一枚,重一钱五分,悬一铁牌于四十步内,竟至射穿。此追风之所由得名也。①	大追风枪。式长四尺四寸,重十八斤,除四尺四寸外,后长五寸入柄内,柄长一尺九寸。【图 6-8】每位用人二名,一名执枪照准则,一名执火绳。枪用三足铁柱。其器甚长且利,便发而能远。遇敌营,四面各用数十位,或先以此惊贼,或先以地雷连炮、迅雷、三捷、五雷等器打败贼势。俟贼溃奔,以此同威远炮追贼,使其不敢再来,以乘我乱。每用药六钱,铅子一枚重六钱五分,平发二百余步,高发十余里。此真万胜难敌之长技也。②

脚支架。一人瞄准,一人点火。四十步(60 米)内射击精度较高。根据铅子重量推测,口径约在 1—2 厘米间。清代后期军中常见之劈山炮实与"翼虎炮""追风枪"一脉相承。

崇祯七年(1634)九月,京营总督李守锜上《试过毕懋康火器疏》,谓原任兵部右侍郎毕懋康差其侄武举毕熙吉进呈火器,八月二十七日,至五军营教场,公同试验。鸟铳数十步外可射穿铁牌;追风枪用火药与弹子重量相等,射程逾百步;翼虎炮药轻子重,射程六百步有余。③

此外,《战守全书》(1638)卷十二(10a—b)亦有"大追风枪"图说,谓鸟铳操作步骤较多,粗鲁之人见为不便。"辽将彭

① 毕懋康《军器图说》,3a—b。
② 范涞辑《两浙海防类考续编》卷十,44b—45a。
③ 李守锜《督戎疏纪》卷六,59a—60a,京都大学文学研究科图书馆藏崇祯九年刻本。

簪古曾造追风枪,长八尺,连柄一丈,大于鹰嘴铳,不用火门,只撚药线。阁于城垛上,人人能放,可数百步,比鸟铳甚便,守城宜用。"插图内大追风枪样式与《两浙海防类考续编》之图略同,且标注照星、照门、火门。按,彭簪古专司火器,曾参与天启六年(1626)宁远之战。所谓铳管八尺,连柄一丈,全长超过三米,规格逾常,恐系夸大。又按,前引毕懋康《军器图说》谓广宁之役"西平堡击毙虏贼无数",即翼虎炮之力。盖指天启二年(1622)正月惨烈的西平堡攻防战。明军最终失守,后金攻城损失亦大。可知追风枪与翼虎炮都在明末宁锦前线出场。

万历三十九年,刘敏宽接任延绥巡抚,在任期间(1611—1614)战事不断,明军屡次获胜。刘敏宽名下奏疏,透露出更多细节。万历四十年八月一日,保宁(榆林西北)之战,旗牌撒勤部三千余众入犯劫掠,延绥镇总兵官官秉忠率队堵截。双方骑兵混战之后,明军用"灭虏大炮、神枪、弓矢射击,如雷如雨。贼带伤拽死,不计其数,势不能支败北",明军继而出边追击。塘报谓八月一日斩级二百五十四颗;军丁阵亡四十三人,重伤六十二人、轻伤五十七人;官马被射死一百九十三匹,夺获敌马二百二十八匹。足见战况激烈。十月十八日,仍在保宁附近,双方骑兵几番交战后,蒙古骑兵集合冲锋,明军"仍用灭虏大炮、神枪、弓矢射打。虏贼大败,势不能支,披靡北遁"。万历四十年五月、八月、十月间,延绥边军均依靠骑兵与火器部队的配合,击败蒙古骑兵部队。①

---

① 刘敏宽《定园集》卷二十一,1a—3b,36b,57a—b,中国国家图书馆藏万历间刻康熙四十七年重修本。前引塘报见卷二十一,3b。

　　小规模边境冲突时常爆发,双方骑兵战斗力相近,火药武器似乎是明军制胜的关键。"右营游击朱腾擢"参加了上述历次战斗;奏捷叙功题本谓其"火攻擅战阵之长","独擅制器之能……战功数多,应升实职"。[①] 此时朱腾擢乃是延绥镇负责火器事务职位最高的军官。按万历《延绥镇志》(1607):右营见在官军 1925 员,马、骡共 1 683 匹,骆驼 18 只,人员规模在榆林镇城七营中属第三位。[②] 右营为朱腾擢直辖,该营运用火器的能力当居诸营之首。

　　万历四十一年(1613)三月,陕西巡按御史毕懋康参劾"固原游击赵率教,都司金书朱腾擢"等七名武官"庸劣贪婪",得旨"并命褫其职"。[③] 按总兵、副总兵、参将、游击、都司(都司金书)、守备、千总、把总为营兵制官衔序列。可知其时朱腾擢"游击将军"一职或未题准实授。几年后,朱氏重返辽东。万历四十六年四月,努尔哈赤对明朝用兵,首役攻陷抚顺。"火器原任游击"朱腾擢率部参与救援,但已回天乏术。[④]

　　随着明军在辽东节节败退,加强京师防御愈显紧迫。天启元年(1621)十一月九日(乙丑)"原任延绥游击朱腾擢添注

<hr>

① 刘敏宽《定园集》卷二十一:"右营游击朱腾擢,志切枕戈,忠怀襄革,勇猛夺人之气,火攻擅战阵之长。"(19b—20a)"右营游击朱腾擢,素负请缨之志,独擅制器之能,防范频遏,陆梁征剿,不避矢石……李国勋、朱腾擢战功数多,应升实职。"(40—b)
② 郑汝璧等纂修《延绥镇志》卷三,第 183—184 页。
③ 《明神宗实录》卷五〇六,2a,万历四十一年三月壬戌(9605)。原作"山西巡按"毕懋康,系误抄。
④ 万历四十六年五月,辽东巡抚李维翰《黠奴计陷孤城疏》,参见程开祜辑《筹辽硕画》卷三,1b,5a,明刻本,《国立北平图书馆善本丛书》,上海:商务印书馆,1937年。原刻作"朱腾耀",应系误刊。

五军营",调其入京。十日(丙寅),协理戎政李宗延(1563—1627)奏请京师造办火车火器,以备战守,推荐五人任事,其一即"游击朱腾擢";李宗延同时建议调集最新武器装备,"刑部尚书黄克缵吕宋大炮、都指挥使张懋忠铁铳车、雷州府海康县有红毛番大炮二十余位、肇庆府阳江县有东南夷大炮二十余位,俱堪取用,或一概制造"①。天启二年二月丙子,御史焦源溥疏荐人才,谓"原任守备朱腾擢、胡守乾专管火器,是万不可少待者也"。② 这是目前所知有关朱腾擢事迹的最晚记录。

朱腾擢军旅三十年,两起两落,仕途蹭蹬。其人出身陕西渭南,似为卫所世职武官;宁夏之役(1592),以"把总"专司制造攻城机械,参与夺还宁夏镇城;后因熟悉火器受温纯赏识,推荐入宣府镇(约 1598),训练火器部队;复东调至辽东镇,"火器把总"加守备衔(1600),负责打造教练全镇火器,又升都司;继而似因温纯受劾,连带降职(1604);西返至延绥镇,仍为"火器把总"(约 1606),升"火器游击"(1609),数年间(1609—1612)屡立战功,随即被参褫职(1612);再归辽东,以"原任火器游击"参与救援抚顺(1618);数年后因专业技能调防京营(1621),时为"原任守备"。朱腾擢生平最高官衔为游击将军,直属部队最多时约 1 900 人。他的经历或许能够反映自宁夏之役至辽东危机,将近三十年间,北方边镇运用火器的能力与局限。天启、崇祯年间,西洋大炮陆续投入北方战场,更为残

---

① 《明熹宗实录》卷十六,20b—21b(824—826)。

② 焦源溥《逆旅集·奏议》卷二,6a,道光十九年刻本,《四库未收书辑刊》第 6 辑第 30 册。焦源溥上疏时间,据《明熹宗实录》卷十九,10a—b(967—968)。《实录》"擢"字误作"躍"。

酷的火器战争随之到来。无论是《利器解》中的诸般利器,还是朱腾擢火器营中的实际装备,此时未免相形见绌。

四、《神器谱》补说

赵士桢(1553—约 1605),字常吉,号后湖,温州府乐清县人。祖父赵性鲁,官至大理寺少卿。士桢因书法受神宗赏识,以布衣供奉内廷,万历六年授鸿胪寺主簿,官至文华殿中书舍人。

万历二十年(1592),丰臣秀吉入侵朝鲜,明朝派兵驰援,时战时和,直到二十六年末日军完全撤退。这一时期,东征御倭乃是舆论焦点。侵朝日军大量使用火绳枪("倭铳"),给明军造成很大损失。赵士桢热心兵事,屡次上疏建言,特别注意火器技术。"万历二十五年,条上东援用兵八害,内议番铳足以破倭鸟铳。兵部题复:令京营具式转咨工部制造。奉圣旨:是。"[1]因京营无此类火器,万历二十六年五月,赵氏又上《恭进神器疏》,略云:

> 臣生长海滨,少经倭患[中略]频年以来,遍询胡宗宪、戚继光二臣部曲,俱称倭之长技在铳,锋刀未交,心胆已怯。臣因思兵家倍数及先后著之说,一意讲求神器[中

---

[1] 赵士桢《神器谱》卷一"圣旨八道",14a,公文书馆藏明刻五卷本,《明清稀见兵书四种》,第 342 页。按,"用兵八害"一疏未闻流传。赵士桢有关朝鲜战事的建言,除《神器谱》所收奏疏,另存《东事剩言》附《疏草》(万历二十二年序刊本)。此书当即《千顷堂书目》著录之"东事剩言一卷续草一卷"。又赵士桢请斩兵部尚书石星疏(万历二十五年二月),见载郑期远《见山先生实纪》卷四柳思瑗《文兴君控于录》,13a—21b,韩国国立中央图书馆藏朝鲜刻本。两种奏疏已整理收入《明清稀见兵书四种》,第 520—533 页。

略]既得西洋铳于游击将军陈寅,又得噜蜜番铳于锦衣卫指挥朵思麻[中略]数年之前,即与戚继光旧日材官林芳声、吕慨、杨鑑、陈录、高风、叶子高辈,朝夕讲究。近复证之思麻、陈寅,利钝洞然,方敢成造恭进,尤非臣一己逞臆杜撰者。①

赵士桢进献噜蜜铳、西洋铳等火器图式、样品,请旨广为制造。同时在北京刊刻了最初的《神器谱》。

赵士桢的家乡温州,"嘉靖倭乱"以降为鸟铳流行之地。士桢及长又与戚继光旧部交游切磋,熟悉浙兵(南兵)鸟铳。陈寅(?—1621)之西洋铳,即欧式火绳枪,很可能来自澳门的葡萄牙人。至于朵思麻之噜蜜番铳,则源于西亚的奥斯曼土耳其帝国。

今日所谓《神器谱》,乃是万历二十六年至三十一年(1598—1603)赵士桢奏疏、杂著汇编的总称。明代凡两刻。初刻分册发行,随成随印,传世者有《神器谱》(1598)、《续神器谱》(1599)、《神器谱或问》(1599)、《神器谱》(实即第三编,1602)四种,皆不分卷。② 稍后有重编五卷本,统题作《神器谱》。③ 五卷本就初刻四种略加增删,新增万历三十年、三十

① 赵士桢《神器谱·恭进神器疏》,2a—2b,6a—b,北京大学图书馆藏初刻本,《明清稀见兵书四种》,第19—20页,第27—28页。
② 《神器谱》(三编)收录恭进神器疏、兵部都察院题复疏、防虏车铳议、铳图、车图、倭情屯田议、中国朝鲜日本形势图略。嘉庆间吴省兰辑《艺海珠尘》丛书收入此本重刻,改题《备边车田车铳议》《车铳图》《倭情屯田议》三种,文字有删改。祁承爜《澹生堂藏书目》(上海古籍出版社2015年版整理本,第552页)兵家类著录"神器谱四卷 二册 赵士桢",似即初刻四种单行本。
③ 明刻五卷本卷首大题"神器谱卷之一"、次行署"文华殿中书臣赵士桢谨辑"。

一年篇什,篇目重加编排。两种版本版式行款相同,均为九行
十八字、白口、单白鱼尾、四周单边,赵氏手书上板。五卷本沿
用了初刻本的部分板片重印,仅挖改板心。初刻本板心鱼尾
上刊书名,下刊页次;五卷本板心鱼尾上刊书名,下刊"天"(卷
一)、"地"(卷二、卷三)、"人"(卷四、卷五),再下刊页次。对比
两种刻本"噜蜜铳"分解图式(图6-9,图6-10)右下角,可见
板心下方有相似断板处。

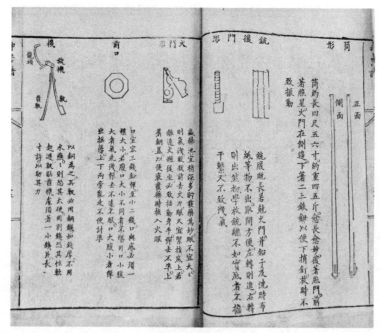

图6-9 《神器谱·噜蜜铳》初刻本①

---

① 赵士桢《神器谱》,11b—12a,北京大学图书馆藏初刻本。又见《明清稀见兵书四
种》,第38—39页。

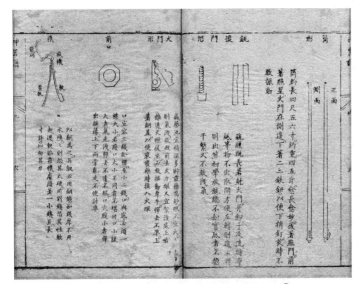

图6-10 《神器谱·噜蜜铳》明刻五卷本①

　　已知明刻本存世七部,计初刻本五部,五卷本二部。初刻本又有初印与修板后印之别。

　　《玄览堂丛书》(1941)影印《神器谱》初刻本,以及《神器谱或问》《神器谱》(三编)旧抄本,无《续神器谱》。底本三册现藏"国家图书馆"(台北)。《玄览堂丛书》本数次重印,流传较广,惜非原书全貌。台北藏《神器谱》应为初刻初印本,"神器杂说"篇凡三十一条。

　　北京大学图书馆藏初刻本(SB/379.91/4944),全四种四册,略有缺页。② 其中《神器谱》系增修后印本,"神器杂说"篇

---

① 赵士桢《神器谱》卷二,5b—6a,公文书馆藏明刻五卷本。又见《明清稀见兵书四种》,第403页。
② 北大藏本《续神器谱》阙王同轨序半叶(2b)、《神器谱》三编阙"中国朝鲜日本形势图略"末半叶(4b)。

凡三十五条,较台北藏本增刻四条(前二叶)。其中第一、二、四条又见于明刻五卷本《神器谱》卷四"说铳",第三条"鸟铳官司造时"云云,他本未见。

浙江大学图书馆藏《神器谱》《续神器谱》初刻二册(善3/300),无缺页。钤"经微室"朱文小方印,系孙诒让(1848—1908)旧藏。其《神器谱·神器杂说》三十五条同北大本。

上海图书馆藏初刻本(线善790921-23),全四种三册,缺页较多①。《神器谱·神器杂说》亦为三十五条,同属后印本。该本特别之处在于钤有"右史赵士桢氏图书印"朱文长方印,又为秦更年(1885—1956)旧藏。②

贵州省图书馆藏《神器谱或问》万历刻本一册(善8321)。前缺序文,正文完整,卷端亦钤有"右史赵士桢氏图书印"朱文长方印,卷末赵氏题辞下钤"士桢"朱文小方印。③

明代五卷本,国内似已失传。日本公文书馆、御茶水图书馆成篑堂文库各藏一部。④ 较之初刻本,五卷本序文多黄建衷一篇(万历二十七年八月),正文部分除插图、措辞间有改

① 上图藏本《续神器谱》阙王同轨序,《神器谱或问》阙刘世学序,《神器谱》(三编)阙《恭进神器疏》《兵部都察院题覆疏》。

② 钤有"江都秦更年曼青之印"(白文方印)、"石药簃藏书印"(朱文长印)、"曾在秦婴闇处"(朱文长印)等印鉴。

③ 按《贵州省古籍联合目录》著录贵州省图书馆藏《神器谱》《续神器谱》《神器谱或问》万历刻本三种一册,检原书实仅有《或问》一种一册。参见陈琳主编《贵州省古籍联合目录》,贵阳:贵州人民出版社,2007年,第343页。

④ 严绍璗编著《日藏汉籍善本书录》中册,北京:中华书局,2007年,第820页。又,德富苏峰成篑堂旧藏《神器谱》明刻五卷本书影(卷二,12b—13a)"实药装弹图"、"著火门药图",参见苏峰先生古稀祝贺纪念刊行会编纂《成篑堂善本书影七十种》(民友社,1932),影印收入南江涛选编《日藏珍稀中文古籍书影丛刊》第一册,北京:国家图书馆出版社,2014年,第161页。

易,又多出奏疏、揭帖五篇及"合机铳图"并叙,俱系万历三十年十月至次年四月间作,同时未收初刻《神器谱》(三编)内"倭情屯田议""中国朝鲜日本形势图略"两篇。五卷本卷三"说铳",汇编初刻正、续《神器谱》之"神器杂说",再行新增十二条。[①] 卷五"或问",收录初刻《神器谱或问》全部四十四条,新增十一条。[②]

文化五年(1808),经清水正德校勘训点,日本书坊重刊《神器谱》五卷本,冠以清水正德《刻神器谱序》(文化四年十二月),附《神器铭》、池田宽藏跋(文化五年春)。[③] 和刻本翻刻相当忠实,鲁鱼甚少,却因形近将"赵士桢"全部误刊作"赵士祯",导致后世著录往往以讹传讹。公文书馆藏五卷本缺第三卷第四十九叶(按书前目录应为"钻造鸟铳器具图"及"钻铳图"),和刻本亦未能刻入此叶。由此看来,公文书馆藏本可能便是和刻本依据的翻刻底本。

《神器谱》是反映1600年前后火绳枪技术的珍贵文献,前人多有讨论。从中外交通史的角度看,《神器谱》最有趣味的内容当是有关噜蜜铳的记载。噜蜜,或写作鲁迷、嚕密。按和田博德(1958)的研究,16世纪所谓"鲁迷城"(Rum)即伊斯坦

---

① 按,初刻初印本《神器谱·神器杂说》三十一条,《续神器谱·续神器谱杂说》三十二条。五卷本加以合并,重编次序,又将"续神器谱杂说"内制硝二条合一,但未收"神器谱杂说"内"药鳖"一条,另增十二条,改题作"说铳六十九条",实际为七十三条。

② 两种明刻本篇目对照表,参见《明清稀见兵书四种》,第516—517页。

③ 和刻五卷本,半叶九行,行十八字,白口、线鱼尾,四周双边,版心上方记书名,中记卷次、页码,下方刊"唐本翻刻",卷首大题作"神器谱卷之"几,次行署"明赵士祯著日本清水正德校"。影印收入長澤規矩也輯《和刻本明清資料集》第六集,東京:古典研究會,1974年。

布尔(东罗马、奥斯曼帝国),鲁迷国应是奥斯曼帝国,朵思麻之噜蜜铳即土耳其式火绳枪。[①]

噜蜜铳与西洋铳的异同亦可申论。按土耳其禁卫军(Janissary)1510年代开始装备火绳枪,乃是欧洲产品的变体。土耳其式火绳枪(fitilli tufek),枪机设计(杠杆—簧片)简单实用,影响颇广,成为中亚、印度仿造品的原型,发展出多种样式。[②] 赵士桢所见"西域噜蜜铳,因其筒长故远,药多故狠,机简故便,铳床尽制,前后手俱有着落,故不致动摇"(《神器谱·神器杂说》,26a,67页),即属此类风格。

又按《神器谱·原铳》(8a,31页):"万历二十四年,游击将军陈寅到京,示臣西洋番鸟铳。较倭鸟铳稍长,其机拨之则落,弹出自起。用药一钱,铅弹八分。其制轻便,但比旧鸟铳只远五六十步。"西洋番鸟铳当即来自葡萄牙人,自《神器谱·西洋铳全形》(13a,41页)插图可见枪机龙头向后起落,欧式特征明显。[③] 陈寅曾先后参加朝鲜之役(壬辰战争)、播州之役,善用鸟铳,作战英勇;后至广西任职,对鸟铳在西南地区的传播不乏贡献。[④]

[①] 和田博德《明代の鉄炮伝来とオスマン帝国——神器譜と西域土地人物略》。以下引用《神器谱》,如无说明,皆为《明清稀见兵书四种》影印北京大学图书馆藏初刻本。随文注明两种页码,前者为刻本页次,后者为上述影印本页码。

[②] Natasha Bennett, "A Consideration of a Series of X-rays of Asian Pivoted Matchlock Mechanisms," *Arms & Armour* 10, no. 1 (2013): 14-29.

[③] 一般而言,龙头倒向枪口方向点火为瞬发式,倒向射手方向点火者为缓发式。土耳其式火绳枪为缓发式,龙头却系向前。欧亚枪机演变异同,参见中岛乐章《16世纪中期的东亚海域与火器传播》,沈玉慧译,李庆新主编《海洋史研究》第十辑,北京:社会科学文献出版社,2017年,第206—209页。

[④] 久芳崇《東アジアの兵器革命:十六世紀中国に渡った日本の鉄砲》,東京:吉川弘文館,2010年,第92—114页。

赵士桢与温纯颇有渊源。温纯担任浙江巡抚期间（1584—1587），编刻劝民为善之通俗诗文图谱《齐民要书》，"至为神庙所珍爱,命中秘赵士桢精书绘图"。[①]

万历三十年五月,赵氏再上《恭进神器疏》,进献"车铳图式",包括轩辕等铳与鹰扬车式样,以及相应图说《防虏车铳议》（附铳图车图）。奏疏并图说俱刻入《神器谱》第三编。《防虏车铳议》有云:"比者都御史温纯著有《利器图解》,总督邢玠一见兹书,即露章极称火器之便〔中略〕能知思患预防,深信火器之利者,唯纯与玠耳。"（8a－b,241—242页）既奏,得旨,"车铳图式著进览,还著该部院看详试验来说"（3b,220页）。邢玠曾任蓟辽总督（1597）,经略朝鲜,指挥明军与侵朝日军作战,深知鸟铳之利。

上述《利器图解》无疑便是《利器解》。万历三十年六月十七日,署兵部事刑部尚书萧大亨会同左都御史温纯,于宣武门外西城下,"将中书赵士桢所奏车铳逐一试验,并将原议并神器诸谱一一参详"。萧大亨领衔之复疏对赵氏所造车铳评价甚高,"其器械委果铦利,其制度委果精巧",奏请按式发京营制造演练,传示各边（4b,222页）。[②] 可见温纯对赵士桢十分支持。或许早在万历二十六年,赵氏已将初刻《神器谱》第一册赠与温纯。

《利器解》"噜蜜鸟铳"条云:"此中书赵士桢得之朵思麻而

---

① 温自知《先考府君行实》,《海印楼文集》卷七,41a。
② 有关本次宣武门外试验赵士桢车铳,参阅周维强《明代战车研究》,第321页。

润色之者。"①然而按照《利器解》所收噜蜜鸟铳之图(图6-11)，枪机乃以齿轮传动，弹簧复位，有别于《神器谱》中噜蜜铳枪机典型的杠杆—簧片设计(图6-9)。初刻本《神器谱》三编(1602)载轩辕铳及火箭溜图，可见枪机外罩铜轮(图6-12)。五卷本《神器谱》轩辕铳图说，进一步增加了龙头、铜轨、铜绷(即弹簧)分图及解说(图6-13)，类似《利器解》噜蜜鸟铳枪机形制。②

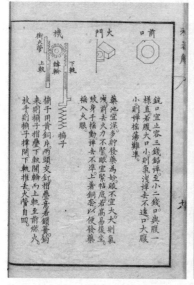

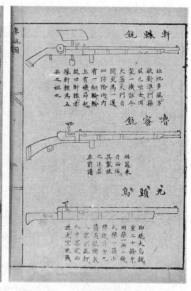

图6-11 《利器解·噜蜜鸟铳》③　　图6-12 《神器谱(三编)·轩辕铳》初刻本④

---

① 《利器解》，19a，公文书馆藏明刻本，《明清稀见兵书四种》，第575页。
② 火箭溜枪机亦绘出分图，"机与轩辕同，但用铜管御火"，"绷子亦如轩辕"。参见《神器谱》卷二·原铳下，31a，公文书馆藏明刻五卷本，《明清稀见兵书四种》，第427页。
③ 《利器解》，18b，公文书馆藏明刻本。又见《明清稀见兵书四种》，第574页。
④ 赵士桢《神器谱·铳图》(三编)，2a，北京大学图书馆藏初刻本。又见《明清稀见兵书四种》，第257页。

赵士桢推广新式火器的计划,终因多方掣肘,未能实现。不过按照《两浙海防类考续编》(1602)的记载,万历二十九年浙江沿海防区便开始批量生产"威远炮"与"密鲁铳"。"密鲁"似即"鲁密"之误。[②] 温纯曾任浙江巡抚,与后任浙省大吏当仍有联系。《两浙海防类考续编》辑入《利器解》(改题《火器图说》),似非偶然。浙江新造"威远炮"与"密鲁铳",当有温纯推毂之功。

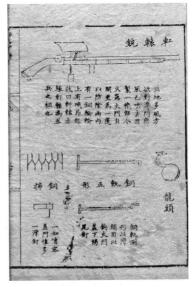

图 6 - 13 《神器谱·轩辕铳》
明刻五卷本[①]

五、朵思麻与利玛窦

朵思麻向赵士桢传授了土耳其式火绳枪(噜蜜铳)的制造与操作技艺。此前的研究未能在《神器谱》之外发现有关朵思麻的明确记载。本节考索朵思麻生平事迹、来华始末,特别揭出朵思麻与耶稣会士利玛窦(Matteo Ricci,1552—1610)的一

---

① 赵士桢《神器谱》卷二·原铳下,30a,公文书馆藏明刻五卷本。又见《明清稀见兵书四种》,第 426 页。
② 参照范涞辑《两浙海防类考续编》(卷六,66a)所载"军火器械工料价值"账册,鸟铳单价银 0.9 两、密鲁铳 1.18 两,价格相近。

段交谊,附论明代后期的"鲁迷"问题。

《神器谱》,万历二十六年(1598)五月初二日,赵士桢上《恭进神器疏》,略云:

> [朵思麻]携带神器,度雪岭,涉洹河,逾昆仑,重译献狮,以修职贡,寒暑八更,始达都下[中略]迄今四十余年,年已七十有四。(4b—5a,24—25页)。

> 去岁与武举把臣、把仲弟兄较射,方知其父把部力从噜蜜进贡狮子进京,皇祖留之不遣。臣问及鸟铳。臣、仲云:义伯朵思麻,即本国管理神器官,一访可知。臣即同部力诣思麻家,思麻欣然出其本国带来鸟铳。臣见其机,比倭铳更便。试之,其远与毒,加倭铳数倍。臣私心窃喜,自谓有此,则倭铳风斯下矣。思麻复语臣曰:"我受三朝豢养大恩,政虑报效无阶。若得传布此式,以申朝廷神武,诚为至愿。"且告臣制放之法。(8b—9a,32—33页)

朵思麻嘉靖末年间来华,定居北京,赵士桢称其官"锦衣卫指挥"(2b,20页)。《明实录》嘉靖四十三年六月三日条,载"鲁米西番遣人贡狮子"。[1]刘广定(1995)据此推测,"把部力与朵思麻大约是嘉靖四十三年(1564)贡狮子而留在中国的鲁迷人"。[2]

按《明实录》万历二年(1574)二月十一日条:

---

[1] 《明世宗实录》卷五三五,2b,嘉靖四十三年六月癸酉(8686)。
[2] 刘广定《鲁迷初考》,《中国科学史论集》,台北:台湾大学出版中心,2002年,第362—364页。原载《"国立中央"图书馆刊》彩28卷第1期,1995年,第133—142页。

先是,进贡回回把部利、朵思麻,自嘉靖四十一年到
京,因令(收)[牧]养狮子,娶妻生子。至是,告比炤宣德、
景泰年间哈密进贡回回,升授官职。兵部覆请,得旨:回
夷归附,既有授官旧例,都准与做指挥佥事。着在锦衣卫
带俸,以后不许再来奏扰。①

《神器谱》之外,上述记载是目前所知有关朵思麻、把
部力最为重要的中文史料。检《明实录》,嘉靖四十一年内并无外国贡
狮事项。按田艺蘅(1524—?)《留青日札》:"成化戊戌(1478),
西夷贡狮子[中略]至嘉靖四十二年又贡,内兄张子文时为陕
西布政使,亲见之[中略]且伴送夷人五六十名,甚为居民之
害。夷人言:初得小雏二头养之而毙其一,此其雄也。"②张子
文即张瀚(1510—1593),曾在西安接待"西域回回",亲见贡
狮,谓"其色纯黄,毛较诸兽为长"。③

15—16 世纪,中亚、西亚商人往往充任或伪称外国使臣,
贡献方物,假道嘉峪关前往北京,谋求赏赐,开展贸易。以"贡

---

① 《明神宗实录》卷二七二,4b,万历二年二月丙辰(582)。又按同书卷四七三,4b,万
历三十八年七月辛亥(8936):"苏禄国恭定王五代玄孙安守孙等疏……乞照西番
回回朵思麻等进贡狮子加世袭都指挥故事,亦得荫如之。"
② 田艺蘅《留青日札》卷二十九,3b—4a,万历三十七年重刻本,《续修四库全书》子部
1129 册,第 233—234 页。又按,嘉靖四十四年(1565),张伯起往京师虫蚁房(皇
城内西北隅)看狮子,"黄色酷似金毛狗","豢之者夷人也,名曰狮蛮"。万历二十
九年(1601)徐复祚再观虫蚁房,"时狮虎皆无,唯一熊……何问以无狮,曰缺久
矣"。参见徐复祚《花当阁丛谈》卷五,26b—27b,借月山房汇钞本,《续修四库全
书》子部 1175 册,第 95 页。按,"狮蛮"词义仿佛养狮之蛮夷,又与朵思麻后二字
音近,不知是否巧合。
③ 张瀚《松窗梦语》,萧国亮点校,上海:上海古籍出版社,1986 年,第 54 页,第
95 页。

狮"为名者不乏其例。①传世设色绢本撒马儿罕贡狮图,署成化十九年(1483),或为明代宫廷画师绘制。图中两位中年男子,深目高鼻,长须髯,配白色缠头,各执绳索,控驭一头年幼雄狮。②犹可借之想见朵思麻携狮来华时情景。

综合上述信息,朵思麻、把部力一行五六十人,嘉靖四十二年道经西安,次年六月在北京正式上奏贡狮。朵思麻时年约四十岁,较把部力稍长。两人定居京城,名义上的任务是照看狮子。此时距《恭进神器疏》不过 34 年(1564—1598),赵士桢所谓"迄今四十余年"并不准确。把部力继而娶妻生子,二子把臣、把仲成年后考取武举人。朵思麻和把部力应当生活在北京城内的穆斯林社群中,家宅可能位于东四、西四牌楼,或冈上礼拜寺(在今牛街)附近的回回街区。旅京十年之后,或许因为狮子死亡,二人居留失去依凭,生资无着。万历二年,朵思麻与把部力设法上奏,援引明初西域贡使授官旧例,获授锦衣卫指挥佥事,得到了世袭武官身份和俸禄。赵士桢称朵思麻为噜蜜"本国管理神器官"。此人当有军旅背景,又与普通商贾有别,究竟何故来华,内中曲折,不得其详。

《神器谱》载有九幅插图,表现噜蜜铳射击架势,最后一图末注"以上九式俱朵思麻所授"。每图各绘一佩戴缠头者操作噜蜜铳,人物容貌、衣巾特征不无异同,细辨似有四人或五人。其中短须无髯的两位壮年男子,或参照把臣、把仲兄弟形象(16b,48 页;

---

① 王颋、屈广燕《芦林兽吼——以狮子为"贡献"之中西亚与明的交往》,《西北民族研究》2004 年第 1 期。
② 张之杰《成化十九年〈撒马儿罕贡狮图〉试释》,《科学文化评论》2018 年第 4 期。

17b,50页)。出现次数最多的长须长髯老者(18a—19b,51—54页),原型十之八九当为朵思麻(图6-14)。

嘉靖万历间约百年,很少有外国人能够获得明廷许可在北京定居。朵思麻与把部力一行当属特例。最著名的后继者,首推1601—1610年间长住北京的耶稣会士,意大利人利玛窦。

利玛窦显然知道朵思麻。他的回忆录追述了1598年9月至12月初,首次在北京短暂停留时期的一段经历:

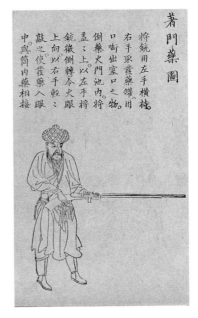

图6-14 《神器谱·著门药图》[①]初刻本

四十多年前,两名突厥人(Turchi maumettani)从阿拉伯(Arabia)来到北京(Pacchino),献给皇帝一头狮子。中国听说过这种动物,但很少看到。皇帝热情地接待了这两个人,并赐给他们世袭的官职和俸禄,待他们非常好,这样做一是为了让他们在狮子活着的时候饲养它,二是怕他们回到本土后发动战争、进攻中国,所以皇帝便不

---

① 赵士桢《神器谱》,18a,北京大学图书馆藏初刻本。又见《明清稀见兵书四种》,第51页。

愿让他们离开北京。神父们到北京时，此二人还健在，利神父派钟鸣仁修士去看望他们中的一个。事后，此人又找到神父们，神父们与他进行了长谈，并从他口中清楚地知道，这里就是大契丹(Gran Cataio)，而本城就是汗八里(Cambalù)，他对此非常肯定。①

1598年在北京拥有官职俸禄的两位突厥人，必定是朵思麻与把部力。燕京之会，主客俱为天涯孤旅，岂无惺惺相惜之感。朵思麻，抑或把部力，更帮助利玛窦解明了困扰欧洲学者的地理问题——契丹即中国，汗八里即北京，并非另有其地。

前引汉译"突厥人"，原文为 Turchi maumettani，即信奉伊斯兰教的突厥人。按，利玛窦一般使用撒拉逊人(saraceni)代指伊斯兰教徒。例如，利玛窦回忆1601年客居四夷馆，曾遇到"西方的撒拉逊人"(saraceni della parti di ponente)。这个说法相当于明人所谓"西域回回"。伴随利玛窦进京的耶稣会士，西班牙人庞迪我(Diego de Pantoja，1571—1618)说得更为具体：他们遇到两批商队，其一是中国附近几个国王手下的摩尔人(moros，即伊斯兰教徒)，其二则是佩戴着莫卧儿(Mogor)、

---

① 利玛窦著《耶稣会与天主教进入中国史》，文铮译，梅欧金校，北京：商务印书馆，2014年，第231页。括注据意大利文原著。参见 Pasquale M. d'Elia, ed., *Fonti Ricciane*, Vol. 2, *Storia dell'Introduzione del Christianesimo in China scritta da Matteo Ricci* (Roma: Libreria dello Stato, 1949), 27. 编者德礼贤(d'Elia)在注释中引用了1602年庞迪我书信有关"突厥人"贡狮长居北京的内容。1615年，金尼阁(Nicolas Trigault)主要根据利玛窦回忆录的意大利文手稿编译出版拉丁文版《基督教远征中国史》(中译本题作《利玛窦中国札记》)，"突厥人"相应段落开篇称"现在是1608年，大约四十年前"。"1608年"一词(millesimo sexcentesimo octauo，1615年版第340页)为意大利文版所无。参见利玛窦、金尼阁著《利玛窦中国札记》，何高济等译，北京：中华书局，2001年，第332页。

波斯萨菲朝国王伊斯玛仪(gran Ismael Sofi)等样式缠头的突厥人(Turcos)。[1]此外,利玛窦谈到中国北方阉割男童做太监的陋习,"就像突厥人(Turchi)的做法"。[2] 1609 年 2 月书札提及七年前有许多"波斯的突厥教徒"(setta dei Turchi della Persia)来到中国。[3]由此看来,利玛窦所谓的突厥人,应是较奥斯曼土耳其人范围更广的突厥语族群。

1602 年 3 月 9 日,庞迪我致信托莱多教省会长古斯曼,详述在华见闻,略云:

> 京城中住着一位突厥人(Turco)。四十多年前他带来两头狮子,献给当今皇上的父亲。这位突厥人不懂文学或科学,也不愿意适应中国的习惯、风俗和处事方式。所以没有人愿意与他打交道,也没有人登门拜望他。[4]

这段文字刻意贬损突厥人,意在为后文铺垫,反衬耶稣会士选择入乡随俗,大获成功,与中国官绅往来频仍,对传教事业大有助益。

庞迪我的说法不可尽信。朵思麻与把部力长居北京近四十年,与中国社会存在紧密的联系,深入的交流。两人有能力在来

---

[1] Pasquale M. d'Elia, ed., *Fonti Ricciane*, Vol. 2, *Storia dell'Introduzione del Cristianesimo in China scritta da Matteo Ricci*, 141.

[2] Pasquale M. d'Elia, ed., *Fonti Ricciane*, Vol. 1, *Storia dell'Introduzione del Cristianesimo in China scritta da Matteo Ricci* (Roma: Libreria dello Stato, 1942), 99.

[3] Pietro Tacchi Venturi, ed., *Opere storiche del P. Matteo Ricci*, Vol. 2, *Le Lettere dalla Cina* (Macerata: Premiato Stabilimento Tipografico, 1913), 381.

[4] 叶农整理、金国平、罗慧玲、蒋薇翻译《耶稣会士庞迪我著述集》,广州:广东人民出版社,2019 年、第 469 页(西班牙原文),第 528 页(中文译文)。贡狮对象实为万历皇帝的祖父,庞迪我误记。

华十年之后,通过官方渠道,获得万历皇帝谕旨,取得世袭职位。把部力的两个儿子甚至考取武举人。朵思麻与赵士桢一见如故,直接促成土耳其式火绳枪的技术细节刊入《神器谱》,广为流传。

1598 年 9 月,利玛窦初到北京,试图向万历皇帝进献方物,谋求长住北京,为天主教争取合法地位。时逢壬辰战争,利玛窦未能获得官员朋友与宫廷太监的支持,为求稳妥,遂于12 月初返回南京。①在北京逗留期间,利玛窦得以会晤朵思麻或把部力,同样获益匪浅。确认契丹与中国原为一地尚在其次。"突厥人"通过贡狮在北京合法定居这一成功先例,足以鼓舞利玛窦,坚持上贡之策。1601 年 1 月,经过一系列波折,利玛窦再次到达北京,自称"大西洋陪臣",向万历皇帝贡献土物,其中包括大小两座自鸣钟。②万历皇帝不理会礼部官员要求遣送利玛窦离京的上疏,默许利玛窦留下来,以便随时维修自鸣钟——如同驯养来自遥远国度的珍奇动物。③

利玛窦称两位突厥人来自"阿拉伯",当本之朵思麻或把部力的自述。刘广定虽未注意到利玛窦与突厥人的交往,但已根据丁谦《明史西域传地理考证》(1915)中的线索,指出利玛窦世界地图(《方舆胜略》[1610]所载)与艾儒略《职方外纪》

---

① 利玛窦著《耶稣会与天主教进入中国史》,第 232—233 页。
② 利玛窦《贡献方物疏》(贡献物单附),署"万历二十八年十二月二十四日"。贡品内有"自鸣钟大小贰架(神皇将大者造楼悬之,小者置御前)"。参见韩琦、吴旻校注《熙朝崇正集 熙朝定案(外三种)》,北京:中华书局,2006 年,第 19—20 页。
③ 利玛窦著《耶稣会与天主教进入中国史》,第 295 页,第 301 页。按万历二十九年二月,礼部郎中蔡献臣上《议处贡夷利玛窦疏》,要求将利玛窦遣送广东或江西,不许潜住两京。参见汤开建汇释、校注《利玛窦明清中文文献资料汇释》,上海:上海古籍出版社,2017 年,第 205—206 页。

(1623)所附地图,将"噜密"标注在阿拉伯半岛内东南区域,由
此推测嘉靖万历间遣使"朝贡"十一次的鲁迷可能在今日阿曼
之地,而非前人一般认定的奥斯曼土耳其帝国。[1]沈定平注意
到《利玛窦中国札记》有关两位阿拉伯突厥人贡狮的记载,认
为二人当来自嘉靖年间多次遣使入贡的"鲁迷",即奥斯曼土
耳其帝国,但未将此事与朵思麻、把部力联系起来。[2]按,《方
舆胜略》与《职方外纪》两处图注的源头皆为利玛窦《坤舆万国
全图》(1602)。该图在阿拉伯半岛南部中央位置、北回归线南
缘,刊注"噜密"二字。[3]利玛窦之所以如此标注,或许正因为
朵思麻自称是来自阿拉伯的"噜密"使者。

  鲁迷到底在什么地方呢? 根据中文文献,嘉靖三年至
万历四十六年(1524—1618),鲁迷至少入贡十一次,其中四
次贡献狮子(1524,1526,1527,1564)。[4]没有证据确认这些
使团乃是奥斯曼帝国的官方代表。嘉靖六年(1527)初,鸿胪
寺通事胡士绅上疏,通报四家入贡番国使者,实系鲁迷贡使阿
力的亲弟、族弟、儿子、仆人。"岂有父子兄弟主仆之间而各自
为一王之统属,且又相去有三四百里或一千里之远哉!"[5]阿
力本人的真实身份大为可疑。张星烺认为,鲁迷即土耳其帝
国,"唯每次所称贡使,究真为国王所遣者,抑商人冒充者,不

① 刘广定《鲁迷初考》,《中国科学史论集》,第 361—375 页。
② 沈定平《明清之际中西文化交流史——明代:调适与会通(增订本)》,北京:商务
 印书馆,2007 年,第 325—326 页。
③ 朱维铮主编《利玛窦中文著译集》,上海:复旦大学出版社,2001 年,第 196 页。
④ 刘广定《鲁迷初考》,《中国科学史论集》,第 362—364 页,第 369 页。
⑤ 严从简《殊域周咨录》,余思黎点校,北京:中华书局,2000 年,第 499—500 页。上
 奏时间据《明世宗实录》卷七十二,8a,嘉靖六年正月丁未(1641)。

可得知也"。[1]

按《明实录》，万历四十六年(1618)四月九日条，"吐鲁番、天方国、撒马儿、鲁迷、哈密等，各进贡方物马匹"。[2]这是鲁迷最后一次入贡北京的记载。明末旅华多年的耶稣会士，葡萄牙人曾德昭(Álvaro Semedo，1585—1658)有云："(摩尔人的商队)以五位国王的名义进贡，他们是鲁迷(Rume)、阿拉伯(Arabo)、哈密(Camul)、撒马尔罕(Samarcan)、吐鲁番(Turfan)的国王。前四王根本不知道有这些使节，第五位尽管知道，却没有进贡，也没有遣出使节，仅仅形式上任命使臣。"[3]

西域商人伪称番国使者的情况实属常态。进而言之，一百年间打着鲁迷旗号的十一批使团，恐怕来自多个国家或地区。嘉靖万历年间出现的"鲁迷"，在语源上与奥斯曼土耳其相关，现实层面可能不过是一个方便的国号，为若干入华西域商队共享。根据利玛窦回忆录与世界地图，至少嘉靖四十三年的鲁迷使者朵思麻与把部力来自阿拉伯半岛。

六、结语

万历末年，努尔哈赤誓师伐明，蚕食辽东；天启初年，荷兰舰队进攻澳门，转而占据澎湖，东亚局势进入新一轮激烈动荡

---

[1] 张星烺《中西交通史料汇编》第二册，北平：辅仁大学图书馆，1930年，第411页。

[2] 《明神宗实录》卷五六八，3b，万历四十六年四月戊戌(1068.4)。

[3] 曾德昭著《大中国志》，何高济译，李申校，上海：上海古籍出版社，1998年，第21页。原文参见 Álvaro Semedo, *Relatione della grande monarchia della Cina* (Roma：Sumptibus Hermann Scheus, 1643)，26.

时期,火炮技术也迎来加速发展阶段。徐光启(1562—1633)曾这样评价《利器解》《神器谱》二书:"近岁以来,温中丞、赵士桢所作,稍合矣,未尽也,亦未大也。"①徐氏虽未明言,然此说当以西洋大炮为标准。"未大"者何? 17 世纪初,明朝的重型火炮大都不超过五百斤,置诸同时代欧洲火炮行列,不过轻型而已。"未尽"者何? 形制设计(如以口径为基数、前弇后丰)、配套技术(如炮车设计,测准技术)、操作训练是也。17 世纪前期,中国与欧洲之接触空前深入,出现了知识阶层(士大夫与耶稣会士)的密切交流。恰逢明清战争愈发激烈,各方均视欧式火炮为制胜利器,外部条件与内在动力具备,技术转移的系统性,实非前代可比。中国仿造西洋/红夷大炮,绝非一蹴而就。外来影响主要表现在形制设计方面,而金属冶炼(铜、铁)与制造工艺(铸造、锻造)仍需依赖本土技术传统。《利器解》与《神器谱》两书皆虽为同时同地编纂出版,然而二者之知识来源与技术传统存在相当大的地域差异,为我们了解1600 年前后的多样化火器技术实况,留下宝贵记载。

附 关于和刻本《利器解》

《利器解》不分卷,文化六年(1809)刊本。已知关西大学

---

① 徐光启《徐光启集》,王重民辑校,上海:上海古籍出版社,1984 年,第 52 页。按,万历三十二年徐光启成进士,选庶吉士入翰林院,次年温纯辞官还乡,在京期间二人应有交往。温纯《二园学集》明刻本,徐光启列名校勘门人。参见温良儒编《关中温氏丛书第五集之二存稿》,57a,中国科学院图书馆藏民国三十八年铅印本。又按《守圉全书》卷八"纠缪篇"(21b),韩霖对《利器解》《神器谱》条目有所批评,且谓《神器谱》"实有可拣择者。徐文定公曰:有原本者皆是也,无原本者皆非也"。

图书馆、奈良女子大学图书馆，宫城县图书馆、佐贺县图书馆、日本国立历史民俗博物馆各藏一部。半叶九行，行二十二字，白口，单鱼尾，四周单边，附刊训点符号。书口鱼尾上刻"利器解"，下刻页码及"知约堂丛书"字样。

关西大学图书馆藏本一册，索书号 L23/C/6560，属长泽文库，系书志学家长泽规矩也（1902—1980）旧物。① 封面存原题签，"利器解"下印小字"知约堂丛书甲集"。内封刻"利器解"三字。书前冠"利器解目录"一叶，开列"威远炮""地雷连炮""合打炮"等至"噜蜜鸟铳"十六条，又附"总解"。卷首有大题，无撰人。正文凡二十四叶，附文化六年井上正清刻书跋语（图 6‑A‑1）：

> 此书不记撰人名氏，或疑明人温纯撰《利器图解》者乃是，未知然否。其说火器作用，颇多发明，故余刊之《丛书》中，以广其传云。文化六年春三月井上正清识。

所谓"或疑明人温纯撰《利器图解》"，当本之赵士桢《神器谱·防虏车铳议》所谓"比者都御史温纯著有《利器图解》"一语。文化五年（1808），经清水正德训点，日本书坊重刊《神器谱》五卷本。井上清正或曾阅览红叶山文库所藏《神器谱》明刻五卷本，或得之当时最新上市的日本翻刻本。

和刻本《利器解》跋文后刊有"武田任景欧书"字样，盖全书为武田氏写刻上版。书后刊记："文化六己巳年十二月发兑"；"江户书肆 下谷池之端仲町 须原屋伊八/神田锅町 和泉

---

① 又钤"中山氏/藏书/之记"（朱文方印）、小字下钤"平田/氏记"朱文方印。長澤規矩也《和刻本漢籍分類目錄》（東京：汲古書院，1976）圖版 12 即該本正文首葉（威远炮）写真。

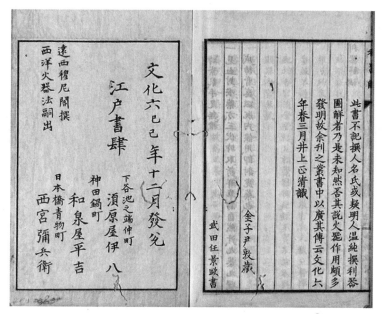

图 6 - A - 1　《利器解》井上正清跋·文化六年刻本①

屋平吉/日本桥清物町 西宫弥兵卫"(图 6 - A - 1)。同叶又刻
广告语两行"远西穆尼阁撰/西洋火器法嗣出"。② 耶稣会士
穆尼阁(1611—1656)《西洋火器法》未闻有和刻本。③ 井上正

---

① 奈良女子大学图书馆藏本。全书书影，参见日本古典籍総合目録データベース：
https：//kotenseki.nijl.ac.jp/
② 佐贺县图书馆藏本著录作"西洋穆尼阁著(明　温纯　译)井上正清编"(参见"日本
所藏中文古籍数据库")。当系误读刊记所致。
③ 按薛凤祚《历学会通·致用部》(康熙三年序刻本)收录《中外火法部》一卷，书内又
题作"中西火法""火法"。该卷后收入《古今图书集成·经济汇编·戎政典》第九
十五卷火攻部汇考，改题"穆尼阁西洋火器法"。这篇文献凡三千余字，罗列多种
火器形制及火药配方，也包含正切表、高远测量法等数学内容，素材来源驳杂，实
为薛凤祚辑录，并非皆出穆尼阁之手。其中有关欧式火炮尺量、操作，以及铳尺的
部分，他书罕见，或系穆尼阁传授。康熙本书影并整理本参见《明清之际西法军事
技术文献选辑》，第 571—609 页。和刻本《利器解》预告将刻之《西洋火器法》，当
出自《古今图书集成》。

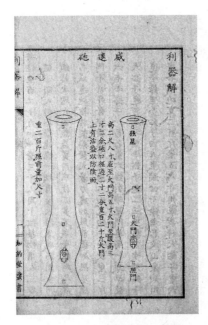

图 6-A-2 《利器解·威远炮》文化六年刻本

清所辑《知约堂丛书》，除《利器解》外，未闻他种传世。

与公文书馆藏明刻本对比，和刻本增加内封、卷首大题。训点符号之外，天头出框两处，刻有校记。[1] 有趣的是和刻本对插图的"合理化"修订。明刻本插图中的威远炮，照星、照门皆在炮身右侧，与炮身正面中线上的火门相去甚远。日刻本则将照星、照门与火门共同置于炮身正面中线之上，符合常规设计。

井上正清（1776—?），号一斋，家传井上流（外记流）炮术。庆长年间，本派创始人井上正继（?—1646）为德川秀忠制造新式重型火绳枪，成为德川幕府两大铁炮方之一。[2] 井上家世袭铁炮方，作为德川幕府御用炮术师，管辖幕府火器工厂，代代称井上左太夫，延续至幕末。井上正清的家学乃是传统和流炮术，源自 16、17 世纪传入日本的

---

[1] 和刻本天头所刻两处校记："十下字，字疑"（12a）、"卯恐即，误"（16a）。按原文"十字""筍卯"，皆无误。

[2] 井上正继事迹，参见宇田川武久《江戸の炮術：継承される武芸》，東京：東洋書林，2000 年，第 47—50 页，第 211 页。

欧洲火器技术。①

井上正清所著《铳炮问答》《炮考》《铳学须知》等书,有抄本传世。②《铳炮问答》冠以文化元年(1804)二月自序。书前参考书目条列 139 部之多,内载中国著作 46 部,包括《武经总要》《风雷集》《纪效新书》《正气堂集》《神器谱》《利器解》《火攻答》《登坛必究》《武备志》《兵录》《西洋神器说》③《武备要略》《军器图说》《经国雄略》《西洋火器法》《练阅火器阵说》《图书集成戎政典》等,19 世纪之前中国出版的主要火器著作,网罗殆尽。相应的兰学著作极少,仅有《红毛兵器图》一种。

参考文献如此丰富,很重要的原因,乃是井上氏因职务之便,得以利用德川幕府红叶山文库(时称"御文库"或"官库")藏书。按《书物方日记》所载红叶山文库出纳情况:宽政十三年/享和元年(1801),"铁炮方の井上左太夫"借阅《军器图说》《利器解》《兵谈》《正气堂集》;文化四年(1807)借阅《洴澼百金方》,文化五年(1808)借阅《练兵节要》。文化六年(1809)借阅《清礼器图》(即《皇朝礼器图式》)。④

---

① 高岛秋帆(1798—1866)倡导引进新式西洋炮术,在德原丸演习(1841)中训练炮兵采用荷兰语号令;井上正清对此大为不满,上书幕府当局加以抨击。参见坂本保富《幕末期日本におけるオランダ語号令の受容とその日本語化問題:土佐藩"德弘家資料"所收のオランダ語号令関係資料の解読と分析》,《研究報告書》第 3 号,松本:信州大学坂本保富研究室,2003 年 9 月,第 4 页。
② 早稻田大学图书馆藏井上正清《铳炮问答》二卷二册(文庫 08 b0087)、《炮考》不分卷一册(ケ05 00087),抄本。弘前市立图书馆岩见文库藏井上正清《铳学须知》写本卷子一轴(19 - GK559)。
③ 当即和刻本《西洋火攻神器说》。
④ 氏家幹人《書物方年代記④ 寛政七年～文化十年》,《国立公文書館報》(46),2014 年 1 月。

　　已知日本藏明刻《利器解》,仅公文书馆所存红叶山文库旧物一部。1801 年,井上正清自红叶山文库借出明刻《利器解》,当即抄录副本,1809 年据之重刊。公文书馆藏本应是文化六年翻刻《利器解》的底本。

第七章

《祝融佐理》考——明末西法炮学著作之源流^①

　　明末西学东渐之时,恰逢女真崛起,辽东战事愈烈,刺激了知识阶层主动学习、引进欧洲军事技术。天启、崇祯年间,出现了几种介绍西法炮学的编译作品,其中《西法神机》《西洋火攻神器说》《火攻挈要》三书,久为学界关注。焦勗《火攻挈要自序》又提及《祝融佐理》,谓"其中法则规制,悉皆西洋正传"。此前因该书存殁不明,学界向无研究。本章以新发现之《祝融佐理》抄本为中心,考证该书编者事迹,成书背景,探讨明末西法炮学著作之谱系源流、编译底本,《西法神机》与《西洋火攻神器说》的构成亦可随之解明。明末欧洲军事技术传华史事,或可更为清晰。

一、何良焘事迹

　　崇祯十六年(1643),焦勗自序《火攻挈要》,历数当代火器

① 本文最初发表于《自然科学史研究》2012 年第 4 期。后经删节修订,收入中国科学院自然科学史研究所编《科学技术史研究六十年——中国科学院自然科学史研究所论文选》第四卷,北京:中国科学技术出版社,2018 年,第 150—165 页。本章为增订稿。

著作："惟赵氏藏书、海外火攻神器图说、祝融佐理,其中法则规制,悉皆西洋正传。然以事干军机,多有慎密,不详载,不明言。"①崇祯九年,韩霖(约 1598—约 1649)辑成《守圉全书》,卷首"采证书目"列有"祝融佐理　何良焘"。②《守圉全书》卷二《设险篇》引用《筑造卫城铳台说》四百余字,署名何良焘。崇祯十一年,范景文辑《战守全书》,卷十"守部"载何良焘《铳说》两千余字,其中《卫城铳台法》一节与前述《筑造卫城铳台铳说》内容略同。③ 合观之,《祝融佐理》应是一部有关西式火炮与炮台的军事著作,崇祯九年之前已有流传。然遍检明清间公私书目,未见相关著录。

上海图书馆现藏《祝融佐理》道光抄本一册(以下简称上图本)。索书号:线普 535128。全书不分卷,凡四十七叶,约 15 700 字。半叶八行,行廿至廿八字,无行格栏线,未标页码。有目录、无序跋。全书用朱笔点过并校字,朱校与墨钞笔迹一致。卷首(图 7-1)大题"祝融佐理",下书"道光元黓仲秋月钞",钤朱文小方印"恪庭"。④ 次行署"仁和何良

---

① 汤若望授,焦勗述《火攻挈要》,海山仙馆丛书本,《中国科学技术典籍通汇·技术卷》第 5 册,第 1267 页。"赵氏藏书",孙诒让疑即赵士桢《神器谱》(《温州经籍志》卷十六,12a,民国十年刻本);"海外火攻神器图说"或即张焘、孙学诗合著之《西洋火攻图说》。考见后文。
② 采证书目"何良焘"第三字下部版刻漫漶难辨。参见韩霖《守圉全书》,上海图书馆藏崇祯九年刻本,《四库禁毁书丛刊补编》第 32 册。这份"采证书目"引书 101 种,多数为明代兵家类著作及臣工奏疏,不少是明末天主教徒的作品。参见汤开建《委黎多〈报效始末疏〉笺正》,广州:广东人民出版社,2004 年,第 211—219 页。
③ 范景文辑《战守全书》卷十,22a,崇祯十一年刻本,《四库禁毁书丛刊》子部第 36 册,第 396 页。
④ "元黓"即"壬",所指年份,有道光二年壬午(1822)、十二年壬辰、二十二年壬寅,三种可能。

寿烈侯笔记"。正文内容为 16 世纪欧洲炮学实用知识。原书应有图示,抄本仅存图题 29 条(如"造铳身模""战铳式"等)。书中并未涉及铳台,也没有《守圉全书》《战守全书》内相关引文。[①]

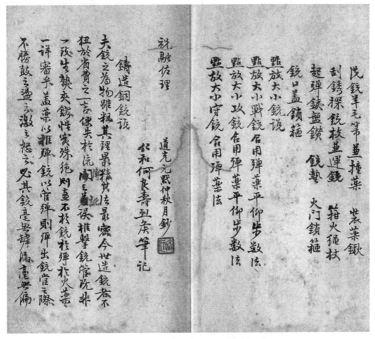

图 7‑1　《祝融佐理》道光抄本

何良燾与何良寿是否一人?古人名与字号,意义每多相关,"燾""烈"从火,寓功业之思。"寿"疑即"燾"字形近之误。"笔记"一词,在明末西学著作署名中颇为常见,义

---

① 何良燾《祝融佐理》,上海图书馆藏道光抄本,全书影印及整理本(附录《铳台说》)参见《明清之际西法军事技术文献选辑》。

同"笔受""笔录"。①《祝融佐理》应是西人与何良焘合作,口授笔录之编译作品。

何良焘生平事迹,零星史料,尚可勾稽②。约在 1627 年,澳门议事会制定了一份《译员章程》(*Regimento da Lingua da Cidade e dos Jurubaças menores e Escrivaens*),规范翻译人员的权利义务。③ 澳门议事会当时有一翻译小组,包括一名大通事/首席翻译(língua principal),两名小通事/助理翻译(jurubaças menores),两名文案(escrivaens)。由大通事负责居间处理议事会与明朝政府的交涉,协助管理本地华人及对华贸易活动。

> 他(大通事)的手下配备两名文案。这两人需是忠诚的市民,尽可能是天主徒。首席文案要与议事会秘书(Catorio)保持联络。目前的首席文案是杭州文人 Leão,月薪 10 pardaos,或年薪 120 pardaos。另一位文案年薪 30 pardaos,月薪 2.5 pardaos,四个月支付一次。除常规

---

① 例如《泰西水法》题熊三拔撰说,徐光启笔记。《表度说》题熊三拔口授,周子愚、卓尔康笔记。《几何原本》则题作利玛窦口译,徐光启笔受。《灵言蠡勺》题毕方济口授,徐光启笔录。均见李之藻辑《天学初函》明刻本。

② 黄一农已有讨论,但未提及《祝融佐理》及《译员章程》。参阅黄一农《明清之际红夷大炮在东南沿海的流布及其影响》,《"中央"研究院历史语言研究所集刊》第 81 本第 4 分,2010 年,第 787—788 页。

③ 葡文抄本 *Regimento do Lingua da Cidade,e dos Jurubaças menores,e Escrivaens*,属《耶稣会在亚洲》文献集,藏于里斯本阿儒达图书馆:Biblioteca da Ajuda (BA),*Jesuítas na Ásia* (JA),Códice 49-V-6,fols. 457v-463v. 感谢金国平先生寄示葡文抄本书影。全文英译及考证,参见 José Maria Braga, "Interpreters and Translators in Old Macao," *International Conference on Asian History at the University of Hong Kong*, paper no. 49 (Hong Kong: 1964): 1-11. 葡文版本已有整理本,底本据另一抄件 BA, JA 49-V-8, fls. 245-251v. 参见 Miguel Rodrigues Lourenço and Elsa Penalva, eds., *Fontes para a História de Macau no Século XVII* (Lisboa: Centro Científico e Cultural de Macau, 2009), 378-380.

薪资以及纸、墨费用,两名文案不会获得其它收入,但会为 Leão 提供住宿。[①]

《译员章程》称首席文案教名 Leão,是位杭州文人(letrado natural de Hamcheu)(图 7-2)。按《祝融佐理》卷首署名,何良焘乡贯仁和,正是杭州府附郭县。Leão 又与何良焘的表字"烈侯"发音近似。崇祯十年左右,嘉定人沈弘之回顾西洋火炮、筑城技术传华始末,谓徐光启与孙元化"明其说而未见其制","唯何良焘居乡山鏊,为其人代笔,习见其铳与台,而悉其事理"。[②] 由此可见,1627 年前后,澳门议事会下属首席汉文文案、天主教徒 Leão,当即何良焘。

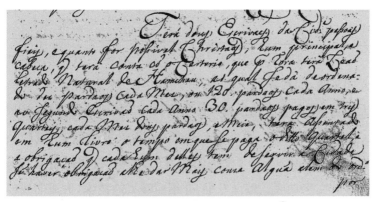

图 7-2 首席文案 Leão·《译员章程》[③]

---

① Braga, "Interpreters and Translators in Old Macao," 5. 按 pardao 又称 pagoda, 16 世纪后期葡萄牙人在印度南部铸造之金币,一枚约 2.8 克。

② 范景文辑《战守全书》卷十,49a—b,崇祯十一年刻本。沈弘之称徐光启为"徐文定公"(卷十二,28a),写作时间当在崇祯六年徐氏身故赐谥之后,崇祯十一年刻书之前。

③ *Regimento do Lingua da Cidade, e dos Jurubaças menores, e Escrivaens.* Biblioteca da Ajuda (BA), *Jesuítas na Ásia* (JA), Códice 49-V-6, fols. 458r.

  按《译员章程》,当时的大通事、翻译团队主管,乃是华裔天主教徒 Simao Coelho。此人便是明末汉文文献中的"西满故未略",又称徐西满。"在天启、崇祯两朝多次雇募澳门铳师来华的过程中,徐西满以通事或通官的身份几乎全程参与,具体协助双方进行沟通,对西炮入华应有一定贡献。"[①]徐西满与何良焘为工作搭档,前者口译直述,后者笔录润色,系两人日常公务。徐西满既深度介入调炮运兵,当有可能直接参与编译《祝融佐理》,或是为何良焘口译某位西人的葡语解说。鉴于《祝融佐理》的编译底本包括意大利文与西班牙文著作(详见本章第三节),直接阅读西文材料的口授者也可能是略通中文的意大利籍或西班牙籍耶稣会士。目前尚未发现具体线索。

  天启二年(1622),澳门葡人奋力击退荷兰舰队的入侵。受此刺激,葡萄牙人一面招兵造炮,开设"王家铸炮厂",同时大兴土木,建造了一系列大小炮台,1632 年前全部完工,形成完整的防御体系。何良焘长住澳门,为议事会效力,观摩铸炮、建台,机会甚多。《祝融佐理》行文流畅,表明何良焘具有可靠的文字功底。编译专书,介绍西洋火炮技术,大概需要经过澳门议事会或当地教会高层的许可。

  崇祯八九年间,"赞画何良焘"在温处巡道副使薛邦瑞麾下,于温州沿海,参与清剿海寇刘香残部。叙功题稿称何氏

---

① 董少新、黄一农《崇祯年间招募葡兵新考》,《历史研究》2009 年第 5 期,第 70 页。

"谋能料敌,技谙火攻"。[①] 今中国长城博物馆(八达岭)陈列崇祯十一年三月造"敕赐神威大将军"生铁大炮,炮身阳铸铭文,载录督工监造人员名单,宣大总督卢象昇以下各级官员、工匠凡十余人,尚有"阁部提授赞画何良焘监制"字样(后详)。

综合上述资料,何良焘,字烈侯,浙江仁和人,天主教徒,教名 Leāo。天启间崇祯初,充任澳门议事会首席文案,熟悉造铳、筑台之法,参与编译《祝融佐理》;崇祯八年已任军前赞画,在浙江沿海参与清剿海盗;崇祯十一年驻防蓟镇宣大一带,专长为制造、使用西洋火器。

二、《祝融佐理》与《西法神机》

祝融,传说为上古人物或官名,后世尊为火神,引申为火之代称。用作书名,有火攻、火器的意味。又按裴骃《史记集解》引:"虞翻曰:祝,大。融,明也。""祝融佐理"又可暗喻"助我大明",嵌入国号,不无深意。

上图本《祝融佐理》凡 23 节。首先简介铜炮、铁炮之特点与制造工艺(2 节)。其次,按战铳、攻铳、守铳之顺序,描述三类火炮之构造比例(7 节)。其中特种火炮,如战铳之大子母战铳,攻铳之虎唬铳、飞彪铳,守铳之虎踞铳,均设独立条目。各类火炮条目后,详细解说配套炮车之构造(7 节)。其中大

---

① 中央研究院历史语言研究所编《明清史料·乙编》第八本,上海:商务印书馆,1936 年,702a—b,704a,705a。

子母铳用于水战,配备水战铳车。再次,总述炮弹造法,附圆弹、响弹等十种,各具规制(1 节)。再次,总述火药制法,附火药配方十种,后加按语,强调注意事项(1 节)。再次,条列洗铳羊毛帚等十种辅助设备,说明形制用法(1 节)。再次,介绍铳规、矩度两种工具的制作、使用方法,用以调整炮身仰角、测量射程,进而说明弹药比例需随弹量变化加以调整(1 节)。再次,分战铳、攻铳、守铳三类,条列各种火炮弹药比例、平仰射程(3 节)。要之,这是一部逻辑清晰、结构完整的炮学手册(表 7 - 1)。

表 7 - 1 《祝融佐理》火炮参数表

名　称	口径(寸)例	倍径*	弹量(斤)	铳身材质
大小战铳	3, 5	33	1 - 30/9 - 30	铜,熟铁
大子母战铳	3	25—28**	10—15	熟铁
大小攻铳	5	17, 18	9—30	铜,内层熟铁外层生铁
虎唬铳	7, 8, 20	23—25	50—100	铜,上号生铁
飞彪铳	20	4, 5	>100	上号生铁
大小守铳	3	17, 18	1 - 6(A),7 - 25(B)	A 熟铁 B 内层熟铁外层生铁
虎踞铳	5, 10	18, 25	26—50	铜

(*铳口至火门距离与口径之比;**母铳全长与口径之比)

《祝融佐理》与另一部西学火器专著《西法神机》关系密切。上图本《祝融佐理》(约 15 700 字)百分之七十的内容与《西法神机》(约 20 800 字)基本相同,约占《西法神机》全书之半。

《西法神机》二卷,今唯光绪二十八年(1902)刻本传世,题孙元化著。① 孙元化(1583—1632),字初阳,号火东,嘉定人,天主教徒,教名 Ignatius,万历四十年(1612)北直举人。师事徐光启,与西洋传教士交游,精算术、火器。天启二年(1622)出任军需赞画,先后在王在晋、孙承宗幕中为参谋,既而入兵部任职。崇祯三年(1630)六月,升授登莱巡抚,募用葡萄牙军士,训练炮兵部队。崇祯五年正月,孔有德率叛军攻陷登州,孙元化被俘,三月释归,七月因兵变失城之罪于京师弃市。②

光绪本《西法神机》附刊金造士(1662)、杨恒福(1902)跋语。综合二人之说,孙元化被处决(1632)后,兵事著作多为家人焚弃,幸而中表王式九预留此书副本,递传至造士。康熙元年,金氏录副"以示同学"。光绪年间,金氏家藏本为同邑葛起鹏(味荃)所得,乃出示杨恒福,并付之梓。按,金造士(1643—1702后),字民誉,嘉定人,善绘事,与吴历(1632—1718)交厚,亦是天主教徒。③ 杨恒福与葛起鹏,系同治光绪间嘉定知名绅士。④《西法神机》流传过程中,至少经过王式九、金造士两次重钞。光绪刻本中尚标明金氏注解、补图数处;卷下末

---

① 孙元化《西法神机》,自然科学史研究所藏光绪二十六年刻本,影印及整理本参见《明清之际西法军事技术文献选辑》。

② 孙元化生平,参阅黄一农《天主教徒孙元化与明末传华的西洋火炮》,《"中央"研究院历史语言研究所集刊》第 67 本第 4 分,1996 年。

③ 方豪《中国天主教史人物传》,上海:天主教上海教区光启社,2003 年,第 402—403 页;吴历著,章文钦笺注《吴渔山集笺注》,北京:中华书局,2007 年,第 132 页,第 494 页,第 616 页,第 624 页。

④ 范钟湘等修《嘉定县续志》卷十一,2b—3a,17a,民国十九年铅印本。

尾，正文混入康熙三十五年(1696)时事，或亦金造士手笔。①

《祝融佐理》《西法神机》两书详加对比，可知《祝融佐理》23 节内 14 节，与《西法神机》章节大体对应，具体叙述文字略有出入。以铸造铜铳之段落为例(表 7 - 2)，二书文句基本相同。然《西法神机》叙述较简，除个别措辞略有更易，尚脱去"则盍不于铳、于弹、于火药，一详审乎""不胜鼓之荡之，激之怒之""何至叹流传讹误，使帑费于无益也"三句，明显不及《祝融佐理》语义清晰，文气完足。似是取其简便，刻意删省。其余对应篇章，文字出入大都类此。

表 7 - 2　《祝融佐理》《西法神机》文字对比表

《祝融佐理·铸造铜铳说》	《西法神机·造西洋铜铳说》
夫铳之为物虽粗，其理最精，其法最密。今世造铳者，不狃于省费之一言，便失于流传之讹误。椎击铳管，既非一致，生熟夹镕，性实殊绝，则盍不于铳、于弹、于火药，一详审乎。盖药以推弹，铳以管弹，则弹出铳管之际，不胜鼓之荡之，激之怒之。必其铳毫无罅漏，毫无偏曲，而药始不旁泄，而弹始不阻碍也［中略］则一气铸成，既无罅漏偏曲之弊，又省人力风箱之苦。铸一铳实收一铳之用，何至叹流传讹误，使帑费于无益也。	铳之为物虽粗，其理最精，其法最密。今世造者，狃于省费之言，更执流传之讹。椎击铳管，既非一致，生熟夹镕，性更悬绝。盖药以推弹，铳以管弹，则弹出铳管之际，必铳身毫无罅漏，毫无偏曲，而药始不旁泄，弹始无阻碍也［中略］此是一气铸就，既无罅漏偏曲之弊，又且炼铜纯熟，可省人力风煽之劳，铸一铳收一铳之用矣。

① 《西法神机》卷下(25b)末节述一火炮事故，谓"丙子年范制台任中曾有此事"。按崇祯丙子(1636)，孙元化已去世四年。康熙丙子(1696)，两江总督(制台)范承勋(1694—1698 年在任)恰有造红夷炮之举。参阅康熙三十七年五月十六日工部尚书萨穆哈题本：《题覆［两江总督］范承勋请销造换京口红彝炮位绳索用过麻觔人夫银两比前造浮数应照例逐一核减具题到日再议》，"中央"研究院历史语言研究所内阁大库档案，登录号 119954 - 001。在线检索：http://archive.ihp.sinica.edu.tw/mctkm2/index.html

　　《祝融佐理》逐一讲解了七种铳车的构造比例、配件数据，总约5 300字。《西法神机》仅载"造铳车说"一节，首先综合叙述将战铳(含大佛郎机)铳车、攻铳(含虎唬铳)铳车，继而略述守铳铳车形制，凡五种，简化为1 300字。且缺少《祝融佐理》内飞彪铳(臼炮)炮座、虎踞铳铳车相关内容。此外，《祝融佐理》论述火炮构造各节，均简要说明相应材料、工艺，为《西法神机》相应各节所无。这种体例上的变动，应是有意为之。

　　通观全书，《祝融佐理》结构完整，条理清晰。《西法神机》则是一部未定稿，拼凑痕迹明显。其中"铳台图说""火药库图说"二篇以及部分无题段落，摘自天启二年孙元化在山海关任职时所作呈文(曾收入《赞辽稿略》)。[①]《西法神机》的主要素材，应来自《祝融佐理》《赞辽稿略》及其他笔记。孙元化生前未及排比定稿，后世辗转传抄，间有脱漏失次处。如上图本《祝融佐理》所载"虎踞铳尺量法"(约500字)为《西法神机》所无，然《西法神机》卷下"点放大小守铳合用弹药法"(《祝融佐理》略同)尚有虎踞铳弹药用量数据。可见《西法神机》最初也应有"虎踞铳尺量法"一节，当是传抄失落。

---

① 《铳台图说》作于"天启二年八月十一日"，《火药库图说》则是天启二年六月随辽东经略王在晋巡寨时所作。另《西法神机》卷上(21b—22a)"铳有用铜者，有生铁者，有熟铁者"云云，出自《论台铳事宜书》；"佛郎本西洋国名"及"虎蹲铳"(22a—23a)云云，出自《改造火器呈》。《赞辽稿略》原本久佚，《守圉全书》摘录其中九篇。对比《西法神机》所摘四篇，可知光绪本文字有颇多颠倒错漏。《铳台图说》参见韩霖辑《守圉全书》卷二之一，33a—35b，上海图书馆藏崇祯九年刻本，《四库禁毁书丛刊补编》第32册；其余三篇见《守圉全书》卷三之一，99a—105a，傅斯年图书馆藏崇祯九年刻本。上海图书馆《守圉全书》缺失卷三之一，承蒙常修铭先生寄示傅斯年图书馆藏本书影。《辑本赞辽稿略》，参见《明清之际西法军事技术文献选辑》，第240—248页。

不过《西法神机》也可帮助辨明上图本《祝融佐理》一二费解之处。《祝融佐理·点放大小铳说》内有两处讹误，颇为蹊跷。该节介绍铳规（仰角测量工具），谓炮口仰角六度（即45°）时，射程为 1 053 步，"以上每度计六尺"。末一句不知所云。检《西法神机》，相应段落但云"以上每步几二尺"。按，明代一步合五尺，约合 156 厘米。"每步几二尺"合 62 厘米，乃是以"步"对应西书长度单位 paso（约 58 厘米）。[1] 上图本描述矩度（测距仪器），谓"循规直到规分各十度"。《西法神机》则写作"循规作四分之一，规分十二度，亦如量铳法"。将与规心不相接的两直角边各作十二等分，乃是矩度的常见样式（参见《测量法义》）。上图本明显舛讹不多，以上两处，一涉及单位换算，一涉及工具形制，颇为关键，令人怀疑并非单纯的传抄错误。

《祝融佐理》的成书时间，也需参考《西法神机》推定。二书共有之"点放大小铳说"一节，《西法神机》多出一句，"若推广，则有徐宫詹之《几何编》《测量法》，及李太仆《容圆较义》《同文算指》焉"，或是孙元化加笔。[2] 根据徐光启、李之藻二人仕履，可知此语应写于天启二年至七年间。[3] 由此推测，《祝

① 黄一农《红夷大炮与明清战争——以火炮测准技术之演变为例》，《清华学报》新 26 卷第 1 期，1996 年，第 44 页。
② 《几何编》《测量法》《容圆较义》，当即《几何原本》《测量法义》《圜容较义》。
③ 按，徐光启，万历四十七年十月晋詹事府少詹事，天启元年回籍；天启四年二月授礼部右侍郎，然旨出奄党，徐氏拒绝赴任；崇祯元年起原官，为礼部右侍郎。故万历四十八年至天启七年间，均可称"宫詹"。李之藻天启二年授太仆寺添注少卿；三年二月改调南京太仆寺少卿；崇祯二年起原任，次年至历局供事，旋病逝。故天启二年以降均可称"太仆"。参见梁家勉《徐光启年谱》，上海：上海古籍出版社，1981 年，第 124 页，第 150 页，第 154 页，第 158 页。郑诚《李之藻家世生平补正》，《清华学报》新 39 卷第 4 期，2009 年 12 月。

融佐理》的成书时间,最晚不迟于天启七年。

三、明末西法炮学著作及其欧洲知识来源

(一) 炮学汉籍

已知明末西法炮学著作凡五种,条列如下:

何良焘《祝融佐理》(天启间成书,存道光间抄本,约15 700 字)

孙元化《西法神机》(未定稿,编纂止于崇祯四年,存光绪二十八年刻本,约 21 000 字)

张焘、孙学诗《西洋火攻图说》(天启间成书,佚)

何汝宾辑《兵录·西洋火攻神器说》(存崇祯元年刻本、日本享和二年刻本,约 5 800 字)

汤若望、焦勗《火攻挈要》(崇祯十六年成书,存经武秘要抄本、莫友芝跋清抄本,道光二十一年扬州刻本、道光二十七年海山仙馆丛书本等,约 25 000 字)①

明末编译西法炮学作品大都与奉教人士有关。何良焘、孙元化、张焘、孙学诗皆为天主教徒,汤若望更是著名的耶稣会士。何良焘曾为澳门议事会效力,担任汉文文案,继而投笔从戎,出任军前赞画,先后在浙江沿海、北方前线军中效力。

---

① 目前所知《火攻挈要》最完整的版本为湖北省图书馆藏抄本,为《经武秘要》丛书内一种;其次为中国国家图书馆藏莫友芝跋清抄本。道光二十一年扬州刻为诸多清刻本的祖本,不乏脱文,且缺数图,品质不及湖北、国图二本。国图藏《火攻挈要》莫跋本全书书影及合校整理本,参见《明清之际西法军事技术文献选辑》。

张焘与孙学诗分别是李之藻与徐光启的门生，两次共赴澳门，招募铳师，采购西炮。崇祯三年六月，孙元化出任登州巡抚，张焘为副总兵，在孙氏麾下任效力，与葡萄牙军官合作训练炮兵部队，共享西炮知识，乃情理中事。①

相比之下，《兵录》的编纂者何汝宾与教会或澳门的关系最为疏远，然亦有地利之便。何氏原任浙江宁绍参将、副总兵，天启六年（1626）三月升授广东总兵官。②《兵录》凡十四卷，约21万字，是一部辑录体综合性兵书，不注引书出处。细绎卷帙，可知《武经总要》《纪效新书》《练兵实纪》《神器谱》等名著均在采辑之列。全书末刊"崇祯元年岁在戊辰仲秋之吉重订于粤之正气堂"，知为1628年广东刻本。《兵录》卷十三前半为《西洋火攻神器说》，开篇谓"迩者宁远之捷，用西洋炮以挫奴氛"，当写于天启六年正月之后，或是编者按语。③《西洋火攻神器说》百分之九十的内容与《祝融佐理》/《西法神机》基本相同。由于《兵录》一书流传甚广，《西洋火攻神器说》的影响远超过《祝融佐理》与《西法神机》。东传日本后，尚有享

---

① 崇祯五年七月，二人因登州失城之罪，同在北京弃市。行刑前数日，孙元化于刑部大牢手书与王徵交谊始末，张焘于卷末题写狱中同僚姓氏爵里，可谓生死之交。参见徐景贤《明孙火东先生致王葵心先生手书考释(初稿)》，《圣教杂志》第20卷第9期，1931年，第520—521页间插页影印孙元化手书。
② 何汝宾，字寅之，号仲升，直隶苏州卫世袭指挥使，历升山东济宁游击将军。天启二年推升宁绍参将，本年六月十一日到任，至三年十二月内，兵部题覆加升副总兵职衔，四年二月二十五日任。六年三月内兵部会推镇守广东地方总兵官都督金事。参见何汝宾辑《舟山志》卷三，9a，影抄天启六年何氏刊本，《中国方志丛书·华中地方》第499号，台北：成文出版社，1983年。《明熹宗实录》卷六十九，12a，天启六年三月壬子(3303)。
③ 何汝宾辑《兵录》卷十三，1a—26b，崇祯元年刻本，《四库禁毁书丛刊》子部第9册，第695—707页。《兵录》卷十三后半摘录《神器谱》(27a—40b)，又辑"医药总说"(41a—76b)。

和二年(1802)翻刻本及日文翻译本。[①]

　　谟区查(C. R. Boxer,1968)最早指出,和刻本《西洋火攻神器说》(1802)的内容源于柯拉多(Luys Collado)所著《实用炮学手册》(*Pratica Manuale di Arteglieria*,1586),但未展开讨论。[②] 黄一农(1996)讨论明刻《西洋火攻神器说·西洋装弹用药法》与光绪本《西法神机·点放大小铳说》共有的一组射程数据,认为出自西班牙人柯拉多之《实用炮学手册》(1606),即一门轻型隼炮(falconetto)发射 3lb 炮弹之实测值。[③] 尹晓冬(2005)的研究表明,上述射程数据以及《西洋火攻神器说》全部九幅火炮插图,来自《实用炮学手册》1586 年或 1606 年意大利文版。[④]

　　《实用炮学手册》(1586,50r)的射程单位为 paso(复数

---

① 何汝宾辑,平山潜校《西洋火攻神器说》一卷,物茂卿(荻生徂徕)撰《西洋火攻神器说国字解》一卷,平山潜著《西洋火攻神器说国字解补阙》一卷,享和二年(1802)刊本。按平山潜编《拥膝草庐藏书目录》(关西大学图书馆藏 1936 年林正章油印本,据无穷会神习文库藏抄本誊写),享和二年壬戌条,载有"西洋火攻神器说　一　徂徕国字解附录　此书今年得官准翻刻　余尝摘出于《兵录》者也"。平山潜(1759—1828),字子龙,号兵原、练武堂、运筹真人,通称行藏,江户后期武艺家,兵书、兵器收藏甚富。生平事述,参见宇田川武久《江戸の炮術：継承される武芸》,東京：東洋書林,2000 年,第 105—110 页。

② Charles Ralph Boxer, *Jan Compagnie in Japan, 1600-1817: An Essay on the Cultural, Artistic and Scientific Influence Exercised by the Hollanders in Japan from the Seventeenth to the Nineteenth Centuries* (Tokyo: Oxford University Press, 1968), 43.

③ Luys Collado, *Pratica manuale di arteglieria* (Venetia: Dusinelli, 1586), 50r. 黄一农《红夷大炮与明清战争——以火炮测准技术之演变为例》,第 44 页。

④ 1630 年之前,《实用炮学手册》至少有三个版本。西班牙文版(1592, p. 39)平射射程独作 368,另两种意大利文版(158, p. 50;1606, p. 117)均作 268。从上下文看来,368 应是误排。参阅尹晓冬《火器论著〈兵录〉的西方知识来源初探》,《自然科学史研究》2005 年第 2 期。Matthias Schemmel, *The English Galileo: Thomas Harriot's Work on Motion as an Example of Preclassical Mechanics* (London: Springer, 2008), 193.

passi)，黄一农谓约合 58 厘米。汉籍中射程单位为步，按《西洋》《西法》二书定义，"每步计二尺"或"每步几二尺"，约合 64 厘米。重量单位磅(lb)，汉籍直接对应"斤"。黄一农指出："当时中国所行用的斤(597 克)约折合 1.32 lb，如不明其中的差异，则有可能多填用了 32％的火药，而增加膛炸的危险。"[1]

《祝融佐理·点放大小铳说》同样载有这组射程数据，与《西洋火攻神器说》《西法神机》一样，未记录相应火炮名称及用弹量(表 7－3)。上图本《祝融佐理》虽无插图，但保存了二十九条图题，囊括《西洋火攻神器说》全部九图名目。[2]《西法神机》插图标题类似，但版画形象与《西洋火攻神器说》之图差别甚大，或系光绪间刊刻时重绘。

表 7－3 《实用炮学手册》与炮学汉籍射程数据比较表

文献出处	火炮名称	弹量	0°	7.5°	15°	22.5°	30°	37.5°	45°
Collado	falconetto	3	268	594	794	954	1 010	1 040	1 053
祝融佐理	——	——	268	594	794	954	1 010	1 040	1 053
西法神机	——	——	268	594	794	954	1 010	1 040	1 053
西洋火攻神器说	——	——	268	594	794	954	1 010	1 040	1 053

说明：Collado (1586)，fol. 50r；弹量单位为 lb/斤，射程单位为 paso/步

鉴于何汝宾与教会似乎并无渊源，获得西人帮助编译火器著作可能性较低。黄一农认为，《西洋火攻神器说》可能摘

---

[1] 黄一农《红夷大炮与明清战争——以火炮测准技术之演变为例》，第 45 页。
[2] 按范景文《战守全书》(卷十二，27b，30a)所载西洋守铳、西洋飞彪铳二图，有可能摹自《祝融佐理》早期有图抄本。

抄自名称相近之《西洋火攻图说》。[1] 尹晓冬提出,由于《西洋火攻神器说》与《西法神机》文字颇多雷同,甚至整段完全一致,两书应源于同一个中文译本,或即《西洋火攻图说》。[2]

这种猜测其实由来已久。享和二年(1802)日本翻刻《西洋火攻神器说》,平山潜(1799)撰书前凡例,略云:

> 《明史·艺文志》兵家所载张焘《西洋火攻图说》者,盖此书欤?《兵录》不录其姓名,故不得取信。而其卷数与此相符,则知其非别书。[3]

伯希和(1928)注意到山阴祁承㸁(1563—1628)《澹生堂藏书目》(光绪刻本)著录"西洋火攻图说一册一卷 张焘 孙学诗",推测 1625 年之前,《西洋火攻图说》已有流传。[4] 按,"西洋火攻图说"列在《澹生堂藏书目》兵家"续收"条下,知祁氏获得该书,在 1620 年初编书目至 1628 年辞世之间,未详是否刊本。天启年间,何汝宾先后在浙江、广东任职,同样有机会获得此书,收入《兵录》。焦勖《火攻挈要自序》提及的另一种"西

---

[1] 黄一农《红夷大炮与明清战争——以火炮测准技术之演变为例》,第 42 页。引用《千顷堂书目》卷十三兵家,著录"张焘孙学诗西洋火攻图说一卷"。

[2] 尹晓冬《明末清初几本火器著作的初步比较》,《哈尔滨工业大学学报(社会科学版)》2005 年第 2 期。

[3] 何汝宾辑,平山潜校《西洋火攻神器说》,早稻田大学图书馆藏享和二年刊本。

[4] 祁承㸁《澹生堂藏书目》卷十,17a,光绪十八年徐氏铸学斋刻本。Paul Pelliot, "Henri Bosmans, S. J.," *T'oung Pao*, 2nd ser., 26, no. 2/3 (1928): 190 - 199. 南京图书馆藏《澹生堂藏书目》稿本不分卷,本条内容相同。按稿本徐维则跋,藏书目稿本原藏钱塘丁氏八千卷楼,徐氏借刊之,即铸学斋本底本。又按,清代官修《明史·艺文志》乃据黄虞稷《艺文志稿》删删而成。黄虞稷编《艺文志稿》(后人又加改编,另题作《千顷堂书目》),参考吸收了《澹生堂藏书目》部分条目。因此《明史·艺文志》及《千顷堂书目》著录之"西洋火攻图说",史源俱为《澹生堂藏书目》。

洋正传"之书"海外火攻神器图说",很可能也是这部《西洋火攻图说》。[①]

《祝融佐理》抄本的出现,使我们有机会重新审视明末西法炮学著作的传承谱系。从外部因素看,张焘与孙学诗,万历四十八年(1620)、天启二年(1622),两度赴澳门接洽购募火炮、铳师事宜,寻求汉文炮学手册,原在情理之中。澳门方面,葡萄牙商人与耶稣会高层,同样乐于提供军事援助,博取明廷好感。何良焘与西人合作编译《祝融佐理》,或许正是这一背景下的产物。张焘与孙学诗如能获得何氏译稿,自可再加改编,撰述《西洋火攻图说》。[②] 天启二年至七年间,孙元化先后在山海关、兵部任职,力主推行西洋火炮、欧式铳台,同样亟需参考文献,如获闻《祝融佐理》,必通过同教、师友关系加意访求。至于《兵录》(1628)所收《西洋火攻神器说》,则可能摘自已经外传之《西洋火攻图说》。[③]

以上诸书之间的联系大体已可明了,然而追溯知识来源,即底本问题,尚存诸多疑点。前人已考得个别射程数据及插图出自柯拉多《实用炮学手册》,此外出处不明者尚多。

[①] 咸丰三年,安丘刘耀椿编辑一火攻书抄本,误认为该书即《火攻挈要》焦勖序所言之书,遂更名《海外火攻神器图说》刊刻之。是书实为《火龙经》异本,与明末西法炮学无关。参见《海外火攻神器图说·刘耀椿跋》,首都图书馆藏咸丰三年刘燿春刻本。

[②] 按,张焘系仁和人,与何良焘同乡。参见刘献廷《刘继庄先生广阳杂记》卷四,同治四年周星诒家抄本,《续修四库全书》子部第 1176 册,第 625 页。

[③]《兵录》卷十一"火攻杂说"述及舰载红夷大炮,谓船体下层左右开铳窗二三十处,铳用"车轮架,便于进退装药"云云,全系欧式战舰制度,或亦本之《西洋火攻图说》。参见何汝宾《兵录》卷十一,42b—43a。同卷末(45b)又云:"近日宁远之捷,止用西洋大炮,使阵上尸积如山。故删其繁而摘其要者录焉。"可见必有所本。

　　《祝融佐理》涉及定量数据之篇目,可归纳为四组:铳身尺量、铳车尺量、弹药用量及相应射程数据、火药配方。相应内容,三书颇有详略异同,列表对比如下(表7-4)。

表7-4　汉籍三书章节详略对比表

	祝融佐理	西洋火攻神器说	西法神机
铳身尺量	详	略	详
铳车尺量	详	无	略
弹药用量—射程数据	详	详	详
火药配方	详	略	详

　　弹药用量及射程数据部分,为《祝融佐理》(以下表内简称祝)、《西法神机》(以下表内简称西)、《西洋火攻神器说》(以下表内简称火)三书共有,内容大体相同。

　　各书传本均有残缺,通过文本比对,可校订传抄、刻板造成的部分错漏,尽量恢复原貌。以下列表对比三书战铳、攻铳、守铳三类火炮条目异同(表7-5—表7-7)。

表7-5　战铳比较表

祝融佐理	西洋火攻神器说	西法神机	弹　　量
半蛇铳	半蛇铳	半蛇铳	9—17斤
大蛇铳	大蛇铳	大蛇铳	18—25斤
倍大蛇铳	倍大蛇铳	——	26—30斤(祝);26—40斤(火)
大子母战铳	——	大佛郎机铳	10斤,15斤
——	佛郎机铳	——	4.8两
——	大佛郎机铳	——	1—4斤
——	鸟铳	——	6—7钱
——	大鸟铳	——	1.2两

表7-6　攻铳比较表

祝融佐理	西洋火攻神器说	西法神机	弹量(斤)
半鹠铳(应作鹰隼铳)	鹰隼铳	鹰隼铳	9—13
大鹠铳(应作枭啄铳)	枭啄铳	枭喙铳	14—18
倍大鹠铳(应作半鹠铳)	半鹠铳(有题无文)	半鹠铳	19—30(祝);19—28(西)
——	——	大鹠铳	29—39
——	——(残存后半)	倍大鹠铳	40—60
虎唬铳	虎唬铳	虎唬铳	50—100(祝);61—100(火、西)
飞彪铳	飞彪铳	飞彪铳	150

表7-7　守铳比较表

祝融佐理	西洋火攻神器说	西法神机	弹量(斤)
半象铳	半象铳	半象铳	9—12(祝);6—12(火、西)
大象铳	大象铳	大象铳	13—18(祝、火);12(西)
倍大象铳	倍大象铳	倍大象铳	19—25
虎踞铳	虎踞铳	虎踞铳	26—50

上表可见,攻铳部分(表7-6)脱讹最多。对比《西法神机》,可知明刻《西洋火攻神器说》存在严重的错简与脱文——半鹠铳题名以下,掺入后文虎唬铳段落。应有内容,仅存半鹠铳题名、倍大鹠铳数据后半,中间脱文约一百六十字。[①]《祝

---

① 李约瑟《中国科学技术史》第五卷第七分册《火药的史诗》已将《兵录·西洋火攻神器说》火炮平仰射程列表(省略个位数字),并指出存在本文错乱。参阅 Joseph Needham et al., *Science and Civilisation in China*, vol. 5, pt 7, *Military Technology: The Gunpowder Epic* (Cambridge: Cambridge University Press, 1986), 385.

融佐理》抄本中,半鸩铳、大鸩铳、倍大鸩铳题下文字,实即《西法神机》与《西洋火攻神器说》鹰隼、枭啄、半鸩三铳内容。《祝融佐理》所谓倍大鸩铳(铳弹 19—30 斤)与虎唬铳(铳弹 50—100 斤)用弹量标准差异甚大,不似《西法神机》弹量连续增加(倍大鸩铳铳弹 40—60 斤;虎唬铳铳弹 61—100 斤)。可知此处上图本《祝融佐理》必有讹夺。《西法神机》亦非全帙,战铳部分缺失倍大蛇铳一节,可据另二书补足。

(二) 普拉多的炮学著作

汉籍三书战铳、攻铳射程记录,合并重复,凡 25 组。[①] 其中 16 组数据与普拉多《炮学指南》(*La obra manual y platica de la artillería*, 1603)一书中的射程表(凡 19 组数据)存在对应关系。

普拉多(Diego de Prado y Tovar, 1550? —1645?),西班牙炮兵军官、军事工程师。[②] 按《炮学指南》自述,普拉多数次参与管理铸炮厂,包括 1589 年至 1591 年在马拉加(Malaga,西班牙南部城市),以及 1587 年、1603 年两度在里斯本任职。[③] 1605—1608 年,普拉多作为舰队指挥官之一参与南太平洋探

---

① 守铳部分,三书均未给出射程数据。《祝融佐理·点放大小守铳合用弹药法》云:"守铳,弹药猛烈,推步最多。特我乘台施放,以逸待劳。俟贼临近,审定对击,务必糜烂贼寇后止。故不细开平仰步数也。"

② 按,《炮学指南》1591 本中的人物对话提及 1575 年普拉多担任上尉。由此推算,普拉多生年或在 1550 年前后。根据 1603 年本《铸炮全书》书前彩绘纹章,可知普拉多出身萨阿贡(Sahagún,西班牙西北部)的贵族家庭。以上承蒙 Arturo Rodríguez López-Abadía 先生指教。

③ Diego de Prado y Tovar, *La obra manual y platica de la artillería*, manuscript of 1603, Cambridge University Library, add. 2883. cap. 10, fol. 124v. 承蒙 Francisco Javier López-Martín 先生译示。

险，寻找南方大陆。1605 年 12 月自秘鲁起航，1606 年夏秋间穿越新几内亚与澳大利亚间海峡，见及澳洲大陆北端，认为该地为小型岛屿，未加探索，继而北折，1607 年 5 月抵达马尼拉。航行途次，1607 年 4 月，普拉多为巩固德那第岛（Ternate，属马鲁古群岛）西班牙要塞据点，绘有设计图。1608 年 7 月，又为马尼拉城设计防御工事——此时距马尼拉屠华事件（1603）不过五年而已。1613 年 12 月，普拉多身在印度果阿（Goa），上书国王菲利普三世（Philip III）报告地理发现。[①] 海路到达霍尔木兹后，普拉多随威尼斯商队经陆路前往阿勒颇，登船转赴威尼斯，约在 1614 年或 1615 年初到达马德里宫廷。后加入圣巴西尔会（Order of St. Basil），成为修士。

普拉多的传世著作，除了《铸炮全书》《炮学指南》，另有记录 1605—1608 年间航海经历之《纪行要录》（Relación sumaria），以及晚年完成的一部喜剧作品。[②] 剧本献词署 1645 年 9 月 22 日，作于意大利中部小镇帕琴特罗（Pacentro）。[③] 由此推测，普拉多享寿或逾九十岁。

1621 年出版的一部菲律宾事务备忘录提及：普拉多是位

[①] 关于普拉多的环球航行，参考 Annie Baert, "Don Diego de Prado y Tovar dans la mer du Sud," *Derroteros de la Mar del Sur*, no. 8 (2000): 9 - 20。

[②] 《纪行要录》是有关澳洲大陆发现史的重要文献，参阅英译本：Diego de Prado y Tovar, *New Light on the Discovery of Australia: As Revealed by the Journal of Captain Don Diego de Prado y Tovar*, translated by George F. Barwick (London: Hakluyt Society, 1930; reprint, Millwood, NY: Kraus, 1967)。这份报告 1608 年 6 月在马尼拉完成，文末简单描述了马尼拉的防御工事、城市建筑，也提及城外的华人居住区（p. 179）。

[③] Diego Prado y Tovar, *Hir buscando a quien me sigue*, edición del manuscrito por John V. Falconieri (Kassel: Reichenberger, 1992). 普拉多生平，参见本书前冠作者小传。

出色的铸炮师,曾在里斯本铸造优质大炮;约在 1611—1613 年间,菲律宾总督胡安·德·席尔瓦(Juan de Silva,1609—1616 年在任)扩充军备,在马尼拉大量铸炮,工匠不谙技艺,产品质量低劣;总督对普拉多这样的专业人士反加排斥,令其经印度返回西班牙。[①]

《铸炮全书》与《炮学指南》从未出版,剑桥大学图书馆手稿部藏有西班牙文抄本一册(图7-3),系两书合订本,总计三百余页。[②] 剑桥抄本与现存《纪行要录》稿本笔迹相似,应是作者手稿。[③]《铸炮全书》内封题 *Encyclopaedia de fundición de artillería y su plática manual*(铸炮百科对话录),普拉多自序署 1603 年 5 月。正文凡 63 章,从如何制炉炼铜开始,逐步解讲铜炮设计、制模、作范、铸造、旋铣炮膛之全套工艺流程,书末附有总目。《炮学指南》内封题 *La obra manual y platica de la artillería*(炮学对话录),凡 3 卷。第 1 卷凡 44 章,主要讲解炮车、炮弹形制造法,缺卷首书名页。第 2 卷凡 40 章,涉及弹道问题、起重设备、车辕马具等配件。其中第

---

① Emma Helen Blair and James Alexander Robertson, eds., *The Philippine Islands, 1493-1898*, vol. 19 (Cleveland: The Arthur H. Clark Co., 1904), 205. 译自 Hernando de los Rios Coronel, *Memorial y relacion para sv magestad* (Madrid: Fernando Correa, 1621). 承蒙李庆生先生提示本条。

② Cambridge University Library, Manuscripts Reading Room, 索书号 add. 2883。按剑桥大学图书馆档案文献在线目录(janus.lib.cam.ac.uk)著录: *Diego de Prado y Tovar Encyclopaedia de Fundición de Artilleria y su Platica Manual* 1603, Autograph. H. N. Stevens and G. F. Barwich *New Light on the History of Australia*, Hakluyt Soc., 1930, establish that Prado's 'Relacion' is autograph, and the present MS. is in what appears to be the same hand. Presented by Miss Ann Jemima Clough, September, 1888. 承蒙孙承晟先生摄制剑桥抄本书影。

③ 《纪行要录》稿本现藏澳大利亚新南威尔士州立图书馆(State Library of New South Wales),馆方网站展示全书影像。

图 7-3　《铸炮全书》《炮学指南》稿本(1603)

10 章载一射程表,罗列 19 组射程数据。第 3 卷凡 26 章,独本卷无插图。书末附三卷总目,后记署 1603 年。《铸炮全书》与《炮学指南》可视为一体。新绘插图,总约 110 幅。

　　另据西班牙国家图书馆(Biblioteca Nacional España)《抄本书目》,该馆(马德里)见藏 *La obra manual y platica de la artillería*,有普拉多签名,署 1591 年 8 月 10 日于马拉加。① 近年该本高清

---

① Biblioteca Nacional España,*Inventario general de manuscritos de la Biblioteca Nacional XIII（8500 a 9500）*（Madrid:Biblioteca Nacional,1995),174 - 175. 索书号 Mss. 9024. 完整书名著录作:1. DIEGO DE PRADO:*La obra manual y platica de la artillería*,*del capitán Don Diego de Prado*,*Teniente del Capitán General de la Artillería en Cataluña. Dirigido a Don Juan de Acuña Bela*,*del Consejo de Guerra del Rey Ntro. Sr. y su Capitán General de la Artillería de España*（p. 1-304）。大致可译为:《炮学指南——Cataluña 炮兵上尉 Prado 敬献王家军事委员会大臣、西班牙炮兵总长 Don Juan de Acuña Bela 阁下》。感谢西班牙国家图书馆善本部 María José Rucio Zamorano 女士提示书目信息。

书影已可在西班牙国家图书馆网站浏览、下载。[①] 马德里本全书约三百页,包括书名页、自序(署 1591)、致读者(Al Genigno Lector)、正文 4 卷(8 章＋3 章＋4 章＋2 章)、目录、补记(署 1599),与剑桥本笔迹一致。最后另附数页,笔迹有别,似非本书内容。马德里本《炮学指南》与剑桥本《炮学指南》章节差异较大,实际涵盖剑桥本《铸炮全书》与《炮学指南》两书大半内容,但不涉及火炮铸造、加工过程,具体篇章多有异同,且插图均未设色。剑桥抄本似即马德里本之增订版。

(三) 射程表与旋膛图

剑桥抄本内容丰富系统,插图众多,彩绘精美,是研究 16 世纪火炮技术的珍贵文献,早已受到研究者注意。《炮学指南》第 2 卷第 10 章之射程表(图 7 - 4),数据凡 19 组,条列各类火炮发射 2lb—50lb 炮弹,仰角 0°—45°间,每隔 7.5°之射程。霍尔(A. R. Hall)所撰《17 世纪弹道学》(1952)一书,附录收入《炮学指南》剑桥抄本射程表,略有改动。[②]

马德里藏 1591 年序本《炮学指南》第 2 卷第 3 章亦收录射程表,体例与剑桥本相同,数据凡 21 组,较剑桥本多两组(发射 25lb 炮弹之 culebrina 与发射 6lb 炮弹之 cañon)。其

---

① 参见 Biblioteca Digital Hispánica 网站。
② Alfred Rupert Hall. *Ballistics in the Seventeenth Century: A Study in the Relations of Science and War with Reference Principally to England* (Cambridge: Cambridge University Press, 1952),167 - 168. Hall 省略原书射程数据个位以下的分数,且将原表火炮顺序(由轻型而重型)颠倒,炮名拼写亦改从英文习惯。

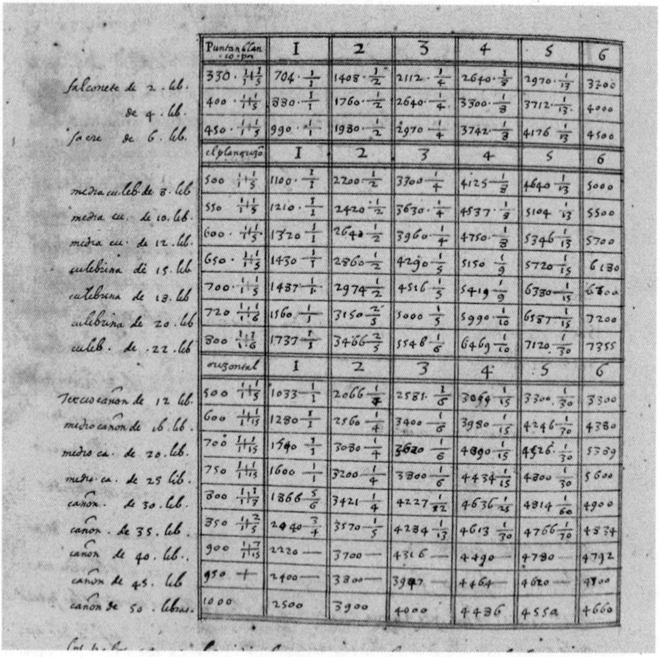

	Puntan blanco · pn	I	2	3	4	5	6
falconete de 2. lib.	330 · 1+1/1+5	704 · 1/1	1408 · 1/2	2112 · 1/4	2640 · 1/8	2970 · 1/13	3700
de 4. lib.	400 · 1+1/1+5	880 · 1/1	1760 · 1/2	2640 · 1/4	3300 · 1/8	3712 · 1/13	4000
sacre de 6. lib.	450 · 1+1/1+5	990 · 1/1	1980 · 1/2	2970 1/4	3742 · 1/8	4176 1/13	4500
	el y lanquijo	I	2	3	4	5	6
media culeb. de 8. lib	500 1+1/1+5	1100 · 1/1	2200 1/2	3300 1/4	4125 1/8	4640 1/13	5000
media cu. de 10. lib.	550 1+1/1+5	1210 · 1/1	2420 · 1/2	3630 · 1/4	4537 · 1/8	5104 1/13	5500
media cu. de 12. lib.	600 · 1+1/1+5	1320 1/1	2640 1/2	3960 · 1/4	4750 · 1/8	5346 1/13	5700
culebrina de 15. lib	650 · 1+1/1+5	1430 1/1	2860 1/2	4290 1/5	5150 1/9	5720 1/15	6130
culebrina de 18. lib	700 · 1+1/1+5	1437 1/1	2974 1/2	4516 1/5	5419 1/9	6330 1/15	6700
culebrina de 20. lib	720 1+1/1+6	1560 1/1	3150 2/5	5000 1/5	5990 1/10	6557 1/15	7200
culeb. de 22. lib	800 1+1/1+6	1737 1/1	3466 2/5	5548 1/6	6469 1/10	7120 1/30	7355
	orizontal	I	2	3	4	5	6
Tercio canon de 12 lib.	500 1+1/1+5	1033 1/1	2066 1/4	2581 · 1/6	3069 1/15	3300 · 1/30	3300
medio canon de 16. lib.	600 1+1/1+15	1280 1/1	2560 1/4	3400 1/6	3980 1/15	4246 1/70	4380
medio ca. de 20. lib.	700 1+1/1+15	1540 1/1	3080 1/4	3620 1/6	4890 1/15	4526 · 1/30	5739
medio ca. de 25 lib.	750 1+1/1+15	1600 1/1	3200 1/4	3800 1/6	4434 1/15	4800 1/30	5600
cañon de 30. lib.	800 1+1/1+7	1366 5/6	3421 1/4	4227 1/22	4636 1/25	4814 1/60	4900
cañon de 35. lib.	850 1+2/1+5	2440 3/4	3570 1/5	4234 1/13	4613 1/30	4766 1/70	4834
cañon de 40. lib.	900 1+7/1+15	2220 —	3700 —	4316 —	4490 —	4780 —	4792
cañon de 45. lib	950 +	2400 —	3800 —	3947 —	4464 —	4620 —	4800
cañon de 50. libras.	1000	2500	3900	4000	4436	4550	4660

图 7－4 《炮学指南》(1603)火炮射程表

余同级别火炮的射程参数，两书亦略有出入。

汉籍三书相应射程数据，仅记录平仰步数，即 0°与 45°仰角射程。剑桥本《炮学指南》射程表 19 组数据中的 16 组，在汉籍中存在对应条目(0°或 45°仰角射程数据一致)，例如发射 15 lb/斤炮弹之 culebrina/半蛇铳(表 7－8)。马德里本射程表共 21 组数据，与汉籍参数对应者凡 17 组。三书射程数值间或存在传抄之误，但无法否定与《炮学指南》射程表存在同源关系。汉籍三书的射程数据更接近马德里本，然亦有个别数值独与剑桥本相同，似乎来自两书中间状态的本文。汉籍三书与《炮学指南》射程数据对比列表，详见本章附录表 7－A－1。

表 7-8 《炮学指南》与汉籍三书射程数据比较举例[*]

文献出处	火炮名称	弹量	0°	7.5°	15°	22.5°	30°	37.5°	45°
Prado 1591/1603	culebrina	15	650	1 430	2 860	4 290	5 150	5 720	6 180
祝融佐理	半蛇铳	15	650						6 180
西法神机	半蛇铳	15	650						6 180
西洋火攻神器说	半蛇铳	15	650						6 180

[*] 弹量单位为 lb/斤;射程单位为 paso/步

汉籍三书内仍有部分射程数据不见于《炮学指南》剑桥抄本与马德里抄本(参见附录表 7-A-2)。例如用弹 30 斤之倍大蛇铳,推测当为用弹 30 lb 之 doble culebrina。《炮学指南》射程表中并未出现 doble culebrina 及 doble cañon 字样,汉籍三书中的数据当另有来源。

根据《炮学指南》射程表可以推定欧式火炮的中文译名:falconete——大佛郎机铳;media culebrina——半蛇铳;culebrina——大蛇铳;tercio cañon——鹰隼铳;medio cañon——半鸩铳;cañon——大鸩铳。例如,用弹 10 lb、12 lb 之二种 media culebrina 称半蛇铳。按 culebrina 原义为蛇,引申为铳管修长的一类火炮。media 即二分之一,指炮弹相对较轻之铳,然非严格的半数。用弹 35 lb 之重型 cañon 称大鸩铳。用弹 16 lb 之 medio cañon 称枭啄铳。用弹 12 lb 之 tercio cañon 称鹰隼铳,tercio 即三分之一。《炮学指南》射程表内 falconete,当指 culebrina 类型的轻型前装炮,而非一般所谓佛郎机(提心式后装炮)。

进一步考察,汉籍三书的火炮译名似乎存在相当程度的 "误解"。例如《炮学指南》射程表所载发射 15 lb 炮弹之 culebrina,按理应译为大蛇铳,然而三书皆作半蛇铳(见表 7 - 8)。《炮学指南》中的两种轻型火炮,falconete(原义为小 隼)与 sacre(原义为一种大型隼),如分别译作鹰隼铳与枭啄 铳,当更为接近原义。倍大鹢铳一词,从字面来说,当对应西 班牙语的 doble cañon。然而汉籍中所谓倍大鹢铳,实际对应 Prado 书中用弹 50 lb、45 lb 之 cañon。这一系列"挪移",有可 能是翻译过程中的系统错误。

射程距离单位,西班牙文原著中为 paso,汉籍为步。普拉 多在射程表前说明距离单位,一西步(paso)合二又二分之一 西尺(pie)。[1] 换算为公制,一西步约合 70 厘米(28 厘米× 2.5),与《西洋》《西法》二书定义每步合二尺(64 厘米)近似。

《祝融佐理》成书在 1620 年代。射程数据既与《炮学指 南》同源,大致可能有两种情况。一则《祝融佐理》直接或间接 参考《炮学指南》某个已失传的修订版本。二则《炮学指南》与 《祝融佐理》之数据均来自他书,故而各有选取。

普拉多自称对弹道学很有兴趣,曾在西西里、威尼斯、阿 拉贡(Aragon)等地观摩试炮,管理马拉加及里斯本铸炮厂期 间也曾多次亲身试验,检验射程,又尝与数学家、塞维利亚贸 易馆炮兵学校教授胡利安·费鲁菲诺(Julian Firrufino,约

---

[1] Diego de Prado y Tovar. *La obra manual y platica de la artillería*. Cap. 10, fol. 124r. 承蒙 Francisco Javier López-Martín 先生译示。

1535—1604)交流弹道问题,两人看法大体一致。①

　　胡利安・费鲁菲诺之子胡里奥・塞萨尔・费鲁菲诺 (Julio Cesar Firrufino,约 1578—1651)继承家学,也成为一位军事工程师、数学教授。② 他出版的第一部著作《炮学简要》(*Platica manual y breve compendio de artilleria*,1626)开列了 16 组成射程数据(参见表 7 - A - 1),声明得自其父、王家数学教授胡利安・费鲁菲诺博士。③ 这批数据大体与普拉多《炮学指南》1591 年本射程表(21 组)一致,较之 1603 年本射程表差异颇多。不过《西洋火攻神器说》(1628)与《西法神机》之大蛇铳仰射 20 斤炮弹至 7 200 步,与 1603 年本《炮学指南》射程表内弹重 20 lb 之 culebrina 铳规 6 度射程相同;1591 年本《炮学指南》与《炮学简要》相应射程数据则为 7 022。此外《祝融佐理》等书与《炮学指南》共有的三组射程数据,并

---

① Diego de Prado y Tovar. *La obra manual y platica de la artillería*. Cap. 10, fol. 124v. 承蒙 Francisco Javier López-Martín 先生译示。按 Julian Firrufino 生于 Alessandria(意大利西北部),原名 Giulio (或 Giuliano) Firrufino,后入籍西班牙,改名 Julian。1584 年,经炮兵总长 Juan de Acuña Vela 推荐,Firrufino 获得菲利普二世任命,成为塞维利亚(Seville)的西印度贸易馆(Casa de Contratación,西班牙海外贸易与殖民地事务管理机构)炮兵学校教授,学生约 200 名。1595 年,军事委员会(Consejo de Guerra)授予其数学与防御工程讲席职位,向炮兵总长负责。参见 Francisco Javier López-Martín, "*Historical and Technological Evolution of Artillery from its Earliest Widespread Use until the Emergence of Mass-Production Techniques*," (PhD diss., London Metropolitan University, 2007), 61, 74。

② Francisco Javier López-Martín, "*Historical and Technological Evolution of Artillery from its Earliest Widespread Use until the Emergence of Mass-Production Techniques*", 60 - 62。

③ Julio Cesar Firrufino, *Platica manual y breve compendio de artilleria* (Madrid: por la viuda de Alonso Martin, 1626), 69r - 71r. 承蒙 Arturo Rodríguez López-Abadía 先生提示注意 Julio Cesar Firrufino 的作品。

不见于《炮学简要》。^① 由此可见，1626 出版的西班牙文著作《炮学简要》并不是明末西法炮学汉籍的信息来源。

　　普拉多射程表之平射（punta en blanco）数据在二百米至七百米间，多为四五百米，与 19 世纪黑火药前装滑膛炮数据相似。至于 45 度角射程则有超过五千米者，恐系出于推算，并非实测。吉尔马丁（Guilmartin，2003）引用前人研究，认为根据现代弹道学理论，炮口速度需达到 6 000 英尺每秒，方能出现《炮学指南》射程表数值。参照 19 世纪可靠的实测数据，使用黑色火药的情况下，炮口速度基本不会超过 1 800 英尺每秒。由此推断《炮学指南》射程表数据并非实测。[2] 按，paso/pace 有单双之别（参见 *Oxford English Dictionary*）。双步（geometrical pace）约合 139 厘米，单步（military pace）约 70 厘米。[3] 普拉多《炮学指南》射程表明确使用单步作单位。颇疑吉尔马丁误以数据单位为双步，乃至距离加倍，超出实际射程范围。

　　孙元化《西法神机》详记三门"西洋神器"铳身尺量、弹药、射程数据，以及相应三辆双轮"西洋神器车"部件尺量。三铳三车参数甚为接近（表 7 - 9），三铳倍径在 25 至 27 之间，显然

---

① 即 10 lb media culebrina 半蛇铳；45 lb cañon 倍大鸩铳；50 lb cañon 倍大鸩铳。比较《炮学指南》，也可以发现《炮学简要》射程数据中的错简：《炮学简要》25 lb medio cañon 铳规 4 度、5 度射程，误抄《炮学指南》30 lb cañon 数据。《炮学简要》30 lb cañon 铳规 1 度至 6 度射程，误抄《炮学指南》35 lb cañon 数据。

② John F. Guilmartin, *Gunpowder and Galleys: Changing Technology and Mediterranean: Warfare at Sea in the Sixteenth Century*, rev. ed. (Annapolis, MD: United States Naval Institute, 2003), 297.

③ Francois Cardarelli, *Encyclopaedia of Scientific Units, Weights, and Measures: Their SI Equivalences and Origins* (London: Springer, 2003), 89.

同属一类欧式火炮,令人怀疑是否源于天启三年留贮京师内兵仗局之"西洋大炮三位并载铳原车三辆"的实测数据。[①] 天启元年澳门运京四大铁炮,三门存贮内兵仗局,一门发往山海关外,后者在天启六年的宁远保卫战中建功,获封"安国全军平辽靖虏大将军",西洋大炮由此一战成名。[②] 如果假设成立,根据这批数据即可类推宁远西炮的基本技术参数。[③] 然而三号铳的六个射程数值与普拉多射程表内一组数据部分相同或相近,恐非出于在华试炮实测。"西洋神器"三类数据(尺量、射程、铳车)来源究竟如何,尚未解明。

表 7-9 《西法神机·西洋神器》尺量、射程表[④]

西洋神器	口径	全长	弹量	0	7.5°	15°	22.5°	30°	37.5°
一号铳	0.27	8.19	4	480	1 000	2 000	2 800	3 400	4 700
二号铳	0.26	7.42	4	——	——	——	——	——	——
三号铳	0.24	6.75	2	400	880	1 770	2 650	3 860	4 000
Prado: falconete	——	——	4	400	880	1 760	2 640	3 300	3 712

除了射程问题,《铸炮全书》所载炼铜炉形制、铸炮工艺、铣膛方式,与《祝融佐理》《西法神机》相当接近。以旋铣炮膛之法为例,《祝融佐理·铸造铜铳说》云:

---

① 李之藻《恭进收贮大炮疏》(天启三年二月初五),韩霖辑《守圉全书》卷三之一,77b—79a。
② 《明熹宗实录》卷六十九,20b,天启六年三月甲子(3320)。
③ 详见郑诚《宁远城的西洋炮》,石云里、陈彪主编《多学科交叉视野中的技术史研究——第三届中国技术史论坛论文集》,合肥:中国科学技术大学出版社,2015 年,第 225—228 页。
④ 长度尺,弹量单位为 lb/斤,射程单位为 paso/步。二号铳射程数据阙如。

再照铳口空径几何,作六棱钢钻,铁条套之。铳口前架一大轮,中嵌铁条,末段主定钢钻,入铳口内。人力踏转大轮,则钢钻自然旋转,铳内自然光表。然又恐钻之难入也,复于铳尾竖二短柱,架二小轮。用一大木押于大轮之前,捆二绳于横木二端,引绳于小轮架上。是大小三轮,一时并举。大者展转光,小者展转入,钻光铳管,量识铳底。[1]

《祝融佐理》抄本相应插图不存,仅有图题"造钻铳轮"。上述二小轮如何运转,文字过简,难以理解。自剑桥抄本《铸炮全书》第 55 章图式观之,则一目了然(图 7-5):铳载炮车之上,铳尾后车架竖二短柱,顶端中心开圆孔(所谓"二小轮"),横贯一滚轴(绞盘),上置重物,滚轴两端各系一绳,拉至大轮前"大木"固定。利用绞盘上的重力,形成自动进刀装置,令钢钻深入炮膛,旋铳光滑。由此可以发现,《祝融佐理》的相应描述,或者说译者的理解有欠准确。

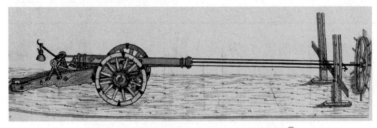

图 7-5 《铸炮全书》(1603)水平旋膛图[2]

---

① 《西法神机·造西洋铜铳说》所述略同。
② 据原书复制。该图曾收入 Charles Singer et al., eds., *A History of Technology*, vol. 3, *From the Renaissance to the Industrial Revolution*, *c. 1500 - c. 1750* (Oxford: Oxford University Press, 1957), 367。

尽管如此,记载工艺相似,或反映当时欧洲铸炮常规,并不能证明这段文字必然源于《铸炮全书》。关于《祝融佐理》的知识来源,仍有不少研究空间。《铸炮全书》及《炮学指南》尚待深入考察,进一步探究普拉多著作与《祝融佐理》的传承关系。

四、铁炮制造技术

(一) 熟铁炮

前人对于《西法神机》中的铜炮铸造技术、瞄准技术、弹道知识、火药配方等,已有相当程度的研究。[①]《祝融佐理》与之相同的内容,本文无需赘述。《祝融佐理》独有之"椎击铁铳说"(约 700 字),以及各类火炮制造工艺相关说明,堪称独家史料,甚为珍贵,对于重构明清间火炮制造工艺的演变过程,探索中西技术传统的交融,颇有帮助。"椎击铁铳说"略云:

> 铸造大铳,铁不如铜者,谓铜炼则纯,铁炼则白,故铸铳则铜觉善于铁矣。若能椎击熟铁为之,又铁实善于铜。何者,椎击以人力胜,铁质虽粗,火候椎炼果至,则凑理缜密,更愈于铜铸者故也。

14—15 世纪,欧洲各国主要采用熟铁锻造火炮,故而锻造、焊接炮身工艺发达。16 世纪前期,始大量浇铸铜炮。质量精良

---

① 黄一农《红夷大炮与明清战争——以火炮测准技术之演变为例》。尹晓冬《十六、十七世纪传入中国的火器制造技术及弹道知识》,北京:中国科学院自然科学史研究所博士论文,2007 年。

的大型铜炮,价格高昂,坚固耐用,成为权力和财富的象征。与此同时,熟铁锻造制炮技术仍广泛应用。16世纪后期中国则见证了本土熟铁火炮的兴起。

熟铁锻造之优点:铳身韧性远较生铁为佳,且较铜材耐磨;即使炸膛,铳身开裂,不至爆碎四散,相对安全;厚度相应减小,更为轻便。缺点亦在体质柔韧,如火药用量随铳身体量增大,则不堪膛压,容易变形。"椎击铁铳说"谓"大约椎击之铳,照铸铳周墙,十省十分之二。铳身不必多用外箍,尤莫妙打造子母战","惟是以人力椎击,自三百斤至千三四百斤。口径二寸至三寸。长可四五尺至一丈而止,过此恐重大而未能也"。按其说,仅大子母战铳(大佛郎机)与轻型守铳,可完全采用熟铁制造。

明代后期,中欧两大火器技术传统交流渐密,铁炮制造工艺的发展,是个很有趣味的案例。佛郎机、鸟枪的仿制、明人研发新型熟铁火器的出现,其背后均有欧洲技术直接或间接之影响。1550—1600年间明人研发并大量生产之虎蹲炮、百子炮、叶公炮(新型大将军炮)、威远炮等熟铁火器,常规单体重量均下五百斤以下,长度不超过六尺(详见第五章第四节)。较之《祝融佐理》所载欧式熟铁炮,尚有不少差距。

(二)神威大将军

欧洲的生铁冶炼工艺,发展相对迟缓,生铁铸炮出现较晚。16世纪中期,英国首先大量铸造铁炮。17世纪,西欧各国始逐渐掌握铁炮铸造技术。铸铁炮虽然节省成本,但限于当时工艺水平,生铁制品硬脆,容易炸膛,难以长期使用。一旦炸膛,铁片迸散,炮手有性命之虞。按《祝融佐理》之说,仅取用一时之攻城重炮,如虎唬铳、飞彪铳(臼炮),可用"上号生铁"铸造。[①] 中国生铁冶炼技术传统悠久,一旦与欧洲火炮设计结合,即催生出铁炮铸造行业。明末清初各政权,大量仿造欧式火炮,就传世实物而言,生铁炮远多于铸铜炮。

17世纪,欧洲火炮以口径为基数,设计各部分比例。《火攻挈要》云:"西洋铸造大铳,长短大小,厚薄尺量之制[中略]必依一定真传,比照度数,推例其法,不以尺寸为则,只以铳口空径为则。"[②]中国长城博物馆(八达岭)保存之崇祯十一年(1638)造"敕赐神威大将军"前装生铁炮,炮身铸有铭文,可见"阁部题授赞画何良焘监制"字样。[③] 此珍贵标本,恰可与何良焘笔记之《祝融佐理》诸铳尺量对比,考察两者之间是否存在对应关系。

这门"敕赐神威大将军"通长285厘米,重1 500公斤(图7-6)。[④] 口径10.5厘米,铳口至火门234厘米,倍径(铳口至火门距离与口径之比)22.3。炮身前夺后丰,隆起六道(含炮

---

① 《火攻挈要》"攻铳说略"谓西洋攻铳极大者,如虎唬、狮吼、飞彪诸种,铳体重滞,移动艰难,只能于战场外围临时用铁铸造,且不须旋膛。参阅汤若望授,焦勖述《火攻挈要》卷下,1a—b,海山仙馆丛书本。

② 汤若望授,焦勖述《火攻挈要》卷上,5b。

③ 完整铭文参见成东《明代后期有铭火炮概述》,《文物》1993年第4期;黄一农《明清之际红夷大炮在东南沿海的流布及其影响》,第788页。这门大铁炮系1958年自延庆县二道河乡张五堡村东山脚下运到八达岭,原本或是镇守红门口之重火器。参见延庆县志编纂委员会编著《延庆县志》,北京:北京出版社,2006年,第639页。原件今藏中国长城博物馆(八达岭)内,左近景区詹天佑纪念馆前及八达岭长城入口处陈列者系翻模复制品。

④ 火炮重量,据博物馆所设说明牌。写真为笔者拍摄。

口外圈)。隆起前后铸有莲花纹装饰。自铳口数第三道隆起两侧原有炮耳,现已残缺。据笔者实测,"神威大将军"各关键部位比例,独与《祝融佐理》内体型最大之虎踞铳(特种守铳)较为接近(附录表7-A-3)。

图7-6　何良焘监制敕赐神威大将军(1638)·中国长城博物馆

《祝融佐理》云:"惟此虎踞大铳,用以守城,贮放岁久,断非出矿红铜配铸不可也。其径围尺量,较他铳更宜倍厚焉。"书内各种火炮,唯虎踞铳管壁厚度与口径之比最大。铳口稍后处,炮管厚度与口径相同,火门处炮管厚度则达到口径的1.5倍。"神威大将军"各关键位置管壁厚度径倍,与"虎踞铳"相应参数较为符合。铳身倍径22.3亦与虎踞铳规定值25相去不远。同时,书本标准与实物也存在明显差异。首先,实物口径10.5厘米,仅有书中虎踞铳最小口径(五寸,16厘米)的2/3,仿佛一等比例缩小之虎踞铳。其次,"神威大将军"系生铁炮,与必用"红铜配铸"之说不符。炮身范缝明显,显然是采用传统块范法铸成,并未运用《祝融佐理·铸造铜铳说》介绍之欧式整体制范工艺。

　　"神威大将军"外部系生铁铸造,是否包裹熟铁内膛? 今炮口已用木塞封闭,难以考察。至于改铜为铁,仍用传统块范法铸造,或是崇祯年间应对财力枯竭、战事紧张的变通办法,技术难度与工料成本无疑会随之降低。

"神威大将军"这个名称深具历史意义。崇祯二年(1629),耶稣会士陆若汉(João Rodrigues,1561—1634)与葡萄牙军官公沙的西劳(Gonçalo Teixeira Corrêa,约 1583—1632)率队运送西铳进京。年底行至畿辅,恰逢"己巳之变"。一行急忙退回涿州,置大炮于城上试射。八旗军未敢靠近攻城。崇祯三年初,西洋大炮入京,明帝赐名"神威"。[①]"神威"一语,很快成为西洋炮/红夷炮的同义词。清朝方面沿用是名,后金铸造欧式前装火炮始于天聪五年(1631),铭曰"天佑助威大将军"。现存纪年铭文最早之清朝火炮,则是崇德八年(1643)所铸"神威大将军"铁心铜体炮。[②] 自康熙十三年(1674)起,南怀仁(Ferdinand Verbiest,1623—1688)为清廷设计制造大量欧式火炮,其中两类铜炮名为"神威无敌大将军"(1676)、"神威将军"(1681)。康熙二十一年(1682),南怀仁进呈《神威图说》,图解西洋炮术。[③]

---

① 韩云《战守惟西洋火器第一议》,韩霖辑《守圉全书》卷三之一,107b,傅斯年图书馆藏明刻本。录文见汤开建《委黎多〈报效始末疏〉笺正》,第 225 页。又按《崇祯长编》:"命京营总督李守锜同提协诸臣设大炮于都城冲要之所,精选将士习西洋点放法,赐炮名神威大将军。"参见汪楫编《崇祯长编》卷三十,5a,崇祯三年正月甲申(1639),旧抄本,"中央"研究院历史语言研究所 1962 年影印《明实录》附录。

② 黄一农《明清独特复合金属炮的兴衰》,《清华学报》新 41 卷第 1 期,2011 年,第 86—89 页。

③ 江场山起综合前人成果,探讨南怀仁所制火炮数量、种类最为详细。按其结论,1675—1689 年间,清朝中央政府在北京地区造炮 693 门,其中南怀仁参与制造者 518 门,占总数七成以上。参见江场山起《清初南怀仁铸造火炮的技术及其评价》,阎纯德主编《汉学研究》第 11 集,北京:学苑出版社,2008 年,第 309—325 页。

康熙三年,薛凤祚汇刻《历学会通·致用部》,收入耶稣会士穆尼阁(Jan Mikołaj Smogulecki,1610—1656)《火法》篇,略云"世传机械之属,种类繁多,以奇巧欺人,正误事之大者。取其要用,惟鸟嘴、佛郎、神威三种,余置之可也"。继而将"神威将军"分作六等:

> 神威将军第一等长一丈一尺三寸半,两耳各长三寸。口至耳五尺五寸(得四分八厘五毫),耳中至火门三尺六寸(三分〇八〇),余为尾。内塘口径四寸一分,外围三尺。耳面阔二尺二寸。尾加耳面一倍。神威将军第六等长七尺四寸,两耳各长三寸,其余分数同上。口径三寸,其余分数同上。第二等、第三等、第四等、第五等皆消详推之。[1]

第一等"神威将军"通长 363 厘米,口径 13 厘米,铳口至火门 291 厘米,倍径 22.4。第六等通长 237 厘米,口径 9.6 厘米,倍径同前。"消详推之",可作等比例增减解。按此标准,崇祯十一年何良焘监制的"神威大将军"铁炮,通长 285 厘米,口径 10.5 厘米,倍径 22.3,可列入第四等。现存南怀仁设计之"神威无敌大将军"(康熙十五年造),口径 11 厘米,通长 248 厘米,膛深 228 厘米,倍径约 21。[2] 规格似不出穆尼阁《火法》篇西炮基本参数范围。

---

① 穆尼阁《火法》,1b—2a,薛凤祚纂《历学会通·致用部》,康熙刊本,《四库未收书辑刊》第 8 辑 11 册,第 540 页。
② 膛深数据,根据下文所附铜炮线图(比例尺 1∶20)测算得出。参见黑龙江省博物馆历史部《康熙十五年"神威无敌大将军"铜炮和雅克萨自卫反击战》,《文物》1975 年第 12 期。

16 世纪前期,意大利人比林古乔(Vannocio Biringuccio,
1480—约 1539)在其名著《火术》(*Pirotechnia*,1540)一书中
提及,当时铸造之 cannon,长度往往是炮弹直径的 22 倍,在
5.5 到 6 *braccia* 之间。① 此处的"长度"应作炮膛长度解。炮
弹直径,略小于炮膛口径。换言之,倍径仍当接近 22。由此
可见,22 倍径原是 16 世纪欧洲火炮的常见参数。耶稣会士
设计之火炮尺量,固有其传统依据。

(三) 双层铁炮与铁心铜体炮

《祝融佐理》记载了结合铸造、锻造工艺的双层铁炮技术,
为他书所未见。

> 凡置造攻铳,纯用铜铸,宜照前置法。若用铁铸,则
> 又有先用椎击熟铁为筒,而后以生铁附铸,始可保无炸
> 裂。(摘自"镕铸椎击大小攻铳尺量法")
>
> 凡置造守铳,用弹一斤至六斤者,断宜以熟铁椎击为
> 之。自七斤至二十五斤者,应先照攻铳,用熟铁椎击成筒,
> 而后以生铁附铸。(摘自"镕铸椎击大小守铳尺量法")

这是一种内膛为熟铁、外膛为生铁(铁心铁体)的复合金属炮,内
柔外刚,较之单纯生铁炮强度高,重量轻,又比熟铁炮体量大,定
形能力强。结合了两种技术的长处,可制造多种攻铳、守铳。

———————

① Vannoccio Biringuccio, *The Pirotechnia of Vannoccio Biringuccio*, translated and
edited by Cyril Stanley Smith and Martha Teach Gnudi (Cambridge, MA: MIT
Press, 1966), 225. 按 1 *braccio* 约合 0.5—0.7 米,意大利各地标准略有差异。参见
Ronald Edward Zupko, *British Weights & Measures: History form Antiquity to the
Seventeenth Century* (Madison: University of Wisconsin Press, 1977), 170。

16—17 世纪间,世界范围内,复合金属炮主要有铁心铜体、铁心铁体、三层体以上结构三种类型。黄一农认为,采用铁心铜铁体法制造欧式前膛滑膛炮,乃是明清战争期间,明朝工匠结合南方较发达之铸铁工艺,与嘉靖间佛郎机子铳铁心铜体制法的成果,达到中国传统造炮工艺的最高水平。"铁心铜体的设计将可拥有重量轻、韧性佳以及安全性高等优点,且较纯铜炮便宜、耐磨损,又较纯铁炮易散热。"现存明代铁心铜体欧式前装炮,纪年铭文最早者,为崇祯元年(1628)京师兵仗局所制"捷胜飞空灭虏安边发熕神炮"。明、清两朝均曾制造质量上佳的铁心铜铁炮。①

关于铁心铜体炮的制造工艺。黄一农认为,系利用青铜熔点(约 1 000℃)低于铸铁熔点(约 1 150℃—1 200℃)之特性,先铸成铁胎,再浇铸铜液。外层铜凝固时的收缩作用,可增加炮体的抗膛压强度。② 然而根据孙元化之说,明末此类双层炮似是先用熟铁锻造内膛,外加铜铸之复合体。

孙元化《论台铳事宜书》(约 1622)有云:

> 铳则有铜者,有生铁者,有熟铁者,有铜铁相兼者,或铸或椎,轻者可椎,重者必铸。[中略]惟铜铁相兼者,视纯铜差省而坚过之,亦椎亦铸,可大可小。然此最为精器,亦难多得。③

---

① 黄一农《明清独特复合金属炮的兴衰》,第 83 页。
② 黄一农《明清独特复合金属炮的兴衰》,第 83 页。
③ 韩霖辑《守圉全书》卷三之一,99b—100a,傅斯年图书馆藏崇祯九年刻本。《西法神机》卷上(21b—22a)摘录此节,文字略同。

明清之际铁心铜体炮之内膛究竟系生铁铸造,亦或熟铁打造而成,抑或兼而有之?目前尚缺乏相关金相数据,得以证明。中国长城博物馆藏崇祯元年(1628)北京兵仗局造"头号铁裹铜发熕炮"、崇德八年(1643)锦州造"神威大将军",外形皆为欧式火炮。两门火炮铳管外层铸铜,内膛则为铁质,仅从铳口内层金属外观判断,内膛应为生铁铸造。[①] 熟铁硬度较生铁低,有利于旋铣出平滑的内膛。17世纪以熟铁打造内膛的铁心铜体炮仍有可能存在,尚待进一步调查。

明末制造的双层复合铁炮,幸有传世之品。黄一农认为,双层铁炮系崇祯后期,铁心铜体炮技术出现之变体,为内层熟铁、外层生铁之复合类型。[②]

综合统计,崇祯年间生产的双层前装欧式铁炮,首推崇祯十年至十一年间密云镇捐造之"西洋炮",至少尚有九门存世。

(1)北京德胜楼箭楼东平台一门(图7-7)。炮身通体黑色,几无锈迹。阳铸铭文大部磨灭,仍可辨认"天字肆号"、"钦命总监中西二协军门御马监太监"、"分监中西二"等字样。内口径9.7厘米,外口径24厘米,通长173厘米。铳口至火门132厘米,倍径13.6。铳身前兖后丰。铳口处内层(熟铁?)管壁厚2.4厘米,外层(生铁)管壁厚4.8厘米。内层炮管稍突出,材质色泽明显不同。铳口后外围70厘米,火门处外围100厘米。由此推算,铳口突出部之后炮管厚6.3厘米,火门处炮管厚12.4厘米。火门药池呈长方形,四周隆起,中心左

---

① 承蒙亓振先生就外观判断材质。
② 黄一农《明清独特复合金属炮的兴衰》,第83页。

右并列两孔。铳身前后，尚有照星、照门底座残迹。铳耳一对，左耳原件残缺，近年修复。铳尾七节，总长 26 厘米。铳口外缘铸有两圈花纹。铳身有明显范缝，估计铸型使用了二十余块分范。[①]

图 7-7　天字肆号双层铁炮·北京德胜门[②]

（2）首都博物馆一门。铭文完整，载"密镇捐铸天字第五号西洋炮/总监中西二协御马监太监邓希诏/总督蓟辽等处兵部右侍郎张福臻/分监中西二协御马监太监杜勋/巡抚顺天等处都察院御史吴阿衡/崇祯十年五月吉日"等二百余字，罗列各级官员二十余人。[③] 鉴于天字肆号、天字第五号炮编号连续，铭文近似，形制或应相同，惜未得目验。使用"西洋炮"一词，或反映与澳门输入之火炮关系较密切，而非仿制荷兰、英国产品之"红夷炮"。

（3）中国人民革命军事博物馆一门。通长 206 厘米。铳

---

① 笔者实测数据。承蒙王培伍先生提供便利，吕苗苗女士襄助测量。
② 笔者摄影。
③ 刘旭《中国古代火药火器史》，郑州：大象出版社，2004 年，第 112 页。

口内径8厘米,外径26厘米。铭文有"总监中西二协御马监太监邓希诏,总督蓟辽等处兵部左侍郎张福臻,分监中西二协御马监太监杜勋,巡抚顺天等处都察院御使吴阿衡,崇祯十年五月吉日","户部管饷郎中王征俊,密云兵道付使刘镐,镇守西协总兵吴国俊,密云管饷通判朱朝勋,密云县知县王应元,总监中军游击□□□,总督中军参将□□□"。①

(4)中国长城博物馆(八达岭)一门(图7-8)。炮体形制与德胜门双层铁炮颇为相似。铳身锈蚀严重,阳铸铭文仍可辨识"□镇捐造□□西洋炮""总监中西二□□□诏""总督蓟辽□□吴阿衡""分""巡""都察院""崇祯"等字。内口径7厘米,外口径22厘米,通长176厘米。铳口至火门142厘米,倍径20.3。铳口处内层炮管突出外层3厘米,内层管壁厚3厘米,外层厚4.5厘米。铳口后外围60厘米,火门处外围75厘米。由此推算,铳口突出部之后炮管厚6厘米,火门处炮管厚8.4厘米。铳口上方有照星残迹。铳耳完整。火门药池呈长方形,突出铳身4厘米,中心左右并列两孔。铳尾七节,总长

 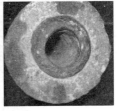

图7-8　双层铁炮·中国长城博物馆②

① 王全福《军事博物馆藏明代火器》,《文物春秋》2018年第5期。
② 笔者摄影。

20 厘米。炮身可见明显范缝。①

(5)(6) 1994 年春,河北玉田县大安镇石河村金水河底出土两门有铭铁炮。其一长 174 厘米,口径 7 厘米,铳口外径 21 厘米。铭文有"密镇捐造五十二号西洋炮……崇祯十年九月……每放一出用药二斤铅子四斤合口大弹一个"字样,以及总监太监邓希诏、蓟辽总督吴阿衡等十二人名衔。其二长 231 厘米,口径 9.5 厘米,铳口外径 25 厘米。铭文有"天字二十一号……崇祯十一年三月"字样,以及总监邓希诏、总督吴阿衡等十六人名衔。②

(7) 承德避暑山庄博物馆一门。阳铸铭文为"密镇捐造五十四号西洋炮/总监中西二协御马监太监邓希诏/总督蓟辽等处兵部右侍郎吴阿衡/分守中西二协御马监太监杜勋/巡抚顺天等处都察院御史陈祖苞/崇祯十年九月　日吉""每放一出/用药二斤/铅子四斤/合口大弹一箇"云云。③ 对比首博藏品铭文,吴阿衡晋升蓟辽总督,陈祖苞补顺天巡抚,邓、杜二人职位未变。④ 如是,讫崇祯十年九月,密云地区至少生产了 54 门西洋炮。此炮无"天字"字样。由照相观之,锈蚀严重,铳口内层突出,形态与长城博物馆藏品甚为相似。

(8) 滦平县博物馆一门。铭文较完整,有"密镇捐造□号

① 笔者实测数据。
② 李子春、杨士维《玉田县石河村出土明代铁炮》,《文物春秋》1999 年第 6 期。
③ 故宫博物院编《清史图典·太祖太宗朝》,北京:紫禁城出版社,2002 年,第 107 页。
④ 崇祯九年九月,吴阿衡巡抚顺天,十年五月(或云七月),总督蓟辽,十一年九月战死。崇祯十年五月,陈祖苞升顺天巡抚,十二年正月被逮下狱。参见吴廷燮《明督抚年表》,北京:中华书局,1982 年,第 17 页,第 46 页。

西洋炮""崇祯十年十一月"等字样,列衔者仍为邓、吴、杜、陈诸人。该铳为生铁铸造,长 170 厘米,外口径 23.5 厘米,口内径 7.5 厘米。① 这组数据与德胜门双层铁炮颇为近似。

(9)大同城墙遗址陈列馆一门。阳铸铭文较完整,有"□镇捐造天字四号西洋炮""崇祯十年闰四月　吉旦"字样,列衔为邓、杜、陈、吴等诸人。双层欧式铁炮,全长 240 厘米,重约 1 800 斤。内口径 10 厘米,外口径 27 厘米,火门距炮口 190 厘米,倍径 19。火门有双孔。炮身范缝明显。炮口位置一侧外层炸裂,露出内管。经金相检测,"内层炮管为抗膛压能力较强的熟铁,外层则是定型能力较强的亚共晶白口铁"。据推测,此炮或系顺治五、六年间,清军为镇压反叛之大同总兵姜瓖,调集西炮攻城时所用。②

又按《国立中央研究院历史博物馆筹备处二十年度报告》刊载第 1257 号至 1459 号古炮简目,主要著录来源、长度(英寸)、铭文三项,内有密镇捐造"西洋炮"八门(表 7 - 10),皆归类作"中铁炮",乃自北平市公安局运动场发掘移运。③ 1930 年代初,国立历史博物馆自北平城内征集古炮一千五百余门。1945 年 3 月,馆藏铁炮 1408 门为日本占领军掠夺,下

---

① 河北省文物局长城资源调查队编《河北省明代长城碑刻辑录》,北京:科学出版社,2009 年,第 795—797 页。
② 江伟伟《大同出土的明代天字四号西洋炮》,《文物世界》2019 年第 4 期。
③ 参见中央研究院文书处编《国立中央研究院二十年度总报告》,南京:中央研究院总办事处,1931 年,第 262—263 页。按,1931 年顷历史博物馆约请刘半农,拟统计馆藏火器数据,编辑出书,至 1932 年已测量古炮多尊,绘图数十幅。惜刘半农主编之火器目录,未闻传世。参见欧阳哲生主编《傅斯年全集》第 6 卷,长沙:湖南教育出版社,2003 年,第 308—317 页,第 404 页。

落不明,大概化为铁水了。[①] 此八门铁炮未闻传世,恐亦于
1945 年销毁。

表 7−10　北平历史博物馆原藏密镇捐造西洋炮(1931)

历博原编号	铭文号数	铭文年月	长度(cm/in)
1437	九十二号	——	165.1/65
1438	九十二号	崇祯十年八月	162.5/64
1439	六十一号	崇祯十年八月	165.1/65
1440	十四号	崇祯十年八月	160/63
1441	十四号	崇祯十年八月	165.1/65
1442	五十八号	崇祯十年八月	165.1/65
1443	三十四号	崇祯十年八月	165.1/65
1444	——	——	162.5/64

此外,山西长治县城隍庙文管所现藏崇祯十五知县颜习
孔造生熟铁双层炮、山东济南市博物馆陈列崇祯款复合铁
炮。[②] 长治双层欧式铁炮,通长 197 厘米,口径 7.5 厘米。阳
铸铭文“崇祯十五年造 长治县知县颜习孔置造 委官县丞沈季
惠”及金火匠等多人姓名。炮身外层可见明显范缝。近炮口
处大段外管炸裂缺失,露出完整内管约 60 厘米。[③]

崇祯十年捐造双层铁炮之顺天巡抚吴阿衡(？—1638),
与绛州韩霖关系密切。崇祯八年末,韩霖编成《守圉全书》
(《祝融佐理》被列入“采证书目”)。彼时吴阿衡为山西大吏
(河东分守道,转宁武兵备道)极为欣赏此书,下令付梓,崇祯

---

① 李守义《民国时期国立历史博物馆的展览》,《文史知识》2012 年第 8 期。
② 黄一农《明清独特复合金属炮的兴衰》,第 86 页。
③ 崔晓荣《长治市出土铁炮初探》,《文物世界》2019 年第 4 期。

九年为之序,有云"[韩霖]尤拳拳于西洋大炮,是乃中国之长技,而掺必胜之策乎"[①]。次年,吴阿衡即在密云捐造西洋炮,很有可能是通过韩霖等天主教徒获得欧式火炮相关知识,进而采用了《祝融佐理》记载之双层铁炮设计。

顺治十五年六月,清廷为对抗温州一带郑成功军,下令赶铸红夷大炮。闽浙总督李率泰批示造炮:新铸火炮十门,共用生废铁四万二千八百八十斤。每炮一位,重三千零八十斤,长一丈二尺,且需"打造熟铁炮心"。[②]

有关清代双层铁炮之研究,已有相当成果。近年对国内354门古铁炮的调查,发现19世纪中期鸦片战争前后制造之双层铁体子母炮2门,复合金属加农炮16门,占总数5%。对其13个样品的分析表明,清代双层红夷铁炮内膛、外膛材质不同,外膛一般为铸铁、内膛为熟铁或低碳钢。[③] 由此看来,最迟天启年间已出现双层铁炮,崇祯间即有批量生产,清代中晚期此种工艺仍在应用。

《祝融佐理》涉及之双层复合铁炮技术源头何在? 复合层金属炮并非中国的专利,16世纪中叶,印度也出现类似产品。葡萄牙人到达印度之时,当地的锻铁工艺已然极为成熟,然尚未充分掌握铸铁工艺。印度现存至少12门铜铁复合古炮,时

---

① 韩霖辑《守圉全书》,崇祯九年刻本,《四库禁毁书丛刊补编》第32册,第388页。
② 中国科学院编《明清史料·丁编》第三本,上海:商务印书馆,1951年,228a—231a. 考证参见黄一农《明清之际红夷大炮在东南沿海的流布及其影响》,第818—819页。黄一农推测这批火炮或系铁心铜体。按,自用铁量看来,当是双层铁炮。
③ 刘鸿亮、张建雄《鸦片战争前后中国复合金属炮技术兴衰的问题研究》,《科学技术哲学研究》2010年第2期。

代最早者，或为 1537—1554 年间古吉拉特（Gujarat，印度西部）苏丹所造之一门，结构为铁心铜体。制造方法，系先用熟铁锻造成型炮管，继而在管外浇铸铜液，强化铳身。[①] 印度现存复合金属炮（17 世纪后期较多）中，尚未发现内膛为生铁铸造之铁心铜体炮，亦无双层铁炮之例。

笔者认为铁心铁体之双层欧式前装大炮，可能产生于 17 世纪初的澳门——中国、印度、欧洲三种技术传统交会之地。

澳门造炮业之所以兴隆，与广东发达的冶铁业息息相关。1623 年 12 月，葡萄牙驻澳门总督即与华人工匠签订合同，铸造铁炮。[②] 著名火炮铸造师博卡罗（Manuel Tavares Bocarro），也是在到达澳门（1625）之后，才从华人技师处掌握生铁铸造工艺，进而大规模铸造铁炮。[③] 与此同时，相关制炮技术，也会随着受聘澳门铸炮场的华人工匠，向中国内陆传播。

《祝融佐理》具有明显的编译性质，然未提及铁心铜体炮；孙元化唯称"铜铁相兼"，未言及双层铁炮。两种技术应用于制造欧式前装滑膛炮，孰先孰后，难以断论。就技术传统而言，16 世纪中期，印度已有条件生产铁心铜体炮（熟铁内膛）。双层铁炮的出现，或是得益于中国成熟的铸铁技艺。外膛不用铜材，改取生铁浇铸，可大大降低生产成本。

综上所述，1620 年代，澳门与果阿之间军事技术人员往

---

① 黄一农《明清独特复合金属炮的兴衰》，第 112—116 页。
② 吴志良、汤开建、金国平主编《澳门编年史·第一卷 明中后期（1494—1644）》，广州：广东人民出版社，2009 年，第 360 页，第 389 页。
③ 金国平、吴志良《澳门博卡罗铸炮场之始终》，《早期澳门史论》，广州：广东人民出版社，2007 年，第 257—264 页。吴志良、汤开建、金国平主编《澳门编年史·第一卷 明中后期（1494—1644）》，第 394 页。

来频繁。17 世纪前叶,澳门铸炮厂中,或有欧洲人、印度人以及华人技师共同参与。欧人提供西式火炮设计标准,且善于铸造铜炮;印度工匠擅长锻铁,优于打造熟铁炮;华人工匠精通铸铁技术,自可浇铸生铁炮。同一时期,何良焘正在澳门充当文案。《祝融佐理》提及的双层铁炮技术,很可能是在澳门这一特殊环境中,不同工艺传统相互借鉴的产物。

五、防御工程技术

(一)《铳台说》

范景文辑《战守全书》(1638)卷十"守部"收录何良焘《铳台说》,分引言、卫城铳台法、卫地方角铳台法、卫地尖铳台法、卫地半圆铳台法,凡五节两千余字,介绍了欧式要塞的设计、建造方法。①《守圉全书》自《祝融佐理》摘录之《筑造卫城铳台说》与《铳台说·卫城铳台法》文字近似。可知《铳台说》原是《祝融佐理》的一部分。

所谓"卫城之台"即附城棱堡。铳台前端呈若角三角形,有助于消除射击死角。相邻铳台可形成交叉火力相互支持,打击逼近台下之敌。

《卫城铳台法》略云:

> 卫城之台,不宜筑于城正面处,当筑于城之四隅,城委角处也。城有五角六角,台亦宜有五座六座。盖城委

---

① 范景文辑《战守全书》卷十,22a—25a,51a—56b,崇祯十一年刻本。

曲处,左右顾盼,历历分明,角角有台,则彼此又互相照应。台势(铳)[锐]形,台尖逾于马面台者十丈,左右尖共广十五丈。台城并高,每台角厝大铳三门。[1]

"卫地之台"则是为防遏冲要之地所建独立要塞,外墙用三和土筑成,转角处加设棱堡。《铳台说》分别介绍了"方角形台""尖铳台""半圆铳台"三种类型。

"方角形台者,取其前后左右,随处可用铳击也。故宜于平原旷野,亦宜于山脊要冲"。此"方角形台"周四十八丈(38.4米×38.4米)。台墙厚一丈五尺(4.8米),高三丈(9.6米)。"以石为脚,或用砖砌,或用土筑,土必石灰、砂、瓦屑,三和为之。"四角设棱堡,"四隅依方折角,倍厚一丈五尺(4.8米),左右阔长各二丈(6.4米)"。每角置大铳六门。台上用女墙,高二尺(0.64米),厚二尺,需方便大炮俯仰施放。台后开正门,入口内设大屋(6.4米×6.4米),左为阶级,供人上下,右为斜坡,以便拽铳,俱宽六尺(1.92米)。台内中心为蓄水池,周八丈,深五尺[2],上覆木栅。容积约65.5立方米(6.4米×6.4米×16米),可蓄水65.5吨。池墙左右各构砖屋(阔6.4米,长16米,高8米),储藏火药。砖屋上填土与台面平齐,使人登台不知其下有屋。屋内另设石级(阔1.92米)通台面。台面内砌暗沟(深2.24米、阔0.64米),通台脚,以便排水。台面之上,前、左、右三

面设瓦屋十五间,作公馆、粮库。铳台四周挖掘深濠。濠外护
基上建营房二十间,配备守台军士百名。"凡军丁炊爨悉在焉,
不得进台,以远火也"。《卫地方角铳台法》全文约九百字,三分
之一篇幅叙述台内蓄水池造法。池壁防水层精工细作,耗时需
十余日,足见水源对要塞至关重要。[1]

"尖铳台"为三角形要塞,设于山岗险要处,"尖(铳)[锐]
形台者,取其一路迸发,可阻截铳击也。""台高数丈,前高后低
形势","前角至后左右角,长十丈(32米),后角自左至右,广
八丈(25.6米)","前角如鸟首,只取(铳)[锐]形";"后角如鸟
翼,依角倍角一丈,折长二丈"。当即在后方两角建造棱堡。
每角安置大铳三门,守台军丁五十名。其余台门、坡道、药窖
(9.6米×9.6米)、暗沟、女墙体制,与"方角铳台"略同。水池
"周四丈,深五尺"(3.2米×3.2米×1.6米)。推算可蓄水
16.4吨。此类铳台,需有多座,相互支持。"似此曲处险陁之
处,必多层峦叠嶂,得按是法,而星棋布列焉。一逢警报,彼此
声援,截杀阻遏,虏将何术而能飞渡耶。"

"半圆铳台"为傍山而建之多层要塞,"取其扇布四散,可
抽叠铳击也。故宜于仰高临下,凡山谷极冲,及依山带海之
处,皆宜筑此台式"。自下至上,三层半圆平台,直径分别为十
五丈、十二丈、九丈(48米/38.4米/28.8米),共置大铳21门
(9+7+5)。守台军丁七十名。"其台墙不以石筑,即以三和
土筑之。"药窖、水池、营房之制,因地制宜,有所变通。

---

[1]《西法神机·铳台图说》(卷上,30a—b)云,"[铳]台上宜为药窖,宜为水库,别有法
度。必蓄二十人受围十日之需,而可矣。"可相互印证。

参照《铳台说》所载建筑尺量,尽管细节仍有不明(如棱堡准确形状,台墙收分),仍可大致绘出示意图(图 7 - 9)。[①]

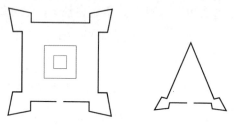

图 7 - 9　《祝融佐理》方角铳台(左)、尖铳台(右)示意图

(二) 澳门炮台

天启年间,受荷兰舰队入侵(1622)之刺激,澳门葡人大兴土木,建造了一系列大小炮台,1632 年前全部完工,形成完整的防御体系。沈弘之云:"惟何良焘居乡山嚣,为其人代笔,习见其铳与台,而悉其事理。"[②]何良焘既在澳门,观摩机会自然甚多。回顾 17 世纪初澳门炮台的建设实况,或可帮助我们进一步理解《铳台说》。

1632 年之前,澳门共建成炮台八座,名称及建筑时间如下:

沙梨头炮台(Fort of Patane),1562 年。

圣保禄炮台(Fortaleza de S. Paulo do Mont),1617—1626 年。

东望洋炮台(Fortress of Nossa Senhora da Guia),1622 年始建。1635 年前已拆除,1637—1638 年再建。

西望洋炮台(Fortress of Nossa Senhora da Penda de Franca),1622—1623 年。1892 年拆除。

---

① 笔者手绘。感谢王新先生帮助制图。
② 范景文辑《战守全书》卷十,49a—b。

妈阁炮台(Fortress of S. Tiago da Barra),1622—1629 年。由西班牙军事工程师莫拉莱斯(Fernando de Morales)指导建造。[1]

烧灰炉炮台(Fortress of Nossa Snehora do Bomparto),1622 年。1892 年拆除。

嘉思栏炮台(Fortress of S. Francisco),1629 年。

仁伯爵炮台(Fortlet of S. Pedro),1622—1626 年。1640 年拆除。[2]

17 世纪初建成之澳门炮台,迄今几四百年,大都拆除或屡经改造。早期文献记载简略,图像写实程度不高,明末澳门炮台之原始面目仅能略窥一斑。参考博卡罗(António Bocarro)《要塞图册》(1635),可以看到与《铳台说》三种"卫地之台"大致对应的炮台类型:

圣保禄炮台为正方形,各边长 100 步,四角设棱堡。[3] 当时安放了 18 门火炮(图 7 - 10)。

烧灰炉炮台,面积较小,"呈三角形,可安放 10 门或 12 门火炮,现有 6 门"。是否设棱堡不明。

妈阁炮台,在澳门半岛东南端,临海而建,"长 150 步,宽 55 步"。1635 年《要塞图册》所载澳门地图中该炮台为半圆形,依地势作前后两层(图 7 - 11)。

---

① María de Lourdes Rodrigues Costa, "História da Arquitecura em Macau," *Revista de Cultura*, 2nd ser., 34 (1998): 203. 承蒙李庆先生告知本条出处。
② 汤开建《澳门开埠初期史研究》,北京:中华书局,1999 年,第 245—247 页。严忠明、叶农《澳门城市的兴建与发展》,吴志良等主编《澳门史新编》第三册,澳门:澳门基金会,2008 年,第 783—784 页。
③ 按,今之大炮台,入口在南,主体略呈梯形,四角加棱堡,合计二十三边。不记棱堡,南墙 55 米,东墙 74 米,北墙 42 米。参见郭永亮《澳门香港之早期关系》,台北:"中央"研究院近代史研究所,1990 年,第 27—28 页。

图 7 - 10　圣保禄炮台(1635)　　图 7 - 11　妈阁炮台(1635)①

　　建筑材料方面,圣保禄炮台墙基用大理石,再上用土、石灰、干草混合筑成,夯打的非常坚固,"比石头更能经受炮击"。澳门城墙、房屋普遍使用三合土。其他炮台亦应如此。关于炮台储水问题,《要塞图册》(1635)提及妈阁炮台内,自岩石地面掘成一池,可蓄水 3 000 桶。②

　　三合土本是中国传统建筑材料,明清时期成为抵御炮击的理想建材。③《铳台说·卫城铳台法》即谓:"台墙砌以砖,用砂、瓦屑、石灰三和土筑之。筑尺许,以糯米汁沃之,或以片糖汁沃之。日久坚硬如铁,迸发猛铳,可保无虞。"不过这一方法并未得到有效传承。第一次鸦片战争时期,闽粤沿海炮台尚

---

① 图 7 - 10,图 7 - 11 出自 P. B. de Resende 绘澳门地图(1635)局部。转引自汤开建《明代澳门城市建置考》,《文化杂志》第 35 期,1998 年,第 77—98 页。

② 参见 Charles Ralph Boxer, "Macao, Three Hundred Years Ago. As Described by Antonio Bocarro in 1635, and now Translated with an Introduction and Notes," *T'ien Hsia Monthly* 6, no. 4 (April 1938): 292. 博卡罗《要塞图册》中译(自葡文译出),参阅文化杂志编《十六和十七世纪伊比利亚文学视野里的中国景观》,郑州：大象出版社,2003 年,第 217—229 页。

③ 关于古代建筑用三合土,参见中国科学院自然科学史研究所主编《中国古代建筑技术史》,北京：科学出版社,1985 年,第 273 页。

多用石砌。英国舰炮轰击之下,碎石飞溅,仿佛散弹,伤人尤烈。至此清朝官员方才认识到建筑炮台,砖石不如三合土。①

综上所述,《祝融佐理·铳台说》乃是明末引进欧式防御工程的重要见证。尺量方面,仍是理想模型,并非根据某处建筑实地测量而来,不应看作澳门炮台的设计蓝图。另一方面,《铳台说》之造台方案,吸收、借鉴了1620年代澳门炮台的设计理念、施工实践,应该是一个合理的假设。特别是台内蓄水池造法,言之凿凿,很可能是作者亲眼所见。

六、讨论

明清战争、西学东渐之时代背景与澳门这块中西文明交汇之地,催生了西法炮学手册《祝融佐理》。《西洋火攻神器说》与《西法神机》则可视作该书的改编本。天启年间在澳门担任文案的何良焘参与编译《祝融佐理》。该书反映的欧洲火炮知识,除了源于柯拉多《实用炮学手册》(1586)这样的知名专著,很可能同时参考了普拉多两种未刊作品《铸炮全书》与《炮学指南》。普拉多曾在马尼拉居住,其著作抄本或由马尼拉流入澳门。16—17世纪,西班牙殖民帝国的全球网络不容忽视。

《祝融佐理》与西班牙系炮学文献之渊源具体如何产生?下面提出一种推测性的解释。

1620年代,葡萄牙仍处于西班牙王室统治下(1580—

---

① 王宏斌《清代前期海防:思想与制度》,北京:社会科学文献出版社,2002年,第103—104页。

1640)。澳门与马尼拉则独立运转,相互戒备,澳门葡人尤其不愿西班牙人影响其在中国沿海的特殊地位。传统上在东亚受葡萄牙保护的耶稣会也与西班牙支持的多明我、方济各会存在芥蒂。然而,荷兰舰队大举进入东亚海域,澳门与马尼拉有了共同的敌人,转而加强合作。

1620年,葡人驻日本商站传回消息,荷兰人企图夺取澳门。澳门议事会即派船前往马尼拉,请求援助,购买了7门"大口径火炮"。[①] 1622年5月29日,又有4艘马尼拉帆船抵达澳门,运送武器给养,包括12门火炮。同年6月23、24两日,荷兰东印度公司—英国联合舰队攻澳,遭遇顽强抵抗,荷兰登陆部队损失惨重,最后逃离澳门海域。[②] 澳门方面唯恐敌军卷土重来,一面在本地募兵加饷,一面派人前往马尼拉求援。菲律宾总督随即派出费尔南多·达·席尔瓦(Fernando da Silva)率领100多名军士抵达澳门,襄助防守[③];同时援助了若干门火炮,并派遣了一名铸炮师。[④] 澳方着手兴办铸炮厂,1623年11月之前建成,即所谓"王家铸炮厂"。[⑤] 1624年4月30日,澳门议事会开列支付西班牙人及马尼拉当局款项

① 雷戈《澳门的建立与强大记事》,文化杂志编《十六和十七世纪伊比利亚文学视野里的中国景观》,郑州:大象出版社,2003年,第198页。
② 汤开建、金国平主编《澳门编年史·第一卷 明中后期(1494—1644)》,第366—370页。
③ 崇祯元年(1628),葡萄牙军官公沙的西劳受命领队赶赴北京,六名炮手中的金答(Pedro do Quintal)曾在马尼拉炮台任职,或即随席尔瓦来澳者。参见董少新、黄一农《崇祯年间招募葡兵新考》,第70页。
④ Emma Helen Blair and James Alexander Robertson, eds., *The Philippine Islands 1493-1898*, vol. 22 (Cleveland: The Arthur H. Clark Co., 1905), 137.
⑤ 雷戈《澳门的建立与强大记事》,文化杂志《十六和十七世纪伊比利亚文学视野里的中国景观》,第200—201页。

中,载有"支付马尼拉王室金库大炮和弹药费用 6 682.5 比索。支付费尔南德斯(Pellajo Fernandes)铸炮费用 1 307 比索"。[①] 1625 年,著名铸炮师博卡罗自果阿抵达澳门,接管铸炮厂,此时该地的负责人还是一名来自马尼拉的西班牙人。[②] 由此可见,马尼拉派往澳门的铸炮师,很可能便是费尔南德斯。[③] 1632 年之前,澳门共建成八座炮台。1622—1629 年间兴建的妈阁炮台,即由西班牙军事工程师莫拉莱斯指导建成。[④]

　　这些线索显示,1620 年代前叶,澳门需要从马尼拉获得军火与技术支持,人员流动频繁。普拉多既是军事工程专家,又曾在马尼拉停留(1607—1608),其著作可能在当地专业人士间流传。十余年后,马尼拉的西班牙军事技术人员当拥有此类专业书籍(包括柯拉多的名作《实用炮学手册》),进而携入澳门。恰逢明朝方面着手引进西洋大炮,急需编译手册,相关文献,因缘际会,翻为华言。何良焘与费尔南德斯、莫拉莱斯等人或有互动,亦未可知。此外需要注意的是,《祝融佐理》并非欧洲作品之单纯翻译,特别有关熟铁炮锻造技术、双层铁炮技术,以及铳台建筑工艺的记载,很可能反映了 16 世纪 20 年代澳门军事工程的实地经验,具有中西技术传统融合之特色。

---

① Miguel Rodrigues Lourenço and Elsa Penalva, eds., *Fontes para a história de Macau no século XVII* (Lisboa: Centro Científico e Cultural de Macau, 2009), 88 - 89. 感谢李庆先生译示本条史料。

② 金国平、吴志良《澳门博卡罗铸炮场之始终》。

③ 汤开建《天朝异化之角:16—19 世纪西洋文明在澳门》,广州:暨南大学出版社,2016 年,第 777 页。

④ María de Lourdes Rodrigues Costa, "História da Arquitecura em Macau," 203.

附 火炮参数比较表

表 7 - A - 1 火炮射程数据比较表（一）*

文献出处	火炮名称	弹量	0°	7.5°	15°	22.5°	30°	37.5°	45°
Prado	falconete	2	330 (320)	704	1 408	2 112	2 640	2 970	3 200
Firrufino	falconete	2	320	704	1 408	2 112	2 640	2 970	3 200
祝融佐理	—	—	—						
西法神机	—	—	—						
西洋火攻神器说	大佛郎机铳	1—2	320						3 200
Prado	falconete	4	400	880	1 760	2 640	3 300	3 712	4 000
Firrufino	falconete	4	400	880	1 760	2 640	3 300	3 712	4 000
祝融佐理	—	—	—						

* 据 Prado《炮学指南》1603 年本射程表，括号内注 1591 年本射程表相异数据；
Firrufino《炮学简要》(1626)与《炮学指南》相异数值作斜体；
弹量单位：lb/斤；射程单位：paso/步；一步合二尺。

（续表）

文献出处	火炮名称	弹量	0°	7.5°	15°	22.5°	30°	37.5°	45°
西法神机	西洋神器三号铳	2	**400**	880	1 770	2 650	3 860	4 000	—
西洋火攻神器说	大佛郎机铳	**4**	**400**						**4 000**
Prado	sacre	6	450	990	1 980	2 970	3 742	4 176	4 500
Firrufino	sacre	6	420	990	1 980	2 970	3 742	4 176	4 500
Prado	media culebrina	8	500	1 100	2 200	3 300	4 125	4 640	5 000
Firrufino	media culebrina	8	500	1 100	2 200	3 300	4 125	4 640	5 000
Prado	media culebrina	**10**	**550**	1 210	2 420	3 630	4 837	5 104	**5 500**
祝融佐理	半蛇铳	**10**	**550**						**5 500**
西法神机	半蛇铳	**10**	**550**						**5 500**
西洋火攻神器说	半蛇铳	**10**	**550**						**5 500**
Prado	media culebrina	**12**	**600**	1 320	2 640	3 960	4 750	5 346	5 700
Firrufino	media culebrina	**12**	**600**	1 320	2 640	3 960	4 750	5 346	5 700
祝融佐理	半蛇铳	**12**	**600**						5 600
西法神机	半蛇铳	**12**	**600**						5 600
西洋火攻神器说	半蛇铳	**12**	**600**						5 600

（续表）

文献出处	火炮名称	弹量	0°	7.5°	15°	22.5°	30°	37.5°	45°
Prado	culebrina	15	650	1 430	2 860	4 290	5 150	5 720	6 180
Firrufino	culebrina	15	650	1 430	2 860	4 290	5 550	5 720	6 180
祝融佐理	半蛇铳	15	650						6 180
西法神机	半蛇铳	15	650						6 180
西洋火攻神器说	半蛇铳	15	650						6 180
Prado	culebrina	18	700	1 487	2 974	4 516 (4 759)	5 419 (5 944)	6 380 (6 604)	6 800
Firrufino	culebrina	18	700	1 487	2 974	4 759	5 944	6 604	6 800
祝融佐理	大蛇铳	18	700						6 800
西法神机	大蛇铳	18	700						6 800
西洋火攻神器说	大蛇铳	18	700						6 800
Prado	culebrina	20	720	1 560	3 150 (3 120)	5 000 (4 994)	5 990 (5 986)	6 587 (6 584)	7 200 (7 022)
Firrufino	culebrina	20	720	1 560	3 112	4 994	5 986	6 584	7 022
祝融佐理		20	720						7 022
西法神机	大蛇铳	20	720						7 200
西洋火攻神器说	大蛇铳	20	720						7 200

（续表）

文献出处	火炮名称	弹量	0°	7.5°	15°	22.5°	30°	37.5°	45°
Prado	culebrina	22	800	1 737 (1 733)	3 466	5 546	6 469	7 120 (7 115)	7 355
Firrufino	culebrina	22	800	1 738	3 466	5 546	6 469	(7 115)	7 355
祝融佐理	大蛇铳	21	820						7 355
西法神机	大蛇铳	22	820						7 210
西洋火攻神器说	大蛇铳	27	820						7 355
Prado (1591)	culebrina	(25)	(900)	(1 980)	(3 960)	(5 940)	(6 682)	(7 127)	(7 269)
Firrufino	culebrina	25	900	1 980	3 960	5 940	6 622	7 127	7 269
祝融佐理	大蛇铳，	25	900						7 269
西法神机	——								——
西洋火攻神器说	大蛇铳	25	900						7 269
Prado	tercio cañon	12 (10)	500	1 033	2 066	2 581 (2 754)	3 064 (3 213)	3 300 (3 427)	3 300 (3 540)
Firrufino	tercio cañon	10	500	1 033	2 066	2 345	3 213	3 427	3 540
祝融佐理	半鸠铳①	10	500						3 540

① 半鸠铳，应作鹰隼铳。

（续表）

文献出处	火炮名称	弹量	0°	7.5°	15°	22.5°	30°	37.5°	45°
西法神机	鹰隼铳	**10**	**500**						**3 540**
西洋火攻神器说	鹰隼铳	**10**	**500**						**3 540**
Prado	medio cañon	16	**600**	1 280	2 560	3 400 (3 413)	3 980 (3 981)	4 246	4 380 (**4 387**)
Firrufino	medio cañon①	16	**600**	1 280	2 560	3 413	3 981	4 246	(**4 387**)
祝融佐理	大鹗铳	18	**600**						4 587
西法神机	枭啄铳	18	**600**						**4 387**
西洋火攻神器说	枭啄铳	18	**600**						**4 387**
Prado	medio cañon	**20**	**700**	1 540	3 080	3 620 (4 106)	4 090 (4 890)	4 526 (5 216)	**5 389**
Firrufino	medio cañon②	**20**	**700**	1 540	3 080	4 106	4 890	5 630	**5 389**
祝融佐理	倍大鹗铳	**20**	**700**						**5 389**
西法神机	半鹗铳	**20**	**700**						**5 389**
西洋火攻神器说	—	—	—						—

① 大鹗铳，应作枭啄铳。
② 倍大鹗铳 应作半鹗铳。

（续表）

文献出处	火炮名称	弹量	0°	7.5°	15°	22.5°	30°	37.5°	45°
Prado	medio cañon	25	750	1 600 (1 700)	3 200 (3 400)	3 800 (4 533)	4 434 (5 288)	4 800 (5 640)	5 600 (5 830)
Firrufino	medio cañon	25	750	1 700	3 400	4 533	5 288	4 814	4 900
Prado	**cañon**	**30**	**800**	**1 866**	**3 421**	**4 227 (4 272)**	**4 636**	**4 814**	**4 900**
Firrufino	cañon	30	800	2 040	3 570	4 284	5 163	5 766	5 834
祝融佐理	—	—	—						—
西法神机	大鸟铳	30	800						4 900
西洋火攻神器说	—								
Prado	**cañon**	**35**	**850**	**2 040**	**3 570**	**4 284**	**4 613**	**4 766**	**4 834**
祝融佐理	—	—	—						—
西法神机	大鸟铳	35	850						4 834
西洋火攻神器说	—								
Prado	**cañon**	**40**	**900**	**2 220**	**3 700**	**4 316**	**4 490**	**4 780**	**4 792 (4 622)**

（续表）

文献出处	火炮名称	弹量	0°	7.5°	15°	22.5°	30°	37.5°	45°
Firrufino	cañon	40	900	2 270	3 700	4 316	4 790	4 800	5 622
祝融佐理			—						—
西法神机	倍大鹁铳	40	900						4 622
西洋火攻神器说	[残缺前半]	—	—						4 622
Prado	cañon	45	950	2 400	3 800	3 947	4 464	4 620	4 700
				(2 600)	(3 804)	(4 386)	(4 564)	(4 640)	(4 628)
祝融佐理			—						—
西法神机	倍大鹁铳	46	950						4 728
西洋火攻神器说	倍大鹁铳	46	950						4 728
Prado	cañon	50	1 000	2 500	3 900	4 000	4 486	4 550	4 660
				(2 600)		(4 613)	(4 532)	(4 622)	(4 655)
祝融佐理			—						—
西法神机	倍大鹁铳	50	1 000						4 655
西洋火攻神器说	倍大鹁铳	50	1 000						4 655
Prado(1591)	cañon	(60)	(1 100)	(2 932)	(4 152)	(4 600)	(4 600)	(4 670)	(4 600)

表7-A-2 火炮射程数据比较表(二)(《炮学指南》所无条目)

	祝融佐理	西法神机	西洋火攻神器说
倍大蛇铳	30,平910,仰7190*	——	30,平980,仰7190
大子母战铳**	10,平820,仰8200	10,平820,仰8200	——
大子母战铳***	15,平960,仰9600	10,平960,仰9600	——
以上战铳			
虎嘡铳	50,平2000,仰8900	70,平2000,仰8900	——
	100,平4000,仰16000	100,平4000,仰16000	——
飞彪铳	150	150	150
以上攻铳			
鸟铳	——	——	6—7钱,平80,仰430
大鸟铳	——	——	1.2两,平200,仰1000

* "30,平910,仰7190",即用弹30斤,平射910步,45°仰射7190步,余可类推。

** 大子母战铳(祝)/大佛郎机铳(西)。

表7－A－3　虎蹲铳与神威大将军参数比较表

铳身材料	《祝融佐理·虎蹲铳》 铜		神威大将军（1638） 生铁	A
铳口空径（a）	五寸至一尺	a	10.5 cm	A
铳身倍径（铳口至火门）	十八径或二十五径	18a 或 25a	234 cm	22.3A
火门前腹直径	四径	4a		(3.6A)*
火门前腹外围	十二径七分有三	12.4a	119 cm	11.3A
铳耳前腹直径	三径半	3.5a		(3.3A)
铳耳前腹外围	十径七分有五	10.7a	109.5 cm	10.4A
铳口后一径处直径	三径	3a		(3A)
铳口后一径处外围	九径七分有二	9.3a	97.5 cm	9.3A
火门至铳尾厚处	一径	a	11 cm	A
火门距铳耳	铳身十八径八径；铳身二十五径者十一径	8a 或 11a	84 cm·	8A
耳际	一径弱	a	12 cm	1.1A
耳前至铳口	空径十八径者九径；二十五径者十三径	9a 或 13a	138.5 cm	13.1A

* 括号内为换算值。

第八章

守圉增壮——明末西洋筑城术之引进[①]

明朝末年,内忧与外患并存。有识之士,蒿目时艰,究心兵学。信奉天主教的士大夫,如徐光启(1562—1633)、李之藻(1565—1630),大力提倡采用欧式火炮。明廷多次自澳门购炮加以仿造,同时招募葡萄牙人传授与操作技艺。与此同时,欧洲风格的新型防御工事,不仅出现在 17 世前叶的澳门、澎湖、台湾,也通过各种途径传入中国内地。

明末清初西洋火炮之研究,久为学界关注,成果甚为可观。[②] 火炮与筑城,联系紧密,如公输墨翟,相反而相生。研究者已然注意到徐光启、孙元化提倡以"西洋法"建造"铳台"之努力。[③] 然而,明清之际欧洲防御工程技术传华史事,尚多未

① 本文最初发表于《自然科学史研究》2011 年第 2 期,增订稿收入中国科学院自然科学史研究所、中国科学院传统工艺与文物科技研究中心编《鉴古证今:传统工艺与科技考古文萃》,合肥:安徽科学技术出版社,2013 年,第 485—509 页。本章略有修订和补充。
② 黄一农的研究最具代表性,论文目录见:http://hss.nthu.edu.tw/~ylh/chinese.htm
③ 王庆余《徐光启与炮台建筑》,席泽宗、吴德铎主编《徐光启研究论文集》,上海:学林出版社,1986 年,第 182—186 页。王兆春《中国科学技术史·军事技术卷》,北京:科学出版社,1998 年,第 242—244 页。林文照、郭永芳《明末一部重要的火器专著〈西法神机〉》,《自然科学史研究》1987 年第 3 期。黄一农《天主教徒孙元化与明末传华的西洋火炮》,《"中央"研究院历史语言研究所集刊》第 67 本(转下页)

发之覆。明代介绍西洋筑城术,内容最为丰富的传世文献,保存在《守圉全书》(1636)中,值得深入研究。崇祯末年,中国内地实际存在之西式防御建筑,亦有待探讨。本章首先介绍徐光启引进西法铳台之努力与影响,探索其筑城知识来源——既有来自澳门的耶稣会士,也有了解马尼拉的闽南人士。其次,考察孙元化之铳台方案与实践。再次,以《守圉全书》所载西洋筑城术为中心,探讨其编译过程、底本来源,以及韩云、韩霖兄弟推动西法筑城之努力。再次,揭示马维城建造多座西洋锐角台始末。附论晚清之前西洋筑城术知识的流传。最后,对明清之际西洋筑城术夭折之命运,稍加讨论。本章期望,通过扩充史料,为进一步探索欧洲筑城术传华之历史意义,拓展基础。

一、徐光启与西洋铳城

(一) 京师敌台

文艺复兴时期的欧洲,防御工事(或云筑城术)发生了重大变革。15世纪中期,重型火炮对传统防御体系提出严峻挑战,新型防御工事应运而生。经过长期的演变,1530年前后,棱堡式防御体系,即所谓"意大利式要塞"(*trace italienne*)趋

(接上页)第4分,1996年。郑诚《守圉增壮——明末西洋筑城术之引进》,《自然科学史研究》2011年第2期。庞乃明《欧洲势力东渐与晚明军事工程改良》,《东岳论丛》2011年第7期。冯震宇、高策《〈守圉全书〉与明末西方传华铳台技术》,《自然辩证法通讯》2013年第6期。冯锦荣《西洋炮台筑城学典籍在东亚的传播》,王宏志主编《翻译史研究(2014)》,上海:复旦大学出版社,2015年,第107—132页。

于成熟,大大增强了防御能力,至 16 世纪后期,已为西欧各国
普遍采用。① 围城战的攻守双方,在技术手段上,再次取得一
定平衡。17—18 世纪间,棱堡式防御体系高度发达,此后渐
趋过时,然而直到 19 世纪后期,仍是军事工程的组成部分。②

　　1584 年 9 月,利玛窦(Matteo Ricci,1552—1610)对中国
的防御工事有这样的评论:

> 　　他们确实拥有大量的要塞,城市也都有着高耸的城
> 墙,但这些城墙并非是根据几何原理而修筑,既无[防御
> 侧面火力的]横墙(traveses),亦无城壕沟堑。③

　　此时的利玛窦来华不过两年,足迹未出粤省,所历府城,
仅广州、肇庆,所言未免偏颇。然而,利氏敏锐的察觉到中西

---

① 本文中,棱堡(bastion)特指一种突出要塞主体或城墙的多边形堡垒,明清之际
　(17 世纪中期)称为"锐角台";晚清时期(19 世纪后叶)有"凸角"(《营城揭要》《营
　垒图说》,约 1875 年)、"城角、城堡障"(《法汉合璧字典》,1891 年)等多种译法。
　今日通行的"棱堡"一词,或系 20 世纪早期借自日语新词"稜堡"。
② Bert S. Hall, *Weapons and Warfare in Renaissance Europe: Gunpowder, Technology,
　and Tactics* (Baltimore: Johns Hopkins University Press, 1997), 158 - 163.
　Thomas F. Arnold, *The Renaissance at War* (London: Cassell, 2001), 35 -
　47. 辛格等主编《技术史·第 3 卷: 文艺复兴至工业革命(约 1500 年至约 1750
　年)》,高亮华、戴吾三译,上海:上海科技教育出版社,2004 年,第 255—257 页,
　"防御工事"。
③ 利玛窦致马尼拉王家财库管理人罗曼(Juan Bautista Román)书,1584 年 9 月
　13 日撰于肇庆。参见 Pietro Tacchi Venturi, ed., *Opere storiche del P. Matteo
　Ricci*, Vol. 2, *Le Lettere dalla Cina* (Macerata: Premiato Stabilimento Tipografico,
　1913), 48. 译文转引自史景迁《利玛窦的记忆之宫》,陈恒、梅义征译,上海:上海
　远东出版社,2005 年,第 60 页。1584 年,罗曼奉派前往澳门处理西班牙商船哗变
　事件,趁机搜集中国资料,并与利玛窦通信。此人编写了一部报告书《中国风物
　志》(附录利玛窦来信),怂恿菲利普二世派兵征服中国,其中也谈及中国城池防御
　的缺陷,大致复述利玛窦之语。参见罗曼《中国风物志》,文化杂志编《16 和 17 世
　纪伊比利亚文学视野里的中国景观》,郑州:大象出版社,2003 年,第 121—
　128 页。

城防设计存在明显差异,中国城墙并非根据"几何原理"修筑。换言之,这里的城池还没有为真正的火炮战争做好准备。

万历四十七年(1619)三月,萨尔浒之役明军惨败,后金对明战争转守为攻。同年六月二十八日,少詹事徐光启上《辽左阽危已甚疏》,首言"亟造都城万年敌台,以为永永无虞之计"。提议在京师四面,新建大型敌台十二座,"高与城等,分为三层,下层安置极大铳炮,中层上层以渐差小。台径可数丈,每台约用精兵五百人";同时将旧制敌台改造为"三角三层空心式样",内置大炮。① 三角形正是棱堡的显著特征。

天启元年(1621)三月,明军在辽东战场节节失利,沈阳、辽阳相继失守。四月十九日,光禄寺少卿李之藻上《制胜务须西铳疏》,主张调运西铳,募集澳门铳师,并召耶稣会士阳玛诺(Manuel Dias,1574—1659)、毕方济(Francesco Sambiasi,1582—1649)进京,协助传习炮术。② 四月二十六日,徐光启又上《谨申一得以保万全疏》,痛陈连战失利,乃因列兵城壕之外,望风瓦解。更可虑者,火器悉以资敌,多寡之数反有不及。力倡整顿大炮,凭城固守。申取西洋炮、纠工铸炮、西法造台三策。"依臣原疏,建立附城敌台,以台护铳,以铳护城,以城护民","一台之强,可当雄兵数万,此非臣私智所及,亦与蓟镇诸台不同,盖其法即西洋诸国所谓铳城也"。③

---

① 徐光启《徐光启集》,王重民辑校,上海:上海古籍出版社,1984年,第106—116页。
② 徐光启《徐光启集》,第179—181页。
③ 徐光启《徐光启集》,第173—177页。按,隆庆间万历初,戚继光主持蓟镇军务,大量修筑之空心敌台,即徐光启所谓"蓟镇诸台"。参见王兆春《中国科学技术史·军事技术卷》,第237—238页。

　　天启元年五月一日,兵部尚书崔景荣上奏,针对李、徐前疏,述购募西铳始末,支持徐光启据西洋法建立敌台之议,"宜行工部详议而行"。得旨,"敌台着工部速议奏"。[①] 五月初九,徐氏再上《台铳事宜疏》,"请急造台铳,为城守第一要务"。谓"造台之人,必须精通度数",力荐李之藻专任此事。徐氏明言,"然此法传自西国,臣等向从陪臣利玛窦等讲求,仅得百分之一二。今略参以己意,恐未必尽合本法"。"毕方济、阳玛诺等尚在内地,携有图说",宜速访求。徐光启提出,防卫京师,最大之台需造六座,费用高昂,然"此事所关,久远重大,不宜节省",请特赐内帑。[②] 五月二十四日,工部尚书王佐(1553—?)会同徐光启、李之藻、协理京营戎政李宗延并科道官凡二十人,巡视西便门城楼,参考徐光启所造木台模型,讨论城防办法。合议结论:重城辽阔,角楼低小,不便防守,应先建敌台二座,以资掎角。六月,徐光启与李之藻商酌,木造台式一具,以代图样,同时开具敌台设计规划,附录预估材料数目,移文工部。王佐对徐光启之方案极表赞成,谓一旦解决经费,即可动工。六月二十五日,方案经工部营缮司略加修改,李之藻核定预算,建造单个敌台,物料、运费,工价等项,合计银价约四万五千两。[③]

---

① 徐光启《徐光启集》,第 181—183 页。
② 徐光启《徐光启集》,第 187—189 页。
③ 徐光启《徐光启集》,第 193—206 页。徐光启《移工部揭帖》涉及敌台体积的计算步骤,有研究者认为,其中蕴含了计算旋转体体积的 Pappus-Guldin 定理(特例)。参见许康《徐光启铳台方案所用的计算》,《安徽师范大学学报》(自然科学版)"科技史研究专辑",1993 年,第 35—39 页。转引自李迪《中国数学通史·明清卷》,南京:江苏教育出版社,2004 年,第 137—138 页。

徐光启计划建造圆形附城敌台。台形正圆"以便三面打击"，一面接城角，用砖石筑。墙高四丈（"度用浙尺"，一丈约2.5米）[1]，厚一丈，外径十五丈。台体中空，内分两层，下层三面开铳眼十六个。台顶有胸墙，开铳眼二十一个。中心立八角形三层望楼，高五丈，径四丈，上二层各开铳眼四个。[2]

七月，徐光启作《略陈台铳事宜并申愚见疏》，分析未来战守形势。鉴于金军已在野战中运用轻型火器（自明军夺取者），且战法甚精，预计在攻城战中，敌方将会先用大铳击坏城堵，至城上守军无法站立反击，再行登城。故守城必造敌台，必造大小火铳，"有铳而无台，无坚甲利兵，犹手持太阿之剑而无柄也"。京师建台，乃固本之计，经费无着，再请赐发内帑。[3] 同月，徐氏被言官弹劾，该疏草成而未上。未几托病辞职。费尽心力经营之台造抗敌计划，事遂中止。[4]

天启元年，耶稣会士阳玛诺、龙华民（Niccolò Longobardo,

---

① 军事科学院主编《中国军事通史·第15卷·明代军事史》，北京：军事科学出版社，1998年，第873页。

② 徐光启《徐光启集》，第193—202页。棱堡的突出优点，在于相邻各堡形成火力支援，消除射击死角，如仅修一座，则无从尽展其长。徐光启之附城敌台方案，颇为类似15世纪中期法国、佛兰德斯等地流行的炮塔（Artillery Tower）。棱堡出现之前，炮塔是一种对抗火器较为先进的防御工事。护墙厚度多在2米以上，平面或圆或方或作多边形不一，大都依附原有堡垒外墙而建；内部至少二层，安设多处炮眼，配备火药武器。炮塔突出城壁，可发挥侧射火力，保护城墙。参见 Kelly DeVries, "Facing the New Technology: Gunpowder Defenses in Military Architecture before the *Trace Italienne*, 1350 – 1500," in *The Heirs of Archimedes: Science and the Art of War through the Age of Enlightenment*, edited by Brett D. Steele and Tamera Dorland (Cambridge, MA: MIT Press, 2005), 37 – 71.

③ 徐光启《徐光启集》，第206—209页。

④ 梁家勉《徐光启年谱》，上海：上海古籍出版社，1981年，第142页。

1559—1654)抵达北京。此前受南京教案影响,1617 年,南北二京的耶稣会士被遣返澳门。徐光启等人利用引进西铳之机,帮助传教士重获在华公开活动的许可。天启二年、三年间,阳玛诺多次参与兵部会商。1622 年 7 月 20 日,阳玛诺自北京致信耶稣会总会长维泰勒奇(Mutio Vitelleschi,1563—1645),报告向明廷提供的技术支持,认为此举对传教事业大有裨益。特别谈到,如能将中国修会拥有的军事工程书籍献给朝廷,回报当甚为可观。[①] 所谓军事工程书籍,应是欧洲出版的炮学与筑城专著。1623 至 1635 年,阳玛诺担任中国传教区负责人(副省会长)。天启崇祯间,耶稣会士陆若汉(João Rodrigues,1561—1633)协调澳门派兵运铳,高一志(Alfonso Vagnone,1568/1569—1640)、汤若望(Johann Adam Schall von Bell,1591—1666)译介欧洲军事技术,以至汤若望直接为明廷造炮,出力甚多。各种形式的军事援助成为传教士在中国立足的筹码。

　　徐光启从未忘却造台计划。崇祯二年(1629)十一月,金兵一度逼近北京。约在十二月间,徐光启草拟应敌继行事宜,其一曰:"都城万全之计,必赖大小炮位。其铳台必须大者,只于城台两旁各造一锐角台,以备城门。内城西北,外城西南,各造一台,以备纡曲。"[②]己巳之变方歇,崇祯三年正月初二,徐氏(时任礼部侍郎)上《酌虏暂东绸缪宜亟谨述初言以备战

---

① Henrique Leitão, "The Contents and Context of Manuel Dias' *Tianwenlüe*," in *The Jesuits, the Padroado and East Asian Science (1552 -1773)*, edited by Luis Saraiva and Catherine Jami, (Singapore: World Scientific, 2008), 99 - 121.
② 徐光启《徐光启集》,第 277—278 页。

守疏》。第一款即"建造铳台",提议于京师内外十三门,各造"虎牙台二座";见在敌台,大都以相去一里二里为率,外接建"空心三层锐角台",周城约四十座。要点在加急改造现有建置,费省工速,"但欲尺尺寸寸,皆炮力所及"。^① 可见其借鉴西法铳台,意在消除射击死角,充分发挥火炮效力。然此事亦不了了之。终明之世,北京未能以西法构筑敌台。徐氏为守城制器,疏凡二十余上。"乃屠龙之技无用,广陵之散不传。惟西洋大炮,功已见于天下,而不知谁之功。铳台之议,终作道旁之筑。"^②

徐光启的造台方案,彼时并非全无实际影响。崇祯三年四月,范景文(1587—1644)以右佥都御史出镇通州。^③ 四年八月,上《议建敌台疏》,申明通州为京师咽喉,亟当巩固防守,欲自筹经费,兴建敌台。略云:

> 敌台者,紧附城外,虚中以安神器,三面横击,出奇无穷。在我上下无畏,而敌不敢逼,一逼立遭糜烂。护城之法,莫妙于此。故曰有城无台,犹如无城,台非其制,犹如

---

① 徐光启《徐光启集》,第284—288页。徐氏云:"惟德胜门至西直门,广宁门至南角楼两处纡曲,特宜建台二座,费亦不多。"按,北京城自嘉靖间扩建外城后,城墙轮廓基本确定,延续至20世纪。参考清末民国间实测城图、《明代北京城复原图》,仅内城西北、外城东南,有两处明显抹角,其余城角大体均为直角(参见徐平芳《明清北京城图》,北京:地图出版社,1986)。内城西北者,显然便是徐光启所谓"德胜门至西直门"间纡曲。至于"广宁门至南角楼"则在外城西南,而非后世所熟知的外城东南抹角(广渠门南,左安门北)。"广宁门"恐系"广渠门"之误。
② 韩霖辑《守圉全书》卷一,28a,崇祯九年刻本,《四库禁毁书丛刊补编》第32册,第446页。韩霖识语。
③ 范景文,字梦章,号质公,吴桥人,累官至工部尚书兼东阁大学士,甲申于京师自尽殉国。范景文万历癸丑科(1613)进士(诗经),徐光启为是科分考官(春秋),然非范氏房师。

无台。是城所以卫人，而台又所以卫城也。①

　　崇祯三年，通州建成扇形炮台两座。康熙《通州志》(1697)
云："督部范景文同通州道张春、总兵杨国栋阅视，谓旧城东北受
冲，新城西南临晒米厂，可容万马，更受敌冲，遂各建台一座。形
如扇，自左至右，长十二丈，高三丈七尺，分下中上三层，俱有炮
门"，"置铳炮、伏郎机等为守城"。② 按乾隆《通州志》(1783)，新城
西南之台年久倾圮填平，旧城东北者尚坚固如式。③ 光绪《通州
志》(1879)"城池图"绘入"敌楼"(旧志城图所无)，旧城东北附城
者似三角形(图8-1)，新城西南附城者类扇形(图8-2)。④

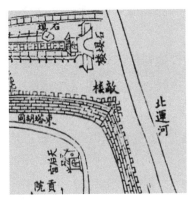

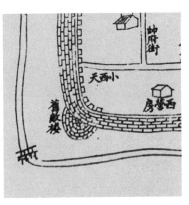

图8-1　通州敌楼·旧城东北　　**图8-2　通州敌楼·新城西南**

① 范景文《范文忠公初集》卷三，16a—17b，中国国家图书馆藏康熙十二年刻本。范
　氏于通州开局，制造军器，"若炮、若枪、若刀斧，共成三千四百余件"(前揭书卷四，
　1a—2b，《恭报公费缮器疏》)；至南京兵部尚书任上(1635)，"沿江要害计设台座凡
　七，费可三千缗"，其一在新江口(卷六，13b—15a，《新建敌台记》)。
② 吴存礼纂修《通州志》卷二，4a—b；卷六，16a，中国国家图书馆藏康熙三十六年刻本。
③ 高天凤修，金梅纂《通州志》卷二，4b—5a，乾隆四十八年刻本，《华东师范大学图书馆藏
　稀见方志丛刊》第18册，北京：北京图书馆出版社，2005年，第270页。
④ 高建勋修，王维珍纂《通州志·城池图》，3a—4b，光绪五年刻本，《新修方志丛刊》，
　台北：台湾学生书局，1968年。按，旧城西南者既久已填平，绘图或出于想象。旧
　城东北者又与"形如扇"之说不符。存疑待考。

通州扇形台今已不存。志书所记扇形台体量、形制,与徐光启圆形敌台方案颇为相似。范景文对新法筑城术甚为关心,所编《战守全书》(1638)将徐光启论造台事宜疏、圆形敌台方案、工料预算等文件一并收入(当摘自《徐氏庖言》)。[1] 同书又录何良焘《铳台说》,解说西式要塞设计、施工之法。范景文修筑通州扇形空心台,似乎部分实现了徐光启的造台方案。

(二) 吕宋铳城

徐光启获得欧洲筑城术知识主要有两个渠道。一为前述之耶稣会传教士;另有一不大为人注意的来源,即往来菲律宾的闽粤商民。

隆庆元年(1567),明廷有条件地开放漳州月港,福建通番风潮大盛。16 世纪的最后三十年间,估计有 630 艘帆船载运近二十万人次从月港抵达菲律宾。万历年间,马尼拉的华人一直维持在数千至两三万之谱。[2] 多数都是漳州、泉州二府的闽南人。

据崇祯间嘉定人沈弘之[3]记载,万历三十二三年间,商人

---

[1] 范景文辑《战守全书》卷十,25a—46b,崇祯十一年刻本,《四库禁毁书丛刊》子部第36 册,第 397—408 页。《战守全书》收录西法炮学、筑城相关资料颇多,往往附有沈弘之按语。沈氏编有《城守全书》《武事全书》(未刊),范氏或参用其稿。

[2] 黄一农《明末萨尔浒之役的溃败与西洋大炮的引进》,《"中央"研究院历史语言研究所集刊》第 79 本第 3 分,2008 年,第 397 页。

[3] 沈弘之,一名弘功,字茂之,嘉定高桥镇(江东)人。天启五年(1625)入袁崇焕幕。袁氏议撤毛文龙,弘之不合,辞去。崇祯四年(1631)应冯铨聘,辑《武事全书》。崇明沈廷扬捐武英殿中书,崇祯十三年上《海运策》,疏出弘之手。后数年,廷扬奔走南北办理粮饷海运,弘之助之。顺治三年,廷扬率舟师反清,兵溃被擒,七月于南京就义。弘之返乡终老,卒年八十二。沈弘之生平,参见赵昕修、苏渊纂(转下页)

伍继彩在吕宋(菲律宾),闻"买卖"(马尼拉)东门之"铳城"威力巨大,万历三十一年曾击死中国人数万[1],乃设法入内纵观,"城有三层台,下则有极大铳,即以击死数万人者,以上渐小"。伍氏继而偷运善于造铳之闽人李姓父子回国,至北京投书兵部,欲立奇功而未果。徐光启在京任官,与伍继彩结识,得闻西人火炮、堡垒规制:

> 时玄扈徐公方成进士,居翰林,奇其人而识之。已而徐公又从西洋利玛窦得其说,益讲明之。迨万历四十六年建州夷奴儿哈赤乱,寇陷辽阳边堡,我师征之,大为所败。四十七年,徐公以詹事府少詹事兼河南道御史练兵,招继彩至,议欲铸大铳,令访李姓者。继彩往一年不返。徐公贻书闽抚促之,则李姓父子已(先)[死?],继彩购他工之能者六人至。则徐公已谢兵事矣。[2]

万历四十七年九月,徐光启获准练兵通州,陈奏急切事宜,征求器械一款有云:"福建监生伍继彩,自言同乡有能造(海)[西?]洋极大铳炮者及教师林某等,皆需自往访觅,亦应作速遣行。"[3]此说与沈氏所言正相符合。"教师林某"与"李姓者"

(接上页)《嘉定县志》卷十六,30b—31a,康熙十二年刻本,《中国地方志集成·上海府县志辑》第 8 号,第 744—745 页;程其珏修,杨震福等纂《嘉定县志》卷十九,14b,光绪八年刻本,《中国地方志集成·上海府县志辑》第 8 号,第 400 页;佚名纂《江东志》,占旭东、贺姝玮整理,上海:上海社会科学院出版社,2006 年,第 107 页,第 163—169 页。

[1] 指 1603 年马尼拉屠华事件。原文作"万历二十一年",应是误刊。
[2] 范景文辑《战守全书》卷十,46a—50a。
[3] 徐光启《徐光启集》,第 126 页。《徐氏庖言》(卷一,43a,明刻本)删去此语。未删全本出自程开祐辑《筹辽硕画》卷三十,36a,明刻本,《国立北平图书馆善本丛书》,上海:商务印书馆,1937 年。

应是同一人,音近传讹。徐光启既与伍继彩面晤,林姓似当更为准确。

徐光启(1621)谓:"西洋诸国所谓铳城也。臣昔闻之陪臣利玛窦,后来诸陪臣皆能造作,闽广商民亦能言之。而刑部尚书黄克缵、浙江按察使陈亮采知之尤悉。亮采遗书克缵,又展转致书于兵部尚书崔景荣,力主此事,当在亟图,亦非独臣一人知之言之也。"①

伍继彩与李氏(或林氏)父子正是此类商民。他们所见到的铳城,乃是马尼拉老城(Intramuros)西班牙人修建之火炮堡垒。黄克缵(1550—1634,万历八年进士)与陈亮采(万历二十三年进士)同贯泉州府晋江县。泉州出洋谋生之商贾、工匠为数甚夥。陈亮采曾为庞迪我(Diego de Pantoja,1571—1618)《七克》作序,自述幼年时即有"吾乡之舶于海者,与大西人游,归为余言天主耶稣之教"。② 万历四十七年,黄克缵协理京营戎政,命其侄"募同安善铸吕宋铜炮者十四人"进京,次年铸成铜炮二十八门,七门解往辽东。这批泉州府同安县的工匠,应有人在菲律宾接触过西班牙人的铸炮技术。③ 黄、陈二人因地利之便,颇具域外知识,故而支持徐光启造台之议。约在天启元年,另一位晋江人,监察御史苏琰(万历四十一年进士)则上疏朝廷,"陈吕宋铳城之法,其可当十万师"。当是

---

① 徐光启《徐光启集》,第 173—177 页。
② 陈亮采《七克篇序》,庞迪我《七克》,收入李之藻辑《天学初函》,《中国史学丛书》影印明刻本,台北:台湾学生书局,1978 年,第 701 页。按庞迪我《七克自序》,署万历甲寅(1614)孟冬既望。
③ 黄一农《明末萨尔浒之役的溃败与西洋大炮的引进》。

建议学习马尼拉的欧式防御工事,然未得回应。[①]

"铳城"一词,最初可能是闽南人对马尼拉老城防御建筑("吕宋铳城")的称呼,继而泛指火炮堡垒。徐光启先后提出之三层大敌台、圆形附城敌台方案,似与马尼拉铳城不无渊源。[②]

天启崇祯间,闽南地方官府,为防御海盗(特别是船坚炮利的荷兰人),修建了若干海岸要塞,多名为"铳城"或"铳台"。如天启三年,潮州府南澳县建立猎屿铳城。天启七年、崇祯二年,泉州府同安县先后建成鹧鸪口铳台、溜石铳台。崇祯初年,漳州府海澄县(月港所在地)修建大泥铳城、溪尾铳城。类似工事,其他地区大都称为"堡""敌台"或"炮台"。明末闽南铳城,是否借鉴了西式防御建筑(诸如澳门、马尼拉炮台、澎湖红毛城)?除文献考证外,更需实地勘察测绘,寻求考古证据。相关研究尚在起步阶段。[③]

二、孙元化与西洋台法

孙元化(1583—1632),字初阳,号火东,嘉定人。十九岁入

---

① 天启二年二月戊寅,御史江日彩上疏:"同官苏琰,陈吕宋铳城之法,其可当十万师,今未见议覆议筑而求三年之艾也。"参见《明熹宗实录》卷十九,11a—b(969—970)。

② 关于16、17世纪之西班牙殖民者建设马尼拉城防始末,参见 Robert R. Reed,"Intramuros: A City for Spaniards," chap. 5 in *Colonial Manila* (Berkeley: University of California Press, 1992)。

③ 近来已有学者根据方志、别集等文献,综述明末同安、海澄、晋江、南澳等地铳城(铳台)建设情况。参见庞乃明《欧洲势力东渐与晚明军事工程改良》,《东岳论丛》2011年第7期。

上海县学,师事徐光启,精算术、火器。万历四十年(1612)顺天
中举,此前已领洗入天主教。^① 天启二年(1622),孙氏投笔从
戎,历任赞画军需,兵部司务、主事、员外。崇祯三年(1630)六
月,升登莱巡抚,募用葡萄牙军士,教习火器。同为天主教徒
之王徵(1571—1644 年,任辽海监军道佥事)、张焘(? —
1632 年,历官东江前协副总兵)助之。登州一时成为"东陲之
西学堡垒"。^② 崇祯五年(1632)正月,吴桥兵变之叛军攻陷登
州,孙氏被执,三月释归。同年七月,孙元化与张焘于京师弃
市,王徵遣戍。亲天主教势力自此淡出军中。关于孙元化的
生平事迹与影响,前人已有出色研究。^③ 本节试图结合文献
资料与现存遗迹,着重考察孙元化推动建造西式铳台的言论
与实践。

天启二年正月,广宁失守,京师震动。孙元化恰因会试北
上,闻变疾驰入京。二月五日、七日,连上《防守京城》《并防边
关》二揭与当事诸公。"大略谓欲修守备在利器用,而器之能
及远者莫如铳。置铳于层台之上,可以杀敌于十里之外,因言
筑台造铳之法甚详。"^④第一揭云:"故铳以强兵,台以强铳。然
台有一定之形势面角,有一定之周径广狭,其直其折其平,有
绳矩;其虚其实,其屯营其更舍,有方位。稍不合法,不可用铳
也。"又云:"即敌已至台,而我高彼下,有互击法,有联击法,又

---

① 张世伟《登抚初阳孙公墓志铭》,《张异度先生自广斋集》卷十二,14a—26b,崇祯十
  一年刻本,《四库禁毁书丛刊》集部第 162 册,第 365—371 页。
② 方豪《中西交通史》,上海:上海人民出版社,2008 年,第 543—544 页。
③ 黄一农《天主教徒孙元化与明末传华的西洋火炮》。
④ 归庄《孙中丞传》,佚名纂《江东志》卷八,第 153—162 页。

皆铳台相乘以为功者。"第二揭更谓："今日之事，非铳不可用兵，非台不可用铳"，主动请缨，欲在京师并宣府以东各口，相度形势，"宜因者因，宜改者改，宜创者创"，建设铳台，进而教授将士守台用铳之法。[①]

是科会试孙元化落第。二月三十日（丙申），嘉定同乡吏科给事中侯震旸疏荐其才：

> 中国长技在火器，然火器用以临敌，必藉车，用以守城，必藉台。［中略］其铳台之法，宜讲精之者，现有举人孙元化，急宜留用，照法建制。[②]

未几，在东阁大学士孙承宗（1563—1638）的帮助下，孙元化获授经略衙门赞画军需一职，赶赴山海关，继而出关查看地形，接连向新任辽东经略王在晋（1567—1643）上书，"请分营兵以清城守，急修筑以扼要害，定三道关铳台，议一片石防守"，然"当事俱不能用"。[③]

孙元化《议三道关外筑铳台呈》（天启二年四月二十二日）略云：

> 独一片石之西十里，山海关之东十五里，适当三道关之口外，北倚峻岭，南望沧溟，我得见敌，敌不得困我。而左水右田，可盘营，可屯地，可设伏。就河而深之，可济渴。夏秋之交，盈渠汪洋，可遏渡。地利山形，无过于是。

① 韩霖辑《守围全书》卷一，36a—41a。
② 《明熹宗实录》卷十九，22a—b(991)。
③ 张世伟《登抚初阳孙公墓志铭》，《张异度先生自广斋集》卷十二，16a。

《上王经台乞定三道关山寨铳台揭》(五月初六日)更谓
"本职之出,专为台、铳,此以真见闻,愿为实事业也",请求王
在晋亲至三道关,"凭岭试望,则自此以东以西,莫有兼美如此
者",亟言"地不善必不敢筑台,台不成必不敢造铳,非吝台而
私铳也,政恐以不得地之台,为敌设垒,以不得台之铳,为敌助
器也"。①

八月,王在晋免职。九月,孙承宗至山海关督理军务。孙
元化入其麾下,题授兵部司务,受命"相度北山南海,设奇兵于
高深之间",于险要之地建台,并负责管理军器、火药。② 孙氏
进言:"处辽民、核器械、束营阵、设山台、结海营、修一片石防
守诸事,阁部皆纳之。于是始筑台造铳,城守之具渐修矣。"天
启三年,"又建议惟三道关缘山,芝麻湾并海,据险扼要,可立
营寨"。③ 同年,元化与上司孙承宗意见不合,求去。恰兵部正
欲引进西洋火炮,乃召其回部,实授兵部司务。四年,升职方
司主事。孙元化在边关任职的第一阶段遂告结束。

孙元化在《铳台图说》(天启二年八月十一日)中,简要说
明了西洋火炮的操作技巧与西洋铳台的设计方案。鉴于传统
方形马面(墙台)无法横击台下之敌,"故法宜出为锐角,锐角
者,犹推敌于角外,以就我击,故铳无不到,而敌无得近也"。
又云:

今筑城则马面台宜为小锐角,如第一图;城之四隅,

① 韩霖辑《守圉全书》卷二之一,65b—70a。
② 《明熹宗实录》卷二十六,15b(1316);卷二十九,6b(1444)。
③ 归庄《孙中丞传》,佚名纂《江东志》卷八,第153—162页。

宜为大锐角,如第二图;若止筑台,则或于四隅为大锐角,如第三图;或于四面各出小锐角,如第四图。城虚而锐角皆实,故城薄而锐角皆厚。台则体与角皆实皆厚矣。城用大铳于角,而鸟铳、弓矢助之於墙。台用大铳于中,而弓矢鸟铳助之于角。用大铳之处,旁设土筐,一以防铳,二以代堵 [中略] 角之锐也,外洋法也。[①]

从孙氏的描述与图示(图8-3)看来,大锐角台是一种实心棱堡。小锐角台则是方形马面的变体。土筐即堡篮(gabion),也是同时期欧洲炮兵的常规装备。

天启六年正月二十八日(壬申),兵部主事孙元化疏请在京师建西洋铳台,略云:

> 中国之铳,唯恐不近,西洋之铳,唯恐不远,故必用西洋铳法。若用之平地,万一不守,反藉寇兵,自当设台。然前队挟梯拥牌以薄城,而后队强弓劲矢继之,虽有远铳,谁为照放。此非方角之城、空心之台所可御,故必用西洋台法。请将现在西洋铳作速料理,车弹药物安设城上,及时教练。俟贼稍缓,地冻既开,于现在城墙,修改如式,既不特建而滋多费,亦非离城而虞反攻。都城既固,随议边口。[②]

是月宁远保卫战打响,袁崇焕(1584—1630)凭城用炮,明军险胜,西洋大炮由此一战成名,传统城防设计对西炮的限制

---

① 韩霖辑《守圉全书》卷二之一,33a—35b。
② 《明熹宗实录》卷六十七,19a—b(3203)。

也随之显露(参见本章第六节)。二月二十五日(戊戌),孙元化疏请改建关外城池:

> 又言守关宜在关外,守城宜在城外。有离城之城,外则东倚首山,北当诸口,特建二堡,势如鼎足,以互相救。有在城之城,外则本城之马面台、四角台皆照西洋法改之,形如长爪,以自相救。因请以本衔协佐院臣料理,夏秋贼来,则却之而后归,不则安设掎角,教练兵将,使尽其法而后归。①

旨下,"命速赴宁远与袁崇焕料理造铳建台之策"。三月十六日(己未),孙氏以原官授辽东军前赞画,再次出关,与袁崇焕共议守城事宜,并负责督制西洋炮,同年六月回部。天启七年二月,元化为阉党弹劾,控其营谋赞画一职,受到"冠带闲住"的处分。七月,袁崇焕也被阉党诬以不救锦州,罢免。② 现存之兴城(宁远卫城)城墙系清代重修,四隅仍是传统的方形角台。③ 尚无证据说明宁远卫城曾修筑锐角铳台。④

山海关外,孙元化可能参与建造了三处防御工事。自南而北,一在角山,一在三道关,一在一片石九门口水关。

茅元仪(1594—1640)云:

> 北水关之北,外有岭,下瞰城,以赞画孙元化重筑十

---

① 《明熹宗实录》卷六十八,30a—b(3269)。
② 黄一农《天主教徒孙元化与明末传华的西洋火炮》。
③ 刘谦《明辽东镇长城及防御考》,北京:文物出版社,1989年,第96页。
④ 早期研究或认为明末宁远城之角台设计已然参考西法,从现有资料看来并非如此。参见张小青《明清之际西洋火炮的输入及其影响》,中国人民大学清史研究所编《清史研究集》第四辑,成都:四川人民出版社,1986年,第65页。

一号台,安天字号炮于上,遂可下瞰外岭。三道关夹众山,可容万兵,上俯览数十里,而外不能窥一骑。初以赞画孙元化开门为出奇之地,再以路将高国祯、刘元焯筑关门,为楼橹,置城守,以严其防。①

茅元仪之语出自天启间代督师孙承宗所作奏疏,自应较为权威。沈弘之与孙元化为嘉定高桥镇(江东)同乡,所述略有差异:

> 至若孙初阳之造铳台也,则亦得于西洋人,与徐公当。徐公罢,而继彩至。初阳以会试至京遇之。天启二年正月,广宁失,举朝震恐,莫知所措。初阳下第,因自言能铸铳筑台,泊虏入,遂荐用之山海关赞画,径铸铳。而继彩不肯为用,初阳乃得保定人李范铸之,而自以己意筑台于门外三道关,苟且塞责而止。然虏亦不至,台与铳俱废。又不及徐公说矣。此皆予见而知之者,故悉之。②

综合二说,建造三道关关城先由孙元化倡议,后由高国祯、刘元焯完成。三道关关城遗址,现损毁严重,墙体基本无存。③ 是否曾经存在锐角之台,有待实地考察。"十一号台"不

---

① 茅元仪《石民四十集》卷四十八,3a,崇祯刻本,《四库禁毁书丛刊》集部第 109 册,第 398 页。

② 范景文辑《战守全书》卷十,49b—50a。又按,另一位嘉定同乡王道通致信孙元化提及:"铳台竣事,真国家万年长利也,便可与张仁愿三受降城同垂青史。儒者中有人,于足下再见之。"该札又云"闻朱衡岳老师行大司马事",乃指朱燮元升任兵部尚书,时在天启四年。参见王道通《简平子集》卷十四,6b—7a,"与孙初阳",崇祯九年刻本,天津图书馆辑《天津图书馆孤本秘籍丛书》第 12 册,北京:中华全国图书馆文献缩微复制中心,1999 年,第 816—817 页。

③ 沈朝阳主编《秦皇岛长城》,北京:方志出版社,2002 年,第 33 页。

知是否即《永平府志》所记"角山东十一号台"。① 后者始建于
隆庆四年(1570),在山海关城北十二里,保存较完整,是一典
型的戚继光空心敌台,似无欧式堡垒特征。②

　　孙元化曾先后向王在晋、孙承宗进言"修一片石防守"。
一片石在山海关北三十里,有明代长城遗址。已有论者注意
到,一片石九门口水关(城桥)修复后的三角形墙台,与孙元化
《西法神机·铳台图说》第四图之三角形墙台非常相似。③ 按
《西法神机》仅有光绪二十八年(1902)刻本传世。该书所载
《铳台图说》,第一、第三图显误,另两图比例失调,当是后人臆
测补绘(图8-4)。④《铳台图说》现存最早的版本见载《守圉
全书》(1636),其"小锐角"形制(图8-3)与今日九门口水关墙
台(图8-5)如出一辙。⑤

　　1980年代后期,九门口水关遗址曾经大规模修复。据当
时发掘报告,九江河宽约103米的河床上,等距分布八座梭形
桥墩,桥墩长23.1米,宽6.46米,与两岸方形边台形成九孔桥

---

① 宋琬撰次,张朝琮续纂《永平府志》卷九,9b,中国国家图书馆藏康熙五十年刻本。
② 沈朝阳主编《秦皇岛长城》,第82—84页。二层九联(三券三通道)骑墙空心敌台,
　砖结构,通高12.4米,平面呈平行四边形,东西墙同长10.25米,南北墙同长
　10.73米,四墙同厚1.4米。损毁较少,1987年修复。
③ 大好河山(李湖光)《古代与世界接轨的筑城体系——明末雏形棱堡初探》,
　2010年1月1日,http://tianya.cn/techforum/content/647/1/3718.shtml。该文
　后收入李湖光《明帝国的新技术战争》,北京:台海出版社,2017年,第302—
　321页。
④ 孙元化《西法神机》卷上,31a,光绪二十八年刻本,《明清之际西法军事技术文献选
　辑》,第185页。
⑤ 韩霖辑《守圉全书》卷二之一,35b。《西法神机》与《守圉全书》二书所引"铳台
　图说"均注明摘自孙元化《赞辽稿略》,除附图不同,前者文末尚多出二百余
　字,实摘自《赞辽稿略》"防守京城揭"。又,光绪本《西法神机》,"锐角"均误作
　"铳角"。

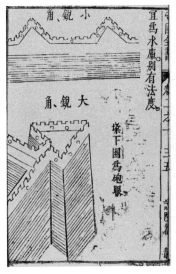
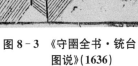

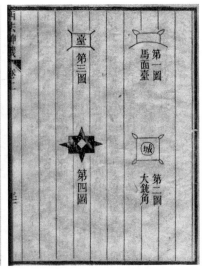

图 8-3 《守圉全书·铳台　　　　图 8-4 《西法神机·铳台
　　　图说》(1636)　　　　　　　　　图说》(1902)

洞,桥洞宽 5.74 米。[1] 同地发现之万历四十三年(1615)记事
碑云:是年春,七百余名军士"修石黄一片石关头等极冲河
桥,自河南岸起,至北第三洞门中止","高连垛口叁丈贰尺,底
阔肆丈,收顶叁丈陆尺,分水尖高壹丈贰尺。"[2]如是,当时所
修分水尖高度,仅为城桥三分之一。发掘报告未载修复前分
水尖遗迹高度。修复后的分水尖则与桥身等高(连垛约 10
米),在城桥两侧形成十五座等边锐角墙台(图 8-5)。这种三
角形的墙台设计,在现存明代防御建筑中未闻他例。

① 冯永谦、薛景平《绥中县九门口明长城遗址》,《中国考古学年鉴 1990》,北京:文物
　出版社,1991 年,第 193—194 页。又见沈朝阳主编《秦皇岛长城》,第 95 页。
② 沈朝阳主编《秦皇岛长城》,第 376—377 页。冯永谦《明万里长城九门口城桥与一
　片石考》,《北方史地研究》,郑州:中州古籍出版社,1994 年,第 76 页。碑文据以
　上二书互补。

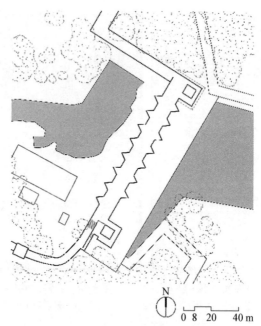

图 8-5 九门口水关平面图^①

一般而言,分水尖仅设于迎水面,用以保护桥墩,少数桥梁为防备下游逆流,两面皆设之。九江河为一季节河,并无倒流情况。九门口之梭形桥墩设计,两端尖形,更像是军事防御之需。假如明末城桥形制确如今日修复者,则万历四十三年后,分水尖应经过大规模改造,或在天启年间采用了孙元化提倡之"小锐角"墙台。

三、韩氏兄弟与"西洋城堡"

明末奉教士人中,绛州韩云、韩霖兄弟是促成天主教在山

---

① 据 2017 年 Google Maps 卫星图片改绘。感谢任丛丛博士绘图。

西萌勃发展的关键人物。韩云(生卒年不详),字景伯,万历四十年(1612)举人,历官徐州知州、汉中司理等职。韩霖(约1598—约1649),字雨公,天启元年(1621)举人。其父韩傑(1557—1608),曾在松江、苏州间开设染坊,经营布业,起家巨富,著有《货殖管见》。[1] 韩云、韩霖兄弟幼时随父居松江府,入青浦县学读书。韩霖谓"愚兄弟少学兵法于今宗伯徐玄扈老师,知攻守之具,莫妙于火器",[2]当为早年在松江结识。韩云率先奉教,万历四十八年之前应已受洗。泰昌元年末,韩云邀请艾儒略(Giulio Aleni,1582—1649)至绛州为其家人施洗;韩霖入教应在同时。韩氏兄弟信教颇为虔诚,加之家财雄厚、人脉丰富,大力赞助教会事业,天主教在山西得以迅速扩张,绛州也成为明清之际内地最为繁荣的教区之一。[3]

　　韩霖虽仅得举人,然结交极广,声名甚著,有心用世,一展经济之学。志书小传谓之"尝学兵法于徐光启,学铳法于高则圣"。[4] 按,高一志,字则圣,意大利人,耶稣会士,1604年

---

① 李维桢《鸿胪署丞韩公墓志铭》,《大泌山房文集》卷八十五,3a—9a,万历三十九年刻本,《四库全书存目丛书》集部第152册,第491—492页。按,王邵《跋董宗伯书韩公神道碑后》,述韩傑殁后哀荣备至,李维桢作墓志铭,傅德新作墓表;甲戌(1624)董其昌作神道碑,"书法高古,穆然增壂辂牲碑之重"。参阅王邵《王太史遗稿》卷四,4a—b,中国国家图书馆藏清刻本。王邵(？—1641),字二弥,山西保德州人,崇祯四年(1631)进士,与韩霖为天启元年(1621)乡试同年。傅德新(1569—1611),字明甫,号汤铭,又号商盘(《王太史遗稿》误作"司成商铭"),山西定襄人,万历戊子(1588)解元,己丑(1599)进士,累官至太常寺卿兼国子监祭酒。参见傅德新《傅文恪公文集》卷首行状,中国国家图书馆藏天启五年刻本。傅德新、董其昌所撰韩傑墓表、神道碑,尚未发现。
② 韩霖辑《守圉全书》卷五之四,51a—b,"同长兄上焦漪园一公祖书"。
③ 黄一农《两头蛇——明末清初的第一代天主教徒》,上海:上海古籍出版社,2008年,第229—253页。
④ 刘显第修,陶用曙纂《绛州志》卷二,56b—57a,中国国家图书馆藏康熙九年刻本。

入华,初名王丰肃,居南京,1616 年教案事起被捕,1617 年强制遣送澳门。1624 年 3 月重返内地,改名高一志,12 月入山西传教,历十五年,编译书籍十余种。[①] 韩家兄弟师事之,襄助校刻图书,拓展教务。

(一)《守圉全书·设险篇》

韩霖著作甚富,军事方面,即有《守圉全书》《神器统谱》《炮台图说》,[②]今唯《守圉全书》(崇祯九年刊本)传世。韩霖自叙其书,谓目下奴虏交讧,腹背受敌,城池不守,封疆大坏。世间兵书"谈守者寥寥数言,谈战者博而寡要",故"广采兼收,拔尤汰冗,详守略战,厘为八篇。全用其言,虽庸人可以无患"。[③] 据首卷"采证书目",引书达 101 种,其中明代文献 82 种,特别是西学相关内容,不乏珍贵资料。[④]

《守圉全书》以汇纂守城要务之主。卷三《制器篇》论火攻之法,虽"自负鉴裁独精",然因"利器不可示人",故而关于西洋大炮止录诸家疏章,"秘其法"(凡例)。

从军事技术角度而言,卷二《设险篇》对欧洲筑城术的介绍最具特色。《守圉全书》凡例云:

---

① 费赖之《明清间在华耶稣会士列传(1552—1773)》,梅乘骐、梅乘骏译,上海:天主教上海教区光启社,1997 年,第 99—109 页。Joseph Dehergne, *Répertoire des Jésuites de Chine de 1552 à 1800* (Rome: Institutum Historicum S. I., 1973), 278.

② 刘显第修,陶用曙纂《绛州志》卷二,57a;同书卷四,72b,"艺文篇目"作韩霖著"神器谱"。

③ 韩霖辑《守圉全书·自叙》,上海图书馆藏崇祯九年刻本,《四库禁毁书丛刊补编》第 32 册,第 419—420 页。

④ 汤开建《韩霖与〈守圉全书〉》,《委黎多〈报效始末疏〉笺正》,广州:广东人民出版社,2004 年,第 203—219 页。

筑城凿池,守围第一要务。不佞留心讲求,颇异常法。大炮既精,兵法至今一变。敌台之制,尤设险所最急也。余兄景伯,从西洋陪臣新授造城法,乃奉旨所译旁通西学之一,为亘古未发之秘。因未呈御览,不敢付梓,略采数端。当共参订成书,传布海内。

所谓"奉旨所译旁通西学",源于崇祯二年七月二十六日,徐光启上《条议历法修正岁差疏》。彼时徐氏方着手修历事宜,提出整体方案。疏末附"度数旁通十事",欲全面引介欧洲实用知识。凡举星占气象、水利测量、音律乐器、兵学筑城、算学会计、营建桥梁、造作机器、舆地制图、医学星占、日月星晷十款,"于民事似为关切"。"此须接续讲求,若得同事多人,亦可分曹速就。"其中第四款,即"兵家营阵器械及筑治城台池隍等,皆须度数为用,精于其法,有裨边计"。[1] 是后战局恶化,且修历事务繁重,旁通诸书无暇顾及。

崇祯六年十月,徐光启去世。七年四月,李天经(1579—1659)接掌历局事务。八年,修历事大体告竣,历局重启旁通西学翻译计划。[2] 通览现存李天经历次奏疏,言译书事者未

---

① 徐光启《徐光启集》,第 332—339 页。
② 崇祯八年四月初四,李天经上疏求去(实为乞发欠薪),提及徐光启之度数旁通计划未及施行。四月初六,下旨慰留,并命其负责度数旁通事。四月二十七日,李氏再疏"敬申旁通事宜以便翻译制造"。参见徐光启等《西洋新法历书·奏疏》,明刻清印本,《故宫珍本丛刊》第 383 册,海口:海南出版社,2000 年,第 140—143 页。崇祯末年,汤若望将阿格里科拉(Georgius Agricola,1494—1555)的名著《矿冶全书》(De Re Metallica,1550),节译为《坤舆格致》四卷(1638—1640),以期指导开采贵金属,缓解明廷财政困难,即"旁通"翻译成果之一。参见潘吉星《阿格里柯拉的〈矿冶全书〉及其在明代中国的流传》,《自然科学史研究》1983 年第 1 期。近年南京图书馆所藏《坤舆格致》清抄本重现于世。参见韩凤冉《南图藏严杰校本汤若望〈坤舆格致〉初考》,《中国典籍与文化》2015 年第 4 期。

尝涉及京外人士。西洋造城法进呈御览之事，亦未之闻。韩氏兄弟似欲借奉旨译书之说，动人视听。

韩霖所谓"西洋陪臣"，应是与韩氏兄弟关系最为密切的耶稣会士高一志。高一志出身都灵贵族家庭，早年学业优异，曾在米兰教授哲学。意大利乃是新式筑城术的发源地，1550—1600 年间出版了至少 22 种防御工程专著，达到极盛，其后五十年间又有 15 种问世。[①] 17 世纪，筑城学的中心逐渐转移至荷兰、法国等北方国家。然其核心设计已在意大利成型。近代早期，筑城术与数学、艺术联系紧密，引起知识界的普遍兴趣，并非军事工程师独占之领域。高一志对于筑城术或许并不陌生。

高一志与韩云合译之书，即《守圉全书》"采证书目"开列之《西洋城堡制》（未题撰人）。《设险篇》中，敌台、城之隍、缮葺旧城、岛屿重台诸条（卷二之一），均注明"新译西洋法"。韩霖在正文及附论中，也对西洋筑城术多有介绍，散见"城之患、城之所、城之基，城墙、护门、铳所、铳窗、眺台、小城论"诸条。相应插图凡二十幅。《制器篇》"望远镜"（卷三之一）、《应变篇》"备火炮"（卷七）[②]、《纠缪篇》"方敌台"（卷八）诸条，亦有零星论述。上述条目总计约五千字，可视作一个整体。[③]

---

① Horst de la Croix, "The Literature on Fortification in Renaissance Italy," *Technology and Culture* 4, no. 1 (1963): 31–50.

② "备火炮"介绍运用堡篮（gabion）："城垛不能当炮击，须备大篾，径四五尺以上者，内实以土，人隐其旁击贼。其篾愈大愈妙。南方编竹为之，北方编荆为之。"参见韩霖辑《守圉全书》卷七，1b。

③ 辑本《西洋城堡制》，参见郑诚整理《明清之际西法军事技术文献选辑》，第 325—353 页。

（二）底本问题

《西洋城堡制》根据哪些西文著作编译而成？高一志最有可能参考之书自然是意大利本土作品。就目前所见，《守圉全书·设险篇》"岛屿重台"二图（图 8-6）[①]，与意大利军事工程著作《论城市设防》（1564）中的两幅插图极为相似（图 8-7）。[②]

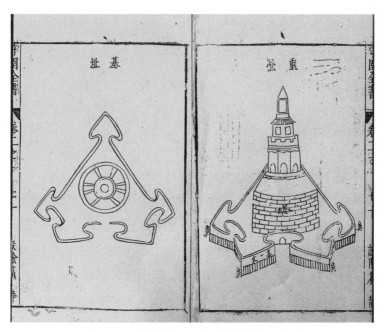

图 8-6 《守圉全书·岛屿重台》（1638）

---

① 韩霖辑《守圉全书》卷二之一，70b—71a。
② Girolamo Maggi and Jacopo Fusto Castriotto, *Della fortificatione delle città* (Venetia: Appresso Rutilio Borgominiero, 1564), libro terzo, fol. 79r - v.

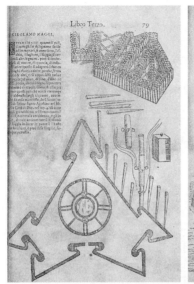

图 8-7 《论城市设防·水上要塞》(1564)

《论城市设防》(*Della fortificatione delle città*)是意大利军事工程师卡斯特里奥托(Jacopo Fusto Castriotto, 1510—1563)的遗作,经其友人、学者马吉(Girolamo Maggi, 1523—1572)编辑增订,1564 年威尼斯初版。卡斯特里奥托曾参与罗马博尔戈区(Borgo)防御工程的建造,后担任法国国王的城防工程总监。在该书中,卡斯特里奥托论述了防御工程中的各类技术问题,图例丰富;马吉则补充了大量评注,广泛援引古典著作与历史事证。①

相关插图出自《论城市设防》第 3 卷第 2 章,该章讲解水

---

① Horst de la Croix. "The Literature on Fortification in Renaissance Italy." 关于《论城市设防》一书 1564、1583/1584 各版本的书志学研究、存世副本收藏情况。参阅 Paul Breman, *Books on Military Architecture Printed in Venice. An Annotated Catalogue* ('t Goy-Houten: Hes & de Graaf, 2002), 231-238. 1584 年本与 1564 年本内容相同。感谢孙承晟先生惠示 Breman 书相关章节。

上要塞地基、护墙的具体作法。[①] "岛屿重台"的说明文字,并非直接摘译,全引如下：

> 岛屿重台　新译西洋法
>
> 湖海岛屿,恐寇猝临,可于扼要水口,创一重台以守。将台址下钉筑巨桩,垒以大石,上围砖垣,其高一丈,亦有护墙。四方设铳之所,突兀向外,仿佛城之敌台。居中建一浮屠,周开铳窗,内藏各项守器,屯以戍卒。塔顶(然)[燃]烽,夜可远瞭。守用短铳石弹,更利击舟。不作高大土垣者,缘攻铳用于舟上,力衰故也。[②]

"台址下钉筑巨桩,垒以大石",在意文原著中另有分图描绘(图8-7,左图右上角)。

彼时欧洲同类作品或相抄袭,尚不能肯定《论城市设防》即"岛屿重台"图说的直接来源。《北堂书目》(*Catalogue of the Pei-t'ang Library*)未载卡斯特里奥托著作,未审该书是否曾由传教士携入中土。国家图书馆现存北堂藏书中,出版时间在1630年之前的防御工程专著凡四种(意文二种、拉丁文一种、德文一种),未发现与《守圉全书》插图相似者。[③]

---

① Girolamo Maggi and Jacopo Fusto Castriotto, *Della fortificatione delle città*, libro terzo, fol. 78v - 79v. 该章标题：Pianta & alzato d'una fortezza da farsi in acqua, e delle pallisicate per fondarla, col disegno d'un nuouo instrumento da ficcarei pali ne'luoghi doue l'acqua è molto profonda. CAP. II. 本文初稿(2011)据上述标题,误以为"岛屿重台"与之大意相仿。承蒙郑方磊先生、Mattia Petrolo先生惠助译示该章,乃知前说非是。

② 韩霖辑《守圉全书》卷二之一,70a。

③ Hubert Germain Verhaeren, ed., *Catalogue of the Pei-t'ang Library* (Peking: Lazarist Mission Press, 1949), no. 2191, 3291, 3514, 3913.

《设险篇》西洋城堡诸条,部分城制图明显中国化,乃师法其意,非直接抄摹西书(图8-8),然其核心内容,如棱堡、城墙、护濠等项,《论城市设防》均有详细讨论。《设险篇》中的西洋筑城知识,应是源自16世纪后期趋于定型的意大利防御学派。高一志或是参考《论城市设防》并其他西籍,加以传授。

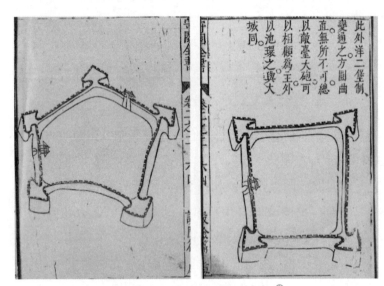

图8-8 外洋堡图·《守圉全书》[①]

(三)西法筑城

中国自有其悠久的筑城传统与丰富的防御实践。然而,正如韩霖所言,"大炮既精,兵法至今一变".[②] 明代后期的常规城防工事之于欧式前装滑膛炮(西洋/红夷大炮),既不能有效抵

---

① 韩霖辑《守圉全书》卷二之二,64a—b。
② 韩霖辑《守圉全书·凡例》。

抗轰击,也不足以充分发挥守城优势。"彼以铳攻,此以铳守,故铳台之设,视他事为尤急焉。"①这在孔有德、耿仲明等人率领精锐炮兵部队叛降后金(1633)之后显得更为紧迫。

　　三角形敌台是《设险篇》新型防御工事的核心。韩霖谓:"今之郡邑,敌台皆作方形,纵两面相救,前一面受敌矣,故须作三角形为妙。"②按其说,城角需设"正敌台",城墙居中作"匾敌台",城外可另置"独敌台"。正敌台与匾敌台即棱堡(bastion),独敌台即半月堡(ravelin)。④西洋敌台,"其制有吭,有颐,有鼻,有眉,有眼。眼有珠,珠能左右盼。数里之外,发必命中。精于度数之学,乃能造之"。⑤吭,颐,鼻,眉,眼(图8-9),按近代防御建筑术语(英文),分别对应 gorge,face,pointed tip,orillon,curved flank。《设险篇》中较特别的"双敌台""双鼻之台",则是 double bastion 与 indented bastion。⑥ 眼珠自然是台内火炮。

图 8-9　正敌台(棱堡)示意图③

① 韩霖辑《守圉全书》卷二之一,2b。
② 韩霖辑《守圉全书》卷八,2b。
③ 据《守圉全书》改绘。
④ 徐光启也曾谈及独敌台,《徐氏庖言》按语(约在崇祯元年),谓"敌台果如法,不附城无害,即四面受敌无害,第难为虑始者言"云云。参见《徐光启集》,第116页。
⑤ 韩霖辑《守圉全书》卷二之一,42a。
⑥ 术语解释,参阅 Rudolf Huber and Renate Rieth, *Festungen: der Wehrbau nach Einführung der Feuerwaffen: systematisches Fachwörterbuch* (München: K. G. Saur, 1990). 火器时代防御建筑百科事典,德—法—英术语对照,图例丰富。

三角形敌台的功能,在于互为犄角,增加侧射交叉火力,消除射击死角,令敌军难以接近外墙。守城炮既可设于台上,亦可置于铳室("眼"内)中,得到较好保护。

抵御炮击,需要系统改造城墙。如"西洋造城全法,有上下两层,层各三丈。下用砖甃,藏于深渊,上用土筑,必须斜面。攻守两便,九天九地可譬也。其上护墙,厚至二丈五尺。最薄者五尺。不用垛口。虽至猛之铳,击之无害。"用土厚筑斜面护墙,可降低敌方炮击的破坏性。又如壕沟内外做法,"作隍之宽,以城上鸟铳之弹,得到外岸为率,大抵十五丈","隍中开凿,倍深倍广,即用其(圭)[土],帮厚墙垣,将城对磝外,培令稍高"。① 对岸(同磝)培令稍高,即造成斜堤(glacis),有助遮蔽敌军的平射炮火。其他配套工程甚多,"今之所采,只可通行郡邑,与中国合式者。至西法全书译成,当呈御览,以为巩固神京,于万斯年之助"。②

韩家兄弟既习西洋筑城之学,亟欲用之于保卫乡邦。康熙《绛州志》云:

> 崇祯年间,秦寇东渡,蹂躏境内,士大夫谋为牖户之计,募资修城。韩乡宦云兄弟,锐意守围。于时宗侯富室,鲜有应者,而怨讟之声,且盈道矣。历十年许,迄无成功。至知州孙顺仅筑炮台数座。至顺治六年之变,敌近城下,赖台上火炮雷轰,固守无失。③

---

① 韩霖辑《守圉全书》卷二之一,52b,58a。
② 韩霖辑《守圉全书》卷二之一,9a。
③ 刘显第修,陶用曙纂《绛州志》卷一,7a—b。

崇祯三年(1630)以后,绛州长期受到陕西民军威胁,杀戮甚惨,且灾荒频仍。韩云韩霖兄弟曾参与组织乡兵,捐资赈济饥民。崇祯五年,韩霖作《绛州修城呈辞》,请求知州何言主持修缮城池大计。获首肯,即代何氏作《募修绛州城疏》,号召乡绅捐助。终因"计费不赀,遂而终止"。崇祯八年,韩霖上书河东分守道吴阿衡(?—1638)"议修铳台"。按其防御计划,绛州城北据土岗作大铳台,州城四角造新修旧各自成台,御敌用炮夹击,费用远较修城节省,"扼要为守,利实过之",并将"绛城形势及应作台图并绘呈台览"。此事已获知州雷翀首肯,乃请求上官吴阿衡支持,平息异议。谓"一面筑台,一面造炮","火器既精,虽守陴可尽省"。当即仿制西式火炮并修筑棱堡。又云"此议曾与西洋高先生道之,想相见必道其详也"。可见其铳台方案,获得了高一志的指点。[①]

崇祯九年,韩云代理陕西蒲城知县,发布通告:

> 署蒲城县事正堂韩 为筑堡安民事。本厅于修筑城池,颇有别传。目睹各处堡寨,俱不如法,无惑乎贼之能破也。今将堡式开列于后。互相传说,照式修补,可保无虞。倘未明白,不妨直上堂,面请讲说。此谕。[②]

---

① 韩霖辑《守圉全书》卷五之四,51b—57b。
② 韩霖辑《守圉全书》卷二之二,65a—66b。书眉刻韩霖语:"此家兄署篆蒲城,教民筑堡式,亦外洋法也。"按,韩云《守圉全书序》署丙子秋冬之际(1636)书于莲勺官舍。莲勺系蒲城古称。康熙《蒲城志》未见韩云之名;卷二职官,记崇祯八年胡升龙任知县,后罢去,崇祯十年田臣继任(17b)。推测韩云署理蒲城知县应在崇祯八年、九年间。同书卷一(27b)城池,谓崇祯辛未之后"城内分筑四小堡"。不知是否韩云所为。参见邓永芳修,李馥蒸纂《蒲城志》,中国国家图书馆藏康熙五年刻本。

韩云公布的堡式平面图,描绘了一座标准的小型棱堡式要塞(图8-10)。类似此前不久(1617—1626)葡萄牙人在澳门建造的圣保禄炮台(Fortaleza do Monte)(图8-11)。

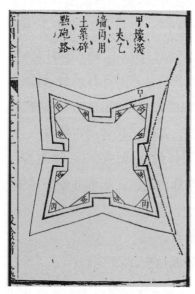 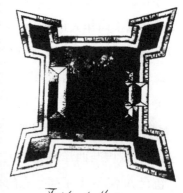

图8-10　韩云蒲城堡式　　　　图8-11　澳门圣保禄炮台①

韩霖上书吴阿衡,申述筑台之障碍,除了首要的资金问题,便是"不顾有形之利害,而惑于无影之阴阳","流俗笃信风水,尤难口舌争也"。《设险篇》更以"惑于堪舆之言"作为"今之城制"五大弊端之一。②汤若望在北京遇到了类似的难题。崇祯十六年,汤若望在北京为明廷监造火炮的同时,受命对防

① Jorge Graça, *Fortifications of Macau: Their Design and History*（Macau: Instituto Cultural de Macau, 1990）, 53. 炮台平面图为1775年绘制,出自军官 Carlos Julião 的报告书。
② 韩霖辑《守圉全书》卷二之一,14b。

御工事提出意见。汤若望进呈木制欧式敌台模型,继而建言在京师城墙某处修筑三角形堡垒。此议获得兵部支持,却因一位宦官的反对作罢,理由是风水先生认为三角形敌台状若火焰,关系火星,事属凶险,若加建造,恐有失城之患。[①] 堪舆之说或许是反对者的借口,却可以提醒我们注意文化因素对技术传播的影响。[②]

　　崇祯十四年,孙顺出任绛州知州,韩家兄弟的城防计划终于稍稍施行。志书小传谓韩云:"于州城议筑铳台,作铳数十门置台上,六年之变,轰雷震撼,守围增壮,实攸赖焉。"[③]顺治五年十二月(1649),原大同总兵姜瓖叛清复明,山西大部陷入战乱,持续一年有余,即所谓"六年之变"。绛州凭炮固守,竟得保全。彼时韩霖或因曾经投降李自成,且受高官,无颜回乡,隐居邻县稷山,以至顺治六年,与其二子同死于姜瓖部众白璋之乱。[④]

四、马维城与"西洋锐角台"

　　崇祯年间,雄县马维城据称在三座内地城市设计建造了三十二座"西洋锐角台"。这大概是明代借鉴欧洲防御工程技术,规模最大的筑城实践。惜乎迄今未见相关研究。本节尝

---

① Johann Adam Schall von Bell, *Relation Historique*, Texte latin avec traduction française du P. Paul Bornet (Tientsin: Hautes Études, 1942), 90 - 93. 此处汤若望使用"mathematicos"一词称呼术士,按上下文当即风水师。
② 感谢张九辰老师提示注意文化因素。
③ 刘显第修,陶用曙纂《绛州志》卷二,13b、56a—b。
④ 黄一农《两头蛇——明末清初的第一代天主教徒》,第 249—250 页。

试对这段颇有传奇色彩的历史作一初步探索。文献资料，主要根据历代雄县志乘，以及马维城长子马之骦（1622—1695年后）所著诗文集。^① 康熙年间，马之骦纂《雄县志四修详考》，载有马维城传，颇为翔实，全文参见本章附录一。^② 以下引文不注出处者，均采自是篇（或简称《马传》）。

明代后期，雄城马氏成为当地望族。维城祖马文学（1518—1594）嘉靖三十八年（1559）登进士，历官临江知府、山西参议。文学长子晋图（1549—1581）、次子出图（1551—1601），孙辈九人，均有生员功名。晋图长子希周（1567—1633），万历卅一年（1603）举人，历官夏邑知县、临洮同知。马家富于资财，出图次子维垣（1576—1621）曾以田庄百亩赠与家贫好学之张九州（后任登州通判）。^③

马维城（1594—1659），字幼基，号石梁，出图第六子，县学生。"至崇祯间，海内多故"，维城"乃留意兵家言，凡武备之

---

① 马之骦《古调堂初集》十二卷（文集六卷诗集六卷），宁波市图书馆藏顺治刻本。马之骦《古调堂初集·诗集》六卷，中国科学院图书馆藏顺治刻本，《四库未收书辑刊》第7辑第24册。

② 马之骦《雄县志四修详考·人物第三·荐辟传》，康熙三十年修，故宫博物院（台北）图书文献馆藏抄本，无页码。马维城传又见刘崇本纂《雄县乡土志·耆旧录第四》，12b—13b，光绪三十二年排印本；秦廷秀修、刘崇本纂《雄县新志》，民国十九年排印本，第五册，31b—33a。刘崇本两次修志，皆大量摘录马之骦四修志，维城小传稍见删节，然文末增述其著作。马之骦，字旻徕，甲申（1644）拔贡，历任滦州训导、元城教谕、广平教授、江都管河主簿、寿张主簿管东阿河工，享年在七十以上，著作甚丰。生平事迹，参见刘崇本纂《雄县乡土志·耆旧录第四》，17a—b；邓之诚《清诗纪事初编》，上海：上海古籍出版社，1984年，第621—622页。刘崇本序《雄县乡土志》谓县志"四修于康熙三十年邑人马之骦……马志已阙其二卷，二百余年久未修辑"云云。台北故宫博物院图书文献馆藏《雄县志四修详考》抄本八册，存"方舆第一""建置第二""人物第三""人物第四"。参见卢雪燕《〈中国地方志总目提要〉补遗——以院藏方志为例》，《故宫学术季刊》第18卷第2期，2000年12月，第121页。

③ 马之骦《古调堂初集·文集》卷一，1a—7b；卷二，1a—2b，6a—7b。

书，广搜博学。又与西洋汤若望游，受其火攻、锐台、车战之传，皆既精通"。马氏与汤若望交游详情待考。其人有庶出子嗣，未必是天主教徒。[①]

崇祯三年，汤若望自西安到达北京，加入西法历局，指导编译天文学著作；九年奉命指授守城法；十五、十六年间，又为明廷铸造欧式火炮，参谋城防事宜。

崇祯十六年九月二十六日，大学士蒋德璟（1593—1646)于万寿山(今景山公园内)观德殿前亲见汤若望督造之西洋大炮。

> 庭中有无间大将军七车，内一号者重一万二千斤，以大车载之，其轮陷入土尺余，颇沉重。二号者重二千四百余斤，三号者重一千三百余斤，共六车。即泰西远臣汤若望所新造铜铳也[中略]铳口及铳身各处，其制甚精，真灭奴神器也。[②]

宁国人焦勗得汤若望传授，纂成《火攻挈要》(1643)，系统讲解西式火炮制造与使用方法，其"守城说略"一节，专论铳台：[③]

> 西洋城守，所用火攻无甚奇异，但凡城之突处，必造

---

① 马维城娶韩氏，生之骝、之骍(字辰徕)；之骍另有异母弟二人。参见马之骍《古调堂初集·诗集》卷一，9a—10a，12a；卷四，7b。甲申(1644)春，之骍在患难中，幸得舅父韩永誉多方保护。参见马之骍《古调堂初集·文集》卷六，8b。

② 蒋德璟《召对万寿山观德殿恭记》，《蒋氏敬日草》外集卷八，中国国家图书馆藏明刻本。

③ 汤若望授、焦勗述《火攻挈要》卷下，15a，海山仙馆丛书本，《中国科学技术典籍通汇·技术卷》第5册，第1320页。

铳台。其制捏腰三角尖形，比城高六尺，安大铳三门或五门，以便循环迭击，外设象铳，以备近发，设链弹以御云梯。(合)[台]上另筑眺台二层，高三丈，上设视远镜，以备瞭望。且各台远近左右，彼此相救，不惟可顾城脚，抑可顾台脚。是以台可保铳，铳可保城，兵少守固，力省而功巨也。

艾儒略《西方答问》(1637)介绍欧洲基督教世界，亦尝简单勾勒当地防御工事：

> 国界环城有敌楼，有铳台，大铳数门，可当兵卒数百，费省而守固。铳以铜铸者为佳。然必有城台以护铳，而后可用铳以护民也。[1]

崇祯九年(崇德元年，1636)六月，清兵攻入关内。七月末"图尔格、萨穆什喀二旗兵合攻雄县，图尔格一旗兵先登取之"。[2] 八月一日城陷，知县李盛枝出逃。雄县在京师西南二百六十里，地近白洋淀，"承平日久，人无固志"，人民逃避水乡，"杀伤不过数人"。[3]

崇祯十年，大同举人张秉礼出知雄县。[4] 史可法(1601—1645)致友人书有云："故复拟用雄县令张秉礼，闻此人乃总兵张安之子，做官有清名，而家计饶裕，常养壮马健丁，且于去岁

① 参见艾儒略《西方答问》卷上，22a—b，"城池"，梵蒂冈图书馆藏崇祯十年晋江景教堂刻本。影印本见 John L. Mish, "Creating an Image of Europe for China: Aleni's *Hsi-fang ta-wen*," *Monumenta Serica* 23 (1964): 16。
② 《太宗文皇帝实录》卷三十一，崇德元年九月乙卯，《清实录》第2册，第393页。
③ 秦廷秀修、刘崇本纂《雄县新志》第8册，第37—38页。
④ 姚文燮纂修《雄乘》卷中，15a，康熙十年成书，中国科学院图书馆藏抄本。

春间,倾家相济军,有剿贼之志。若得此人,可助一臂。"①可知其人大略。

是年,马维城应张秉礼之聘,"选练乡兵六百名,以前登州通判张九州与共事,借其年龄官爵冠裳临莅,一切事为,皆维城主之。又于北城两隅,建西洋锐角大敌台二座"。

雄县县城,南北长而东西狭。② 按民国《雄县新志》(1929),"周围九里三十步(约 4 500 米),高三丈五尺,广一丈五尺,东、南、西三门"。嘉靖三十年(1551),知县胡政砖甃垛口二千九百八十四,建敌台二十四,吊桥二。③

参考 1921 年测绘之雄县地形图(图 8-12),比例尺万分之一,可见当时雄县城墙基本完整,平面为一不规则长方形,南北狭长。北、东、南三面城墙大体为直线,西墙

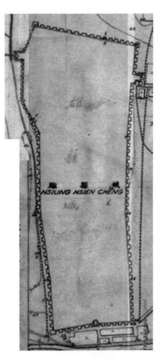

图 8-12 雄县县城平面图(1921)

---

① 史可法《与孙鲁山胡吉云夏国山(崇祯十二年己卯二月)》,张纯修编辑,罗振常校补《史可法集》,上海:上海古籍出版社,1984 年,第 72—73 页。
② 崇祯间雄县县城轮廓,可就万历、康熙二图推定。参冯惟敏纂修,王国桢续修《保定府志》卷二,48b—49a,雄县图,万历三十六年增修本,《日本藏中国罕见地方志丛刊》,北京:书目文献出版社,1992。姚文燮纂修《雄乘》卷首城图。
③ 秦廷秀修、刘崇本纂《雄县新志》第 2 册,1a—2a。

北段略见起伏。东西门接近北墙，皆有方形瓮城。^① 图中城墙绘作凹凸女墙样式，仅是概念性的图例，并未特别标识敌台，不过四隅城角绘有明显的角台，似即西洋锐角台遗存。

崇祯十一年二、三月间，总监真保等处太监方正化巡视霸州（顺天府）、易州（保定府）、井陉（真定府）三道下属六十三处州县防御事宜，四月上疏，雄县奏最：

> 查各属乡兵合式、火器颇知，且积草屯粮、修城缮器等类，种种可观者，唯雄县知县张秉礼、霸州知州朱光时、祁州署印通判朱朝曦，仅三员。雄县遭残破之后，物力维艰，而设备有法。即城上之炮台，架灭虏炮于木椿之上，可以旋转冲打。复制炮车运大炮，以一人之力，可以凭高击远，装放试验，并不后坐。臣甚嘉之。臣已檄行附近州县多仿其式而行之矣。^②

按方正化开列辖区各州县"修练储备"清册，可知崇祯十一年初雄县城守状况：

> 雄县册开：土城一座，周围九里一十三步，高三丈五尺，顶阔一丈八尺，垛口一千三百六十六个，城壕深一丈五尺。灭虏炮三十位，三眼枪九十五杆。悬帘、滚木俱照

① 图 8-12 据以下两幅手绘地图拼合：《雄县》，比例尺：1∶10 000，测绘日期：1921 年 10 月 26 日，中央研究院近代史研究所档案馆藏全国经济委员会档案，地图编号：R/3-118-38-1-1，R/3-118-38-1-2。版本信息参见"中央"研究院近代史研究所档案馆编目室编《近史所档案馆藏中外地图目录汇编》第二册，台北："中央"研究院近代史研究所，1991 年，第 1284—1285 页。图像参见"地图数字典藏整合查询系统"：map.rchss.sinica.edu.tw
② 中央研究院历史语言研究所编《明清史料·甲编》第十本，901b，铅印本，1931 年。

垛口全备。滚机枪二十架,万人敌七十六桶,火罐一千六百个,铅子七百六十五斤,铁子九百四十丸,火药五千四百六十五斤。谷四百六十八石八斗七升,豆一百九十一石,草九千五百三十九束。乡兵五百八十名。前件除合式及逾额外,查得四城上炮台、炮车,一可三面冲打,一可凭高击远,甚为得法。而乡兵编练,亦称如式。但每隔二十余垛应砌一炮房。垛口太窄,应改阔以便探望。悬帘应设架以便启闭。垛顶应改平以便安设火罐、擂石。城面低洼之处,即应接砖引水,以防久雨渗塌。三眼枪、铅铁子、火药、粮刍,俱未足额。内有旧制火药欠好,短墙未筑,俱行令筑建增制。去后尚未完报。[①]

同疏载清苑县(保定府城)册载:

> 查得城上东北、西北原设西洋大炮台二座,应帮筑宽大,上造炮房如明亭式样。再于东南西南当添造西洋大炮台二座。[②]

按,疏内"西洋大炮台"仅此一见,其数量(两座)、位置(北城两隅),皆与马维城传载崇祯十年雄县所建"西洋锐角大敌台"相合。检清代《保定府志》《清苑县志》,保定府城未见筑造敌台或西洋炮台之事。疑此语原出雄县清册,或文献传抄时错简。[③]

---

① 中央研究院历史语言研究所编《明清史料·甲编》第十本,906b。
② 中央研究院历史语言研究所编《明清史料·甲编》第十本,905a。
③ 按本件整理排印收入《明清史料·甲编》第十本,第901—915页。原件今藏"中央"研究院历史语言研究所"内阁大库档案",编号034541—001。承蒙游博清先生寄示原件图像。

崇祯十一年九月,清兵再次入塞,先后攻破畿辅四十八城。十一月高阳陷落,大学士孙承宗殉国。清兵分兵三路,一由新城攻雄县。① 攻城详情未见记载,康熙《雄乘》但云"大兵薄城,知县张[秉礼]率众防御"。② 马之骕谓:"崇祯十一年,张秉礼从庠生马维城《筹雄拙虑》条议,建西洋锐角敌台于城之乾、艮二隅,是年守城获效。"③顺治八年(1651),之骕作诗,贺乃父生辰,有"戊寅独固圉,救生千万曹"之句。④ 康熙《雄乘》马维城传谓之"留心攻守术,精西洋炮,用之于雄有效"。⑤ 马维城因"守城有功,全活城内数万人,题叙部议,奉旨旌赏"。十二年,"兵部给札付,加都司衔,咨送保定总制杨文岳幕下参谋军事"。崇祯十三年间,维城协助杨氏在保定各处剿匪,功绩颇著。

崇祯十四年正月,师旋告归,马氏乃应知县曹良直(? —1643)之请,"于城南两隅补建西洋锐角台二座,又于城东西两长面各建锐台三座"。至此雄县周城共建成十座锐角台。

曹良直,字古遗,汾阳人,崇祯十年进士。崇祯十三年至十五年间知雄县事,擢兵科给事中,崇祯十六年劾首辅周延儒(1593—1643)十大罪。是年秋京师瘟疫流行,良直中疫而卒,年仅三十有奇。⑥ 曹氏与傅山(1606—1684)为太原三立书院同

---

① 孙文良、李治亭《明清战争史略》,南京:江苏教育出版社,2005 年,第 325—326 页。

② 姚文燮纂修《雄乘》卷中,92a。

③ 马之骕《雄县志四修详考·建置第二·城池》。

④ 马之骕《古调堂初集·诗集》卷一,10a。

⑤ 姚文燮纂修《雄乘》卷中,65b。

⑥ 曹良直生平事迹,参阅方家驹修《汾阳县志》卷六,16b—19b,中国国家图书馆藏光绪十年刻本;花村看行侍者《谈往录》卷中,1b,清抄本,《续修四库全书》史部第 442 册,第 490 页;李中馥《原李耳载》卷上,凌毅点校,北京:中华书局,1987 年,第 128—129 页。

学,交情甚笃。崇祯九年,山西提学袁继咸(1593—1646)蒙冤被逮,傅山、曹良直等人为其上书辩诬,韩霖参与其役。[①] 曹良直与韩霖应不陌生,甚至可能通过《守圉全书》了解西洋铳台制度。

崇祯间张秉礼、曹良直任中所筑炮台,"俱以砖灰固甃"。[②]曹氏"令认垦荒地者输以砖灰,遂给印票为业。又濬城壕,于旧濠外又设一道,各深广二三丈,以资防御"。[③] 修台之土,取自城东一里余宋代外罗城残迹。马之骕谓此地"大有蔽于伏戎,而最有害于固圉。崇祯辛巳(1641),为筑西洋炮台,尽取其土用之"。[④]

马之骕又云:

> 张、曹先后建台,皆礼聘马维城,弥日坐守,指示规模,眉、目、鼻、颐,一如西制,且极坚实,迄今几六十年,凝峙如故。又每台之上,建将厅一间、火药库房一间。顺治中尽拆去他用。[⑤]

筑台以"砖灰固甃",且极为坚固,或系外用三合土厚筑,承受炮击不易崩塌;城外开深广之护濠;台形为锐角,有眉、目、鼻、颐。这一系列工程都是棱堡的标准配置,《守圉全书》均有相应描述。

---

① 丁宝铨辑《傅青主先生年谱》,《霜红龛集》附录,宣统三年刊本,《续修四库全书》集部第 1396 册,第 32—33 页。施闰章《九江总督袁公传略》,《施愚山先生学馀堂文集》卷十六,6a—8a,中国科学院图书馆藏康熙四十七年曹寅刻本。
② 秦廷秀修、刘崇本纂《雄县新志》第 2 册,1a—2a。
③ 姚文燮纂修《雄乘》卷上,54a。
④ 马之骕《雄县志四修详考·方舆第一·古迹》;秦廷秀修、刘崇本纂《雄县新志》第 1 册,27b。
⑤ 马之骕《雄县志四修详考·建置第二·城池》;秦廷秀修、刘崇本纂《雄县新志》第 2 册,2a—b。

既筑西洋铳台，必用火器守城。康熙九年（1670）雄县军器储备如下：

器械

西洋炮二位、神威炮四位、威远炮四位、大涌珠炮九十一位、涌珠炮百七十六位、三眼枪七十杆、锛斧二十六杆、月牙铲三十七杆、钺斧五把、钩枪二十四杆、长刀二十五口、腰刀六十口。以上系城守。

大涌珠炮十二位、涌珠炮二百二十五位、佛郎机三十杆、三眼枪六十杆、钺斧六把、腰刀五十口、单眼枪二百二十五杆、铁子二千斤、铅子七百斤、旧存火药二百斤、奉文贮积火药一千五百斤。以上贮库。①

京南小县，彼时并非战略要地，如此武备，可谓壮矣。值得注意的是，远程武器并无弓矢，全部为管形火器。清单中相当数量的武器弹药应是明季遗存。"西洋炮"与"神威炮"系明末仿制欧式铁炮，尚有实物传世。威远炮为万历中期北方边镇研发之熟铁炮。这十门铁炮，在当时算得上重火器。其余涌珠炮、三眼枪、佛郎机等为轻火器。明末小型直筒火炮多统称作灭虏炮；大涌珠炮、涌珠炮，样式略同，型号有别，合计495门，占雄县火炮总量（505门）的98%。嘉靖年间，火硝即为雄县土产，当地生产火药应较为方便。②

---

① 姚文燮纂修《雄乘》卷上，75a—b。
② 王齐《雄乘》卷上，29a，嘉靖十六年刻本，《天一阁藏明代方志选刊》，上海：上海古籍书店，1982年。民国初年，县内督硝公司收购火硝转运天津，每年约百十万斤。参阅秦廷秀修、刘崇本纂《雄县新志》第8册，24a。

　　清代及民国间雄县志书,虽有城图,但未绘入铳台。雄县城墙南面 0.9 里、北面 1.2 里、西面 3.6 里、东面 3.3 里,略呈梯形(图 8-12)。十座锐角铳台的位置,四隅城角外,"城东西两长面各建锐台三座"。从理论上说,按西法筑台并拥有前述火器,雄县城墙已处于交叉火力保护之下。敌军如未能首先压制铳台,强渡护濠,便会遭到很大损失。进攻城墙中部,会受到两侧铳台的火力夹击。即使攻至锐角台一侧,也会受到临近铳台的火器打击。

　　崇祯十五年,雄县县城已然拥有十座锐角铳台,然而此后并未投入实战。是年清军南下,县城戒严,敌兵未至。甲申易代,雄县附清,未生战事。[①] 康熙十二年之前,县城尚屡受盗匪滋扰,此后至同治初年几载不被兵革;光绪二十六年(1900),德法联军出兵保定,途中占领雄县城。[②] 民国十年(1921),县知事高茂枞,"经县人某议决,拆西门砖及十台砖,修筑西关六铺砖坝"。[③] "十台砖"当即十座锐角台之砖。可见

---

① 鼎革之际,雄县亦经历动荡。崇祯甲申,大顺政权所派县令郝丕绩入驻雄县。及李自成西遁,新城王延善招募乡兵,与雄县马于(即马鲁)里应外合,突入雄县城内,擒获郝氏。延善随即率部撤出城池,取其器械、盔甲、火药、官署骡马;缴获税银犒军。未几,清军控制形势,乡兵逃散。王延善为仇家控告,被执入京处死。参见王馀佑《五公山人集》,张京华点校,上海:华东师范大学出版社,2011 年,第 380—383 页,《先叔行状》。马鲁(1614—1683),原名之训,字君习,维垣子,之骦从兄,甲申之变,奔走南北,谋求恢复,后卜居山东诸城,课徒自给,以遗民终。参见秦廷秀修、刘崇本纂:民国《雄县新志》第 6 册,5a—6a。马之骦称之训为九兄,见《古调堂初集・诗集》,《从兄习仲久向天涯不知音息》(卷一,10b)、《盼九兄自河津来》(卷三,4b)。
② 秦廷秀修、刘崇本纂《雄县新志》第 8 册,38a—39b。刘崇本纂《雄县乡土志・地理第十》,3b,5a。李德征等编《八国联军侵华史》,济南:山东大学出版社,1990 年,第 359 页。
③ 秦廷秀修、刘崇本纂《雄县新志》第 2 册,3a。

民国初年锐角铳台尚有遗存。至 1980 年代末,城墙早已拆毁殆尽,仅余北城残墙不足百米。[①]

北京陷落前的最后三年,马维城先后在四位地方大员麾下任职。崇祯十五年,马维城应凤阳巡抚高斗光(1566—1642)聘南下,"既至凤,流寇攻正阳关,炮击却之"。寻应淮扬巡按(《马传》误作巡抚)王鼎镇(1603—?)聘,"理泗州武备,建西洋锐台二座于州城"。鼎镇转荐马氏于淮扬巡抚史可法,"史公给札付,加游击衔料理扬州城守,建西洋台二十座于新旧二城。其所资多出于两淮盐院杨仁愿[②],设处捐助。简选扬州卫军八百名,教习火攻,设立神威营。再给札付,加参将衔,仍候题请"。检泗州、扬州(江都)相关志书,尚未发现崇祯末年修建铳台之记载。[③]

崇祯十六年,鼎镇去职。"维城不愿在扬,遂受真定巡抚徐标(1592—1644)礼聘北行,料理防关守城。"是年徐标"请立忠义营,招揽四方豪杰"[④],"别募兵七千,肄习战车火器成一军"。[⑤] 维城或参与其事。崇祯十七年,大顺军逼近真定,徐标被下属杀

---

① 李凤昆主编《雄县志》,北京:中国社会科学出版社,1992 年,第 487 页。
② 杨仁愿,原名学愿,字内美,江西泰和人,崇祯七年进士(1634),授大理评事,升御史,出巡两淮。参见宋瑛等修,彭启瑞等纂《泰和县志》卷十二,27a;卷十七,42b,光绪五年刻本,《中国方志丛书·华中地方》第 841 号。
③ 康熙十九年(1680),泗州州城因黄河夺淮淹沉,遂成水下古城。根据近二十年来的考古调查,州城确切位置大体勘探明了。东南城墙处有一河滩,名曰"炮台滩",未审是否即明末建炮台处。参阅陈琳《明代泗州城考》,《历史地理》第十七辑,上海:上海人民出版社,2001 年,第 184—196 页。
④ 徐伯煌《尽节嘉义大夫兵部右侍郎徐标墓志铭》,李恒法、解华英编著《济宁历代墓志铭》,济南:齐鲁书社,2011 年,第 203—206 页。
⑤ 戴名世《崇祯甲申保定守城纪略》,《戴名世集》,王树民校编,北京:中华书局,1986 年,第 344 页。

害。"[谢]加福自立为大元帅,伪设文武官员,慕维城火攻之精,强之为副元帅。维城力辞,乃同诸不顺从者,皆系于狱间。一日并抬出再讯,从者实时授伪职,不从者立杀之。盖以威慑维城,而终不可夺志,长系如故。会大兵至,始破狱出,得归里。"马维城的军旅生涯就此终结。

马之骐《攸则》一诗,歌咏其父生平事迹,可与志书小传相互印证,开篇有云:

> 来英攸则,能则予父。锐爽直方,今跻于古。士谙戎筹,允彪文武。桑梓之阽,捍卫危陴。乡人凑辐,入而免罹。强锋终却,万生以赖。①

是为崇祯十一年雄县守城之役。继而历数维城受聘杨文岳、高光斗、王鼎镇、徐标始末,皆夹注督抚姓名。扬州一段,但云"大器号神,精备西洋"。"台奇车利,伟建于扬,独未注史可法之名,盖清初犹见忌讳。"《幼述》诗略云:"壬午泛扬州,父宦稍就次。一家廿余口,衣食难周备。"七律《西洋火器》末联云"闻肃天威本天德,莫令炎烈逸昆冈"。② 昆冈代指扬州,该诗应是崇祯十五年壬午,之骐随父在扬时作。

顺治二年(1645),顺天巡按柳寅东奉诏荐举山林隐逸怀才抱德之士,八府共四人,维城第三。旨下吏部,"初议以府同知用,寻以荐词有'议论足方晁贾,韬略可媲孙吴'之语,乃咨送兵部,以参将用。赴京候补,寻遭病假归,杜门谢客,固穷著

---

① 马之骐《古调堂初集·诗集》卷一,2a—3a。
② 马之骐《古调堂初集·诗集》卷一,6b—7b,卷四,8b—9a。

书"。顺治四年,清廷再次大规模圈占京畿土地。其中"圈雄县、大城、新城三县地四万九千一百一十五晌"。[①]维城家计遂窘。之骧谓"丁亥,吾田庐入旗下,我无所立",乃谋得教职,赡养父母。[②]马维城晚年在雄县终老,"著书兵家,苦心自萃"[③]。著作有《台炮图说》《车战条议》《筹雄长虑》《谋国长算》《平定心书》《自娱心书》,"前五种已刻板,惜无存者"。顺治十六年,马维城病卒,享年六十六岁,葬县西庄头祖茔。[④]

维城卒后,马之骧尝作《西洋台》诗,以资纪念,诗曰:

> 明季增城垒,西洋锐角台。神威曾震叠,物望益崔嵬。
> 创自先君子,贻诸久后来。将无忘缔造,特与记胚胎。[⑤]

五、清代西洋筑城术之流传

明末介绍西洋筑城术者不乏其人,徐光启、孙元化、韩云韩霖兄弟、马维城等或著书立论,或亲身实践。另有何良焘《铳台说》讲解欧式要塞作法甚详。就影响而论,清代中前期流传于世的西洋筑城术知识,主要来自《守圉全书》及其衍生作品。

---

① 《世祖章皇帝实录》卷三十,顺治四年正月辛亥,《清实录》第3册,第245页。
② 马之骧《古调堂初集·文集》卷五,11a—12b。
③ 马之骧《古调堂初集·诗集》卷一,3a。
④ 秦廷秀修、刘崇本纂:民国《雄县新志》第5册,33a。今仅知《心书》作于顺治丁亥丙申(1647—1656)间。参见马之骧《古调堂初集·文集》卷六,1a,《复家大人书》。
⑤ 马之骧《雄县志四修详考·建置第二·城池》;秦廷秀修、刘崇本纂:民国《雄县新志》第10册,69a。

《守圉全书》(1636)刊行不及十载,明清易代,该书内容敏感,立成忌讳。顺治三年(1646),钱谦益(1582—1664)题《守圉全书》卷首,即谓"鼎革后则又大不合时宜矣,阅者慎勿轻示人"①。乾隆四十二年(1777),江苏巡抚杨魁奏缴是书,五月十九日奏准禁毁。② 清代藏书家书目中,仅见《怡府书目》著录。③ 今确知存世者三部,一在上海图书馆(缺卷三之一),一在山西图书馆④,傅斯年图书馆另有残本(存前三卷)。

崇祯十七年(1644)三月,北京陷落,五月十五日,弘光帝即位于南京。六月,"逋寇未灭,强虏方张"之时,嘉兴钱栴(1598—1647)纂成《城守筹略》五卷,为"应变临敌"之资(自序)。其子钱默,时任嘉定知县,遂刻于县署。钱栴,字半村,崇祯癸酉(1633)举人,甲申,陈子龙(1608—1647)荐授职方郎中,奉敕视江浙城守,还里而南都又溃,乃避迹村坞。顺治四年牵涉反清逆案被捕,与其婿夏完淳(1631—1647)等人同日遭处决。⑤

---

① 上海图书馆藏《守圉全书》系钱氏绛云楼旧物,钤有"绛云楼/藏书印"(朱文长印),"牧""斋"(朱文小方印)。上海市文物保管委员会主编《徐光启著译集》(上海古籍出版社,1983)第三册套色影印《守圉全书》卷首钱谦益题记、藏印清晰可辨。
② 雷梦辰《清代各省禁书汇考》,北京:北京图书馆出版社,1989 年,第 156 页。
③ 佚名编《怡府书目》,中国国家图书馆藏抄本,林夕主编《中国著名藏书家书目汇刊·明清卷》第 22 册,北京:商务印书馆,2005 年,第 536 页。《怡府书目》主要反映两代怡亲王允祥、弘晓的藏书。
④ 刘纬毅主编《山西文献总目提要》,太原:山西人民出版社,1998 年,第 390—391 页。
⑤ 钱栴辑《城守筹略》五卷,崇祯刻本,现知四部存世。一藏军事科学院图书馆(缺钱氏序),《中国兵书集成》(解放军出版社,1994)第 37 册影印;一藏中国国家图书馆(全,用县署公文纸印刷);一藏广东省立中山图书馆(缺钱氏序);一为黄裳收藏(存前三卷)。钱栴生平事迹,参见黄裳《跋〈城守筹略〉》,《来燕榭书跋》,上海:上海古籍出版社,1999 年,第 216—217 页。

《城守筹略》杂纂当时兵书而成,编排颇见匠心。卷一"先事防御"四款,第四"城堡"收录正、匾、独敌台,双眉双眼敌台、双鼻敌台,图五幅及相关说明文字,显然来自《守圉全书·设险篇》,介绍棱堡式要塞的核心内容。其他不少条目也与《守圉全书》相同,似是摘抄而来。

钱栴与韩霖本有交情。[①]《城守筹略》全无韩霖之名,或不无隐情。崇祯十七年初,韩霖在山西投降李自成,随之入京,继而获得高位(礼政府从事)。同年五六月间,嘉兴公讨伪官魏学濂檄,即谓其"趋跄于晋贼韩霖之闼"。[②] 魏学濂(1608—?),字子一,号退密,嘉善人,崇祯十六年进士。[③] 京师陷落不久,学濂即投款授官,韩霖与有力焉。可见甲申夏季韩霖降闯事已广为人知,为江南士大夫不齿。钱栴用其书,不录其名,固无足怪。

魏学濂才华甚高,留心实学,且系天主教徒。方以智(1611—1671)记学濂语云:"敌台宜筑三角附城,如荬叶,两腋皆有小门可出,而外炮不能攻也。城址砌石,上即以土筑之,炮子入土,便陷不出。"[④]总结棱堡形制颇精到,或自韩霖得之。

康熙三年,益都薛凤祚(1599—1680,字仪甫)汇刻《历学会通·致用部》,收录三角算法、乐律、医药、占验、选择、命理、

---

① 黄一农《两头蛇——明末清初的第一代天主教徒》,第 239 页。
② 计六奇《明季北略》卷二十二,魏得良、任道斌点校,北京:中华书局,1984 年,第 609—613 页;时间考证见黄一农《两头蛇——明末清初的第一代天主教徒》,第 191 页。
③ 《崇祯十六年癸未科进士三代履历便览》,20a,上海图书馆藏崇祯刻本。
④ 方以智《物理小识》卷八,26b—27a,潭阳天瑞堂刻本《中国科技典籍选刊》第二辑,长沙:湖南科学技术出版社,2019 年,第 608—609 页。引"魏子一曰"云云。

水法、火法、重学、师学十种，乃一中西学合璧丛书，意在"会通"。部分品种系前人旧作，如水法、重学，即就《泰西水法》与《远西奇器图说》摘编而成。《中外师学部》二卷（即《师学》），署"晋韩霖雨公编　齐薛凤祚仪甫选"，卷一诸条即《守圉全书·设险篇》之精华，西洋筑城图说大都收录。卷二为练兵选将诸条，选自《守圉全书·申令篇》。薛凤祚序，谓"自度数之学出，以较矢石，万不当一，以言保土，百无一全"，故"明此城法，可以弱制强，可以少敌众"云。[①] 康熙十九年，梅文鼎（1633—1721）赋诗《寄怀青州薛仪甫先生四首》，乃读《历学会通》而作，深致感慨，第三首有云：

> 我读守圉书，重下徐公泪。神威及旷远，良哉攻守器。当时卒用公，封疆岂轻弃。[中略]会通及《师学》，要眇益人智。法制殊不悉，知君有深意。[②]

综上所述，清代中前期，除《守圉全书》原本，时人尚可通过《城守筹略》《历学会通·致用部》接触到韩氏兄弟编译之西洋筑城术。至于《守圉全书》的其他衍生作品，如崇祯间李盘辑《金汤借箸十二筹》、周鑑辑《金汤借箸》，则删去了这类新知识。[③]

---

① 薛凤祚辑《历学会通·致用部》，康熙刻本，《四库未收书辑刊》第 8 辑第 11 册，第 560 页。
② 梅文鼎《绩学堂诗钞》卷二，16a—18a，乾隆间梅毂成刻本，《续修四库全书》第 1413 册，第 469—470 页。"神威"即"神威将军"（欧式前装炮），"守圉"即《守圉全书》。"重下徐公泪"，为徐光启一哭也。
③ 李盘辑《金汤借箸十二筹》十二卷，编者题为李盘、周鑑、韩霖，中国国家图书馆藏崇祯刻本。周鑑辑《金汤借箸》十三卷，崇祯间刻本，《原国立北平图书馆甲库善本丛书》第 487 册。两书皆就《守圉全书》改编而成。参见王重民《跋〈慎守要录〉》，《冷庐文薮》，上海：上海古籍出版社，1992 年，第 447—448 页。王重民先生未见《守圉全书》，以为《慎守要录》即其书，然其结论（李盘、周鑑均据韩书取材）不误。

　　乾隆三十四年(1769),耶稣会士汪达洪向乾隆皇帝进献西洋木城模型,介绍城防技术,未得到积极回应(详见本章附录二)。

　　第一次鸦片战争以降,西式防御工程重获关注。丁拱辰(1800—1875)著《演炮图说》(辛丑本,1841)收录《长方曲折炮台式注释》《圆形炮台式注释》《润土炮台式》三篇,介绍西式炮台,有图有说。① 魏源《海国图志》百卷本(1852)选录辛丑本《演炮图说》炮台三篇,题为《西洋低后曲折炮台说》《西洋圆形炮台说》《润土炮台说》,文字所有改动,图式细节不乏简化失真之处。② 道光二十三年,丁拱辰刊行《演炮图说辑要》(1843),收入《佛兰西炮台图说》(图 8 - 13)《筑炮台须有照应图说》《安置炮台相距丈尺图说》《筑土墩照应炮台》四篇,讲解棱堡要塞的建造、布置方法。③ 技术层面与明末著作介绍之西洋筑城术处于同一水平。

　　道光二十九年(1849),《海山仙馆丛书》刻《慎守要录》九

----

① 丁拱辰《演炮图说·续后编》,20a—23b,中国国家博物馆藏道光二十一年刻本。按丁拱辰《演炮图说》二卷,道光二十一年广州刻本(辛丑本),方形书册,开本阔大。书分《前编》《后续编》,合订一册。《前编》内封题"道光辛丑孟夏镌/演炮图说/晋江丁氏著",有孟鸿光序(道光二十二年正月)、"演炮图说前后编目录"。《续后编》内封题"道光辛丑腊月镌/演炮图说续后编/晋江丁氏著",有丁拱辰序(道光二十一年十二月)、潘仕成跋(道光二十二年初春)。是书极为罕见,史料价值高,内容与常见之《演炮图说辑要》颇有异同。丁氏《演炮图说》另有道光二十二年广州刻本(壬寅本),内封题"道光壬寅年孟冬重订/演炮图说",篇幅仅为辛丑本的五分之一,可视为辛丑本的补编,仅知哈佛大学哈佛燕京图书馆藏全本,中国军事科学院图书馆藏残本一册。
② 魏源《海国图志》卷九十,1a—9b,光绪二年刻本,《续修四库全书》第 744 册,第 515—519 页。
③ 丁拱辰《演炮图说辑要》卷三,18a—26b,哈佛燕京图书馆藏道光二十三年刻本。

图 8 - 13　《演炮图说辑要·佛兰西炮台图》[①]

卷,署"明韩霖著"。[②] 该书无序跋,实为《守圉全书》删节本,篇
幅不及原书十之一。《慎守要录》卷二"设险",涉及西洋造城
法文字,较之《守圉全书·设险篇》约删去四分之一,如"岛屿
重台"即无有。原书相关图示二十幅,《慎守要录》仅存六幅,
且颇多失真处。《守圉全书·凡例》谓本书卷帙浩繁,批阅未
易,别有《守圉摘要》嗣刻。然海山仙馆本问世前,《慎守要录》
并不见于诸家著录。《慎守要录》应是清人割裂《守圉全书》而

---

① 丁拱辰《演炮图说辑要》卷三,21b—22a。

② 韩霖《慎守要录》,《丛书集成初编》第 962 册据海山仙馆本排印,北京:中华书局,
1991 年。按,康宁较早讨论了清代的棱堡,未说明文献出处,实出自《慎守要录》。
参见康宁《古代战争中的攻防战术》,北京:人民出版社,1992 年,第 296—297 页。
此书 1964 年已成稿,有是年吴晗序。

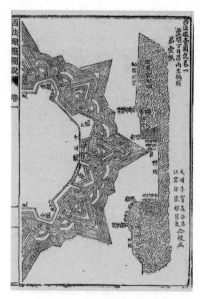

图 8-14 《西法炮台图说》

成，非韩霖自定。

咸丰十一年（1861），丁日昌（1823—1882）"托人赴泰西购得军火书数册，延闽人王君锦堂、黄君春波逐条翻译"。[①] 同治元年（1862）陆续译成。这批西法兵书译作未能及时出版。传世稿本有《炮录》十卷、《炮录后编》《军火杂录》各一卷（哈佛燕京图书馆藏本）。丁氏殁后出版者则有《西法炮台图说》三卷，光绪二十五年（1899）上海易堂书局铅印本（图 8-14）。[②] 该书介绍的防御工事，犹是 17—18 世纪样式。术语多用音译，可知底本应是某种英文筑城术著作。[③]

19 世纪 70 年代，江南制造局出版《营城揭要》（傅兰雅译、徐寿述）、《营垒图说》（金楷理译、李凤苞授），西方防御工

---

① 丁日昌编辑《炮录·自序》（同治元年七月），哈佛燕京图书馆藏稿本。按，1861—1862 年间，丁日昌辗转江西、安徽、广东，又在广州、高州造办火器，所谓"赴泰西"所购之书，恐系得自香港。

② 丁日昌编辑《西法炮台图说》，哈佛燕京图书馆藏光绪二十五年上海易堂书局铅印本。光绪二十五年二月李宝森序略云："兹特从中承公哲嗣丁毓卿广文处得西法兵略七种，内有炮台图说二卷，为之校正，先付手民，刻印行世，以公同好。"李序称丁日昌自西人购书，延聘王锦堂、黄春波逐条翻译。此说应系参引《炮录》丁日昌自序。

③ 冯锦荣《西洋炮台筑城学典籍在东亚的传播》，第 130—132 页。

程知识再次得到较成规模的译介。[①] 彼时这门学问尚未完全脱离棱堡式防御体系，《守圉全书》的读者或许会感到似曾相识。

六、讨论

西洋火炮与筑城术，几乎同时传入中国，得到明朝奉教士大夫的提倡。西炮在明清战争中扮演了极为重要的角色。徐光启等人希冀利用西炮救亡图存，并借之取得宁远大捷，然而最终事与愿违，新型火炮转而成为清朝吞并大明的利器。[②] 徐光启与李之藻最为担心之事，不幸而言中，"是使一腔报国忠心，反启百年无穷杀运"。[③]

相比之下，西洋筑城术在明末很少得到实际应用，对战局影响甚微。二者的引进效果可谓大相径庭。17 世纪后期，清朝的铸炮技术与欧洲不相上下，且将大量火炮部队投入实战，依然未如同时代的欧洲国家一般，发展新型防御工事。明清两朝，何以大力仿制欧式火炮，却并未推行欧式防御工事？本节欲稍加探讨。

对这个问题，军事史家帕克（Geoffrey Parker）提出了一

---

① 二书提要，参见徐维则《增版东西学书录》，熊月之编《晚清新学书目提要》，上海：上海书店出版社，2007 年，第 48 页。晚清军事工程类西学译著甚多，详见国俊侠《晚清西方兵学译著在中国的传播（1860—1895）》，上海：复旦大学博士论文，2007 年，第 216—222 页。

② 黄一农《红夷大炮与皇太极创立的八旗汉军》，《历史研究》2004 年第 4 期。

③ 徐光启《徐光启集》，第 179—181 页。

种解释——中国传统的城池设计已然考虑到防御火器的需要,城墙之坚厚,甚至足以抵挡19世纪的炮击;并举英国远征军之观察为例,说明广州城附近一处要塞(1841)以及北京城墙(1860)之坚不可摧。进而推论,或许正是这一因素,造成火炮在中国多用于防守,而很少作为攻城武器(三藩之乱时除外)。①

近年的相关研究说明,欧式火炮在明清之际的攻城战中发挥了很大作用。② 且不论虎门诸炮台与北京城在两次鸦片战争中迅速陷落,防御效果极差,仅据个别城墙的坚固程度解释火炮的使用方式,未免缺乏说服力。

欧洲筑城术传入中国,有其独特的历史背景。万历末年,明朝军队已然大量装备佛郎机、鸟嘴铳等轻型火器,然而冷兵器时代的战争形态并未发生根本变化。随着明清战争的加剧,欧式火炮引进战场。宁远之战(1626)明军凭城固守,险胜后金,既发挥了西洋大炮的惊人威力,也暴露出传统方形角台的显著缺陷。

天启六年正月二十四日,后金军强攻宁远。按事后巡关御史洪如钟题本,转述袁崇焕塘报略云:

> [金军]马步车牌,勾梯炮箭,一拥而至。箭上城如雨,悬牌间如猬。城上铳炮迭发,每用西洋炮,则牌车如拉朽。当其至城,则门角两台,攒对横击,然止小炮也,不

---

① Geoffrey Parker, *The Military Revolution: Military Innovation and the Rise of the West*, *1500 - 1800*, 2nd ed. (Cambridge: Cambridge University Press, 1996), 143 - 144.
② 黄一农《红夷大炮与皇太极创立的八旗汉军》。

能远及。故门角两台之间，贼遂凿城，高二丈余者三四处。于是火毬、火把，争乱发下。更以铁索垂火烧之，牌始焚，穴城之人始毙。贼稍却。而金通判（按，金启倧）手放大炮，竟以此殒。[①]

沈弘之（约 1635）有云：

天启六年，建夷奴儿哈赤攻辽之宁远城。宁前道袁崇焕，以西洋大炮，及从月城及角台上横击之。虏不敢近城身，乃攻角台。以牌倒倚墙上，人从牌下凿墙，铳炮不能及。顷刻而城凿穴如城门大。非通判金启倧用万人敌以烧之，则城崩矣。乃知角台当斜出而长，长则可以顾城身，斜则城身可以护角台。[②]

守城明军的大小火炮集中在角台与瓮城。敌方车牌推进至角台一侧凿墙，即进入西洋大炮的射击死角。小炮尚可向下射击，然而无法击毁敌方掩体。

周鑑《将略标》（1637）对清军攻城战法的描写更为具体：

---

① 《明熹宗实录》卷七十，19b，天启六年四月辛卯（3370）。

② 范景文辑《战守全书》卷九，28b—29a。按崇祯《义乌县志》："金启倧，以援例丞德平，后见知阁部孙承宗，荐授永平通判，督宁远饷事。天启六年正月，奴薄宁远，攻围甚急。倧用炮火歼之，因中火毒，创甚遂卒，以死力全城。上闻，宠渥特异，赠倧为山东布政司参议，荫其子玉振锦衣卫千户。"参见周士英纂修、熊人霖增修《义乌县志》卷十六"人物"，10a，崇祯十三年刻本，《稀见中国地方志汇刊》第 17 册，北京：中国书店，1992 年，第 599 页。又按道光《济南府志》："金启倧，字公元，浙江义乌人，吏员，万历间任德平县丞，声望大著，以知兵擢平海经历，迁永平府通判，边陲御侮，屡建奇功，被火药伤重身殒，城中为之罢市。事闻，赠山东布政司参议，给祭葬，立祠，荫其子丕振锦衣卫千户。"参见王赠芳等修，成瓘等纂《济南府志》卷三十六，61a，道光二十年刻本。金启倧墓碑在山东历城县（济南府附郭县）黄台张家庄西（胡德琳修《历城县志》卷二十五，18b，乾隆三十八年刻本），《济南府志》金启倧小传或本之碑文，所记死因相对可靠。

其攻城之具,用槐榆木厚八寸余,高八尺,如轿形,下有四小轮,以人御之。其板俱用活销,以致铅弹遇之车往来番去,铅弹子折而过,车随复起,不能伤人。推至城下,以弓矢仰射。而以尖铁冲挖城,长五六尺余,柄以粗木为之,每去一砖,则以冲入,五六人共坐其柄而撼,则城不能支。奴所畏者,远之则红夷炮,近之则万人敌。①

万人敌即火药桶,投掷后爆炸燃烧,打击城下人员器械。② 传统城池面对进攻,一旦敌人攻至城下,西炮便无从发挥威力。对欧式火炮要塞有所了解者,已认识到改造传统防御工事的必要性。陈仁锡(1581—1636)《纪京边造铳台》云:

> 夫守城之最得力者,莫利于神炮。今神炮已贮而铳台未筑,是有用之器,置之无用之地也。询历览海岛,见濠镜澳夷所筑铳台,制度极精。大约造之城上,于城头雉堞之下做一石窦,以便发铳。城内仍加厚一层,以防铳之伸缩,真坚固之极,活动之甚,比之宁远铳台专为佛郎机等铳用者,大不相同。今京师及边关险隘之处,宜仿此式造之。③

徐光启《火攻要略》说得更为明白:

---

① 周鑑《将略标》卷六十六,28b—29a,南京图书馆藏崇祯十年刻本。
② 按《保民四事书》:"万人敌,以木桶为之,大于火礶二三倍,用药数十斤,火绳穿其腹。贼近攻城、刨城,用与火礶等,而猛烈加倍。"参见祁彪佳辑《守城全书》卷十,8a,辽宁省图书馆藏抄本。
③ 陈仁锡《无梦园初集·漫集一》,59a—b,崇祯六年刻本,《四库禁毁书丛刊》集部第59册,第421页。

守具必用敌台,古人只以火器为一节,所以旧城皆不可以置铳。敌临城下,便无法可制。因城脚有躲避之处,即发火器,亦不能中耳。今法须于城隅建造附城敌台,相互照见。台上各设大小火铳,远近击打,使敌人不能近城。即近城,亦可三面横击。此守必固之法也。[①]

与欧洲的情况有所不同,明清战争时期,明朝方面改造防御工事的需求,主要源于增强守城火炮效力,而非抵御炮击。徐光启、孙元化等人极力提倡三角敌台,首先考虑的便是消除射击死角,充分发挥西炮威力。徐光启在战争初期更预见到,满洲人终会掌握火炮技术。"火攻之法"唯有"以大胜小,以多胜寡,以精胜粗,以有捍卫胜无捍卫"。[②] 所谓"有捍卫"便是筑造西式炮台。然而,这毕竟只是少数先驱者的远见。战争前期,几乎没有火炮威胁,采用西法改造防御建筑的直接动力非常有限。

归根结底,新型防御工事乃是重型火炮的衍生产物。掌握火炮技术,进而整合为有效的军事力量,乃是发展新型防御体系的必要条件。万历末天启初,辽东明军节节失利。西洋大炮尚在引进初期,未经实战,效果不明。此时徐光启、孙元化辈并无实权,提倡西法筑城,颇为超前,难以推行,固不足怪。至宁远之役(1626),西洋大炮效果显著。战争双方始着力仿造西炮,加速军备竞赛。此时明廷内忧外困,屡受重创。

---

① 徐光启《兵机要诀·火攻要略》,清抄本,《中国兵书集成》第 40 册,北京:解放军出版社;沈阳:辽沈书社,1994 年,第 309 页。
② 徐光启《徐光启集》,第 173—177 页。

孔有德之叛,更令经葡萄牙铳师训练之精锐炮兵归降满洲(1633)。明廷虽然首先将西炮投入战场,然而研发、运用能力提升缓慢,至于采用新型防御工事的提议,大都不了了之。与此同时,清朝在大炮的研发与运用方面迅速占据上风。① 甲申乙酉之际,经皇太极整编之汉军炮队携带约百门红夷炮,配合满洲骑兵,攻入关内。内地重镇,大都缺少质量俱优的火炮、技术精湛的铳师。旧式城防,难以抵抗重炮轰击。此时再行改造城池,为时已晚。

明末少数可以确证的西法筑城实践(如绛州与雄县),最初仅是个别具有西学背景的地方豪绅与州县主政官员通力合作之结果,处于实验性的起步阶段。崇祯十五年,马维城受聘督抚,先后为泗州州城、扬州府城修建锐角铳台,说明个别掌握实权的高级官员已然认可西法。按此趋势,设若甲申乙酉以降,明朝犹可支持半壁江山,形成南北对峙局面,或许会有更多战略要地改造城池,采用西炮加棱堡的防御体系。明朝的迅速败亡,终结了推广新型防御技术的可能。西洋筑城术也失去了在实战中充分证明有效性的机会。

清朝的炮兵实力,经明清战争、三藩之乱,至17世纪末的准噶尔之战达到顶峰。然而,随着大规模火器战争的结束,清政府掌握的炮兵表现迅速衰落,以至第一次鸦片战争时期,清军的火炮效力尚且不及明末。整个18世纪,中国内地长期和平,边疆虽屡有战事,然而城池几乎从未遭遇火炮威胁,自然

---

① 李斌《西式武器对清初作战方法的影响》,《自然辩证法通讯》2002年第4期。

无需考虑发展新型防御工事。作为火炮战争的产物,明末传入中国的西洋筑城术何故长期未受重视,亦可思过半矣。

附录一　马维城传①

马维城,字幼基,号石梁,鸿胪署丞出图第七子,行十。万历丙辰(1616)入县学,为诸生。至崇祯间,海内多故,乃留意兵家言,凡武备之书,广搜博学。又与西洋汤若望游,受其火攻、锐台、车战之传,皆既精通。

岁丁丑(1637),应本县知县张秉礼之请,选练乡兵六百名,以前登州通判张九州与共事,借其年龄官爵冠裳临莅,一切事为,皆维城主之。又于北城两隅,建西洋锐角大敌台二座。

岁戊寅(1638)十一月,守城有功,全活城内数万人。题叙部议,奉旨旌赏。岁己卯(1639),兵部给札付,加都司衔,咨送保定总制杨文岳幕下,参谋军事。时连年大旱,人相食。新安、安州、高阳、任邱、雄县五州县之间,有巨浸焉,名白洋淀。淀中洲渚,尽是村庄。有撦黠吴小泉者,据险鸠众,为寇掠水乡,继攻城池,自称抄富济贫王九月。维城密与杨公谋剿捕,请访勘巢穴情形。乃潜归雄,唤赴北口旧时佃仆张演,棹小舟载之,遍游萑苻中,佯为踏看水田。凡八日,尽得其机事隐情,

---

① 据马之骦《雄县志四修详考·人物第三·荐辟传》录文,拟题。原文为繁体竖排,整理本改作简体横排,加新式标题,括注公元年份及按语。马之骦纂《雄县志四修详考》,康熙三十年后成书,台北故宫博物院图书文献藏清抄本,无叶码,索书号:赠善 015254－015261。

并其门户路径,绘图具略报。杨公乃于十月,会期五州县乡兵,三路进发。小泉授首,余党悉平。十一月,杨公差监总兵虎大威之师剿高阳土寇董怀知等。防闲将士,不许杀害难民,掳掠子女,遍搜而尽释之。乃飞揭密报杨公,言虎大威之纵兵,而荐管一驯、陈三捷之遵律。杨公讶曰:虎大威降彝也,本部院亦惮之,马参谋真岁辛(原文如此)料虎头,编虎须者。十二月,随杨公剿抚顺德府山贼。

岁辛巳(1641)正月,随剿抚唐山神头等寨,贼悉平。师旋,告归里。应知县曹良直之请,于城南两隅补建西洋锐角台二座,又于城东西两长面各建锐台三座。

岁壬午(1642),受凤阳巡抚高斗光礼聘南行,既至凤,流寇攻正阳关,炮击却之。寻为淮扬巡抚(按,应作巡按)王鼎镇聘,理泗州武备,建西洋锐台二座于州城。王公又转荐于淮扬巡抚史可法。史公给札付,加游击衔料理扬州城守,建西洋台二十座于新旧二城。其所资多出于两淮盐院杨仁愿,设处捐助。简选扬州卫军八百名,教习火攻,设立神威营。再给札付加参将衔,仍候题请。

岁癸未(1643),王按君以京察年例调外用,维城不愿在扬,遂受真定巡抚徐标礼聘北行料理防关守城。岁甲申(1644),闯贼李自成将至,逆弁谢加福与倡逃被劾,候旨正法。知府丘茂华杀徐巡抚,具表迎李贼入关。及贼败奔,加福自立为大元帅,伪设文武官员,慕维城火攻之精,强之为副元帅。维城力辞,乃同诸不顺从者,皆系于狱间。一日并抬出再讯,从者实时授伪职,不从者立杀之。盖以威慑维城,而终不可夺志,长系如故。会大兵至,始破狱出,得归里。

顺治二年(1645),巡按顺天御史柳寅东,奉诏荐举山林隐逸怀才抱德之士,八府共四人,维城第三。旨下吏部,初议以府同知用,寻以荐词有"议论足方晁贾,韬略可媲孙吴"之语,乃咨送兵部,以参将用。赴京候补,寻遘病假归,杜门谢客,固穷著书。林栖十五载,于顺治十六年己亥岁(1659)病终,年六十六。

附录二　耶稣会士汪达洪介绍西洋筑城术史事钩沉[①]

15 世纪的欧洲,重型火炮开始在攻城战中扮演重要角色,传统城堡壁垒不堪轰击,极易陷落。16 世纪至 18 世纪,以棱堡体系为特征,旨在对抗火器的防御工程(筑城术)在欧洲大为兴盛。欧式火炮要塞也随着海上强权的扩张,遍布新旧世界殖民据点。17 世纪前叶,明清战争愈演愈烈,西洋筑城术也与欧洲火炮技术一道传入华土。徐光启、孙元化、韩霖、韩云、何良焘、马维城、汤若望等人,或编译西书,或建言施行,或付诸实践。降及崇祯十七年(1644)北京陷落,明朝内地如雄县、绛州、泗州、扬州等地已建成若干欧式炮台,时称"西洋锐角台"。澳门、澎湖,以及台湾南北更出现葡萄牙、荷兰、西班牙殖民者的欧式要塞。18 世纪,欧式火炮早已成为清军的常规火器。西洋筑城术则隐没不彰,几为遗忘。乾隆年间,

---

[①] 本文初稿《乾隆与沃邦——耶稣会士汪达洪介绍西洋筑成术史事钩沉》,发表于《澳门历史研究》第 13 期(2014)。现为修订稿。

载录欧洲防御工程知识的明末著作《守圉全书》《战守全书》等书列入禁毁目录,近乎失传。直到 19 世纪中期,西方的防御工程技术再成为中国学习模仿的对象。

18 世纪中期,通过耶稣会士汪达洪,西洋筑城技术一度传入乾隆皇帝的宫廷,则是一个特例。关于这个问题,费赖之(Louis Pfister,1833—1891)、卫周安(Joanna Waley-Cohen)曾经揭示相关耶稣会士通信。本文旨在补充相关清朝档案,与西文文献相互参证,更为完整的呈现事件始末。

汪达洪(Jean-Mathieu de Ventavon,1733—1787),法国耶稣会士,1766 年抵广州,是年 10 月受诏赴京,此后长期在圆明园如意馆服务,负责为清廷制作、修理钟表和机械玩偶。1773 年耶稣会解散,汪达洪等人也成为 18 世纪末在北京终老的最后一批耶稣会士。[①] 汪达洪的汉文拉丁文双语墓碑现存北京石刻艺术博物馆(真觉寺)。

1769 年,时任北京法籍耶稣会住院院长的晁俊秀(François Bourgeois,1723—1792)在信札中写道:是年汪达洪制成两具机械玩偶,颇得乾隆欢心。汪神父获得初步成功之后,引发了他想进一步获得全国性的信教自由的奢望。他曾向皇帝提出一套在北京修筑城防工事的平面图,进而"拟了一个模型……皇帝看了设计图后,要他作出详细说明,甚至有可能要他实地试验"。但大臣们却尽找麻烦,多有指责。另一

[①] 汤斌《耶稣会士汪达洪的在华活动》,李世愉主编《清史论丛 2010 年号》,北京:中国国际广播出版社,2009 年,第 268—279 页。该文主要讨论耶稣会解散后,北京耶稣会成员的财产之争。

方面,西欧的有关人士也将会责怪我们的盲目行为,向异教徒传授军事技术。慎重起见,就把此事作罢,汪神父也深感惭愧而不再提及此事。①

实际上,汪达洪并未保持沉默。1772 年,汪达洪致信罗马耶稣会总部,向上级申辩。按他的说法,在华耶稣会士涉足军事活动,绝非特例:乾隆皇帝曾派遣耶稣会神父协助指导操作火炮,有时广州官员向宫廷进献欧洲商人带来的火器,神父们也会受命查明使用方法。皇帝甚至询问传教士能不能像过去那样,指导铸造火炮。神父们的答复则是目前无人有此本领。对于罗马方面的指责,汪达洪声称,自己提出筑城方案之前,全然无人提醒此事不妥,而那些批评者对于一百多年前的汤若望反倒极为宽容。②

耶稣会士汤若望(Johann Adam Schall von Bell,1591—1666)、南怀仁(Ferdinand Verbiest,1623—1688)曾分别在崇

---

① 晁俊秀神父 1769 年 10 月 30 日函,抄本原存徐家汇信札集。参见 Louis Pfister, *Notices biographiques et bibliographiques sur les jésuites de l'ancienne mission de Chine*(1552 - 1773), vol. 2 (Shanghai: Imprimerie de la Mission Catholique, 1934), 914. 费赖之《明清间在华耶稣会士列传(1552—1773)》,梅乘骐、梅乘骏译,上海:天主教上海教区光启社,1997 年,第 1132 页。引文参考中译本,略有修改。费赖之原书谓"向异教徒传授军事技术"(apprendre aux infidèles l'art de faire la guerre),梅乘骐译本改作"去传授与宗教无关的军事技术"。

② 1772 年 11 月 4 日汪达洪致耶稣会 Imbert 神父书,耶稣会罗马档案馆(ASRI), Jap.-Sin. vol. 184, f. 261 - 62. 转引自 Joanna Waley-Cohen, "God and Guns in Eighteenth-Century China: Jesuit Missionaries and the Military Campaigns of the Qianlong Emperor (1736 - 1795)," in *Contacts between Cultures*, *Eastern Asia: History and Social Sciences*, vol. 4, edited by Bernard Hung-Kay Luk (Lampeter: Edwin Mellen Press, 1992), 96. 档案出处,参见 Joanna Waley-Cohen, "China and Western Technology in the Late Eighteenth Century," *American Historical Review* 98, no. 5 (December 1993): 1537. 承蒙卫周安教授告知档案出处。

祯、康熙年间为明清两朝设计监制欧式火炮。乾隆皇帝有意仿行故事,藉助传教士指导造炮,当是因应金川战事之需。1774 年,葡萄牙籍耶稣会士傅作霖(Felix da Rocha,1713—1781)即奉命至金川前线,指导清军使用冲天炮(臼炮),提高射击精度,且可能直接参与监造火炮。[1] 汪达洪亦欲效仿同会前辈的成功经验,通过传授欧洲军事技术,获得清朝皇帝重用,为天主教会换取利益。

检索中国第一历史档案馆现存清朝档案,近得乾隆三十四年(1769)五月军机处奏片一件,关系汪达洪事件。全文移录如下:

> 遵旨询问西洋人汪达洪。
>
> 据供:前日我所进画样系保护城池的法子,现在如意馆成造木样,约计一月,可以造成,不但可观,且有好处等语。
>
> 随又问伊有何好处。
>
> 又供:我西洋国王那边就用此法。譬如城内有兵二千,外面虽有二三万,亦不能攻破。如要攻破,须费好些工夫,好些法子,须伤好些人。我有书三本,上有此等攻城守城的法子,不识西洋字的人看了未必懂得。我在本国未当过兵,系修道之人,不能打仗,但懂得此法子。现在城内西堂有一个人懂得我的话,俟木样做成,我告知此

---

[1] Joanna Waley-Cohen, "China and Western Technology in the Late Eighteenth Century," 1538 - 1540.

人，照书上法子用汉字音写，一并进呈御览。

又问：既有懂得你的话的人，如今就叫来用汉字将你的书音写出来看看。

又供：我这法子人人不懂得，就是音写出来，现在止有画样，也难解说，也难懂得。如今我那书也现在音写着呢，须等木样做成，方好指点解说，才能懂得等语。谨奏。①

又按《乾隆三十四年各作成做活计清档》造办处活计库，如意馆六月项：

二十四日。接得郎中李文照押帖，内开十九日太监胡世杰传旨：西洋人汪达洪现做西洋木城样四块，著做粗木箱盛装收贮。钦此。②

由此可知，乾隆三十四年五月，汪达洪已绘制欧洲风格的城防设计图，六月内完成木模型及解说，先后进呈乾隆帝。这也是继明末徐光启、汤若望之后，第三次有人向中国皇帝建议采用西洋筑城术，改造北京城防工事。参照徐、汤之说，北京城墙冲要之地，角台、马面当外接三角形大铳台。北京古城如在17—18世纪间为一变为棱堡环绕，中西合璧，亦属奇景。

---

① 《奏遵旨询问西洋人汪达洪所进攻守城池技法之画样片》，军机处满文录副奏折，乾隆三十四年五月包，中国第一历史档案馆，档号：03 - 0183 - 2317 - 016。
② 中国第一历史档案馆、香港中文大学文物馆编《清宫内务府造办处档案总汇》第32册，北京：人民出版社，2005年，第522—523页。邹爱莲、吴小新主编《清中前期西洋天主教在华活动档案》第4册，北京，中华书局，2003年，第343页。鞠德源较早揭示本条史料，参见鞠德源《清代耶稣会士与西洋奇器》，《故宫博物院院刊》1989年第2期。

奏片所云"城内西堂"乃是紫禁城西面的蚕池口天主教堂（老北堂），当时为法国耶稣会士驻地。此时汪达洪来华仅三年，汉文能力不高，需要堂内同仁帮助，参考西文书籍编写说明文字，与木城模型一并进呈。清朝官员多方掣肘，加之北京耶稣会成员的反对，此事最终不了了之。

汪达洪号称"我有书三本，上有此等攻城守城的法子"。究竟会是哪些著作呢？《北堂图书馆藏西文善本目录》(1949)著录 16 至 18 世纪在华天主教会藏书遗存，载有 14 种防御工程（筑城术）专著（今藏中国国家图书馆）。其中四种三册法文著作钤有耶稣会北京住院印记(Collegij Societatis Iesu Pekini)，皆为 17 世纪作品：

1. Jean-François Bernard, *Nouvelle maniére fortifier les places*, *tirée des methodes du Chevalier de Ville*, *du Comte de Pagan*, *et de Monsieur de Vaubon* [...] Paris：Estienne Michallet, 1689. 索书号 85/1628。

2. l'Aîné Desmartins, *L'experience de l'architecture militaire* [...] Paris：Maurice Villery, 1685. 索书号 234/1557。

3. Jean-Henri de La Fontaine, *Les fortifications royales*, *ou Architecture militaire*, *par une nouvelle pratique* [...] Paris：Estienne Loyson, 1666. 索书号 389/1578。

4. Jean-Henri de La Fontaine, *Novueau traité de la fortification* [...] Paris：Estienne Loyson, 1667. 索书号 390/

1578a。以上两书合订一册。①

汪达洪很可能便是参考这三册四种专著，制作平面图、模型及解说。例如第一种伯纳德《筑城新法》，书中介绍了沃邦的防御工程设计。沃邦（Sébastien Le Prestre de Vauban，1633—1707)乃是一代军事工程宗师，为法国国王路易十四设计兴建、改造了大批要塞，同时发展出更为有效的攻城技术。从该书插图可以推想汪达洪进呈品的大致面貌（图 8 - A - 1)。

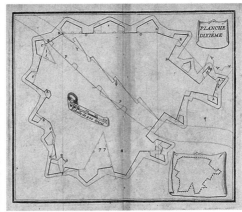

图 8 - A - 1　伯纳德《筑城新法》(1689)②

① Hubert Germain Verhaeren, ed., *Catalogue of the Pei-t'ang Library* (Peking: Lazarist Mission Press, 1949). 主题索引 *fortifications*。17 世纪法文著作凡十种，编号：44、85、117、147、150、234、305、389 - 390(合订一册)、473。其中 44 号、147 号、305 号，作者为耶稣会士。85 号、234 号、389 号、390 号四种钤有 *Collegij Societatis Iesu Pekini* 印记，书内无批注。巴洛克时代，耶稣会士参与欧洲的军事活动，特别是设计要塞工事，绝非特例，甚至可以说颇有传统。参见 Denis De Lucca, *Jesuits and Fortifications: The Contribution of the Jesuits to Military Architecture in the Baroque Age* (Leiden: Brill, 2012)。
② 桑松图书馆(Besançon, Bibliothèque d'étude et de conservation)藏本。全书书影参见：architectura.cesr.univ-tours.fr/Traite/Notice/B250566101_238603.asp。

汪达洪的平面图与木模型下落不明,或许早已随圆明园如意馆消失,或许仍然存放在故宫博物院库房的某个角落,亦未可知。

18世纪后期,清朝在边疆战事中仍具有技术优势,城池并未遭遇严重的火炮威胁。对于采用旨在对抗火炮的欧洲防御工程技术,升级城防工事,需求不足。至于大规模改造北京城垒,加强战备,于乾隆承平之时,更无可能。汪达洪进呈的城防图式、堡垒模型,乾隆皇帝一时感觉新奇,最终并未认真对待,给予重视,与西洋筑城术失之交臂,亦在情理之中。

第九章

《保民四事书》与明末火炮[①]

　　顾炎武(1613—1682)《日知录》卷九"边县"条,考述北宋边县百姓立弓箭社自卫之法,文末评论道:"有国家者,能于闲暇之时而为此寓兵于农之计,可不至如先帝之末,课责有司,以修练储备之纷纷矣。"[②]

　　所谓"修练储备",乃指崇祯末年推行之地方防卫政策,分为修城堡、练兵壮、储粮草、备守具四大项,合称"保民四事"。崇祯十一、十二年(1638—1639),清军入关蹂躏,直鲁板荡;张献忠、李自成先败再叛,鄂陕成殃。崇祯十二年十月,明廷颁布前任兵部尚书杨嗣昌编纂之《保民四事书》(或称《保民四事全书》),冠以钦定之名,下发全国,要求地方政府按此条例,修练储备,加强防御,并作为府州县主政官员的考绩标准。明朝覆灭,《保民四事书》随之埋没。三百年来,该书既未见诸公私书目,亦不闻后世著作引用片段。谢国桢《增订晚明史籍考》(1981)于此书仍属阙如。相关研究,仅见吉尾宽专题论文

① 本文初稿收入复旦大学文史研究院编《全球视野中的明清鼎革国际学术研讨会论文集》,北京:中华书局,即将出版。本章略有修订。
② 顾炎武著,黄汝成集释《日知录集释》,栾保群、吕宗力校点,上海:上海古籍出版社,2014年,第222—223页。

(2005,2006)，讨论明末北直隶施行修练储备政策的效果，主要从地方的应对措施着眼，并未探索该政策出台的过程，没有提及作为指导纲领的《保民四事书》以及杨嗣昌发挥的作用。[①]

本章重点介绍新发现之《保民四事书》，考察其编印、颁布过程与影响，现存版本，内容特色。《保民四事书》要求地方自造火器，提倡使用灭虏炮与红夷大炮，并给出具体建议。本章尝试以此为线索，探讨明清鼎革之际，内地州县生产、运用火炮的类型与效果。

一、从"保民四事"到《保民四事书》

"修练储备"，明末文献最初写作"修防储练"，实为一事。按谈迁（1593—1658）《国榷》崇祯二年（1629）十一月癸未（二日）条，己巳之变初起，后金军突入畿辅，崇祯皇帝谕兵部，略云：

> 自边内畿辅、山西各郡邑，修防储练，屡奉严谕，未见改观。今须开款：城坚池深，濠内添筑短墙，开窦设炮，城门设吊桥。近城作何收敛，远村作何归并，乡兵、火器、粮草，俱量地大小，定数勒限，司道亲督。至宁锦各城，应虑持久。龙固原平，并图预防。如此布置，再种早禾，使

[①] 吉尾宽《最末期·明朝の華北における都市防衛策：〈中国明朝档案総匯〉を用いた一考察》，《大阪市立大学東洋史論叢》特集号，国際シンポジウム"中国都市の時空世界"，2005年，第102—117页。吉尾宽《论明朝中央政府所实施的城市防卫策——以明末的北直隶与京师为例》，收入吴春梅主编《安大史学》第2辑，合肥：安徽大学出版社，2006年，第298—310页。两文主题类似，后者有增订。吉尾宽另有专著《明末の流賊反乱と地域社会》（東京：汲古書院，2001）亦未提及《保民四事书》。承蒙孟二壮先生惠赐吉尾宽日文论文。

千里无资,胡势自困。畿辅、山西郡邑若干,每处颁灭虏炮一、三眼枪一,令模制之。[①]

如该条史料编排年月无误,则早在崇祯二年末,保民四事政策已具雏形,仅是针对山西、畿辅地区的临时措施。最初系何人建言,尚不明了。此后《国榷》多次记载相关事项。崇祯七年(1634)八月癸未,"谕兵部曰:直省各郡邑,修防储练,不尽遵行……其严饬急图,以赎前愆"。崇祯九年(1636)四月丁丑,"令有司务修练储备,毋科扰"。[②]

按万斯同(1638—1702)《明史稿》杨嗣昌传:

> 初,纳廷臣言,课天下守令以修城郭、练民兵、储糗粮、备甲仗四事定功罪。行数载,徒空文。帝复谕嗣昌,严责抚按官。嗣昌勒成一编以上,帝赐名《钦定保民四事书》,颁天下。然有司卒不能力行也。[③]

杨嗣昌(1588—1641)崇祯九年十月晋兵部尚书,十一年三月抵京就任,十二年三月夺职视事,八月解部务,九月督师离京,南下与张献忠作战。《保民四事书》大体是在崇祯十年以降杨嗣昌奏议的基础上修订而成。

按《杨文弱先生集》所载奏疏,崇祯十年闰四月以下涉及

---

① 谈迁《国榷》,中国国家图书馆藏清抄本,《续修四库全书》史部第 363 册,第 272 页。
② 谈迁《国榷》,第 390 页,第 450 页。
③ 万斯同《明史》卷三六五,中国国家图书馆藏清抄本,《续修四库全书》史部 330 册,第 449 页。王鸿绪《明史稿》列传一百三十八(7b)杨嗣昌传(台北:文海出版社,1962 年影印雍正间敬慎堂刻本),本段传文略同。张廷玉《明史》卷二五二杨嗣昌传内无此段落。

"修备储练"（或作"修练储备"）者颇多。最重要者，为崇祯十一年二月杨嗣昌所上《南方盗贼渐起疏》，条奏修备储练"八事"。崇祯帝对该疏大为赞赏（二月二十八日）：

> 这所奏八事，深于地方绸缪有裨。着直省抚按司道等官查照各款事宜，严督有司，悉备储练，次第修举，依限考成，分别升斥，不许因循诿误。其抚按司道，即就辖属优劣，一体酌等惩劝，法在必行，毋容虚文塞责。

疏后嗣昌子杨山松附有按语："其后先人再进修备储练保民四事全书，即本此而加详者。"[1]杨嗣昌进《保民四事全书》，当有相应题本，今未之见。对比《南方盗贼渐起疏》与《保民四事书》现存条目，部分字句，亦复相似（详见表 9-1）。

关于《保民四事书》的编纂及颁布时间，按《国榷》崇祯十二年（1639）四月甲午（七日）条，"谕兵部汇崇祯七年后条奏训练储备刊布天下"[2]。崇祯十三年四月，两广总督张镜心（1590—1656）上《举行设备四事疏》，言道："崇祯十二年十月十二日午时，奉本部送司礼监传出圣谕：近报寇窃披猖，边腹城垣，乡兵器械，亟宜上紧料理设备。昨《钦定保民四事全书》即着刷印成

---

① 杨嗣昌《杨嗣昌集》，梁颂成辑校，长沙：岳麓书社，2008 年，第 515 页。
② 谈迁《国榷》，第 520 页。按万斯同《明史》卷二十六《庄烈皇帝本纪》，崇祯十二年"夏四月戊子朔，谕兵部汇崇祯七年以来条奏训练储备之法刊布天下。"（《续修四库全书》史部 324 册影印中国国家图书馆藏清抄本，第 293 页）。佚名辑《崇祯实录》卷十二文句略同："（崇祯十二年）夏四月戊子朔，谕兵部汇集崇祯七年后条奏修练储备之法刊布天下。"（嘉业堂旧藏抄本，"中央"研究院历史语言研究所1962 年影印《明实录》附录，第 361 页）。以上两书业事系于四月朔日，似不及《国榷》系于四月甲午（七日）准确。清初诸家明史，如傅维鳞《明书》、查继佐《罪惟录》、王鸿绪《明史稿》、汪楫《崇祯长编》及通史本《崇祯长编》，均未涉及此事。

(裹)［袭］,差官分投颁发,毋得延迟,致误时日。兵部知道。"同疏又云:"臣自去冬奉行四事,飞檄驰谕。未几严纶三至,刊书屡锡。"①张廷玉《明史·庄烈帝本纪》载崇祯十二年(1639)十月十三日:"丙申,《钦定保民四事全书》成,颁布天下。"②

《国榷》多抄录邸报,较为可信。张镜心所引上谕则可与乾隆本《明史》相互印证。调和其说,或系崇祯十二年四月七日(1639年5月9日),上谕兵部汇集崇祯七年后臣工条奏修练储备之法,编纂《钦定保民四事全书》;同年十月十二日(1639年11月6日),书既刻成,下诏颁布。本年四月恰逢杨嗣昌暂时夺职,十月杨氏已督师离京,恐未能始终负责《全书》编纂事宜。

《保民四事书》系钦定官书,颁布州县,彼时印本当逾千部。入清之后,此种书籍题材敏感,大不合时宜,既未见公私藏书目著录,原刊本恐已失传。所幸《保民四事书》主要篇章为祁彪佳《守城全书》抄录,乃得一线之传。

祁彪佳(1602—1645),字幼文,号世培,室名远山堂,浙江山阴(今绍兴市)人,天启二年(1622)进士,官至苏松巡按。祁彪佳继承乃父祁承爜(1563—1628)澹生堂藏书,文献极富。崇祯十一年至十六年间,祁彪佳日记多次记载辑录、校订《守城全书》之事,盖欲为救时之助。③弘光元年(1645)闰六月,清军占领绍兴后欲加招揽,彪佳即于乡间梅墅

---

① 张镜心《云隐堂文集》卷八,17b—18a,中国国家图书馆藏康熙十一年刻本。又按张镜心另一题本抄件,"寇窃披猖"原当作"狡奴窥关"。参见中央研究院历史语言研究所编《明清史料·乙编》第八本,上海:商务印书馆,1936年,749a。
② 张廷玉等《明史》卷二十四,北京:中华书局,1974年,第327页。
③ 黄裳《来燕榭读书记》上册,沈阳:辽宁教育出版社,2001年,第206—212页。

家中投水自杀。祁氏子孙世守遗稿三百余载，至 1951 年土改时期部分散出。1952 年，《守城全书》《远山堂曲品剧品》等珍贵手稿，为藏书家黄裳（容鼎昌，1919—2012）所得。[①] 1998 年 10 月，《守城全书》稿本现身北京古籍拍卖会，同年 12 月入藏台北故宫博物院图书文献馆。[②] 稿本之外，《守城全书》另有抄本两部，分藏辽宁省图书馆、襄阳市少年儿童图书馆（原襄阳地区图书馆）。[③]

台北故宫藏《守城全书》十八卷（图 9-1），存十六卷，稿本，八册，索书号：善购 001109 - 001116。行字不一，多为半叶九行或十行，无叶码。稿纸多种，多无行格栏线。笔迹不一，盖由多位书手汇抄条目，祁彪佳经手修订。全书增删勾乙甚夥，间用朱墨批注，显系初稿。稿本凡例缺首叶，无总目，正文缺第十三、十四卷。书前有 1952、1953 年间黄裳题记七则，并附 1952 年编订总目，其中第十三、十四两卷下注"佚"字。上述题记并总目，又见黄裳《来燕榭读书记》（2001）。[④]

辽宁省图书馆藏《守城全书》十八卷（图 9-2），誊清抄本，

---

① 张能耿《祁承㸁家世》，北京：北京出版社，2004 年，第 236—241 页。1953—1954 年，祁氏后人将澹生堂、远山堂大宗遗书捐献浙江文管会（今在浙江图书馆）与中央文化部（今在中国国家图书馆）。1950 年代为黄裳所得的部分精品 1990 年代末又经拍卖流散。

② 中国嘉德国际拍卖有限公司 1998 年秋季拍卖会（1998 年 10 月 27 日）0619 号拍品。参见 auction.artron.net/paimai-art09220049（2018 年 12 月 20 检视有效）。

③ 2011 年 11 月 16 日，笔者访问台北故宫博物院图书文献馆，查阅《守城全书》稿本，因系善本，馆方未允复制书影，仅得抄录部分条目。2018 年 7 月 2 日，访问辽宁省图书馆，查阅《守城全书》抄本，承蒙馆方惠准，复制部分书影。《中国古籍善本书目·子部》上册（上海古籍出版社，1996 年，第 127 页）著录祁彪佳《守城全书》十八卷清抄本两部，一全本，存抚顺市图书馆；一残本（存卷一至三，七至十四），存湖北省襄阳地区图书馆。按，书目著录恐有误，抚顺藏本当即辽宁省藏本。

④ 黄裳《来燕榭读书记》上册，第 206—212 页。

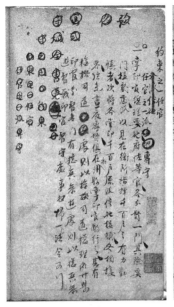

图9-1 《守城全书》·台北故宫博物院藏稿本①

图9-2 《守城全书》·辽宁省图书馆藏抄本

十册,索书号:善61258。半叶九行,行二十字,白口,单鱼尾,四周双边,无格。工楷抄写。鱼尾上题"守城全书",下题卷之几,最下标页码。凡例十三条、目录、正文皆完整无缺。稿本凡例所缺前五条及第六条前半,正文所缺卷十三、卷十四,皆可据抄本补全。抄本玄字不缺笔,曆字或不改或作厤,又不避宁字。书前摹写"祁忠敏公像"并赞语一页,署"邗上杜甲题",书口题"传芳录",盖录自乾隆十四年(1749)绍兴知府杜甲纂刻之《传芳录》。像赞用纸、笔迹,与抄本正文相同,殆出一人

---

① 据台北故宫博物院网站,书影出处:theme.npm.edu.tw/exh104/90collecting/ch/page-4.html(2018年12月20日检视有效)。

之手。辽图抄本无题跋，仅钤"东北图书馆所藏善本"朱文方印，知为 1948—1955 年辽图前身东北图书馆时期入藏。黄裳谓《守城全书》稿本"有别一人注书写格式，为清抄本底本"[1]。此辽图抄本，当即据稿本誊清者，今时反较稿本完整。此本必为乾隆十三年之后抄成，惜不详何人录副，颇疑为民国年间祁氏后人誊写。以下引用《守城全书》，皆据辽图藏本。

襄阳市少年儿童图书馆藏《守城全书》十八卷，存十一卷（一至三、七至十四），嘉庆五年（1800）王正常抄本，七册，索书号：善抄 001。[2]原书有待目验。

《守城全书》为辑录之作，广引明人兵书。凡例第一条云："守城之书多矣，此独以全书称者，盖自《武备志》《守圉书》而外，所采辑有二十余种，凡古名公及近来建议可采者即皆录入，故称全书。"采辑之书，原作尚存者，如戚继光《纪效新书》（1561）、尹畊《堡约》（又名《乡约》，1571）、王鸣鹤《登坛必究》（1598）、温编《利器解》（1600）、王应遴《备书》（1620）、茅元仪《武备志》（1621）、韩霖《守圉全书》（1636）、周鑑《金汤借箸》《将略标》（1637）等。他若屡引之《筹国胜着》《城守备览》，以及毕懋康《战阵图说》等书，似已失传。[3]

---

[1] 黄裳《来燕榭读书记》上册，第 212 页。

[2] 本书编委会编《湖北省襄阳市少年儿童图书馆古籍普查登记目录》，北京：国家图书馆出版社，2020 年，第 13 页。

[3] 《守城全书》不含插图，军器相关章节，往往注明图在某书，故可知相应条目出处。按《筹国胜着》，《守城全书》引作"胜箸"。《澹生堂藏书目》著录"筹国胜着 四卷 四册"。《战阵图说》，《守城全书》引作"毕刻"。《澹生堂藏书目》著录"战阵图说 附边略 三卷三册 毕侍御"。参见祁承爜《澹生堂藏书目》，郑诚整理，上海：上海古籍出版社，2015 年，第 551 页，第 553 页。

按《守城全书》目录，卷一至卷三总题守之用，分题约束、预备、临敌；卷四至卷七守之具，分题周防、御械、兵器、火器；卷八卷九守之案，分题列国、皇明；卷十至卷十四守之训，分题庙算、古法、章奏、议约、论说（并附记）；卷十五至卷十八守之馀，分题乡兵、民兵、保甲、弭盗。

这种卷题样式，似乎借鉴了王应遴《备书》。《备书》二十卷，也是辑录性质的兵书，内有万历四十八年序刊《守字函》四卷，各卷分别题作守之训、守之案、守之法、守之具。[①] 王应遴（？—1644），字董父，号云莱，山阴人，与祁承㸁、祁彪佳父子友善，系彪佳父执辈。[②]

《守城全书》第十卷《守之训·庙算》，全卷抄录《保民四事书》，凡 27 条，总约 7 000 字（参见本章附录）。下分"钦定保民四事书内修城堡十条（崇祯十二年）"（图 9-3）、"钦定保民四事书内备守具六条"（图 9-4）、"钦定保民四事书内储粮草五条"和"钦定保民四事书内练兵壮五条"。"练兵壮"原为六条，全抄五条。原第五条"训练军容"仅抄首句，下注"营伍皆知今不录"。《保民四事书》原刻本当有序文或相关上谕，今未见流传。以下列表说明主要条目（表 9-1）。

---

① 王应遴辑《备书》，贵州省图书馆藏万历天启间刻本。按，贵州省图藏《备书》二十卷十册，冠万历二十年张萧《题备书》，主体分六部分：《守字函》（1620）、《练字函》（1620）、《屯字函》（1622）、《战字函》（1622）各四卷，《机字函》（1621）、《本字函》（1624）各二卷。《刻备书练字函引》署泰昌元年九月徐光启撰，系《徐光启全集》（上海古籍出版社，2010）未收的佚文。

② 王应遴与祁氏父子的交往，散见《澹生堂集》《远山堂尺牍》《祁彪佳日记》。《澹生堂藏书目》著录"备书 二十卷 十册 王应遴辑"。参见祁承㸁《澹生堂藏书目》，第551页。

图 9-3 《守城全书·保民四事书》(辽图)　　图 9-4 《保民四事书·备守具》(辽图)

表 9-1 《保民四事书》纲目

	修城堡十条	备　　注
1	府州县修筑城垣标准	分上中下三等。必用砖包砌。敌台间隔不过三百余步,俾炮火相交
2	敌台形制	需狭长,宽三丈,长倍之
3	垛口、悬帘形制	举崇祯三年昌黎守城战胜例
4	堑壕、羊马墙形制	谓羊马墙收敛村民,近岁有见效者
5	瓮城、角台形制	城门之外,必筑瓮城
6	城外近墙拆房伐木	严禁借机敲诈勒索
7	集资修城法	官费、民捐、派粮、商税。略同《南方盗贼渐起疏》

（续表）

修城堡十条	备 注
8 倡议村落广置墩堡	捐资者官方表彰。略同《南方盗贼渐起疏》
9 建堡之效，御敌成功之例，墩堡形制	引杨博、纵九逵奏本
10 建堡之法	谓详见尹畊《堡约》。《守城全书》删省，小字注"已有总录"

备守具六条	
1 府州县自造灭虏炮、红夷炮形制，配置标准	旌扬捐资造炮者。略同《南方盗贼渐起疏》
2 鸟铳、三眼枪、铅子、火药配置标准	
3 火礶、万人敌形制，配置标准	
4 滚木、礌石、铁汁、掷石等用法	引尹畊《堡约》
5 红夷炮炮车、灭虏炮炮槽形制。铅子、火药预分备用。罗列水缸、钢斧等守城器械。南方水战，倡造龙骨船，设火炮二三层	守城器械，引崇祯三年昌黎保卫战之例。南京造船练器，引户部尚书钱春提议
6 鼓励士民练习弓矢	道府每月阅射，赏赐能者。巡按御史巡行考射，定道府殿最。略同《南方盗贼渐起疏》

储粮草五条	
1 府州县储备粮草标准	崇祯十二年起编制清册岁报兵部户部
2 积谷必须本色，不许折银	抚按司道督府州县，定黜陟
3 劝捐粮草法	举崇祯三年正月昌黎守城例。又暗用《南方盗贼渐起疏》
4 劝种早禾。分派城堡收敛村寨人口，乡约保甲率众凭牌避难	引据兵部尚书张凤翼

（续表）

	储粮草五条	备 注
5	卫所查绝溢加租之法，畿辅民田加租养兵法	引据湖广巡按余应桂、保定巡抚黎玉田
	练兵壮六条	
1	府州县选练乡兵标准	要求编制清册报兵部
2	守城乡兵先选城中大户富民	贫民乡农不与焉
3	查访精壮习武者，替换皂吏老弱	暗用《南方盗贼渐起疏》
4	训练同城卫所军丁，有司失职照军律惩处	
5	训练军容，应照戚继光《纪效新书》	《守城全书》删省，小字注"营伍皆知，今不录"
6	守城用炮法，设游兵法	补《堡约》之不足

迟至崇祯七年，修练储备已是明廷力推之政策。崇祯十二年，《保民四事书》颁布，正式成为全国地方官员考核标准，延续至崇祯十七年。崇祯十三年庚午科会试，更以颁布保民四事书群臣谢表，作为第二场考题之一。[①] 明末清初文献、清代地方志书间有提及"保民四事""修练储备"者，不乏地方修缮城池、能吏奏最之事。盖朝廷以此四事黜陟官员，考绩评语，常据其说。明末士人对"修练储备"的批评亦复不少。例如崇祯十五年（1642）四月，诏各部诸司陈匡救之策。[②] 礼科给事中姜埰（1607—

---

① 全题作《拟上谕兵部将钦定修练储备四事刊书颁布省直文武等官务共图实遵依限报竣昭朝廷保民至意群臣谢表》。参见曾异《纺授堂文集》卷六，8a，崇祯刻本，《四库禁毁书丛刊》集部第 163 册，第 591 页。
② 孙承泽《山书》卷十五，"勉图拨乱"条，24a—b，浙江图书馆藏清抄本，《续修四库全书》史部第 367 册，第 285 页。

1673)上八议,至谓"而修练储备为尤甚……名为饬备,实为耗财。号为谋国,实为虐民。宜一切停罢,悉与休息"。① 北京陷落后,崇祯十七年八月,左都御史刘宗周(1578—1645)上疏弘光皇帝,尤言:"近日所行修练储备,四者未始非固圉要策。而行之以苟且之心,往往急切无序,劳民伤财,或反纵其谿壑。"②崇祯末年科臣李清(1602—1683)《三垣笔记》亦云:"修练储备,上催行,下报复,袛烦笔墨,无实事也。"③吉尾宽(2006)基于对残存明末兵部档案的研究,认为修练储备政策未能得到地方士绅的支持,没有发挥预期的作用。④

二、《保民四事书》与明末火炮生产

《保民四事书》(1639)提倡制造之灭虏炮与红夷炮,代表明末前装火炮的两大类型。本节以此为线索,考察明末内地州县的火器装备与守御实态。

《保民四事书·备守具》(图9-4)第一条、第二条、第四条皆涉及火炮。其中第一条最为重要:

> 各府州县城郭既完,墩堡既立,非火器莫能守也。火

---

① 姜埰《敬亭集》卷七,33a—b,康熙间刻本,《四库全书存目丛书》集部第193册,第632页。

② 刘汋编《刘忠介公年谱》卷下,52a,乾隆四十二年刻本,《北京图书馆藏珍本年谱丛刊》第58册,第427页。

③ 李清《三垣笔记》附识上·崇祯,顾恩点校,北京:中华书局,1982年,第189页。

④ 吉尾宽《论明朝中央政府所实施的城市防卫策——以明末的北直隶与京师为例》。吉尾宽主要利用《中国明朝档案总汇》(广西师范大学出版社,2001)有关崇祯十三年北直隶真定、顺德、广平、大名四府及河间府部分地区,共66处州县修练储备事宜的材料。

器之中，先备灭虏炮为要。此炮身高二尺四寸（按，约77厘米）以上，重一百四五十斤（按，约87公斤）者，工费不多，点放平稳，苗头能打三四里外，最为战守利器。大城造得五百位，中城得三百位，小城得一百五十位，可以巩固无虞。盖每炮一位，必得三四位齐装药弹，更番点放，方免装点空隙，为贼所乘。且一位装点二三次，则膛热弹镕，甚致炸裂为患。故得五百位之多，才收一百位之用，非漫谈也。

若能成造红夷，其至小者高七尺（按，约2.2米）以上，一门可当灭虏数十，尽地方物力为之，多多益善。此器在南方，则闽广善；在北方，则山西平定、盂县等处，铁炭俱便，工匠尤多。各该抚按当厚处资粮，广募能匠，分发道府，开局成造，护守城垣。此为第一急务。

若虑钱粮无出，必须鼓舞捐输。有司先造式样，计算工费若干，刊布风劝。士绅人等有愿捐造者，炮上即刻本人姓名，传之久远。仍具奏报，酌其多寡〔寡〕，分别旌扬。其墩堡士民有愿置造者，许输值于官局之内，成造与之。或自募工匠，附官局中另造，亦可造成，即刻某人捐造于某墩某堡字样，传之久远，守而无失。如此既得守御之资，仍不犯私造之禁，法之善者也。

《保民四事书》要求府州县大批生产灭虏炮，同时提倡制造红夷炮。后者的技术难度与生产成本较高，故而建议有司先造式样风劝，鼓励士民捐输，出资造成者即为铭刻、旌扬。

明季内地守城守堡确需火炮。按崇祯十年（1637）山西巡抚吴甡题本，崇祯八年三月山西正标二营官军征剿流寇，"随营大炮二十余位,至回镇辄报遗失四位"。经调查,实则"乡民筑堡拒寇,苦少铳炮火药,每遇官兵出征,往往重价贿买,而军兵私相鬻送,事常有之"①。足见当时山西地方火炮之缺乏。

北直隶的情况与此类似。崇祯十一年(1638)二三月间,总监真保等处太监方正化巡视霸州(顺天府)、易州(保定府)、井陉(真定府)三道下属六十三处州县防御事宜。四月方氏上疏,开列各州县"修练储备"清册。② 火器最多之保定府城(清苑县城)计开铜将军 1 位、威远大炮 31 位、灭虏炮 319 位、三眼枪 346 杆、新制平虏炮 99 位、新制威远大将军 19 位、新制三眼枪 60 杆、万人敌 100 桶,火罐 645 个,外加铅弹、铁弹、火药、硝磺等消耗品。真定府城(真定县城)计开威远炮 40 位、灭虏炮 182 位、三眼枪 650 杆、万人敌 462 桶、火罐 4 616 个。其余州县等而下之。十处州城火器稍多,霸州为最,凡灭虏炮 110 位、三眼枪 610 杆、万人敌 120 桶、火罐 1 870 个。其余五十余座县城的守备火器大都不过是灭虏炮二三十门、三眼枪一百至三四百杆,外加万人敌、火罐若干而已。按《保民四事书》之要求,灭虏炮"大城造得五百位,中城得三百位,小城得一百五十位",与现实相去甚远。全部六十三处州县,包括两座府城,全无一门红夷大炮。

地方守御亦有成功之例。前引方正化奏疏,以修练储备成绩突出,举荐三人,首推雄县知县张秉礼。崇祯九年八月,雄县为入关清兵攻陷。方正化谓残破之余,张秉礼造成炮架、

---

① 中央研究院历史语言研究所编《明清史料·乙编》第三本,1936 年,217a。
② 中央研究院历史语言研究所编《明清史料·甲编》第十本,铅印本,1931 年,906b。

炮车,实用得力。不过崇祯十一年初巡视之际,清册开载雄县守城火器仅有灭虏炮 30 位、三眼枪 95 杆、万人敌 76 桶、火罐 1 600 个。①崇祯十年,雄县率先建成两座"西洋锐角大敌台"(仿欧式棱堡),开中国内地实践欧式防御工程之先河。崇祯十一年底,面对再次攻城的清军,雄县凭城用炮,竟得保全,于畿辅州县纷纷陷落之际,洵属特例。

按清代县志所载康熙九年雄县城内军器储备,火器凡西洋炮 2 位、神威炮 4 四位、威远炮 4 位、大涌珠炮 103 位、涌珠炮 401 位、佛郎机铳 30 杆、三眼枪 130 杆、单眼枪 225 杆。②入清后雄县并无战事,上述火器主要应为明季遗存。可知崇祯十一年至十七年间,雄县火器数量大幅增长,远超《保民四事书》要求。如此成绩,主要应归功于地方豪绅马维城与知县张秉礼、曹良直的成功合作(详见第八章第四节)。自上而下的"修备储练"政策,仍属次要因素。

三、灭虏炮源流

所谓灭虏炮由何而来? 明朝前期火炮以铸铜为主。隆庆四年(1570),蓟镇总兵官戚继光(1570—1583 在任)制造重型佛郎机铳(提心式后装炮),谓之"无敌大将军"(母铳铜铸、子铳熟铁打造),用以替代明朝前期传统铜制前装大将军炮。万历十四年顷(1586),永平兵备道叶梦熊(1531—1597)借鉴无

---

① 《明清史料·甲编》第十本,第 901—915 页。
② 姚文燮纂修《雄乘》卷上,75a—b。康熙十年成书,中国科学院图书馆藏抄本。

敌大将军炮熟铁子铳形制,加大体量,改造为熟铁锻造前装
炮。此类熟铁火炮,重型者仍按惯例称"大将军",时人名之
"叶公炮",轻型者曰"灭虏炮",实则大同小异。蓟辽边镇随即
按式大量生产。万历二十年(1592)蓟州丰润县局天字款锻铁
大将军炮实物,长约140厘米,口径约11厘米,倍径(铳膛与
口径之比)12,重约三百七十五斤(225公斤)。除火门前后包
裹粗铁箍外,铳身共有细铁箍九道,第九道箍两侧有耳柄。同
批次叶公炮亦有刻作"仁字"号者,形制基本相同。前引《保民
四事书》提及"山西平定、盂县等处,铁炭俱便,工匠尤多"。山
西博物院现藏锻铁炮一门,铭文作"万历甲午(1594)盂县知县
杨希古督造",形制与万历二十年天字款大将军炮相同。足见
当地冶铁兴盛,火器制造能力非比寻常。

　　辽海东宁边备道栗在庭(1538—1598)于辽阳按式仿造叶
梦熊之灭虏炮,"每炮一位长二尺(按,约77厘米),用净铁九
十五斤,箍五道,唐口二寸三分,每道箍一寸五分"。铅子散弹
"一发可五六百步"。[①] 这种轻型火炮与隆庆间戚继光(1528—
1588)创制的锻铁虎蹲炮体量相似。壬辰战争(1592—
1598)时期,约有数百门锻铁大将军及灭虏炮随东征明军投入
朝鲜战场。此外,最初的威远炮也是万历年间北方边镇改造
叶公炮、灭虏炮,除去外箍,打造而成的轻型锻铁前装炮。[②]

　　《保民四事书》三次援引崇祯三年昌黎县成功守城,击退

① 栗在庭辑《九边破虏方略》卷一,24b,《灭虏炮车图式》,日本公文书馆藏明刊本(据
　台北汉学研究中心藏影印本)。
② 以上两段详见本书第五章第二节。

369

清兵的经验。按昌黎教谕马象乾(? —1644)《昌黎战守略》(1630),昌黎城内遗留万历年间东征朝鲜时所造火炮,崇祯三年正月用之轰击退敌,功效甚著。[①] 昌黎守城火炮,当即壬辰战争时期所造锻铁大将军、灭虏炮一类。

　　崇祯八年至十三年间(1635—1640),南直庐江知县耿廷籙,"尚以濬筑城濠为务,火药铳炮,储积甚多"。[②] 所造火器,有地雷、灭虏炮、斑鸠铳等。"灭虏炮採闽铁之良者,按叶公梦熊旧式炼成,火候工力,殊绝寻常。"[③]地方造炮往往因陋就简,"寻常之器"恐难保证品质。故《保民四事书》言灭虏炮"一位装点二三次,则膛热弹镕,甚致炸裂为患""五百位之多,才收一百位之用"。

　　明清时代的北京既是王朝首都,也是极为重要的军事基地。崇祯四年(1631)闰十一月,京营总督李守锜奏报查验工部修理十六门军器,开列火器,凡大灭虏炮 14 位、铁佛朗机 98 位(配铁提炮 487 个)、灭虏炮 149 位、虎尾炮 229 位、涌珠炮2 201位、连珠炮2 877 位、百子炮 15 位,加箍灭虏炮1 381 位,总计6 964 位(表 9 - 2),"俱系旧物,新修琢磨,油饰光彩而已"[④]。

---

① 马象乾《昌黎战守略》,韩霖辑《守圉全书》卷一,91a—93b,崇祯九年刻本,《四库禁毁书丛刊补编》第 32 册,第 478—479 页。

② 孙弘喆修,王永年等纂《庐江县志》卷四《名宦》,54b,中国国家图书馆藏顺治十三年刻本。

③ 陈弘绪《送庐江令耿君之耀州序》,《陈士业先生集·鸿桷集》卷一,18a—20a,康熙二十六年刻本,《四库全书存目丛书补编》第 54 册。

④ 李守锜《奏验过十六门军器疏》,《督戎疏纪》卷四,68a—71b,京都大学文学研究科图书馆藏崇祯九年刻本。《督戎疏纪》系孤本,刊载崇祯元年十一月至九年四月李守锜任京营总督期间奏疏,史料价值甚高,涉及己巳之变的材料,尤为重要。笔者拟另文专门讨论。承蒙平冈隆二先生惠赐《督戎疏纪》书影。

表 9-2 崇祯四年工部修理北京十六门军器表

修理地点	外城宣灵庙安国寺	将军教场后广慧寺	内城崇玄观	延福宫	玄宁观	合计
原存地点	永定门 左安门 广渠门 东便门	宣武门 右安门 广宁门 西便门	安定门 德胜门 西直门 阜成门	朝阳门 东直门	正阳门 崇文门	
大灭房炮	14	—	—	—	—	14
铁佛朗机	98	—	—	—	—	98
铁提炮	(487)	—	—	—	—	(487)
灭房炮	11	15	109	2	12	149
涌珠炮	795	340	673	42	351	2 201
虎尾炮	69	—	100	6	54	229
加箍灭房炮	670	340	101	40	230	1 381
连珠炮	579	774	849	233	442	2 877
百子炮	—	—	15	—	—	15
合计	2 236	1 469	1 847	323	1 089	6 964
						(以上火器)
天蓬铲	692	950	540	322	516	3 020
钩镰枪	994	1 088	478	433	566	3 559
长枪	—	320	890	875	853	2 938
旗枪	—	—	—	146	271	417
虎叉	1 471	—	1 152+504	845	1 105	5 077
板斧	530	147	—	—	—	677
挨牌	1 378	1 916	1 017	373	1 073	5 757
合计	3 687	4 421	4 581	2 994	4 384	21 445
						(以上冷兵器)

奏疏所载工部修理十六门火器仅是库存旧炮。其中大灭房炮或为锻铁大将军炮，其余灭房炮、加箍灭房炮、涌珠炮体量等而下之。

万历二十四年(1596)顷，西宁兵备道刘敏宽新造涌珠炮，"长一尺七寸，围八寸，重四十五斤"，"内装生铁子四十，各重一两。铅子十，各重一两。掩口大铁子一，重一斤二两"。①推算铳长 54 厘米，口径约 3 厘米(据掩口铁弹重量)，重 27公斤。②

张同敞(？—1650)辑《三甲兵书》载火器图说，其中百子炮(图 9-5)、虎尾炮(图 9-6)类似传统铜手铳，药室突出，铳管稍长，支架托举，可旋转射击；连珠炮有两种，一即百子炮，一为体长三尺的加箍轻型直筒炮(图 9-7)。③

崇祯年间，京师配备的小型铁炮，多属神机营、神枢营之物，铭刻相应营队番号。清代遂将神机炮、神枢炮作为北京城中此类小型铁炮的正式名称(明代尚无此说)，见载《皇朝礼器图式》《大清会典图》等官书。嘉庆六年(1801)九月，京旗炮营尚存神机、神枢炮 1 729 位，令每年秋季轮流运往卢沟桥两百位，单丸演放。④按嘉庆六年神机炮、神枢炮存量推算，崇祯末年北京城内之小型直筒火炮当在两千门以上，当即崇祯间李守锜所谓灭房炮、连珠炮一类。

---

① 杨应琚纂修《西宁府新志》卷十八，6b，1954 年青海省人民政府文史研究馆重印乾隆刻本。
② 涌珠炮相关史料，详见第五章第二节第二小节《叶梦熊与叶公炮》篇末。
③ 张同敞辑《三甲兵书》，傅斯年图书馆藏清抄本，无页码。承蒙常修铭先生惠赠书影。
④ 中国第一历史档案馆编《嘉庆道光两朝上谕档》第 6 册，嘉庆六年九月初六日条，桂林：广西师范大学出版社，2000 年，第 370 页。

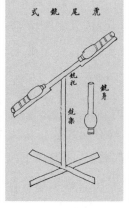
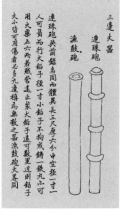

图 9-5　百子铳　　　图 9-6　虎尾铳·　　　图 9-7　连珠炮、
（连珠炮）·《三甲兵书》　　《三甲兵书》　　　　渔鼓炮·《三甲兵书》

按道光间汉军炮营参领锺方（1793—1852 后）《炮图集》
（1841）记载：

> 神机、神枢炮，铸铁为之。前后若一，不镂花文。隆
> 起四道，旁无双耳。当火门处，有双眼。系明崇祯年铸
> 造。用火药一斤八两五钱，重铅子二斤八两。用白布一
> 尺，将碎铅子包裹，以线麻一两缠结。火门双眼系用双股
> 药线，使锥子透入火门，加以烘药二钱演放。不用地车，
> 安放在髹朱月牙木枕上演放。大者长二尺二寸，小者长
> 一尺八寸。[①]

1930 年，京旗出身的掌故作家崇璋（又名刘振卿）在《清
代之炮》一文中写道：

---

① 锺方《炮图集》卷一，北京大学图书馆藏道光二十一年稿本，无页码。

神机炮,亦曰"小牛腿",因其短也。又曰"藕节",以其形肖也。未鼎革前,五龙亭海墙一带,弃置此物颇伙。然今各城门上及瓮圈内,尚有此物之踪迹也。炮之形作藕状,长二尺六寸,或一尺八寸,箍四道。其重或十余斤,或四十斤。其口如喇叭状,无照星,无花纹,铁制品也。[①]

1931 年,北平市政府应允拨付历史博物馆旧炮一千一百九十余尊。"全在旧都城上,明崇祯十四年神机营及神枢营所造居者其十之六七。其中有标记年号及神机神枢某营某司队者,有仅标神机神枢某营某司队者。崇祯二三年造者亦有数尊。"本年三月,朱希祖、陈寅恪、徐中舒、裴善元联名致函中研院,请求补助运费千元,以便移运北平市内铜铁古炮,入藏历史博物馆。[②] 历史博物馆约请刘半农(1891—1934)主持古火器编目工作。《国立中央研究院历史博物馆筹备处二十年度报告》刊载第 1257 号至 1459 号古炮简目,开列器物来源、长度、铭文。[③] 1935 年,兵刑陈列室及古火器陈列部,共陈列铜铁古炮 1511 尊,火药碾钵、炮车、封口炮弹等 22 件,绘图勘量工

① 黑田源次《神機火砲論》,《滿洲學報》第 4 号,1936 年 9 月,第 73 页。黑田源次引用刘振卿《啸庵续墨·清代之炮》,未注文献出处。按崇璋(初名崇锋),字振卿、焕卿,号啸庵,又署刘振卿,京旗镶红旗满洲人,1920—1940 年代于北平地方刊物发表旧京风物、清代遗闻类杂文甚多。1928—1930 年间北平《民言日报》副刊《朝暾》连载《啸庵续墨》(署名"是我"),即崇璋所撰,多为清代掌故。1930 年 3 月 1 日至 3 月 26 日,《啸庵续墨》连载《清代之炮》,不乏稀见材料,值得研究者重视。"神机炮"一节见载《民言日报》1930 年 3 月 19 日第八版。
② 《国立中央研究院历史博物馆筹备处十九年度报告》,参见欧阳哲生主编《傅斯年全集》第 6 卷,长沙:湖南教育出版社,2003 年,第 238—242 页。引文出朱希祖等人联名函件。
③ 欧阳哲生主编《傅斯年全集》第 6 卷,第 308—317 页,第 404 页。

作已全部完成,准备出版专书。① 1945 年 3 月,馆藏铁炮1 408 门为日本占领军掠夺,下落不明,大概化为铁水了。② 刘半农所编古火器图录未能出版,稿本未闻传世。

1958 年,北京城内又发现数百门小型铁炮。金受申撰文提及:

> 在北京内城的东北城和西北城,挖出来的铁炮,就有几百个,只安定门内一条窄窄小胡同"小炮局"里就挖出来34 个,每个都重二三百斤[中略]过去叫炮局、火药局的,地下就有古炮。这炮是什么年制造的呢? 从现有的古炮来看,大部分是明末和清初制造,炮上有"崇祯"字样的居多。③

按其说,收集这些"铜铁废料"是为了挖掘炼钢原料,支援工业建设。大炼钢铁时期发现的这批古炮恐怕已全为销毁。

根据实物及图像材料,上述小型铁铳大致可分为宽箍、窄箍、火门加箍三种类型。

宽箍型。原北平历史博物馆藏品(图 9-8),直筒铁铳,全长 893 毫米,口径 85 毫米,外径 200 毫米。铳身有三道宽箍。阴刻铭文"崇祯十四年十月记 标右 十四号 头司头队"(铳口正面管壁)、"右营头司头队"(铳身)。④ 目前中国长城博物馆(八达岭)藏有数门此类铁炮(图 9-9),锈蚀严重,未见铭文。

① 《国立中央研究院历史博物馆筹备处二十三年度报告》,参见欧阳哲生主编《傅斯年全集》第 6 卷,第 477 页。
② 李守义《民国时期国立历史博物馆的展览》,《文史知识》2012 年第 8 期。
③ 金受申《埋在地下的古炮》,《北京晚报》1958 年 11 月 4 日,第三版"北京今昔谈"。
④ 黑田源次《神機火砲論》,第 73 页,图版十三、十四。

明清火器史丛考

图9-8　崇祯十四年款宽箍型小铁　　图9-9　宽箍型小铁炮·中国
　　　　炮·北平历史博物馆①　　　　　　长城博物馆②

　　窄箍型。原北平历史博物馆藏品（图9-10），直筒铁铳，全
长828毫米，口径70毫米，铳口外径150毫米。铳身有三道窄
箍。炮口正面管壁阴刻铭文"神机六营　三四　贰司头队"；炮
身阴刻铭文"崇祯十四年十月记　神机六营　二司头队　一
一"。③ 延庆永宁镇火神庙原为明代旗纛庙，绘有表现明代战
争场景的壁画。④ 东山墙壁画中的三门火炮，铳身直筒，外加
三道窄箍，与图9-10无异。张同敞《三甲兵书》插图表现之三
窄箍"连珠炮"也与此型相似。1934年，三上次男在宁古塔郊外
获见一门直筒铁炮，长二尺七寸五分（约880毫米），口径二寸二
分五厘（72毫米），外加五道铁箍（一在铳口处），近底处有两个火
门孔。阴刻铭文"西七营　头司头队"（铳口正面管壁），"崇祯十四
年十月记　神机七营　头司头队　天字六号"（铳身）。⑤ 锺

---

① 黑田源次《神機火砲論》，图版十三。
② 笔者摄影。
③ 黑田源次《神機火砲論》，第73页，图版十一、十二。
④ 延庆县文化委员会编《妫川壁画》，北京：中国商业出版社，2010年，第114页。
⑤ 三上次男《明崇禎十四年銘のある大砲に就いて》，《歷史學研究》第6卷第5号，
　1936年5月，第101页。

· 376 ·

图9-10 崇祯十四款窄箍型小铁炮[1]

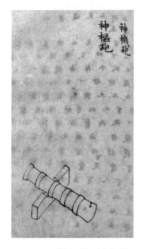

图9-11 神机炮、神枢炮· 图9-12 崇祯十四年款火
《炮图集》 门加箍型小铁炮

方《炮图集》所载神机神枢炮之图即有五道窄箍(图9-11),与
三上次男所摄宁古塔铁炮照片如出一辙。

火门加箍型。中国人民革命军事博物馆藏品(图9-12),

---

[1] 黑田源次《神機火砲論》,图版十一。

直筒铁铳,全长 82 厘米,口径 8 厘米,铳口外径 22 厘米。铳身四道窄箍,火门前后加箍如竹节状,并与铳尾连为一体。铭文作"崇祯十四年拾月记 神机营四营三司头队二号"。[①] 这一类型或即李守锜奏疏中所谓"加箍灭虏炮"。

以上崇祯十四年款诸炮铭文所载诸营,均属明末京营卫戍部队。崇祯十五年(1642)闰十一月,兵部右侍郎协理京营戎政王家彦(1588—1644)巡视京外守备,疏陈兵部标兵、神机、神枢、五军诸军下属二十营,分守十一处信地。其中标兵右营("标右")将领为宋天禄,军丁二千五百有余,信地在阜成门外迤南锦衣卫校场。神机四营将领为唐钰,率军丁约四千人,防守西便门迤南。神机六营中军锺世英与另四营合兵六千七百余人,信地在东直门之牛房村。神器七营赵光祖军出防通州。[②] 可与前述各营铁炮实物相印证。

明末小型铁炮,在北京周边地区屡有发现。直筒,外箍或三或四,全长不超过一米,俗谓之牛腿炮、竹节炮。传世品或是熟铁锻造,或为生铁铸造(成本更低),即当《保民四事书》所谓灭虏炮的实际形态。明末灭虏炮/神机炮样式简单古朴,又与 15 世纪欧洲流行的多箍熟铁炮颇有相似之处,无铭文者有时会被误视为明代前期制品。

---

① 王全福《军事博物馆藏明代火器》,《文物春秋》2018 年第 5 期。
② 王家彦《王忠端公集》卷六,8a—10b,顺治十六年刻本,《四库禁毁书丛刊》集部第 162 册,第 611—612 页。按,兵部标营参将冯源淮领军二千余名列营正阳门外,卫戍皇城并策应内城七门。冯源淮系冯铨(1596—1672)长子。

四、再论红夷炮

明末欧式前装火炮传华，直接影响明清鼎革进程，久为学界瞩目。研究成果相当丰富，侧重考察明末多渠道引进西炮、编译炮学著作、介绍技术知识、仿造西炮的复杂过程，西炮在宁远、锦松、江阴等若干重要战役中的作用，以及明清之际主要武装集团（明、清、郑氏、吴三桂等）运用西炮能力的消长。

所谓红夷炮（或称西洋炮、神威炮等名目），即 17 世纪前叶中国引进，继而仿造之欧式前装炮。主要形态特征为炮管较长，倍径大，铳管厚；炮身有锥度，前奋后丰；铳身两侧有炮耳，铳尾突出，非平底。明末仿造之红夷炮，按材质区分，主要为生铁铸造、青铜铸造，以及复合金属（铁心铜体，或双层铁炮）三大类。[1] 生铁炮成本最低，数量最大。明末红夷炮与传统火炮关键差异，在于铳身体量。前述锻铁大将军炮，即万历后期蓟辽明军常规火炮中体量最大者，全长约 1.4 米，口径约 11 厘米，倍径 12。红夷炮的长度基本在 1.5 米以上，多超过 2 米，大者逾 3 米。《保民四事书》谓"若能成造红夷，其至小者高七尺以上"，即长度需超过 2.2 米。红夷炮倍径一般在 17 以上，口径则多在 10 厘米上下，炮管管壁较厚。相比明军传统火炮，红夷炮装填火药更多，射程更远，杀伤力更大。如配套使用欧式铳车，操作更为便捷。崇祯间葡萄牙军士训练

---

[1] 黄一农《明清独特复合金属炮的兴衰》，《清华学报》新 41 卷第 1 期，2011 年。

之登州炮兵，或能熟练使用铳规、铳尺，射击技术更为精密。

16 世纪前叶，欧式前装炮即随葡萄牙武装商船传入东南沿海地区。明人初谓之发熕（音译葡语 falcão），通过缴获品加以仿造。不过 16 世纪后期明朝自制发熕未向大型化发展，常规产品仍是 500 斤以下的轻型炮（详见本书第五章第四节）。16 世纪中期，葡萄牙人寄居澳门，自称来自西洋，故其铳称西洋大炮。17 世纪初，荷兰、英国东印度公司舰队先后来华，与沿海明军发生冲突。荷人、英人被称作"红夷"，舰载之铳，相应得名"红夷大炮"。无论称呼如何，实际皆为欧式前装炮，本质并无差异。

17 世纪红夷炮之引进，自万历末年以降，大体经过调运原装西炮入京（来自澳门葡人、广东沿海欧洲沉船），北京兵仗局、蓟辽边镇仿造，两广总督、福建巡抚仿造北运，内地督抚仿造几个阶段，具体事件时序略有交叉，大批量仿造已在崇祯元年（1628）之后。① 广东北运的红夷炮到达北京后，多发往蓟辽前线。崇祯四年（1631）十一月，京营总督李守锜上疏，反对顺天巡抚傅宗龙调拨红夷炮二十位之请，谓北京城内红夷炮，"通计营贮者只六十九位耳，其中除惊损裂纹不堪济用之外，不满六十位矣"②。

---

① 详见黄一农《欧洲沉船与明末传华的西洋大炮》，《"中央"研究院历史语言研究所集刊》第 75 本第 3 分，2004 年。黄一农《明末萨尔浒之役的溃败与西洋大炮的引进》，《"中央"研究院历史语言研究所集刊》第 79 本第 3 分，2008 年。黄一农《明清之际红夷大炮在东南沿海的流布及其影响》，《"中央"研究院历史语言研究所集刊》第 81 本第 4 分，2010 年。
② 崇祯四年十一月初六日具题，初八日得旨"大炮准量发四位"。参见李守锜《查议京营贮炮疏》，《督戎疏纪》卷四，62a—63a，京都大学文学研究科图书馆藏崇祯九年刻本。

约略同时,天聪七年(崇祯六年,1633)七月,参将祝世昌上奏皇太极,建言"若攻打城池,必须红衣大炮。今算我国红衣炮新旧并船上、旅顺所得者三十多位,留四位沈阳城守,其余尽皆随营攻战"。[①] 本年四月孔有德等率炮兵部队归降,六月后金军攻陷明军要塞旅顺,守城红夷炮皆为缴获,后金炮兵实力大增。尽管明朝拥有的欧式火炮总数远超后金,却不能不分散布置,且需优先拱卫京师。后金则可集中炮位,灵活运用,主动选择战场,各个击破。

崇祯末年,皮岛、松锦相继陷落,明朝军队掌握的红夷炮集中在宁远、山海关、蓟镇、宣大、山西,北京城内,以及广东、福建。与张献忠、李自成作战的内地督抚,以及南京、扬州等军事要地,也拥有一定数量的红夷炮。至于一般内地州县,拥有数门重型长管火炮,即属难能。

闽广冶铁发达,既与马尼拉、澳门人员往来频繁,又与荷兰、英国东印度公司舰船接触冲突,得风气之先,且容易获得西炮样品,翻模铸造。天启间至崇祯初年,闽南一带州县,如晋江、同安、海澄、南澳纷纷建立海岸要塞,谓之铳台或铳城,装备重型火炮,防御海盗及荷兰舰船。[②]

普通内地城市大都不具备自行生产加工重型火炮的能力。红夷炮究竟是何模样,明末多数州县官员恐无缘一见。现存天启、崇祯间明人仿造之欧式前装火炮,有铭文者约四十

---

① 罗振玉录《天聪朝臣工奏议》卷中,29b,《史料丛刊初编》,东方学会铅印本,1924年。罗振玉整理所据之天聪六年七年奏疏稿抄本,今藏俄罗斯国立图书馆写本部,系满铁大连图书馆旧藏,凡二册,索号号 Φ. 184. I. 1,Φ. 184. I. 2。
② 庞乃明《欧洲势力东渐与晚明军事工程改良》,《东岳论丛》2011年第7期。

门，几乎全为生铁炮或双层铁炮，且采用中国传统块范法铸造，而非遵从明末西法炮学著作介绍之欧式整体制范工艺。

《保民四事书》提倡抚按"厚处资粮，广募能匠，分发道府，开局成造"，或士绅按式捐造。按现存明末欧式火炮实物铭文，督造者大都为总督、巡抚、总兵官之类高级官员，款识未见有士绅捐造者。红夷炮对明朝军队已是难得利器，最终用于普通州县守御者，恐怕相当有限。

明末地方造成之红夷炮，实际形态差异甚大。如1928年井陉县西北城角出土一门崇祯十一年六月款"西洋护国将军"，直筒铁炮，有炮耳，通长2.4米，口径11厘米。铭文开列太府军门以下官员，可见"井陉道中军守备指挥金事殷□□□造"字样，及金火匠人姓名。[1] 知为井陉本地生产。亳州市博物馆藏生铁炮一门，铸有"崇祯九年造亳州城上炮一位重七十斤"字样。长仅78厘米，口径11.3厘米。[2] 铳身略具锥度，有铳耳、尾珠，若一微型红夷炮。山西长治县城隍庙藏有崇祯十五知县颜习孔造双层欧式火炮，内层熟铁，外层生铁，通长197厘米，口径7.5厘米。[3] 至于火炮品质如何，坚固耐用与否，又全在工匠技艺，往往相差悬殊。

《保民四事书》"备守具"涉及之守城器械，大体未超出16世纪后期明朝东南沿海的技术水平。明清时期仿造欧式前装火炮，长期处于初级的仿型阶段。直到第二次鸦片战争

---

[1] 王用舟修，傅汝凤纂《井陉县志料》第十四编金石，36a—b，天津义利印刷局，1934年。
[2] 冀光编著《亳州文物珍宝》，北京：中国文史出版社，2008年，第210页。
[3] 崔晓荣《长治市出土铁炮初探》，《文物世界》2019年第4期。

期间,大沽口炮台的火炮配置仍以红夷炮为主,也不乏灭虏炮一类直筒火炮。[1] 19 世纪后期,乃至 20 世纪前期,内地偏僻县城、村堡依仗之土炮(灭虏炮、红夷炮),土枪(鸟铳、三眼枪),土炸弹(火礶、万人敌),仍与《保民四事书》所载火器大同小异。

五、结语

迟至崇祯七年,"修练储备"已成为明廷推行的地方防卫政策。崇祯二年至十二年,清军先后四次(1629,1634,1636,1638)深入畿辅,攻破州县数十处,明方损失惨重。崇祯十二年正月,济南府城陷落,尤为震撼。同一时期,内地民军蜂起,反复缠斗,州县城池亦多不守。崇祯十二年十月,明廷颁布《保民四事书》,正式将"修练储备"作为全国府州县主政官员考绩标准,试图增强地方自卫能力。《保民四事书》的出场,很大程度上意味着公开承认军事失败,官军无力御敌,地方必须自救。明末纷扰之际,不乏州县官员与士绅豪强精诚合作,成功抵御外敌土匪之例。无论朝廷是否颁布《保民四事书》,非常时期,修练储备固是地方自救之法,至于优劣成败,则因人因地而异。保民四事作为一项政令,最大的问题在于中央政

---

[1] George Banks, "Chinese Guns," *Illustrated London News* 38, no. 1082 (April 6, 1861): 325. 1861 年英国海军外科医生 George Banks 速写图像并撰文,所绘第 3 号炮类似明末神机炮,长约 76.2 厘米,口径 9.5 厘米;第 4 号火门加厚处作左竹节状,前膛有八道外箍,无铳耳,长 140.2 厘米,口径 9.5 厘米。G. Banks 谓均为锻铁炮。

府未能提供相应的财政与技术支持，抑或减免赋税之类的政策倾斜，确实帮助地方加强防御力量。换言之，"既要马儿跑，又要马儿不吃草"。即便出现成功御敌守城之例，主因亦在地方之内部需求与条件（如明季雄县造台用炮），而非外部压力。州县主政官员迫于考核压力，不能不有所表现。如缺乏当地士绅和民众的支持，官吏虚应苟且，劳民伤财，一旦遇敌，未战即溃，亦非偶然。顾炎武《裴村记》（1663）有云："予尝历览山东、河北，自兵兴以来，州县之能不至于残破者，多得之豪家大姓之力，而不尽恃乎其长吏。"[①]良有以也。

守城火炮方面，《保民四事书》要求地方尽量多造灭虏炮，提倡生产红夷炮。灭虏炮多为长度不超过一米的小型直筒铁炮，自1590年代便是蓟辽边镇明军常用之物，成本较低，生产难度不高。红夷炮即欧式前装火炮，多为超过两米的重炮。自万历末年明朝引入红夷炮抵御后金，至崇祯十二年，红夷炮尚处于本土化的早期阶段，地域分布极不平衡。闽广地区仿造红夷炮相对成熟，已可大批生产北运。北方的红夷炮则集中在蓟辽前线。虽有个别州县运用西炮成功御敌之例，对于多数内地城市而言，红夷炮不过传说之物，不克救急。一般州县有可能大规模装备的火炮，仍然是灭虏炮一类的轻型火炮。炮身短小，火力弱，射程近，且炮管质量难以保证，故需以数量取胜。后金—清军自万历末年与辽东明军作战，即熟悉应对灭虏炮一类小型火炮，且屡屡战胜。州县乡兵运用同类火炮

---

① 顾炎武《亭林文集》卷五，2b—3a，潘氏遂初堂刻亭林遗书本，《四库禁毁书丛刊》集部118册，第630—631页。

的防御效果,恐怕不能高估。无论如何,《保民四事书》作为一份重要的历史文献,内容颇丰富,值得从多角度深入研究。

附 辑本《保民四事书》①

钦定保民四事书内修城堡十条(崇祯十二年)

一、各府州县城垣分上中等。上等须要高三丈五尺,根阔三丈,顶收一丈八尺,方堪施展守具,制御寇房。中等亦要高二丈五尺,根阔二丈五尺,顶收一丈五尺,始为合法。若不及二丈五尺,俱为下等,不堪守御矣。须要量其根脚,帮筑宽阔,然后次第加高。如系土城,必要用砖包砌。一时不能砖砌者,先建附城敌台,约每城一面,多则建五六座,少亦建三四座。度两台相望,远不过三百余步,中间炮火相交,可以顺城照打,贼自不敢攻城。其城上垛口亦用大砖更砌。如此,虽土城亦可暂恃无虞矣。少俟时暇力裕,必砌砖城,乃为完策,不可因循。

一、附城敌台,古称马面,须要伸出城外,稍狭而长。长则城头火器弓矢多出一步,贼又远退一步。然至狭亦须以三丈为度,长加倍之,斯善矣。绝不可离城建台,恐为贼据,反射反打吾城。是不能御敌,而反为敌资。边方屡有以此失事,切戒切戒。

---

① 据《守城全书》(辽宁省图书馆藏抄本)卷十录文。原文繁体竖排,改作简体横排,加新式标点。原书双行小字,改作单行,置圆括号内。疑误之字加圆括号,后附改正之字加方括号。

一、城上安垛，古名女墙，每垛须宽一丈，开一口。口不可太密，密则受贼箭、受喷筒、受扳援而上之处太多，人难站立，易于惊乱。唯敌台垛口，分别三面。其正面疏密略仿大城，若左右隅面，不妨稍密。是吾射打之所从出，而敌不能有加者也。至每一垛口用一悬帘，帘亦有架，撑出垛口之外。如穷乡小邑不能备悬帘者，以絮被蘸水，湿而悬之。又庚午岁昌黎御奴，悬木挨牌，外加秫秸把子一层，用水蘸湿，赚取奴箭甚多，亦一法也。

一、城外凿池，南方深广，储水不涸为上。北地少水，须离城三丈许凿壕，深一丈五尺以上，广二丈以上，可限车马为中。壕内岸上筑起短墙，古谓之羊马墙，须高七尺，根厚五尺，收顶三尺。每三丈下开炮眼一个，上斜开箭眼一二个。如遇贼近，可就此射打。倘大城不及上中，则丈尺必须酌减。古称凿斯池也，筑斯城也，即以壕土成墙，原非二事。此墙既成，有急亦可收敛乡村士女。近岁虏寇所经，业有见其效者。若见在有壕逼近城脚，须往外开深广，务如前法为善。

一、城门之外，必要瓮城。或开两门通行，有警封闭一门，只用一门，转折内向，收放出入为便。凡无瓮城者，定要添筑，毋得因循。瓮城门口安置吊桥，桥内两傍另筑护门角台，上置火器，以防贼攻。如一傍附近大城，则只筑一傍角台，即附瓮城而伸出其外，断不可少者也。

一、大城外面相近咫尺之地，不许建造房屋，种植树株。如已有房屋树株，可为贼藉扳登者，悉行拆卸砍伐，不许存留。如或阻山临水，阛阓市廛，年久众盛，不可拆卸者，当另议保障之法,实团御侮之兵。又不得滋庸闇有司,妄信胥役朦禀,藉端勒诈之害。有察吏安民之责者严之。

一、固圉保民,城隍为第一要务。[无]城州县必当鼎建新城。其有城者必当加高帮厚,成一坚完可保之城,决不当惮劳怯费,因循不为。为之之费,首搜括于官府,次捐助于士民,不足则必量派地粮,量抽商税。凡以地方之物力,缮地方之城隍,而救地方之生命,其劳其费,只在一时,而及其成功则万世之利赖也。

一、州县所辖四境,往往有数百里之遥。一旦寇至,欲举数百里之人民而收敛城内,万无此理。然则何以处之? 盖必广置墩堡,以为城郭之羽翼,而联村落之声援。此不须官为措置,但悬令风劝,听村落之人自为之。小者为墩,必高出民居之上,有急可登而避。大者为堡,必周匝民居之外,有急可扼而守。不拘士庶之家,有能捐资独建保护一方者,以其姓名奏闻朝廷,量其城堡大小,遥授官秩。如其父老子弟合力成之者,抚按访其倡首,给以(官)[冠]带荣身。余或给文树碑传之,世世不朽。

一、建堡之效。查嘉靖中尚书杨博曾创为墩院之制,中为一墩,(四面筑一墩)[按,衍文],四面筑一小城,极宽不过十丈。大率每村一二十家共筑一座,或有力者能家筑一座,亦从其便。费少易成,地狭易守。虏尝拥众数万,突入凉州,一无所掠,卓有明验。近据生员纵九逵奏,所居孟家村户约有五十家,人约有百十丁。其父老虑有贼虏之患,奔(疲)[波]之劳,谋筑敌台一座,高可五丈,周广二十余丈,中系空心,凡五(启)[层],可容男妇一二千。离台数丈即为堑坑,堑坑之土即为女墙,俱有炮眼。台上四面俱为飞斗,中藏瞭望,以便掷放火礶、轰雷，不惧反风并敌贼箭射。又各捐资置买弓箭、火礶、铅子、火药、火炮、鸟枪等项，预为演习。所以虏贼攻取此台五六日，台上与之对敌，贼竟不能奈何。计算筑台之费，只用积两岁所余之柴薪，可以陆续烧砖二十余万。其他各项杂费不上二百余金。一村如此，村村俱可如此。三里五里一村，则三里五里俱可一台。大村独力可举，小村二三村阖力可举。相与犄角，互为救援，虏贼即有巨万，不能旷日持久，攻于星罗棋置之敌台内也明矣。

一建堡之法，莫详于嘉靖中蔚州进士尹畊所著之书（已有总录）。

钦定保民四事书内备守具六条

一、各府州县城郭既完，墩堡既立，非火器莫能守也。火器之中，先备灭虏炮为要。此炮身高二尺四寸以上，重一百四五十斤者，工费不多，点放平稳，苗头能打三四里外，最为战守利器。大城造得五百位，中城得三百位，小城得一百五十位，可以巩固无虞。盖每炮一位，必得三四位齐装药弹，更番点放，方免装点空隙，为贼所乘。且一位装点二三次，则膛热弹镕，甚致炸裂为患。故得五百位之多，才收一百位之用，非漫谈也。若能成造红夷，其至小者高七尺以上，一门可当灭虏数十，尽地方物力为之，多多益善。此器在南方，则闽广善；在北方，则山西平定、盂县等处，铁炭俱便，工匠尤多。各该抚按当厚处资粮，广募能匠，分发道府，开局成造，护守城垣。此为第一急务。若虑钱粮无出，必须鼓舞捐输。有司先造式样，计算工费若干，刊布风劝。士绅人等有愿捐造者，炮上即刻本人姓名,传之久远。仍具奏报,酌其多(宽)[寡],分别旌扬。其墩堡士民有愿置造者,许输值于官局之内,成造与之。或自募工匠,附官局中另造,亦可造成,即刻某人捐造于某墩某堡字样,传之久远,守而无失。如此既得守御之资,仍不犯私造之禁,法之善者也。

一、鸟铳、三眼枪为灭虏炮之羽翼。南方习于鸟铳,命中称奇。北方习三眼枪,从人丛中打放,又更番装点,较鸟铳为便。此二器随便用之,大约大城须备鸟铳一百门,三眼枪一千门。其中城小城各备三眼枪,多者七八百门,少亦五六十门,方足应用。鸟铳有无多寡不必拘,以其稍难习也。此二器与灭虏、红夷等炮俱属长兵。贼在一二里外,可放灭虏,四五里外,可放红夷。若至一二百步,则鸟铳、三眼枪得其用矣。枪炮既备,须用大小铅子,比对炮口相合者,各备数万斤,多多益善。粗细火药数十万斤,多多益善。即最(少)[小]州县亦必各备万斤以上,不许短少。

一、火礶、万人敌,为贼逼攻城,第一必用之器。火礶者,以瓦礶封贮火药,掷下烧贼。每礶可贮十余斤。礶要轻薄,一跌即碎。药用松香粘着之物,着人烧人,着马烧马。贼近攻城十数步内用之。或刨挖城根,非此不能烧杀也。万人敌者,以木桶为之,大于火礶二三倍,用药数十斤,火绳穿其腹内。贼近攻城、刨城,用与火礶等,而猛烈加倍。此二器守城第一必需。大城火礶五千个、万人敌五百桶,中城火礶三千个、万人敌三百桶,小城火礶一千五百个、万人敌一百五十桶,庶足用。有缺即补,不许短少,能多备者更善。

一、滚木礌石,亦守城必需之物。滚木今但用粗重楞木,置城垛上。遇贼扳援,即滚下之。尹畊《堡约》名曰冲木。石有数种,尹畊《堡约》一曰炮石,一曰陴石。今按炮石即飞炮也。蜀人谓之七梢炮。奢贼围成都时,全用此石破之。悬石大者不拘磨扇、碾盘、辘轴、碓臼,皆可用。贼用冲车攻城,以此压之。如坚车厚版蒙生牛皮,压之不退者,急用烧酒、香油之类,倾下,点火烧之,生皮立卷,贼计破矣。不退,再用镕滚铁汁灌下,虽数层版木,无不立穿。如只恃悬石,无油酒铁汁,难尽破也。掷石,即拳石,南方谓之鹅卵石,蓟门谓之水光石,辽东谓之手把石。此石多积城头,男子无论老弱皆可用。信手发去,其势如雨,贼自难当。如城外有偏坡,专用圆石滚去不止者为善。总皆礌石之义也。

一、用红夷大炮,必备炮车,于敌台及城角台上点放。车用两轮,以便旋转,削木为垫,加减高下,以准苗头。如用灭虏炮,必刳木为槽,谓之炮母。盛炮令稳,离槽后二三尺许,积土为小堆,以防后坐。不可用石,石与炮相撞击,必坏垛伤人。其鸟铳、三眼枪,用火绳点放,必砌小砖洞藏火,以避风雨。大小铅子选将三十出,火药分两称就三十转,各用小布袋盛着,另行封记,以免仓卒致误。如遇有警,城守之时,每五垛备大水缸一口,盛水令满。缸旁置故衣破絮,时常蘸湿防备,失火即持此救之。其火礶、万人敌,放时用托板推出为便。托板如板凳形,长五六尺乃可。昌黎御奴,守城不拘鐋刀、钢斧、铁锤、挠钩、短棍,遇贼攀城,砍打立下。一处坏垛,即用坚厚门扇以挡其外,布袋盛土,以实其里。故夫炮车、炮垫、炮槽、土堆、砖洞，铅药、小袋、衣絮、水缸、推板、鑱刀、钢斧、钩枪、木棍等，皆守城必备之器也。其箭帘、挨牌已见前款，不再赘。若南方郡邑，临江阻水，远战拒贼，无踰大炮。扼要则铳台为急，迎击则炮船为先。战船之外，当如海上龙骨船之制，每只设炮二三层，前后左右，皆可施击，无嫌逆风。此近日尚书钱春题议，南都上下，百里之间，造舟练器，以此为要。而推之他处亦可师其意而行之者也。

一、专恃火器，只能守而不能战。必兼教练弓矢，然后可以远战挫锋。不拘城市乡村，士农工贾，皆可练习。在该道府闲暇之时，躬亲阅武，悬示赏格，及格者偿之，不能者勿强。度每一月道府能以三日之暇，亲下教场，随意赏阅。有司亦用此法行之，或一月之内，以数日亲历四乡，随地阅射，能者赏之，不能勿强。久之州县乡村，渐习无不利矣。南方不便弓矢，则有连弩、窝弓、见血封喉之药，当与角弓同习。欲考其成，则在巡按御史巡行之处，必留数日考射。不拘官舍士民，但能操弓挟矢者，俱许当场报名。躬亲阅射，不得涂塞故事，分委衙官。即以射矢之多寡、命中之优劣，定道府有司之殿最，另具奏闻，是一激劝之法也。

钦定保民四事书内储粮草五条

一、军兴之际，粮草为先。除客兵经过，动支行盐刍豆应用正项钱粮外，其府州县如遇有警，率众登陴，寇贼临门，采青不易。一应粮草，必须自行处备。备粮之道，尤以积谷为根本，省直地方，间有抚按积谷，司道积谷者，仓在某处，粮有若干，果否本色，见存合行查核报部。其府州县积谷，岁有定额，要查节年存贮若干,今后续积若干,岁一报部查考。大约大府储粮十万石,中府储粮六万石,小府储粮三万石。大州县储粮三万石,中州县储粮一万五千石,小州县储粮一万石。不足此数者积累取盈,已满此数者新陈相易。此该府州县社稷民人之大命,万万不可缓图者也。其草束多者十万束,次则六万束,又次三万束。北地便用马兵,多多益善。南方马少,量减无妨。以上须查见今崇祯十二年分有无多寡之数,奏报一次清册送户兵两部,以后岁一查盘册报,不许玩违。

一、积谷之法,专储本色,兼收杂粮,不拘稻粱菽麦,但可糊口充肠,俱照时估收存,以备急用。唯不许有司借名科罚,折银润囊。抚按司道,密访严查,但有罚谷折银者,拏问追赃,不容姑贷。即良有司登报积谷折银在库,未买本色上仓者,亦必严参降级,勒限买完。如或未完,不许(复开)〔开复〕升考。其委官查盘,必须真正盘量到底,不许受贿扶同,徒问仓斗,罚名了事。此法力行,而积谷不滋蠹耗矣。至各地方有官田、学田、寺田等项,原系公中之物,每岁租入甚多,或为劣衿豪僧,霸占盗卖,或为仓攒斗级,串同侵欺。若严行查出,升合必入之公庾,为官物仍归于官,而无损于民,兼可储为民用者,又积谷之一助也。

一、多备粮草,储峙仓场,乃平日之事。如遇有警,率众登城,必须派拨乡(村)〔保〕,埋锅造饭,一日三飧,人人饱喜,自能却敌无虞。查庚午岁昌黎守城,不论乡绅士庶,量家大小,每人分派垛口,或二十垛,或十垛五垛,一日三飧,供给不匮。小邑如此,大者可推。但恐城愈大,则人心愈不齐,法令愈不一,供给少不如法,误乃公事矣。莫若亦在平时,量力各捐食米,以备临时用之。此须有司劝谕士民,不拘大家小户,儋石盘盂,听行输纳,岁以为常。收掌付之善信,非值大兵大荒,不许擅动升合。有事之时,役贫民之力以守陴,发岁积之米以供食,则贫民心志得安,自能踊跃从命。如有贫甚不能赡家者,仍量分升合以赡之,决知贫民欣然效死而不辞也。昌黎法云,守城御敌,官员不必太严,只可商量,如同父子一般。些须义输赏赐,买人心和,何愁不保万全。此议尤为中肯,有司劝输,亦宜请事斯语也。又乡村作佛劝施法,先以一人为首,劝施十人。每人银止三分,米止三升,易办也。此十人者,每人各劝十人,则是一百人。数此百人者,每人各劝十人,则是一千人。数此千人者,每人各劝十人,则是一万人。数此万人者,每人各劝十人,则是十万人。数不论男妇老幼,银止三分,积之是三千两。米止三升,积之是三千石。进于此而百万人、千万人之数,三万两、三十万两之银,三万石、三十万石之米,皆不难致也。此亦易知简能之事,有储办粮草之责者,不可以为近小而忽之。

一、近边各府州县,堡寨零星,村疃分散,猝遇有警最难收敛。合谕百姓,必种早禾,其所收子粒及一切头畜等物,亦须预为之地。如城中宽阔,可以蓄众,即令近城村寨收敛入城。如城中狭隘,不能多容,即于各堡寨中择其有险可据,而又道里相近者,酌量归并。幅员大、堡寨多者,多择数处。幅员小,堡寨少者,少择数处。但各该有司须要量其地方之广狭,度其道路之远近,预先分派停当。如某村某寨应收敛入城,某村某寨应归并某堡,务示使民通晓。凡有收获,可以预先运入城堡之内者,听其运入。又立为乡约保甲之法,乡约率领保长,保长率领各甲。又于各家门首,各给印信小牌一面,上书某村某寨某乡约某保长名下人户某人,一家共几口,应收敛入城,或应归并某堡。平时悬挂门首,遇警执牌以行。在各城堡验牌放进,既不致混入奸细,在本人又有所凭据,得以径入。倘有人户闻警不即趋入城堡,及趋入城堡而守城堡之人刁难不放入者,各乡约保长禀官究治。各乡约保长不能统率者,有司惩处。有司玩忽不预行分派者,听该(府)[抚]按参处。此尚书张凤翼近年奉谕旨申饬者也。早禾种则先秋刈获,村堡并则粒食充盈,是又储粮草之道,即在并村堡之中也。

一、边腹卫所,各有屯田,隐占荒废,其来已久。前该本部题复湖广巡按余应桂查绝溢加租之法。如绝军之屯,承种者不必皆军也,不夺其屯而止查其亩数,于本等屯粮之外,另酌加租。其见在官军,非绝军之比也。查官每员应得若干亩,过此为溢。军每名应得若干亩,过此为溢,亦不夺其屯而只核其亩数,于本等屯粮之外,同绝军一体加租。其租银较量肥瘠,每亩或三分二分不等,以此岁岁征输解之。该道计算募兵,与前款乡兵,合同训练,付中军把总统之。而原额卫军则仍令指挥、千百户如常操备。斯则屯地不容隐瞒,屯丁无从影射,亦可资其实用矣。今保定巡抚黎玉田题称,近畿之地,变者变,增者增,二项加租,不无掣肘。莫若于田宅多寡,均酌出办,不过奉派捐之。明旨劝(谕)[输],纳之舆情。计兵数与民口,大约五十家,或三二十家不等,共养兵一名。贫者愿力,富者愿赀,皆出诸乡保之舆论云。盖在卫所则绝溢屯租,在绅民则田亩间架。凡有军民之处，以此二法，相辅而行。如有豪右把持，奸猾巧避，该抚按在所必问。此虽非储积之粮草，而实养兵之先资，固围保民之本计，尤不可不着实行之者也。

钦定保民四事书内练兵壮五条

一、各府州县选练乡兵，先该本部题议行该管有司责令乡约保甲，查照牌门册籍，自选壮丁呈报。凡府合附郭县，以二千名为率，州以一千五百名为率，大县一千二百名为率，小县八百名为率。内立伍长什长，队长哨长，使之心志相联。再于有工食民壮中，府选百名，州选七十五名，大县选六十名，小县选四十名，立为教师。凡枪炮弓矢，令其习熟，分统各丁。每月初二、十六日，齐集教场，操练技艺，有司量行赏罚，以示激劝。务使聚则为旅，可任干撼；散则为农，不妨本业。仍将练过乡兵姓名数目，申报抚按，转报臣部，以凭查考等因。去后未见着实遵行。又有谓练民兵少不济事，有名无实，一府当用万人，大县当用五千，小县当用三千者。查古兵法守权之说，城一丈，十人守之，出者不守，守者不出，千丈之城则万人之城是也。今不分府州县，但以城之丈尺制兵之多寡，则靡不定矣。每城一丈，不能教练十人，必须练一二人精晓火器放打之法，刀枪击刺之法，弓弩注射之法，临警站立脚根，可恃无恐，则其他下滚木，方礌石，与持杂项短兵接砍者，可以临时派用。垛夫不必平日尽养为兵，而亦能资守御矣。是故量城每一千丈定用二千人，每一百丈定用二百人。

一、练乡兵以守城郭，原为百姓共保身家，而保身家全在富户。若派贫甲与派远民，无论情不相关，心不能固，且乘乱为奸,因寇为变,亦有之。况守城必赖火器。火器必平日练熟,则临期可施。若村野乡农,平时务畊作,城中小户,日逐趋依粮,苟日习操演,则生业俱废,而糊口无计。待日给口粮,则设处无从,而督责遂弛,以是乡兵有名无实。今派乡兵,先尽城中乡绅世族素封之家,及富商大贾士庶吏承之殷实者,与民有余丁而饶生业者,俱虚公访查的实,另编一册,酌定出兵之数,务期多寡公平。至于蓬荜贫(矜)[衿],单丁小户,概不编派。惟临警之时,则用之运送木石等类,共助守御而已。

一、各府州县有工食民壮,前款已选练矣。再查本地保甲中有膂力出众,习知拳棍,善使枪刀者,保甲报知官司,记名考验。果堪用者,即将府州县衙门民壮、快手、皂隶、机兵、弓兵等役,凡有工食者,革去老弱,立拨顶补。仍令每一名自招副手二三名,多则四五名,无事之时,轮替一名在官,余听自便。设或有警,一呼毕集。真正精壮乡兵,不可胜用矣。如用府州县积年衙役,则油滑奸顽,不堪训练。纵强收应役,终启弊端。决当以一半之数,汰其见在之人。取其额设工食,另招拳勇膂力,精通技艺者为之。如系有马,工食仍并,责令养马,以供哨探,斯为实着。盖地方有拳勇技艺之人,入练则为我用,不练则易生奸。此断不可不设法搜罗者也。

一、各府州县与卫所同城军丁不可不练。查照《律例》,主将不固守条下开载,若遇大虏及盗贼生发攻围,不行固守而辄弃去,及守备不设被贼攻陷城池劫杀焚烧者,卫所掌印与专一捕盗官俱比照守边将帅失陷城寨者律,斩。府州县掌印并捕盗官与卫所同住一城,及设有司守备驻札本城者,俱比照守边将帅,被贼侵入境内掳掠人民律,发边远充军。若府州县原无设有卫所,但有专城之责者,不分边腹,遇前项失事,掌印、捕盗官照前比律处斩。其有两县同住一城,及府州县佐贰首领,但分有城池信地,各以贼从所管城分进入坐罪。可见无卫所处有司专任其罪,有卫所处卫所重任其罪,律例森严,何为疲敝偷玩,竟成牢不可起之膏肓也。今后须酌选卫所官军舍余,务足一城防御。该卫该所有官舍军余丁多力饶者,必要佥选壮丁,与同前款。守城练兵,合算每城一千丈,务足二千人数,一百丈,务足二百人数,与衙所官一同训练。如佥丁不便,则必照绝溢屯租之法,计亩加增,尝年上纳,以充选练之资。总计佥丁、加租二法,必行一件,万万不容违悖者也。其该卫所原额正军,仍责指挥、千百户,如尝操备。即有上班运粮诸务,俱系正军本分内事,毋得朦胧(隐)[影]借丁租,违者官军一体究处,毋容姑贷。

一、训练军容,应照戚继光《新书》内明发放一款(营伍皆知,今不录)。

一、守城实法,查尹畊《堡约》内堡教堡习一款,开载甚详,能推广而通用之,即守府州县大城万全之道,尽在是矣。中间唯第七击虏已附垣始用大铳,较(禾)[末]合法。盖缘边塞小堡,器药无多,不可先发。即所谓大铳,亦不过虎蹲、马蹄、百子炮、一窝蜂之属,不甚能及远,故临附垣而用之。今有灭虏、红夷、致远之器,当照前款,计其里数,准指苗头而发之。若虏已附垣,此器反无所施。虽有虎蹲、马蹄,轻短跳跃,不可妄发。唯百子炮、一窝蜂、万人敌、火礶,乃近打烧贼之物,可以用之。又邻台邻陴奇队长令城守者,谓之游兵。每城立游兵或一队二队三四队,随城之大小及兵之多寡,每队或三十人或五十人,共小旗一面,另编字号。此兵不守垛口,专主应援。如遇对敌紧急之处,调某字号游兵,一呼而至,比之台陴奇队,名色简省,尤便通知。而其余守垛之兵,立定脚根,不许乱动一步,尤为切要。其他守御之具,尚有轰雷、地雷、灰鈱、火箭之属,随地方所有与风习相宜者用之,不可胜述,兹故不赘。

附篇

火器史资料四种

一、锺方《炮图集》

解题

锺方(1793—1852 后),号午亭,八旗汉军人,道光元年(1821)授职,四年(1824)十二月以副参领兼管正黄旗炮营,二十年(1840)三月补放印务参领,仍管炮营。道光二十二年(1842)十一月以正红旗汉军副都统,出任驻藏帮办大臣,次年六月抵藏接任。二十四年(1844)五月调任新疆哈密领队大臣,二十八年(1848)卸任回京。锺方先后编著《炮图集》(1841)、《藏务类函》(1846)、《哈密志》(1846),家藏稿本约在1930 年代散出,为多家学术机构所得。[①]

[①] 《炮图集》稿本自 1930 年代以来,由燕京大学图书馆、北京大学图书馆递藏。傅斯年图书馆藏《藏务类函》四集三十卷附《番僧源流考》二卷,稿本 25 册;《哈密志》五十一卷,誊清稿本 8 册。普林斯顿大学东亚图书馆藏《哈密志》五十一卷附《哈密纪略》,稿本 16 册。《哈密志》另有民国二十六年(1937)禹贡学会据传抄本整理排印本。《藏务类函》所收《驻藏须知》《番僧源流考》《小桃源记》已有影印本或整理本。锺方多种著作提要(《炮图集》除外),参见吴丰培著,马大正等整理《吴丰培边事题跋集》,乌鲁木齐:新疆人民出版社,1998 年,第 64 页,第 89 页,第 117 页,第218 页。关于锺方进藏经过及西藏见闻,参见陈又新《清代驻藏帮办大臣锺方对西藏的认识》,蓝美华主编《汉人在边疆》,台北:政大出版社,2014 年,第(转下页)

《炮图集》五卷，北京大学图书馆藏稿本四册，索书号 SB/
379.375/8200。半叶八行，行二十四字，平写二十二字，无行
格栏线，无页码，附圈断句。内封（图 A－1－1）正中题篆文
"礟图集"三字，右上钤"芝桑堂"朱文异形印，左下钤"锺方/之
印"白文方印、"午/亭"朱文方印。总目录及各卷前子目首叶
钤"人龢书室"朱文长方印。全书约二万二千字。

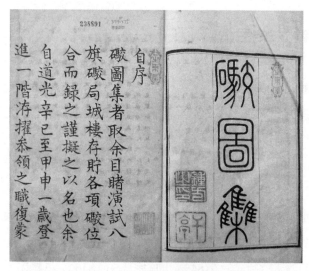

图 A－1－1　《炮图集》稿本

按道光二十一年（1841）十二月锺方自序，是书乃"目睹演
试八旗炮局、城楼存贮各项炮位，合而录之"。内容包括"炮位
名色、铸造年分、炮位形式、各项炮车图式，以及庚子岁赴天津
海口，教练直省弁兵事宜，并辛丑岁赴山东登州海沿，教练东

（接上页）149—176 页。该文引用《康輶纪行》卷二"锺公言藏事"条，可知道光二十五
　　年（1825）三月初七，姚莹在大烹坝（今四川泸定县烹坝镇）路遇新任哈密大臣锺
　　方。参见姚莹《康輶纪行》，欧阳跃峰整理，北京：中华书局，2014 年，第 33 页。

省弁兵事宜、铸炮各事"。

　　锺方管理京旗汉军炮营十八年之久（1824—1842），所编《炮图集》实即八旗炮局火器志，该书可能是现存有关清朝火炮最为详实的专著。

　　第一、二卷记录京城库存各式火炮的形制和历史，插图精细，较之《皇朝礼器图式》《大清会典图》更为可靠。

　　第三、四卷收录往来公文及天津、登州沿海布防情况，包括炮台分布、火炮形制，有图有说。道光二十年十二月至次年闰三月，锺方先后带领八旗汉军炮手，押运大炮，赴天津海口、山东登州，教练当地士兵操作演放。本卷保存了有关第一次鸦片战争时期，直鲁两省备战情况的珍贵资料。

　　第五卷回顾了清初造炮历史、工匠世袭家族、清初铸造红衣炮工艺、道光辛丑登州造生铁炮工艺，以及试放新炮法、射击瞄准法等经验，末述火药不精等各种弊病。其中有关铸造铁炮工艺流程，绘有多幅图解，极为罕见，价值甚高。

　　《炮图集》自1841年底编成，既未付梓，亦未闻另有抄本流传。1935年6月14日，《大公报·史地周刊》（第39期）刊登宗复《旧炮简史》一文，提及《炮图集》见存燕京大学图书馆。① 2004年，黄一农发表《红夷大炮与皇太极创立的八旗汉军》（《历史研究》2004年第4期），引用《铸造红衣炮金火拜唐

---

① 按，宗复当即赵宗复（1915—1966），山西五台人，1932年考入燕京大学，先后就读新闻系、历史系，发表《汪梅村年谱稿》（1936）、《李自成叛乱史略》（1937）。按《旧炮简史》篇末略云："余尝于燕京大学图书馆，见道光间正黄旗汉军跑炮营参领钟方（字武亭）所撰炮图集清稿本，叙述有清前期旧炮甚全，凡举炮位名色，零整图形，莫不详为绘说，列其用法。然而书终未刻，盖因李鸿章所谓三千年来未有之变局已作，书之价值随旧炮俱去也"。

阿铜工功绩总谱》，首次揭示《炮图集》中的独家资料。

鉴于这部珍贵稿本目前尚不易为学界利用，兹移录原书序目并第五卷。原文繁体改作简体，加新式标点。双行小字改作单行，外加圆括号。第五卷插图六叶省略，图内说明用楷体录出，补足语义所增之字加鱼尾括号。本次整理据 2013 年笔者抄本录入，未及覆核原书。据闻北京大学图书馆已将《炮图集》列入馆藏稿抄本丛刊选目，期待影印本早日出版，嘉惠读者。

《炮图集》序目

自序[①]

炮图集者，余目睹演试八旗炮局、城楼存贮各项炮位，合而录之，谨拟之以名也。余自道光辛巳至甲申，一岁登进一阶，洊擢参领之职，复蒙恩宪拣拔，于甲申岁奏派管理炮营，授以重任，何敢稍有懈弛。余时年方三十有二，自授职以来，整顿该营事务，加意经理，朝乾夕惕，无时不慎。遂至炮位名色、铸造年分、炮位形式、各项炮车图式，以及庚子岁赴天津海口教练直省弁兵事宜，并辛丑岁赴山东登州海沿教练东省弁兵事宜、铸炮各事，逐一绘缮图式，要之开卷了然。至如何演放，虽开写明晰，亦应临时制宜，自己体察，总期公务有益。余所载者，惟恐日久遗忘，故敬书之，以备考核焉。

道光岁次辛丑嘉平月吉日，正黄旗汉军印务参领、管理炮营参领兼公中佐领锺方谨序。

午亭锺方

---

① 自序三叶，装订在内封后、总目录前。按总目录及卷一目录所载次序，当在卷一正文前。

炮图集总目录

武成永固铜炮图说(并附细花三炮图式)

大台湾铜炮图说

大红衣铁炮图说

小红衣铁炮图说

发熕铁炮图说

严威铁炮图说

得胜铜炮图说

威远铜炮图说(有西瓜炮子)

冲天铁炮图说(有西瓜炮子)

子母铁炮图说

铁心铜炮图说

木把子母炮图说

火器营木把子母炮图说

道光二十一年八月内奉旨特交试放威远将军等炮缘由

内务府所属炮枪处存贮炮位图目录

第三卷　赴天津教练事宜

因运送炮位奏请饬下沿途照料折稿

挽运过津奏闻折稿

教练完竣回京复命折稿

八旗炮位斤重数目

八旗炮手二十名

自北京赴天津路程

天津海口炮台图说

天津铁炮位图(二式)

铁喷筒炮式

铁威远炮式

第四卷　赴山东教练事宜

钦派大臣拣定炮位折稿

山东巡抚委员到京领炮来咨稿

差派参领锤方赴登州折稿

教练山东弁兵演炮法

教练完竣回京文移稿

山东巡抚奏闻印务参领锤方回京供职折稿

自北京至登州路程

登州沿海防堵设炮图说

山东登州大小炮位图

登州新铸铁炮图（熟铁生铁者）

第五卷　铸炮并试放新旧炮各法

国初铸炮招募匠人缘由

铸红衣铁炮法式

辛丑岁登州铸生铁炮法式

试放新炮法

熟试旧炮法

洗刷炮膛法

选择铅铁子法

演炮看准头法

铁钉钉炮火门弊

由炮膛内塞火门弊

倒装炮子弊

演炮遇雨或大雾恐有不喷试弊

火药不精弊（宜晒晾通融用）

烘药不精弊（宜自备保责成）

《炮图集》第五卷[①]

铸造红衣炮金火拜唐阿铜工功绩总谱[②]

天聪年间,海中潮出铜炮一位,镌曰"镇国龙尾大将军"。奉旨,命石廷柱、祝世印出榜招募能铸炮之人。彼时有王天相、金世祥、梁自友、许成功、吴应龙、左东流、解仲库（驻防）、赵金贵、郝应魁、刘双全（户绝）。以上共十人揭榜应募,系石廷柱带领荐上。后又奉旨,铸炮续募七人,刘承爱、窦守位、康二、李三、解仲元、赵北唐（户绝）、贾天祈（户绝）。查前十名内,解仲库移京口驻防,刘双全户绝,公同保举京中民、刘文学顶补。前十人顺治十年入正黄旗汉军。后七名内,赵北唐户绝,系解宗仁顶补,移宁古塔驻防。贾天祈户绝,系刘栋顶补,系京口驻防。后七人顺治十年入镶黄旗汉军。

一、在盛京首铸红衣炮五十余位。

一、沿边铸炮八位。

一、沈阳在适言堡铸炮二位、旧言堡铸炮二位。

一、盖州铸炮二位。

一、锦州铸炮七十位。

---

① 卷端原作"炮图集目录/第五卷",下接本卷子目,正文前无大题。本卷子目与总目录第五卷条目相同。
② 本篇相当于总目及第五卷卷前子目所列"国初铸炮招募匠人缘由"。

又铸炮子十万有余。

以上监造官祝世印。

定鼎后,恩赐铜工等愿作官者,世袭罔替拜他喇哈番;不愿作官者,赏给世代金火拜唐阿。每月食钱粮银二两,每季米领五石三斗。特恩赐房间地亩,又每户赐官人二口,以示优恤。查王天相、金世祥二家,均荫世职。后于康熙年间,新添八旗学习铸造八人,开后:

正黄梁应龙、镶黄窦清业、正白邓有功、正红张国柱、镶白沈九文、镶红孙有名、正蓝李芝茂、镶蓝梁自元。

国初铸红衣铁炮法式【附图四叶八幅,省略】

【图一】

拜风板:厚一寸三分,高六尺,阔二尺四寸,拜帘口。二炉用四扇。

拜帘:长七寸,宽五寸。

【图二】

二炉坯墙:墙用坯砌,高六尺,宽二尺四寸。

巧合:离地一尺五寸。

【图三】

铁过风板二十四块:长一尺五寸,宽七寸五分,厚二分。

【图四】

池子:青砖砌,长九尺,宽九尺,深九尺。

【图五】

挂条。大支杆三根。小月牙杆三根。火门：三眼枪筒。

炮心：熟铁打成，三脚入土；炮高七尺五寸，心高五尺七寸；细泥净抹，青砖砌成；地。

【图六】

鹰嘴。马蹄嘴。撞。开火硬木撞二根。

【炮尾范】高一尺六寸，宽一尺六寸。炮耳：宽高五寸。

【图七】

月牙炉板二块：长一尺五寸，厚一寸，宽六寸五分。

【铸炮炉】后高五尺；三尺圆；三尺宽；嘴；焦沙木炭黄泥细嫩底；布瓦细老底。

【图八】

炮式：法身高七尺五寸，口三寸。

铸生铁炮应用各物（辛丑登州）

好胶土（为作模子用）

稻皮子（为合胶土成泥，作模子）

稻草（秋草为上，为炼生铁搀黄土出铁渣）

土坯（为砌炉用，并架风箱用）

青砖（为铸炮砌台子用）

熟铁条（为打一切应用器具）

杉槁（作架子用）

生铁（化汁灌炮用）

炭火（南方用杉木炭，或柳炭亦可。东方炭少，用焦炭，北方人谓焦炭为水火炭也。北方用黑煤炼铁做物。杉木炭化生铁为上等，次用柳木炭，再次用焦炭，至次用黑煤。取其炭性柔，炼生铁不枯。因煤性坚硬又燥。）

铸生铁炮法

内膛铁挺棍。先将熟铁打成铁棍，一头三尺长方头。长短视其作炮内膛之长短尺寸打做。以线麻缠裹棍上，然后以细胶泥裹之，将泥压光，上下皆均匀。按照炮内膛尺寸，砌砖台二个。中间掘地三尺圆坑。将磨盘石式，石中斲穿方眼，要与铁挺棍方头合式。将棍方头插入石上方眼中，稳妥不动。次将模子合笋，一层一层套上。

公母笋模子。以胶土、稻皮子，合水为泥作模子。圆圈式，有公母笋子式样在后。炮口下合，炮尾向上。模子外下宽大，上缩小。模子内炮尾在上，宽大；炮口在下，微缩小。模子套成，以铁箍箍之，复加用铁丝缠固。多用柴木，在模子外烧热，乘有热气，用生铁汁一气灌下。五日后开模子看炮。

【附图二叶四幅，省略】

【图一】

　　膛：铁挺棍，棍上缠麻裹泥；外泥内裹麻铁棍，子膛【在上】，炮口【在下】；磨盘石式。

【图二】

模子分式：一，二，三，四，五，六。

【图三】

铸铁生炮模子内外式样：一，二，三，四，五，六。

【图四】

台高九尺。炮高八尺五寸。

试放新炮法

新铸之生铁炮，先用刮子自炮膛后底，轻轻四围刮之。膛内坑坎处皆刮露，令再行打磨，必致光滑洁净，方堪演用。合炮口铸子。子成，合子重斤两一半之数用火药，为足数之药。如试放之时，将火药少许喷试，先行渐次加增，至炮子重一半之数为止。

熟旧炮法

各省存贮旧炮，应查看炮身，倘有虫蛀减皮糟朽之情形，断不可试放。若体质坚固，并无减皮糟朽之情形，止于多年未经试放，先以少许火药熟之，将火药渐次加增，先行空放，俾将炮膛内锈涩出净。试放至炮身温热，再下炮子试放。倘炮位用药分两未曾登记，即可以倒算之法用之，则得其宗矣。火药加多有险，惟恐伤人。炮位虽系铜铁之器，然年久有坚固不坚固之说。今有三比，可以言之。好武学者以拳脚而论，未较量之前，先自己走几行，熟练飞脚，阳拳虚打，是谓之活动筋骨。然后对打较量，自然伶便得力。此一比也。至若武会试及武乡试,挽开硬弓而论,应试之士子,在棚下伺候唤名时,令跟从者将六力八力十力十二力之硬弓,带至棚下持备。应试之士子候唤之时,先开六力,次开八力,又次开十力,然后以十二力弓挽开三五次。是谓之挽透背臂。棚上一呼,登棚易于挽开头号弓。此二比也。又以人腹而论,一日两餐,人之肚腹,一饭能食三碗者,使之一饭勉食八碗之多,焉能立时克化,必致有轻则生病,重则伤命之忧。此三比也。炮位亦然,倘不知用火药分两,过多加之,试放之时,必至于损器伤人。今有一倒算之法,旧炮设若不知火药分两,先将合炮膛铁子用秤称准,如二斤铁子,必用火药一斤。此旧例以一摧二之说。斯已定之良模,万无一失也。

洗刷炮膛法

盖常用之炮,日久未经演用,唯恐炮膛内不净。先将火门堵住,用滚水灌入,用麻撢杠刷扫洗净。待膛内无热气,复用乾蔴撢杠,多刷几次捩干,自然灵活应手堪用。

选铅铁子法

客曰:炮不后坐,专系于药乎?

答曰:此其一也。又在炮之火门平于炮膛之底,则不后坐。少前一分,则后坐矣。

客曰:制药已精,而炮之火门又平于炮膛之底,仍复不中,何也?

答曰:对未真也。

客曰:对真而又不中,何也?

答曰:此铅铁子之病也。

客曰：其子之病，何也？

答曰：原铸有腰带、偏歪不圆，及麻凹渗眼之病也。其偏歪、麻凹，难修也。唯腰带，先用粗石磨汤，次用铁锉锉平，尚堪用也。铅铁子之法，炮犹弓也，子犹矢也。弓良而矢直，发无不中也。今学演炮之人，全不知用药若干则可送动几觔子，如弓几力能催发几钱箭。如称衡称锤，务要相配，少差则不准矣。今旧有歌曰："子重于药，则多半落。药强于子，火镕子死。子药相停，更合膛门。子门同圆，药力气全。门大子小，药气上燎。子或偏歪，出之必乖。子被火使，绝无中理。习者知之，等于弓矢。"此数言虽俚，能尽火器之妙。

演炮看准头法

一、或有将炮口垫高扬指准头，火药之力未出，炮后耸起，火药发出时，口微下垂而中者。

一、或有将炮后底垫高而口下垂，火药之力未出，向后坐力猛烈，而火药发出时，口微扬起而中者。

一、或有指左，火药之力未出，炮身微动偏右，而反正中者。

一、或有指右，火药之力未出，炮微向左动而转正中者。

一、炮身过短，火药太多，炮性又急，炮手心粗，车震动，不能保其必中。

一、炮身虽短，火药分两丸子合式，再有精能炮手，揣磨精蕴之理，得悉炮位之性，发无不中。

一、炮身虽长，火药分两不足，丸子又重，亦不能命中。火药虽足，炮手扡送药入炮口，以木杠扡之，如扡过实有险，扡过虚不能送丸子中靶，出炮口则落地。总在炮手扡力之分寸也。

一、炮身长得匀合,膛内光净,口又微收,底膛再直,指准必中,最为上等之炮。

一、火药分两与炮斤重相符,则丸子又与火药分两相合,而炮手之手中抆送火药,分寸力量合宜,将丸子送入稳妥,描看准头得法,燃火发无不中。即如射箭,心平气和,两手之力均匀,撒放干净,发无不中。后手微带力,必出迎手;前手不合用,微有分放力,必出末手。演炮亦然。

一、炮手中因有得法瞄准者,遇有马甲缺出挑补,日久生手多,熟手少。于乾隆二十八年九月内,都统广成奏明:炮手子弟充补,专司其事。令其父可教子,兄可教弟,以其诚心也。即如伊等至戚,尚有不肯真心实意教授,况同事之人乎?后于道光二十年九月内,有庄亲王等复行奏明:以炮手子弟充补,并严饬该管炮参领等,令炮手子弟学演三出。将精壮便捷,能多中靶者,随时登记,以备挑取之议。余细揣其理,炮手中若得精能便捷,老练细心,有自揣默省,体查炮位发时情性得法,无有不中之理。

铁钉钉火门弊

国初顺治年间,姜瓖叛。攻大同,以五位红衣铁炮攻取。因有诈降蛮人,将炮上火门用钉钉塞,遂未取胜。使匠役用钢钻打通,以口吹之,复用水透之,捩干。实以火药、铁子,拥兵复攻取大同,遂得胜仗。

由炮膛内塞火门弊

炮兵中,一人百发百中,一人发而不中。中者,阅炮大臣、管炮参领,均有赏劝。而不中者有惩责。故不中者心怀嫉妒,俟钦派阅炮大臣阅看时,不中靶之炮兵,暗用胶泥由炮口轻轻送入炮之子膛内,塞住常中靶之炮兵预备炮后火门,使不透气。官不知其私怀,反将得力炮兵惩之。而不中靶之兵,得以解私忿。应细心察查,以杜积弊。

倒装炮子弊

管营营总与炮兵不睦,俟钦派阅炮大臣前,炮兵先将炮子装入,次装火药,用炮子相隔,使火药与烘药不相接,燃火不能放出。管营官先阅炮大臣前,觌面被申饬惩治,以快炮兵之私心。

演放遇雨或大雾应喷试恐有怠慢不喷弊(用药些许不可多)

炮兵每日应早赴操演处,未演放之先,如遇阴雨大雾潮湿天气,炮膛内难免无潮湿水气,应先用火药喷试二次,再演放,自然声音响亮。

火药不精弊

自工部火药官厂中,领得火药,潮湿并末子过多。先用筛子筛过,留绿豆大珠者,应不时晒晾,必使火药干透,装在三线白布口袋内演放,炮声响大。至若火药施放时,白烟为上等药,青烟为平等药,黑烟为下等药。此三色烟,何也?提硝提磺,净与不净之故。又在炭斤两合宜。极净则白烟,微欠工夫则青烟,提的不净则黑烟,气味极臭难闻。

烘药不精弊

八旗大操演炮,九进十连环阵式,均皆以齐整为规矩。若不齐,官则参处,兵则责革,事关紧要。今自工部火药厂内,领得烘药,碍难需用。近来官厂中将火药末子捵合之烘药,临操进步,然火耽延工夫,火药不能速出,实碍公事,断不可用。应行自备烘药,以保自己责成。

五卷终

二、恩祥《军火备览》

解题

硝石、硫磺、木炭三种原料充分研磨混合,乃是制造黑火药的关键步骤。中国传统方法,合药或用木杵石臼,或用石碾。木杵依凭人力,效率较低。石碾可借畜力,然易触激生火,酿成事故。咸丰年间推广的铜轮铁碾制火药法,见载《军火备览》一书,这种新工艺相当程度上克服了上述弊端。

《军火备览》不分卷,恩祥著,咸丰九年(1859)武昌刻本,一册,中国国家图书馆藏,索书号 49588。半叶八行,行十九字,白口,单鱼尾,四周双边。内封三行:咸丰己未九月刻/军火备览/恩祥(阴文小圆印) 秋舫(阳文小方印)。板框(内框)高 19.3 厘米,宽 14.7 厘米。

书前有官文序二叶,胡林翼序二叶,候选道恩祥自序二叶。卷端题"军火备览全卷",次行署"长白恩祥秋舫著"。正文十五条四叶,后附"铜轮铁碾全图"等插图五叶,全书约二千字。

清代北京工部火药局长期使用石碾。咸丰年间,为应对太平军北伐(1853—1855),工部火药局监督恩祥建议火药局仿照京师火器营造火药法,改用铜轮铁碾合药(《军火备览》自序)。铜铁相磨不至激发火花,设计较为先进。①

恩祥(1818—?),字秋舫,镶黄旗满洲人。由官学生捐纳笔帖式,道光十六年(1836)选补工部笔帖式;道光二十八年(1848)以降,历官工部主事、员外郎、郎中;咸丰五年(1855)发往湖北以知府差遣委用②。本年恩祥初任郧阳府知,捐候选道,遂丁外艰③。此时太平天国战事正酣,湖广总督官文(1798—1871)、湖北巡抚胡林翼(1812—1861)奏留湖北军营办事,恩祥即在武昌督办军需火药,仿造京师火器营"铜轮铁碾"设备加工火药,生产效率与安全性显著提高。

咸丰九年(1859)八月二十八日,曾国藩在武昌城内见到这样的场景:

> 至火药局看造火药之法,以铜为轮,以铁为碾,圜地为大磨盘,以牛碾之。盘大径二丈三尺,周围七丈许。每盘用四牛,每牛连曳两轮。盘外围漕沟约宽八寸许,火药在漕内,牛行漕外,驭牛之人行漕内,每牛以一人驭之。每两牛四轮之后,则有铲药者一人随之,执铜铲于漕内铲动,庶碾过之后,火药不患太紧也。凡大磨盘十座,皆用此法。④

---

① 此法创始年代、具体来源不详,待考。

② 秦国经主编《清代官员履历档案全编》第三册,上海:华东师范大学出版社,1997年,第481页。

③ 胡林翼《胡林翼集》,胡渐逵、胡遂、邓立勋校点,长沙:岳麓书社,2008年,第403页。

④ 曾国藩《曾国藩全集》第十六册《日记之一》,修订版,长沙:岳麓书社,2011年,第464页。

　　同年九月，恩祥所著《军火备览》图册于武昌刊行，主要介绍铜轮铁碾造火药法。可知当时军需火药配方为八硝一磺一炭（8∶1∶1）。普通"军需火药"碾轧一天，"加工火药"需碾六天，洒以烧酒。如原料品质不佳，火硝提纯可用广胶青菜；硫磺入牛油融化烹炼，去除杂质。木炭力求专用柳木。又以天平筛脚蹬筛取磺、炭粉末，一人可抵五人手箩之工。该书为咸丰年间清军最先进的军用火药生产实态留下宝贵记录。同时需要注意，尽管生产效率、安全性大为改善，"铜轮火药"的产品性能较之旧法所造火药并无实质提升。

　　工部火药局生产"铜轮火药"延续至光绪年间。其他地方火药局亦有采用此法者。吴鹗《制造火药图说》（1880）记述之工艺更进一步，增加了木制转筒合匀药料的工序，应系习自西法；至于碾细药料之法，介绍牛拉铜轮行铁碾，当是继承了二十年前恩祥推广的技术。[①]

　　《军火备览》传本极罕，迄未见研究论著涉及。目前仅知中国国家图书馆见存一部，钤有"咏春／所收"白文小长印[②]、"北京／图书／馆藏"朱文方印。知为恩华旧藏。恩华（1872—1946），字咏春，镶红旗蒙古人，光绪二十九年（1903）进士，民国初年任国务院秘书、众议院议员等职。恩华编有《八旗艺文编目》（1941），著录"军火备览（收）恩祥著。字秋舫。咸丰五

――――――――――

① 吴鹗《制造火药图说》，光绪六年安徽机器局刊本。原书罕见，该书提要及书内铜轮铁碾图，参见潘吉星《中国火箭技术史稿——古代火箭技术的起源和发展》，北京：科学出版社，1987年，第94—95页。
② 钤印于内封外包衬纸正面，卷末又钤"适夫"白文长方印。

年简湖北知府。改候选道。旗贯俟考。"①"收"字指自藏该书。
1954年,恩华藏书二千八百余册售归北京图书馆。② 本册当
在其中。兹据国图藏《军火备览》整理重刊。原作繁体改为简
体,加新式标点,序文略分段落。

【官文序】

五兵之用,代有增益,历观载籍所传,凡车旗铙镯、铠胄弧
矢、戈戟矛殳之属,与夫山林原隰、沮洳坟衍之异施,攻围战守、
长短远近之异用,莫不考核精审,以期器与手习,变化无穷。自
明火器入中国,而兵刃击刺转类一夫之敌。于是言兵者莫不先
详火器。自冶铁范铜,及配合硝磺之法,前人论之备矣。而制造
火药之具,独无有详言之者。楚省造药,向用石臼木杵,缓不及
事。或以石为碾,辄虑磨戛出火,时湿以水,而不敢作于盛夏。

咸丰五年,余衔命统制全楚,并督师削平粤匪,军中资火
药日以万计,每念成药之难,思更其制。适观察恩君秋舫能仿
火器营作制药之具,其法就地镕铁为碾,而以木架安铜轮二,
驾牛以任旋运,用力少而收功速。又铜铁相磨无激火之患,较
之杵臼,难易迥殊,即较用石碾之法,益为慎密。令如式造之,
成药至易且精。数年水陆炮火所施,赖以不匮,观察之力居
多。夫己赖其利而专之,非谋国之忠也。观察思所以公诸他
省者,乃刊图附说,而予为记之如此。钦差大臣、太子少保、协

---

① 恩华纂辑《八旗艺文编目》,关纪新整理,沈阳:辽宁民族出版社,2006年,第36页。
② 吴恩裕《曹雪芹丛考》,上海:上海古籍出版社,1980年,第190页。

办大学士、督楚使者官文序。

【胡林翼序】

前明得佛郎机铳法,而火器之传以广。我朝龙兴之始,专用骑射,后乃渐用炮位,并设立火器营。嗣后灭噶尔丹,平青海,定两金川,开拓回部,皆以火器为前队。盖藉其摧坚及远之力,利而用之,固决胜之先资也。

鄂省东征江皖,陆师数万人,水师数万人。水师则专以船炮为利器,自宜昌至于安庆,旁及沅湘、洞庭、彭蠡,戈船罗列,如雷如霆,月需火药二十余万斤,通岁会计约三百万觔,每苦制造艰难。观察恩君请如京营法,以铜轮铁碾为之,力省而工速。既有成效,因编辑而刊行之,以公诸当世。

夫行军以火器为先,则制火药之具,乌得弗讲。然此非师心创造,固京营之旧规也。适当于用,足供数万人仓卒之需。则凡列圣整军经武之宏规,咸修明而兴复之,其效又当何如哉。贾生有言,理天下者,至纤至悉也。苟不厌求详而善用所长,则一技一能,良工巧匠,皆足以备非常。是故不龟手之药,小则以洴澼絖,大则资之以破敌。余既嘉恩君之意,亦愿有志斯世者,实事求是,庶几折冲尊俎之远谟焉。益阳胡林翼序。

【恩祥自序】

我朝武备,骑射之外,益以火器,于以威天下而靖四方。而火器之锐利,必赖火药之精良。余昔承乏工部,曾充火药局监督,习知其法。以石为轮碾者宜于秋冬,不宜于春夏,往往激触生火。唯火器营之铜轮铁碾,最为尽善,因心识之。后数年,粤匪北扰,多罗僧亲王秉节致讨,征火药至呕。余请于僧王,仿火器营,饬局改铸。运用既灵,事半功倍,甚以为便。咸丰五年,余奉命简放湖北知府,旋援例以道铨选。嗣丁外艰,钦差大学士总督官公、宫保巡抚胡公奏留办理营务,委令督办火药。外省制造火药,向用石臼木杵,功艰费巨,不足以济军中之用。因亦以京营旧制为之,人力省而工价廉,应济要需,较为敏速。夫工欲善其事,必先利其器。方今寇氛未靖,火药之用至繁。苟非讲求至善,曷克推行尽利。不揣固陋,述国家之成宪,推京营之旧制,绘图附说,以告他日之继余勷斯役者,或于军事不无小补云。候选道长白恩祥序。

军火备览全卷

长白恩祥秋舫著

一、铁碾一盘,铜轮八个。每架前后二轮,驾牛一匹,共四架,驾牛四匹。外复备牛四匹,按时更替,以节劳逸。

一、碾盘口面计二丈三尺,径圆七丈六尺,碾槽用铁铸成,共计重四五千斤不等,槽口宽一尺一寸,槽底宽七寸,深八寸。

一、盘中心安圆石一块,约重三千余斤。中竖定心木一根,长六尺,径圆三尺。此系通盘之枢纽也。此木以性坚者为上。

一、铜轮每个重三百斤有奇,径圆七尺五六尺,轮齿三寸,中心方眼四寸,纳辋于内,以木架管辖之。

一、每碾木架长五尺,宽一尺一寸。一架二轮,上有牵杆穿入,杆动则轮旋。

一、牵杆长一丈一尺有奇，径圆五六寸。杆之两端，一系于定心木，一穿入于轮架，驾牛其上，斡旋称便。

一、每槽用铜铲二把，每把重二斤八九两不等。铲头长一尺三寸，宽三寸，厚五分。上安木柄，长五尺。一人持铲，随轮铲药，俾得碾轧匀细。

一、筛磺炭向用手箩筛之，殊觉工不胜烦。因变通其法，制做木柜各一座，各高八尺，宽四尺，长八尺。内有天平筛一架，分为六格，用顶细熟丝箩底。每柜一人，用脚登筛，较用手箩，一人可抵五人之工。此撙节之一道也，并可以免飞扬虚耗等类。

一、晒药盘，每块长七尺五寸，宽四尺。杉木做成，外加漆灰，白布弥缝。遇有阴雨，收取方便，并免受潮湿。

一、军需火药，八硝一磺一炭。每槽配匀二百斤，碾轧一天，晒晾干透。欲验其精麤，取药糁于干瓦石之上，点验无硝磺炭痕迹者为上。此药每鸟枪只装三钱，可打一百二十弓。

一、加工火药，八硝一磺一炭。硝磺须设法提炼，极纯极净，炭须真正柳炭，方可应用。每槽配匀二百斤，连碾六天，洒以上上烧酒，资其猛烈。然后晒晾干透，直可用手心点放，毫无烧痕。此药每鸟枪祇装二钱，可打一百四十弓。

一、硝觔盐卤未尽，有碍动用，须购广胶青菜，提过数次，口尝无咸味，直如雪后檐前冰挂一盘①，方为净硝。

---

① 盘，疑当作"般"。

一、磺块内杂沙石草沫，无法制其精洁者，须购牛油融化烹炼，追尽渣滓，则沫销沙沉，俾得玲珑如琥珀形，方为纯磺。此系制磺秘诀也。

一、各处采办木炭，木色不一，其性不纯。须专用柳木，挖窖焖烧一日，致其透彻。其心与菊花心相似，敲之响如铜声者，方为高炭。

一、所铸铜轮铁碾，俱由觅凑残废炮位造成，所费之资，不过匠工火耗、运转脚力等项，不须专行购料。此亦撙节之一道也。

图式【四幅】

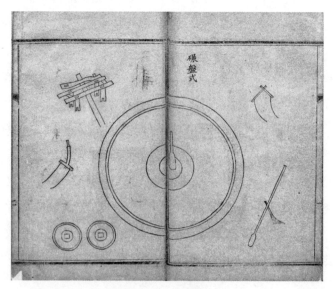

图 A‑2‑1　碾盘式

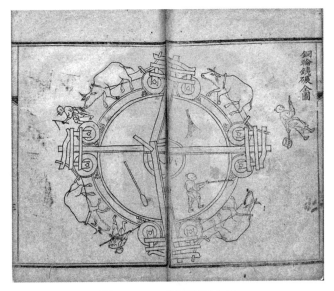

图 A-2-2　铜轮铁碾全图

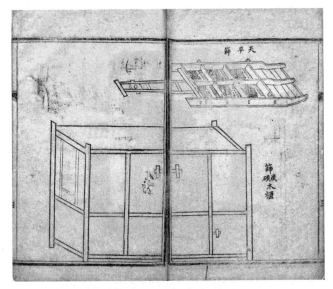

图 A-2-3　天平筛、筛炭磺木柜

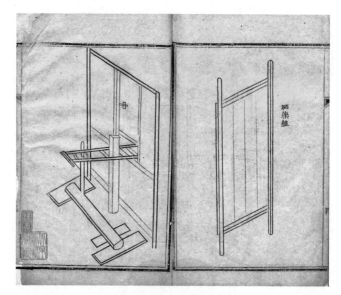

图 A - 2 - 4　晒药盘

三、崇璋论清代火器

解题

崇璋(约 1885—约 1953)，京旗镶红旗满洲人，满姓刘佳，初名崇锋，字振卿、焕卿，号啸庵，汉名自署刘振卿，北京风土作家，曾用笔名是我、燕市闲人、释然、苦厂等。①

---

① 崇璋生平事迹，散件报章。刘振卿《啸庵随笔·自叙》(《北平晨报·北晨艺圃》1930 年 12 月 16 日)略云:"清光绪壬寅，吾作寄墨，癸卯付梓于厂肆肇新书局，版出，因言辞弗慎，触时忌，非端丈午桥，几兴小文字狱，然竟已致吾伯祖父文靖公以惊悸薨于西安军署。盖寄墨所搜罗者，多甲午庚子二役丧师辱国事也……民国十七年秋，承某君嘱，又理旧稿及新著，投之于朝暾，名之曰续墨……寄墨内容，多拾之于吾亡兄雪厂笔记。"《啸庵续墨·古刺水》(《民言日报·朝暾》1929 年 3 月 19 日)略云:"清光绪初元，先大夫梅溪公馆恭亲王府……会甲午中东事（转下页）

　　自 1928 年起至 1940 年代末，崇璋长期为北平地方报刊撰稿，题材多为旧京风物、清代遗闻，见载《民言日报》(1928—1930)、《北平晨报》(1930—1937)、《华北日报》(1932—1933，1945)、《实报》(1936—1944)、《武德报》(1937—1939)、《晨报》(1939—1941)、《大同报》(1939—1941)、《国民杂志》(1941—1944)、《逸文》(1945)、《中华周报》(1945)、《民言报》(1945)、《民强报》(1946—1947)、《晴雨画报》(1946)、《一四七画报》(1946—1948)等刊物。《中国武事》(武德报社编印，1939)辑录《武德报》短文 120 篇(未署名)，部分为崇璋作品。张江裁编《北京庚戌桥史考》(《中国史迹风土丛书》第一辑，1943)收录刘振卿与张江裁往复信函。日伪统治时期，崇璋一度在北京市社会局观光科工作。1939—1941 年间，观光科主编的《晨报》副刊《观光周刊》登载了多篇崇璋撰写的北京古迹与社会调查。

　　1940 年代，友人携崇璋二三十年来文稿，本欲在淮海刊印成集，惜丧乱间稿件荡然。崇璋在民国时期的主要著述，最终未能结集出版。1953 年，刘振卿编著《天坛公园志略》，油印出版，列为《北京城郊园山志略汇编》第一种(《汇编》其余品

(接上页)起，吾长兄鹏云以委带北洋超勇快舰，阵没于牙山。"公孙季《燕市闲人刘振卿》(《一四七画报》第 19 卷第 1 期，1948 年)有言："刘振卿先生印名崇璋(最初名崇锋，所以字振卿)……刘先生是京旗镶红旗满洲人，他的伯父曾任内务府大臣，所以刘先生对于内务府所藏档籍图谱，得以饱读……刘先生曾任职市府社会局观光科……尤其可惜的是二三十年以来旧稿，被一位朋友携淮海之间，准备付印，不意经此丧乱，原稿荡然。"谢兴尧《回忆〈逸经〉与〈逸文〉》(《读书》1996 年第 3 期)称"崇焕卿写有《清代八大家王府沿革琐记》。崇氏满族，汉名刘振卿，熟悉清宫掌故，《大公报》辟专栏刊其长稿，约稿时欲为我写慈禧秘史，此题足称专著，因世人所不详又难于考证也。"

种未见流传),金梁为之序。该书是目前所知刘氏生前最晚的出版物。综合各类资料,可知崇璋与汤用彬、张江裁、谢兴尧、公孙季、汪侠公、金受申等人友善。

崇璋的作品多是北京/北平报纸副刊登载的掌故文章,今可考得五百余篇,内容相当丰富。其中涉及清代军事、武备,特别是有关火器的作品,史料价值颇高。这些资料长期不为研究者注意,仅见黑田源次《神機火砲論》(1936)引用刘振卿《啸庵续墨·清代之炮》内"神机炮"一节。[①] 循此线索,笔者数年来寻获得崇璋论清代火器之文十二篇,总约两万七千字,简介如下:

(一)《旗兵之炮手》言北京汉军炮营演习,全恃编外炮手。咸丰间京口之战,炮手罢工酿祸,此后清廷始将炮手列入兵籍。

(二)《红衣庙》描写芦沟桥炮神庙旧观,清代祭祀炮神仪轨,亲贵校阅炮兵弊政,加封火炮将军称号典礼,以及填装点放手续,火炮炸膛事故。

(三)《清代之炮》是一篇一万六千字的长文,列举京旗炮局各类旧炮的来源、形制,炮车构造,各库存炮数量等事。其说多采自旗民炮手口述及《炮册》清单,与《大清会典》《皇朝礼器图式》中的记载颇有异同。至于各炮俗称、庚子前后轶事,往往仅见于本文。例如,金龙炮俗呼为"转盘龙"。配套炮车装饰华丽,俗称"龙头凤尾金龙车"。车厢内有螺旋装置,支架

---

① 黑田源次《神機火砲論》,《滿洲學報》第 4 号,1936 年 9 月,第 73 页。

炮身的铁柱可能高低调整,俗称"升降机"。"威远炮"(铜臼炮)俗称"大蒜罐子",发射时需点燃爆炸弹与火门两处引信,故又称"两头忙"。

以上三篇原刊《民言日报·朝暾·啸庵续墨》(1928—1930)。

(四)《八旗炮手》称炮手技艺通过家族传承,各立门户,严守秘密。八旗火器不能统一,为兵力颓败之要因。

(五)《土炮与番炮》述京旗所存"土炮""番炮""明炮""御炮""景山炮""铁局炮"六类之由来。

(六)《御炮与厂炮》解说"御制""厂制""局制""改制"四类火炮之区别。

(七)《中国自制旧枪械》区分清代鸟枪诸多品类;解释"花枪"与"交枪"之别,前者枪管铁质有点点斑纹,后者无之;最后详述鸟枪各部位专名,他书罕见此类记载。

(八)《清代八旗新式器械》谈同治光绪间神机营之编制,称该营火器装备新旧杂陈,大学士熙敬呼之为枪炮博物馆。[①]

(九)《内火与炮营》述满洲内火器营编制、装备。谓满洲内火器营为汉军炮营之督战队,又以善用驮炮及推轮子母炮驰骋冲锋著名。

(十)《清代铜铁炮质料与成分》引用《工部虞衡司军需局事例》,列举铸造多种铜炮、铁炮原料金属配比。如等级最高之点金铜,用于制造金龙炮、神威大将军炮、木镶铜炮、九节十

---

① 按,中国国家图书馆藏《神机营官兵衔名数目》清末抄本一册(索书号02360),可供参照。礼部右侍郎副都统熙敬列名管理神机营王大臣之一。

成炮,成分为净红铜百分之八十,三等金百分之十五,点铜锡百分之五。此类造炮合金配方资料,极为罕见。

以上七篇原刊《武德报》(1938—1939),后收入《中国武事》(1939)。

(十一)《满洲初封之将军炮》列举清代各类封为将军之炮,以及关外多城所存炮位名称。本篇见载《大同报》(1940)。

(十二)《故宫之炮》言民初袁世凯授意将京城旧炮交与兵工厂及造币厂融化取料,发现金属品质不佳。实则多数质料上佳之铜炮已在庚子之役后消失。本篇见载《民言报》(1945)。

崇璋为京师旗民,清季家在西城都城隍庙附近,与镶红镶蓝炮局为邻,得闻局中人谈火炮逸事,又曾往观芦沟桥演炮。民国后采访旗兵炮手,并且参考若干稀见文献,如《炮册》《八旗兵器志》《兵部辛丑点验火器表》《工部虞衡司军需局事例》。《炮册》一书,崇璋称作炮册子、兵部炮册、八旗炮册。"是书往时存储于兵部,届点检军械时,执册而查之。"(《清代之炮》)按,大连图书馆藏有乾隆三十一年编写之《八旗各局收贮炮位数目》满汉文抄本各一册,开列汉军各局收贮炮位种类、数目、每位重量、尺寸,火药、弹子用量。[1] 崇璋所见者之"炮册子",或即此类相隔若干年重编之库存清册,版本当较为晚近。至

[1] 中国科学院图书馆整理《续修四库全书总目提要(稿本)》第 7 册,齐鲁书社,1996 年,第 729—730 页。"八旗各局收贮炮位数目二册 大连图书馆藏精写本",提要作者为班书阁。该写本今藏大连图书馆,馆方著录为《清汉八旗炮位册》,索书号 M72-8,属满铁资料。此外,锺方《炮图集》(1841)卷三《八旗炮位觔重数目》、翁同爵《皇朝兵制考略》(1861 年成书,1875 年武昌刻本)卷五《八旗炮营局存炮位》,亦属同类文献。

于《八旗兵器志》《兵部辛丑点验火器表》《工部虞衡司军需局事例》，俱未闻存世。由于资料来源独特，崇璋的撰述多言前人所未言，乃是研究清代火器的宝贵资料。

这批作品的缺陷也很明显。传闻失实、疏于考证、前后矛盾之处所在多有。例如《清代之炮》称"故老相传"雍正朝重修《大清会典》，为防汉人得知火器秘密，于康熙《会典》所载炮位重量及长短数据，多有删改。实则雍正《会典》所载火炮条目较之康熙《会典》仅有增补，未无删改。又如称九节十成铜炮为汤若望、南怀仁创制（实为雍正年间出现）、严威铁炮为关外制品（实为崇祯年间广东铸造）、冲天炮为明代制品（实为康熙间造）等等，俱非事实。此外讲解子母炮形制、威远炮爆炸弹填装方式，称铁信炮为元代遗制等说法，皆有误会。总之此类掌故文章，内容真伪杂陈，需加辨析，不宜径信。

兹将上述十二篇作品汇为一编，整理重刊。各篇出处随文注明。报章分期连载者，各段之末用鱼尾括号加注期次。原文繁体竖排，改为简体横排并重分段落。原文标点用法，遵循今日习惯略加改易。明显误字加圆括号，改正及补脱之字加方括号。漫漶难辨之字用缺文符号，新增说明文字加鱼尾括号。

崇璋论清代火器杂文十二篇
旗兵之炮手①

满兵之强悍，素以炮战名于世。当其南定中原，以及征服

① 署名是我，《民言日报》，民国十七年十月五日，第四版《朝暾·啸庵续墨》。

藩属时,莫不以所谓"独龙""神威""牛腿"(以上皆炮名)等战利品,为取胜之具。不知者谓满兵对于炮之射击的练习,必极精绝。殊不知旗营之炮兵,对于炮之运用,不独从未有演练之时。且有当若干年之炮兵,尚不知炮之名称及种类者。此等奇事,在不知其底蕴者,必叹为奇文。盖旗兵之炮非操之于兵,皆操之于炮手(俗呼为炮把式也)。故事,每旗皆豢养炮手若干人,此等炮手,对于炮之学术与经验,多严守秘密,不传授于人,乃子承父业,如卖药者之专利然。甲炮手技艺之奥妙,乙炮手不知也。乙炮手特别之学术,而丙炮手亦不知也。旗兵每遇大操,管炮营之章京(即营总)必觅□高超之炮手以应差,否则炮弹一出,危险立至。曾见每届演炮时,炮手稍一高抬身价,当事者必以重金贿之,始能为之应差。其积弊之深,非一日然也。盖炮手之对于炮兵,与考场之举子觅枪手者如出一辙。若以此等之兵,出而作战,若不预先将炮手之欲(豁)[壑]填足,其危险真有不堪言者。

犹忆洪氏之役,清军之炮队作战于京口,众炮手以饷银愆领数日之故,遂至同盟罢工。时适敌军大至,清军炮兵,多不谙炮术,每发一炮,炮筒必炸裂。时统满兵者为胜保,胜不知内情,而诬管炮营者有异心,乃将八汉(汉军八旗)之□总,皆斩于营外。是役死于炮手之刁难者,中级官佐计七十余员。后清廷侦知其故,始将炮手列入兵籍,与炮兵同一工作。而其月领之饷银,亦多逊于正兵(即马甲)。分为二两炮手,至三四两不等,量其技艺之优劣,而定其饷银之多寡。至此炮手跋扈之情形虽消,而满兵炮队之威名亦一落千丈矣。相传炮手皆为蒙古叶赫勒部之降兵,其炮术之不传人,乃因清太宗之屠杀该部人民殆尽,恐炮术一传满兵,而炮手必遭毒手,故宁死而不传其术也。

红衣庙①

红衣庙又名炮神庙,在芦沟桥北沙锅村,俗呼之为"将军台",清时满兵祀炮神处也。清例每岁秋季,举行炮操于卢沟桥,是庙尝为校阅者之行辕,"将军台"之名因此而得。庙址颇广,建筑亦宏,清光绪初年燹于火,今其残址乃后之重修者。自庚子之役后,演炮之典久废,庙亦日就衰圮。鼎革以还,其未泯灭者仅其遗迹。未毁时,殿四重,额曰"靖远弘威之庙"。正殿祀"红衣发贡之神",左曰"神策",右曰"神威",再左曰"神武",再右曰"神烈",皆以将军名,俗称之为"五炮神",即世传之"五火神"也。故老相传神为元末人,佐明驱元,红衣子母炮为其所发明。神生力大,能以胁挟炮筒而放射之,徐步前进,炮弹累累出,口北之柴沟堡,俗所称为乱柴沟者,即为其胁挟炮筒施放时炮弹所轰。俗传如此,可谓荒诞已极。盖传者弗知旧时之铜炮施放之手续耳。

"红衣主炮"(即发贡炮),吾生也晚,如何燃放,未之一见。仅于八汉炮局及卢沟桥,见有所谓"(红神衣威)[红衣神威]"者,长度几如今日之重炮,而粗则数倍之,俗呼之为"铜墩子"。洞口亦甚巨,数龄小儿能蹲于内,而较之于"九节毒龙"(汉军所有者)其洞口能容成年人睡卧其中者,则稍逊之。往年平中

---

① 署名是我,《民言日报》,民国十八年九月九日至九月十三日连载,第七版《朝暾·啸庵续墨》。

各炮局皆有赌场,逻者至,其赌多携银钱匿炮洞内,汛兵格于例,明知炮口内有赌匪,弗敢捕也。似此蠢笨巨物,以一人之力即使能挟之以行,而铁弹数出,炮身内外已如火炙,挟之者不遭炮烙之刑几希矣。故吾目炮神击柴沟堡事为妄也。即有之,亦弗能如传说之甚者。

有清之季,对于炮神尊礼甚隆。清初皇帝亲祀,行四拜礼,享以太牢,而于牛首旁置一白磁巨罐,其状如今日之痰筒然,罐内置五色米、金银锞、面制之塔各一,其状如黄衣僧送库时,丧家所擎之物。塔下垫鹿(脯)[脯]少许,罐口覆以红布,系以五色线,骤视之宛如旧时丧礼中之耶食罐。闻此制为爱新觉罗氏未称帝前征高丽时祭蠹神之遗制。按例大兵出征,祭蠹必以人为牲,斩其首而沥其血于蠹之缨珞上。征高丽时,满洲患人稀少,满主又弗忍戮无罪者,乃以面首代之,惧蠹神弗来享,依番僧言,以此罐禳之。故其罐例应由满洲喇嘛佛装置迄,持咒以进,满语谓曰"阿普额斯吉",译言"压天凶星"也。【民国十八年九月九日】蠹神为古之蚩尤,相传蚩尤为天凶星,故有此名。未祭时,罐置于牛牲旁,读祝版(祭文也)后,帝亲捧此罐,供龛前,行四拜礼。而庙外则炮声隆隆焉。此清盛时,满兵祭炮神礼也。

道咸以降,诸帝皆恣于逸乐,视出国都十里、夜宿荒郊以祀炮神者,多以为苦。且炮神祭后,即为校阅炮兵之期,数十万众,皆实弹射击,自九月朔数日夜弗能眠,以之较于日处深宫,妃嫔拥列,苦乐真有弗能向人道者。故后之诸帝至祀炮神日,皆举行奉先殿荐新礼,而校阅炮兵,祭炮神,则委员代行之。而所委之员，皆为无识无知之亲贵，其目的为观野景，吃"野意"（烤羊肉也），酌减火药费，实己之私囊。每至操期，亲贵之掌兵符者，莫弗竭力以谋校阅主任之缺，以为即能乐所乐，又能饱载以归，故咸趋之若鹜。当时之情形，吾实不忍述之也。校阅者在清时呼之为"阅操王大臣"，其下为"专操""帮操""督操"等诸名目，俗呼之为"七堂"。祭炮神时，此等亲贵不亲临，祭祀之事皆委之于所属。祭毕，仅分食其神余耳。

是庙之中殿供八满之炮神，即俗呼之火器神也。后殿为八蒙之炮神。左右两庑，为八汉之炮神。两庑之神名最伙，按清火器志载，八汉所有之炮名计七十二，神亦如其数，故老相传，按地煞数也。盖八汉之军，多明室旧卒，火器亦多为明时物，因其炮术学及射击之密技，向弗传授满人，清廷虑其变，乃以七十二地煞之固定数限制之，而满兵四十八处则莫不配置相当之炮位以监视此少数之降卒。吾之为此说，非因鼎革无忌讳始敢言之。即在清盛时，八汉之旗籍人，亦有此等诽议也。

往年清廷每隔三年，于旧历五月十六日举行"封炮典礼"，读者视此封炮二字，必以为清季承平日久，欲效周武之纵马放牛，兵藏府库也。岂知吾之所谓封炮者，事颇滑稽，非封志而不用，乃膺封火炮为显爵，职同品官，秩如开府，以一铜铁铸就之巨物，而能位跻专阃，岂非奇事乎。读者如不信，吾可毕其说。【民国十八年九月十日】

每铸一炮成，按炮身之长短及其种类（铁铸之牛腿子"小炮"除外）为其请封，受封处在炮神庙，日期为五月十六日，因俗传是日为天地立煞日也。事先由兵部拟出若干封号,如"镇威""定远""绥武"之类,按炮之数目由清帝圈定持至炮神庙封授之。每一炮受封迄,即连贯施放九响,皆实弹,名曰"覃恩炮"。所封之爵位,则皆为"将军"也。小铜炮则有号而无爵,今历史博物馆门外(午门)所数组其名曰"铜线子""牛腿子""小二出"等,皆铜炮中之最小者。

炮虽受封,若有罪亦能遭革号褫爵之谴。其事迂阔可笑,吾今述之犹为粲然。炮为死物,何能获谴,其所谓获谴之由,乃临阵时"炮筒炸裂""炮身倒置""炮信中断弗燃""炮弹涩膛"也。旧制炮弹为纯铁铸成之大圆球,直径与炮口等,装置时先以大漏斗自炮口灌入火药,俗呼之为"灌馅",再塞以弹。炮身下端之上部中有小洞孔,大如梧子,名曰"信眼",以药信(即药绳也)实其中,一端达炮膛内与火药接触。炮外之绳甚长,拖于炮车后十余尺。炮身之洞孔覆以数寸见方之铜瓦(俗呼之为盖火)压药绳于其下。燃时炮手(即炮兵也)以火绳燃药绳,燃迄即退立数丈外,药信火星即徐徐至铜瓦处,火光一迸铜瓦微动,炮膛内之药已燃。斯时炮身及车,即隆隆然作响,忽而前拥,忽而后退,其力甚猛,其动亦甚迅,俗呼此种情形为"作劲""运劲"。数分钟膛内火药力发,炮及车疾力后退,车之两辕插地内尺许,车轮亦陷地数寸。轰然一声,若干斤重之大铁球,随一缕黑烟冲出至目的地。烟散,火光四迸,如雷之巨声始达人之耳鼓。施放第二出时,炮手必细检炮身有无裂痕,检毕揭去铜瓦,以铁阡探药绳之洞孔,名曰"探道"。再用布掸毛刷微渍以水,擦抹炮膛内之药屎(即药渣滓也),名曰"扫膛"。

水气干，炮身已凉，始复灌药，塞弹，安绳，扣瓦。施放第二出焉。此满兵燃炮之手续也。【民国十八年九月十一日】

盖旧制之炮无机簧，射击纯仗药之炸力而发，手续繁杂，炮身粗笨，诚非今日之新式利器所可比拟。铜炮之最巨者，五六发后其身即热极，例应更换他炮，以待此炮之热度减退。然若值战事疾，炮位弗足用，则一炮至十余发，以至数十发，虽赤热弗能止。炮手于此时多以凉水浸炮身以减热，燃时膛内弗干，药为水气浸而涩膛，并药绳因之而中断，火药已燃而弹不出，俗呼之曰"闷子"。闷极药力亦猛，且炮身冷热不均，铜质已无抵抗力，再经此猛力火药之闷撼，炮筒多轰炸，其力甚烈。对方未毙一人，而自己军中临近炮位之军卒，皆为炸炮轰碎矣！此即上述之"涩膛""炸裂""中断"之情形也。间或炮身坚固，弹涩弗出，虽热至极点而不炸者，其危险则更大，因弹弗能出，炮身屡进屡退而运其劲，火药炸力愈大，则炮身忽立起而再倒地，炮口直向自军，炮弹因跃动之结果，微移其位置，涩力已解，斯时烟弹冲飞，自军之死亡弗待对方之还击，已早自击毙矣！俗呼此种情形曰"掉毛"，曰"炮反"，曰"炮神还家"。

旧时人迷信神权最深，见上述诸事发现，弗委之于人力之不慎，乃迁怒于蠢蠢无知之铜炮，责其弗职。肇事之炮因遭革职之辱矣！往时市售之俚词唱本，有名"红衣反朝"者，中述铜炮遭谴，拖至午门鞭责数十，而锁系于刑部。其事虽为当时之一种游戏俚词，然观其封炮举动之滑稽荒诞，而编此"红衣反朝"之唱本者，其心中盖必有所讥刺也。犹忆近时流行市中之唱本，有所谓"老倭瓜造反"者，其本始于清光绪庚子后，因本中有"独头蒜，驾坐北京"语。某权贵指为有亵帝室，曾严禁之，是书一时绝迹于故都。鼎革后乃复出版，今已风行于市衢。吾谓此本与上述之书，实同为俚词中之最滑稽者。

封炮之事相传始于清多尔衮，而盛于乾嘉朝。道咸后，火器志中无记载。同治末，穆宗曾一为之，更名曰"试炮"，谓试验新铸之炮也。封时以红纸书炮名，粘炮上，鸣九响，即退，而炮为将军之事自此始绝。盖是时民智已稍开化，弗欲为此滑稽举动也。【民国十八年九月十二日】

吾幼时家与都城隍庙之两旗炮局为邻，尝聆局中人谈炮之轶事。及长已多遗忘，仅记局中存炮甚伙，中经甲午、庚子之变，满兵武备已弛，炮位久弃。袁氏称帝时，平中废炮为陆军部拨与某兵工厂者，为数更夥。然其中巨大者，则早为碧眼儿运去，陈列于彼都之博物馆中矣。今平中各城楼及历史博物馆所存乃其小焉者。

吾前于友人处得明魏彬（太监也）著之《帝京巷坊志》，末附城郊寺观记中谓"卢沟桥之红衣庙为国朝（指明室也）所建，名阐威庙，奉红衣神处也"云。红衣神是否为炮神，今已无可考。《秋灯漫录》载，则谓红衣庙创于清顺治初年，多尔衮所建也。其祀日为旧历九月初一，因是日为庙落成日，多尔衮正观炮操于卢沟桥，往瞻礼焉，乃定是日为演炮开火之即。庙落成，演炮仅三日，祭礼无太牢，以羊、豕、宝瓶（即吾上述之磁罐也）各一事。庙额曰炮神庙，俗呼之为红衣庙。康熙三十五年，仁帝亲征噶尔丹遣其四子致祭，演炮时炮口皆裂，帝乃亲祭，封炮神曰"红衣发贡大将军"。三十六年凯旋，又亲祭如初,加炮神徽号曰"弘威",改祀太牢。雍正三年,世宗加行徽号曰"感惠",庙额曰"靖远弘威之庙",定每三年一大祭,帝亦临焉。按此载与故老之传说者同,魏氏所载者疑非此庙也。

清之末叶,此庙祀典已非曩时之隆重,而平中及本地之小贩则叨光弗浅,向例一至旧历八月末,平中小贩皆赴卢沟桥作临时之营业。九月朔祀神后正式开火,至五日止,前后数日,此乡颇显繁荣,除妓馆外举凡奢华之营业,无一弗备。盖以前故都之数十万禁旅皆屯于此。今是乡之土人尚有能道之者。当时炮操声势虽如此之壮,而炮兵所奏之技则皆类于儿嬉,竟有目之为"玩票"者,则当时之情形又可想而知。故都俗谚有谓"红衣一声,十斗磺药。王爷听响,官兵玩票"。细味此语,可知往年清军与外兵一接触即遭失败之原因也!【民国十八年九月十三日】

清代之炮[①]

春节越四日,携某君访友人于历史博物馆,过城楼下,参观旧炮。友人谓铜质者为清故物,其名曰"神威",铁者曰"台湾"。与吾同行之某君,闻而异之。盖某君当清光绪庚子役,统炮营,其职曰"督司令"(职在营总上),其族人多以善司炮(即炮手也)驰名故都,于炮之名称,体之长短,量之轻重,炮弹之大小,知之颇详。而每一炮用药之多寡,放射之远近,及照星(即瞄准也)之测量,犹为一种家传之秘技,除族人外,皆弗能得其学。二十年前,故都有所谓"炮腻子某姓"者,即此

---

① 署名是我,《民言日报》,民国十九年三月一日、三日至十二日、十四日、十五日、十七日至二十六日连载,第八版《朝暾·啸庵续墨》。

君也。

吾自闻友人述"神威""台湾"炮名后,乃私叩之于某君,是否为其物。某君笑弗答,固问之,某君曰:

午门前陈列者,弗论其为清物,为明物,及何名,仅知曩者余所辖之大玩意(炮之别名也)。所谓"神威"者,其物有三种,皆铜制。其一曰"神威大将军铜炮",大者重三千斤,长八尺五寸,小者二千五百斤,长七尺。其二曰"神威将军铜炮",重四百斤,长七尺。其三曰"无敌",体更巨,长丈许。而"台湾炮"亦为铜铸品,无铁制者,大者重七千斤,长一丈二尺,小者重三百斤,长四尺又三寸,周身镌花纹,皆得自台湾郑氏者。上所述,往时皆储存于故都之炮局,庚子时支架于各城楼上。联军入,司炮者皆遁去。及事平,而城墙上已无"神威""台湾"之踪迹,是否为碧眼儿运之去,弗得知也。故都各炮局于庚子后所存之"神威",每局仅一位,其名曰"守炮",为清初时攻明之巨物,即俗所称之"镇局将军"也。至项城时,某造币厂悉运之去,今各局是否尚有是物,弗得知也。有清一代之"神威"及"台湾",过去之情形仅如此,果谓午门前之遗物为上述之二者,则余弗敢言也。

某君言毕,并将清代炮位之种类及其数,详告吾。吾闻而喜,藉此而得知吾国古代火器之情状,乃笔而录之,以实吾墨。

写至此,有应声明者,清代之炮位,其重量及长短,已详载于《清会典》。而《会典》创始于康熙,重修于雍正,所载炮之制,多为世宗删改,故其所载,与事实多弗符。故老相传,因修《会典》者多汉员,世宗弗欲以秘密之器,宣示于外也。后历乾隆、嘉庆、光绪三朝,《会典》一书,虽屡修辑,而旗旅之火器制,仍尊世宗时之所删改者,抄而书之,故与末季校,多弗类也。相传如此,是否为事实,已无从查考之。因吾闻之于某君者,即与《清会典》所载者颇歧异,而用火药之量数犹弗一。盖清炮手之技艺,皆秉自家传,有如今之制药材者,各有其秘法,外人无从探其奥。吾恐读者见吾说,有熟悉于《清会典》者而致疑,又劳邮函而质问之。因弗避烦琐,先声明其缘委,而再述吾之腐说。(本节未完)【民国十九年三月一日】

炮之制造,弗知始何时,而旧籍多谓古之"机石",即炮之滥觞,故炮字旁从石,以石为炮者,其名曰"飞石",见《范蠡兵法》。其略曰:"石重十二斤,以机发之,可射二百步。"又见于史者,有蜀汉之"冲车",曹操之"霹雳车",其功用皆与炮相仿佛,仅无火药为之利用也。清之炮位,多膺将军之封号,后世闻之者,莫弗以为奇,其细情,前吾已于《清之炮手》及《红衣庙》(即炮神庙)篇中详述之。然考古之以机发石者,亦有"将军"之名称,《唐书·李密传》:"以机发石,为攻城具,号将军炮。"是以炮为将军者,弗自清始也。

清之炮,其质可分四种,曰"铜",曰"铁",曰"内铁外铜",曰"内铜外木"。

其用法可析之为三,曰"独出",即炮位固定,而弗能左右动者。曰"转盘",可上下左右,自由旋转而施放,其状宛如今之机关枪,虽亦能连珠发,而弗若机关枪之速。声重而发迟,每三四分钟,仅能射一弹,与今之利器较固为劣,然在百年前,亦可称为军中最烈之火器也。其三曰"子母",可连珠发,左右射,弹出而迸裂,清军名之为"子母开花",仿佛今之开花炮,唯物小而力微,弗能射极远也。

清炮之种类及用法既如上述,而其来源,则又可析之为四,曰俘自明室者,曰清帝御制者,曰俘掳于各属地者(如台湾、回疆等(是)[处]),曰工部制者。而工部制者又分之为二,曰关外制者,声巨而物笨,曰入关后制者,声微而力大。其射击之程度,则可同画一等号也。

上所述既如是之杂,而其名称亦因之而伙,今以撷拾所得如下述。然以自清初迄至光绪庚子前一年止,且曾存于故都者为限。此外如关外之"镇山类"等笨物,弗仅吾未见其物,且亦弗能详举其名,读者果欲知其详且尽,请搜罗《炮册子》一书,即可知其略也。是书往时存储于兵部,届点检军械时,执册而查之,今此册落何处,吾则弗能言,故仅能于吾所知者,而述炮之名称。

炮之以铜制者,吾所知十有三,曰"金龙",曰"制胜将军",曰"威远将军",曰"神威大将军",曰"神威无敌大将军",曰"神威将军",曰"武成永固大将军",曰"神功将军",以上皆以将军名者。曰"得胜炮",曰"九节十成炮",曰"浑铜炮",曰"台湾炮",曰"红衣炮",上述计十三,皆铜铸品。曰"铁心铜炮",为内铁而外铜者。曰"冲天铁",曰"子母",曰"严威",曰"红衣铁",曰"龙炮",曰"发贡",曰"神机",曰"神枢",曰"牛腿",曰"奇炮"(即连珠雷也),曰"行营铁",曰"铁信",以上十二皆铁铸。曰"木镶铜",乃内铜而外木者。综上所述,炮之名称计二十七,而神机营有所谓之"洋铁""克鲁佛""长胜""格林铁"等炮,则为末季(庚子前)之舶来品,非清廷自制者也。(本节未完)【民国十九年三月三日】

清季故都存炮之处所有二,一为各城楼,一为八旗之各炮局,因地之弗同,而炮之数目亦异。今以庚子城未陷时,炮之数目及地址述之如下。

存于局者,宣武门北,阜城门南,有炮局二。曰"镶红",存炮五十八(《会典》作六十八)。曰"镶蓝",存炮七十五(《会典》作七十二)。崇文门北,朝阳门南,有炮局二。曰"正黄",存炮六十(《会典》作六十九)。曰"镶白",存炮六十八(《会典》作六十二)。东直门北,定安门南,有炮局二。曰"正白",存炮七十(《会典》作六十九)。曰"镶黄",存炮六十九(《会典》同)。西直门北,德胜门南,有炮局二。曰"正红",存炮七十九(《会典》作七十四)。曰"正黄",存炮七十九(《会典》同)。上所述,局存炮计五百五十八(《会典》作五百六十二)。

存于各城楼者,正阳十三(《会典》作七),宣武九(《会典》作五),其大本营为镶蓝局。西直二十七(《会典》作五),广安二十二(《会典》作五),其大本营为正红局。德胜十二(《会典》作六),西便十九(《会典》作五),大本营为正黄局。安定十八(《会典》作七),东便九(《会典》作五),其大本营为镶黄局。东直二十一(《会典》作六),广渠七(《会典》作五),其大本营为正白局。朝阳十九(《会典》作七),左安五(《会典》同),大本营任镶白局。阜城十三(《会典》作六),右安五(《会典》同),其大本营为镶红局。崇文十(《会典》作七),永定二十一(《会典》作五),其大本营为正蓝局。上所述,各城楼存炮计二百三十(《会典》作九十一),与存于局者共计七百八十八(《会典》作六百五十三)。此为有清一代,故都存炮之数。然据清兵部炮册,则谓旗炮计千数,其弗足者,遗失之于太平天国役也。

自庚子城陷后,"无敌""神功"皆弃之于城堞上。及事平,铜铁之巨大笨物,皆弗翼而飞。局之所存,弗及往时百分之十,城楼上仅存其半,且皆为铁制者。所缺之数,盖为碧眼儿之俘掳品矣。庚子后,所余之废炮,于宣统间,曾一度运之于兵工厂,皆铜制之精者。袁氏僭位时,又曾一度清理废炮。某兵工厂、某造币厂亦委员来临,然结果因所余者多铁质品甚劣。未及查毕,袁氏即卒,清理废炮之事亦弃。黄陂二次入新华宫时,某方面又欲处置此数百年之烂铁。因军部索价过昂,致未果行。近数日又有注意此破铁者,其结果如何则弗知也。(本节未完)【民国十九年三月四日】

炮之名称及数,既如前述,而清廷对此物之分配,法则颇奇。二十年前若有言此者,颇为政府之所忌,而今日言之,犹能耐吾人之寻味。世人皆知有清一代,数百年中汉受满之制,而此重要军械之炮,则满军常受制于汉军。因炮之施放,需用最精之测量,娴此者多为一班之汉炮手,其技则子孙相传,外人弗能窥其奥。弗得已,若干之炮位,皆拱手让之于汉军。故清之炮名"八汉炮"者,以此也。每战事起,而满军之命脉则岌岌焉。世宗时,因惧汉军之倒戈,乃令满军亦习炮事,其兵曰"炮甲",其营曰"内火",每旗制子母炮五,八旗共四十。每战事起,清廷则用些此四十尊之子母炮以督战。及"龙炮"兴,则子母炮忽失其效力,而满兵又依然受制于汉军矣。

今之洋炮,其口径皆有一定之尺寸,而清之炮亦非漫无限制者。体之长短,量之轻重,以及需药之多寡,亦有一定焉。吾于篇首,言某君详告吾者,即此说也。兹按其种类,分述之如下,然其说吾皆得之于耳闻,与《炮册子》《会典》《会典图》《八旗兵器志》……等书,所载者是否相符,吾无暇校而对之,然睹此,即可知午门前陈列者,铜者为何名,铁者为何物也。

属于清帝御制者,其炮有三。

一曰"金龙炮",正称为"御制金龙炮",俗呼之为"转盘龙"。其制有铁有铜,铁者曰"金龙铁",铜者曰"金龙铜",状如筒,近口处稍狭细,而底端则颇丰大,与俗用之"拔火罐"颇肖同。炮之身凸起作箍状者计四道,近口处有二道,近底处亦二道,俗谓此为"炮棱"。炮底之外部作笠状,层层相叠,其端为一铜状球,俗谓此笠状之底曰"将军帽",以其形肖也。此种炮弗论其为铁为铜,而皆髹之以漆,或朱色或本色。状如此而其饰亦美观,近炮[口?]处真金镀双龙,其中央为一金质火焰状之球。自此以下,每至一凸起之箍状处,其中间皆以金□成回纹锦,及蕉叶、夔龙等状之花纹。近底处,则随其凸凹,以金镀成极细之花纹,如"宝相花""万福万寿"等类。自远望之,朱漆闪艳,金碧煌煌,"金龙"之名,即以此得也。苟非知其底细者,一见此物,莫弗疑其为金质品。(本节未完)【民国十九年三月五日】

庚子时,某国自朝阳入,首先搜罗此"金龙炮"。盖于甲午役，桂某统某军出山海关，多此炮，致彼辈尝闻其名也。然一旦将所获去其漆而窥之，其内胎非铁即为铜，莫弗失所望，乃肆戮守炮之军户以为快。殊弗知其内虽非金，而其铜亦大佳。《炮册》谓（工部者）金龙原质，每一炮铜七而金三，所谓"三七成料"（炮匠之侃语）者也，故其铜作金黄色，风雨侵蚀，无锈状也。炮之下部，左右有二轴状物，长数寸，其名曰"炮耳"，用以承之于车者。耳之上部，炮身之左右，镌有极深极细之文字，左者为满文，右者为汉文，文曰"大清康熙二十年御制"，旧清仁帝所制之物也。炮之状虽如此，而大小乃弗一，大者重四百二十五斤（《会典》作三百七十斤），长六尺。中者重三百斤，长五尺九寸（《会典》无此）。小者重二百八十斤，长五尺二寸，或五尺八寸。平时载之以车。

其车曰"炮车"，与午门前陈列者颇异其状，形与今之载重大车同，而木之厚则过之。车长一丈又六尺，广二尺又四寸。辕之前以铜镀金，饰作龙首状。辕之后则作凤尾状，俗所谓"龙头凤尾金龙车"者，即此物也。车之辕髹以朱，而以金色绘云龙状。车之轮亦朱色，左右各一，径高三尺六寸，其辐十有八，每辐之端皆以金绘蕉叶纹。车之箱为一台状物，而中空内藏机。箱之外，髹以朱，绘蟠夔纹。箱上之中央，置一铁盘，颇粗厚，亦以金镀花纹。盘之上一粗形柱，柱上为一铁制之巨碗，而作半圆形，其旁有缺口二，用以承炮耳，盖以炮置此半圆形之铁碗上也。碗之下有一轮，左转之，则铁碗下之柱旋转而高，炮身亦随之高，右转之，则铁柱层层进箱内，炮身亦随之低，俗呼此为"升降机"，盖箱内有螺旋，故能上下自如也。又以一人力搬炮底将军帽之球,向左推,则炮口向右射,向右推,则向左射。"转盘龙"之名,即以此得也。

炮之弹亦铁制,大小弗一,可析之为三。子字弹,重十三两。丑字弹,重十四两。寅字弹,重一斤。其火药曰"红药",每一出,需药半斤许,而通常则以十二两零五钱为定率,可射十二里半,为往时一班炮手之绝技。金龙炮之数目则八汉,每一旗,仅一尊(此以末季为限)满兵,无此物也。(本节未完)

【民国十九年三月六日】

二曰"制胜炮",其正称为"御制制胜将军炮",俗呼之为"铜瓜",亦为仁帝之制品。其状前狭小,而后丰大,以铜为之,无铁者。通身无花纹,有二耳。其底作香瓜形,"铜瓜"之名,以此得也。炮身隆起之箍状物,计四道,前二道近炮口,中□一道,近底端又一道。炮口前之上部有一星,高五分,其名曰"照星",用以瞄准者。炮长可五尺,弗算底,则五尺有六寸,重六百一十斤(《会典》作五百斤)。炮之中部镌汉文楷字数行,文曰"大清康熙三十四年五月(《会典》无此二字)景山内御制制胜将军,用药一斤八两,生铁子重(《会典》无重字)三斤。照星高五分,远近酌量加药,移与斗上火门(《会典》无火门二字)眼用之。总管监造御前一等侍卫海青,监造官员外郎巴福寿,笔帖式硕思泰、噶尔图,匠役李文德、袁四"等字。炮身之下部,尚镌一满字,译文曰"二十里,加药,三十七里半"。其意弗明了,而《会典》中亦弗载此也。

载炮之车为二轮,径圆三尺七寸,辐十八,作朱色。车之制颇奇异,状与今之大车同,而车箱与辕相连,作板状,板厚而极高,宛如匣。长一丈(《会典》作八尺),广二尺(《会典》作一尺二寸)。车之箱极深,炮即置箱内,而两耳适与箱之两垣齐。车之两辕间有横木二,炮置箱中,其底即卧此横木上,而炮口乃上仰。车之色髹以朱,无花纹。辕之前,有二巨铁环,系挽绳处也。

三曰"威远炮",为铜制品,正称为"御制威远将军炮",俗呼之为"大蒜罐子",又曰"威远雷",又曰"两头忙",又曰"蝈蝈葫芦",以其形肖也。此物巨甚而极短,如寺院之钟,前口张而敞,后底敛而狭,弗知者必目之为无钮之大铜钟也。是物重□七百五十斤,而体长仅二尺许(《会典》作二尺五寸),其形可知也。近口处之花纹,多作梵字状,或谓此乃经文也。其中部则为双鱼荇藻纹。凸起之箍计五道,前二道近炮口,中部一道,近底为二道。近底二道箍之间,左右有二耳,作轴状。

载以四轮车,无车辕,其状如木制敞篷式汽车之模型。车中横二木,炮置其上,则口上仰。车之前后,缀大铁环四,用以为挽手。车身髹以朱,无花纹,长四尺。轮高一尺七寸,无辐,作板状,而厚极。是炮在旧制中为最烈之火器,因其弹能迸裂而开花也。(本节未完)【民国十九年三月七日】

故都谚有之曰:"威远铜,用纸糊。一声响,半天红。"其烈可知。所谓用纸糊者,乃述其施放之法也。其施放法颇奇,可谓为古今中外之所无,往时于卢沟桥尝见之,兹述之如下。

威远之大者,用红药六斤,可轰三十五斤重之大铁弹。小者二斤八两药(《会典》作八两),可轰二十五斤弹(《会典》作三十)。先以手刷扫炮内,曰"扫膛"。再以药入口内,以首粗尾细之木棒（其名为杵），捶而轧之，其名曰"砸膛"。药砸坚固后，再以若干之木片及木屑杂以土，实炮内火药之上部，可寸许，弗可厚，厚则炮炸矣。至是始将数十斤铁球状之炮弹放之入，其空隙处复塞之以药，使之满。再以二寸许之木棒，刻以螺旋纹，以制成之药线，循螺纹而缠绕之，使药线之两端各出尺许。复以极厚之高丽纸，裹极严，外套以与木棒同长之竹筒一，而埋此竹筒于炮口内弹旁之药中，使药线之一端，直达炮药内。其一端则自炮口内伸而出，以待燃。此时炮口内尚有三寸许之余空，后以火药实之使满。其外敷以微湿之黄土，厚二分许。复以铁制之碟状盖，其名曰"雷稍"，掩炮口上。其四周之空隙，则溶黄蜡以敷之，使盖与炮口相黏，而弗少通空气入，其名曰"封眼"。是时炮口内埋藏之药线，其一端通于外者仅二三寸耳，其名曰"口线"。炮底之上部，有长方形之孔一，其名曰"火门"，火门中亦埋一药线，而掩盖一铜制之瓦，其名曰"盖火"。火门内之线，伸出盖火外者亦二三寸，是名曰"门线"。燃时先以火绳燃炮前之口线，再速燃炮后之门线。其手术须迅速，否则炸矣。"两头忙"之名，以此得也。燃门线后，炮之车勿徐徐动，轮轧轧响，其坐力可使轮入土中寸许片时，始隆然一声，炮弹顶铁碟出，至目的地，迸裂而四散。其声重，如雷鸣，炸力亦最烈。制此者，初创于南怀仁，名曰"飞雷"，清仁帝修而改之，始名威远。其物虽烈，然施放之手续颇繁，每一小时，仅能射三出。较之洋品，实有天渊之别，宜乎庚子之役，非碧眼儿之敌也。（本节未完）【民国十九年三月八日】

　　属于关外工部制者有六。

一曰"大神威"，正称曰"神威大将军铜炮"。大者长八尺五(《会典》作八尺)，重三千八百斤。小者长七尺(《会典》作七尺三寸)，重二千五百斤(《会典》作二千斤)。炮底端作盆状，宛如无顶将军帽。炮之筒，近口处形颇细，而下部则粗甚。无花纹之饰，无朱色之漆。凸起之箍状棱，计五道，前二道近口处，后三道近下端。炮面之中央镌汉文之楷字，文曰"神威大将军"。右方之下部镌曰"大清崇德八年十二月日造，重三千八百斤"等字。其物虽巨而重，然炮膛内则颇狭，炮之大者需药仅五斤，而炮弹则有十余斤之重(《会典》作八斤)，其射力亦颇远。俗传"大神威远打四十里"者，非虚语也。以少数之火药，轰十余斤之重物，而能致远如此，其理殊难明。往时，一至旧历九月初一至初五日(卢沟桥演炮时)，每当未正二刻，有巨声自西南来，故都之人皆能闻其响者，即此物也。

大神威之车，形制亦奇。车长一丈五尺，广二尺五寸。驾以二轮，径三尺六寸，俱髹以漆。车箱颇深邃，箱之垣，与辕相连属作板状，厚极而高。炮之两耳，即架车箱上。两辕间之下部有横木二，其名曰"将军梁"。炮之底端，即置于此。而炮口乃上仰，与车箱成一直角度。自"将军梁"下端，伸出长木二，较长尺许，其形与今之四轮车辕同。二木之端，又横缀以极厚之木板一，板上缀大环九，系以绳，为挽手。盖此物非九人以上数，弗能移动其一步也。

二曰"得胜炮"，乃铜铸品，俗呼之为"歪嘴子"，因其口如牛角也，故又呼之为"歪打正着"。其射力非直出，乃向左右成一曲线形。前阅某报文艺栏，有某君著之《故都柳语》亦曾述此物,称之为"歪嘴大将军",谓"炮筒非直形,乃作钩状,如弯腰虾米形"。此说吾则未之见也。炮之重,通常呼之为三百六十五斤,而实际乃四百斤之整数也。体长六尺三寸。或七尺二寸,凸状箍仅三道。清末季,文宗所制之得胜炮,则重五百二十斤,长八尺,计九尊。圆明园之役,皆弃之于通州,盖已为英法之俘掳矣。炮之状成直筒,前狭而后丰,髹以漆,无花纹。其中央有双耳,而颇短。需药数甚鲜少,仅两数。弹之重,则犹弗足斤也。文宗为胜保者,则需药多,可斤许。而弹作橄榄状,非球形,重十二斤有半。庚子时,西城在西安门内攻某处,以木杆为架,十二尊相排,昼夜轰击者,即此物。其车与金龙炮车同,长一丈二尺又六寸,广二尺有半。载以二轮,轮之径三尺七寸。车之箱亦中空藏螺机,如金龙之上下左右射者,仅无花纹之饰耳。(本节未完)【民国十九年三月十日】

　　三曰"严威炮",为铁制品,俗呼之为"小得胜",洪承畴在关外之制品也。炮筒前狭而后粗,底端亦如将军帽,重三百斤(《会典》作三百一十斤),长五尺。无朱漆,无花纹。凸起之箍状棱计五道,近炮口处二道,中部三道,后端一道。双耳,细而长。其车载双轮,车箱深,与辕相连作板状,缀四铁环为换手,而髹以朱,无花纹。其余与制胜炮车同。

　　四曰"龙炮",亦铁制,前狭而后粗,作筒状。底端螺棱层层,亦如将军帽,而镀以金色之蟠螭纹。重百斤,长四尺有半,通身漆以朱。近口处以金镀成蟾蜍文。自中部以下,金色之云龙纹,围绕炮身无隙地,其绘法极精细。凸起之箍计六道,近口处一道,后部五道。其照星在炮口上,为一球状之金属物,用以瞄准者也。其车状颇奇,有车名而无车形,炮置车上,宛如一架大望远镜。其车为一长方形之木板,板之下置四长木之足,如木凳之四足状而高,如今置照像机之木架。每一足之下,缀一小铁轮,径数寸。木板上之中央置铁机,机上一半圆形之铁碗,以碗承炮,可上下左右射。以手推之,四足下之小轮亦左右行,此盖为清季中轻便之火器也。

五曰"牛腿炮",其物为铁制,形颇短而轻,长一尺许,重一二斤①。无车载,弗髹漆,无花纹。一斤重者,箍三道。二斤重者,箍四道。前日吾于《图画时报》见一手铳之摄影,谓"如现代之手枪",与吾所述之牛腿炮颇相同,弗知其物是一是二也。往时故都各门洞内,及各炮局之门首,以及北海小白塔之山后,抛弃此物颇夥,其为用盖关外之信炮也。

六曰"铁信炮",亦为信炮之一,出自内蒙古,盖元之遗制也。其状更小而细,长五寸许,重仅数两,与今市售之大号"麻雷子"同。放时以火药塞筒内,而砸之使坚固。其上覆一层数分厚之黄土,竖立地上。其下端有一孔,置一药线,长寸许。燃之则黑烟上飞,隆然响,故又名之曰"铁麻雷子"。今平西各县(涿县、涞水一带)各村中,有喜吊事者多燃此,以为一种之礼节,盖非仅用之于军中也。(本节未完)【民国十九年三月十一日】

属于入关后工部制者有九。

一曰"无敌炮",正称曰"神威无敌大将军炮",俗呼之为

---

① 一二斤 原文如此。按,牛腿炮亦当有数十斤。

"神铜"。其力之猛在威远炮上，而体则笨甚，远望之，赫赫然诚为巨物。其功用除拆城毁屋外，无他用也。无敌之大者，重三千斤，长一丈（《会典》作八尺）。小者重二千五百斤（《会典》作二千斤），长七尺。起箍五道，近口处有二道，近底端有三道。无花纹，无漆饰，其色黄而赤。受雨淋，起锈作紫色，弗知为何铜也。炮面上镌"受药三斤至四斤，弹重六斤至七斤"。而施放时，一般之炮手则另有其数量，其法密而弗宣。高宗时尝以高压之手段，逼迫汉军之炮手，述其用药之斤数及测量法，结果徒戮多人，而弗得其实。高宗弗得已，乃以厚资买其心，以防其贰志。（故事，炮手之饷分三级，曰一两炮手，曰二两炮手，曰三两炮手，而燃无敌者月饷为四两。）睹乎此，往时畛域之见可谓极重，而其团结力亦可谓固矣。炮之正面镌有汉文之楷字，为"大清康熙十五年三月日造"等字，字细而小，颇秀丽，亦有为篆体者，盖非一年之所造。

无敌之车有二种。大无敌车长一丈五尺，广二尺四寸。四轮，轮之径，四尺又二寸，前后相等。车之形颇简单，无车箱，无底板，仅以二根丈余长尺余方之大车辕（其状如柁）架四轮上。辕之间置横梁三，用之以承炮。炮在车上颇平正，非如前仰后低之状者。车之色髹以朱，辕之旁缀大铁环，用之以为挽手。小无敌车俱三轮，车长一丈二尺又二寸，广二尺有八寸。前二轮在车箱旁，轮径四尺二寸，后一轮在两辕间，轮径二尺又九寸，盖是车前高而后低也。车之状亦无车箱，亦无底，以二极厚之板状辕置轮轴上，以横梁三置两辕间，炮即以此三木梁承之。其双耳则置于板状辕之凹槽上，因车前高而后低,故炮口亦上仰。睹上述,则大小无敌之形状,可谓为巨物也。往时碧眼儿尝以"镇物"之绰号赠之,盖讥其大而笨,可为恐吓胆小者之用也。(本节未完)【民国十九年三月十二日】

往时故都一般之商民,因闻无敌弹能射四十里,轰城拆屋为儿嬉,乃群目之以为神,呼之为"神铜"①。一群昏瞆之掌兵符者又附会之曰:既知为神物,则当敬而供之。故每当军事兴,他炮皆曰"调",而无敌则曰"请"。出炮局时,司其事者必焚香而祭之。经过各街巷,其脑筋腐旧者,必勒令住户及铺肆,焚马香,跪而迎,跪而送,口中默祷,如各寺院之礼佛。读者如弗信,可询之于久住居西城锦什坊街一带,四旬以上年岁之老住户,即可知其概也。当庚子城未陷时,某司令官守西直门,由兴盛胡同之炮局(镶红者)借请无敌一,人挽马驾,由沟沿而出锦什坊街,庞然巨物行街中,高与檐齐,呼喊之声震天地。每至一处,一般铺户则皆焚香,叩首如捣蒜。此为西城一隅之情形,东北城吾弗知也。结果无敌炮至城上,未三日,某相国即命请无敌下城,置牛圈(在西安门内)之炮台上,用之以攻某教堂。而此驰名数百年之大无敌,在牛圈轰击数昼夜,竟无若何之功效,"神铜"之所以为神之内幕乃揭穿。及当事者悟其为巨大之废物时而城已陷,扬眉吐气之炮司令(营总也)乃委无敌大将军于牛圈,不顾而遁。然无敌亦自此鼓轮渡重洋至欧美,作彼邦博物馆中之寓公矣,哀哉。(本节未完)【民国十九年三月十四日】

————————

① 神铜 原作"神神铜",衍"神"字。

　　二曰"小神威"，正称为"神威将军炮"，亦铜制品，俗呼之为"洋炮"，清客卿欧人南怀仁所创制也。清史馆《南怀仁传》所谓"改测量法，制火器"，即指此物也。故老相传，故都景山内有制造局，隶属于工部制造库，即为南怀仁制炮之故址，今其地已无考。又相传前所述清仁帝御制"金龙""制胜""威远"等炮，以及能左右射者，其制法皆出自南怀仁，非清帝之自创也。又有曰：当时之炮手皆明之故卒，而多汤若望、龙华民（皆欧人）之门弟子，故测量施放之术，皆能得其奥。满兵因时间之关系，言语之迥异，仅知其制造法，而弗谙其施放术。及南怀仁辈死，火炮之术更为一班炮手专利之技能。此等情形，盖为时势之所造，非炮手故意为之也。是故也，吾往时尝闻之于先大父。然是否如此，虽弗敢必，若以理忖之，亦未必无因也。

　　"小神威"之形状，前狭后粗，筒细而长，底之将军帽颇高大，重四百斤，长七尺（《会典》作六尺七寸）。凸状箍计五道，前部一道，中部二，后部二。旁为炮耳，火门作长方形，无花纹，无漆饰。铜色黄而微绿，窥其状确似西洋品，弗似清初物也。炮之名称，用药之多寡，以及制者之姓名，皆以汉文之楷字，镌之于炮身上部之正中，颇详细，仅未述及测量远近之法也。其文曰："大清康熙二十年铸造，神威将军，用药八九两，铅子十八两"。两字之下，有双圆圈，作◎状。又另一行字曰"制法官南怀仁，监造官法保、钱齐布、陶三泰，宁古塔吴拉代。匠役李文德、颜四"等字。（按《炮册》载，南怀仁以下至陶三泰，四人皆欧人，吴拉代为满人，二匠役为汉人，故明之炮匠也。）"小神威"之车俱二轮，轮之箱三尺六寸。车之状辕与车箱相连属，为一木之所制，作板状。车箱深，上有盖。其中藏铁机，机上置铁盘，竖铁柱，柱上一铁碗，用以承炮耳。其状与金龙炮车同，盖亦能上下升降，左右射者。然无花纹，是又与金龙车异。辕前缀二铁环，用以为挽手。（本节未完）【民国十九年三月十五日】

三曰"永固炮"，正称曰"武成永固大将军炮"，为铜铸品，俗呼之为"竹节雷"。小者长九尺六寸，重三千六百斤，俗称曰"地雷竹"。大者长一丈一尺一寸，重七千斤，俗称曰"天雷竹"。是炮为清代自制火器中之最重而最大者。庚子时攻某教堂弗能克，载漪辈乃请调永固，作轰扫计。永固炮甫至西安门，而城已陷。碧眼儿至此巨物前亦惊讶。盖永固至西安门，门低而炮高，其口部直冲瓦檐上。外兵竭数日力，仅运走其两。其余之六尊，至光绪末叶，尚废弃于各炮局，鼎革后则弗知其去向矣。又有一说，清代故都之永固炮，计十六尊，胜保失之于独流镇者二，左宗棠失之于伊犁者一，又英法役失于大沽者三，失之于通州者二，庚子时又失其二，庚子后某方销毁者五，其一则弗知落何所。（上所述见清兵部辛丑点验火器表，即制造库之蓝册也。）

永固炮之结果，既如上述。而其状则甚雄，兹述一事，读者即可知其大概。西城兴盛胡同北，有巷曰炮厂，中有炮局二，有镶红及镶蓝者。今其地一改为教养局及粥厂，一改为雷姓之住宅。在雷姓未建住宅时，其西北角破屋内（即炮房也，较常屋高而大）储永固炮一，半在屋内，半出屋外。行人自炮厂东口来(即沟沿也)苟抬首,即见丈余长之大铜柱,仰蠹于局内。其色作深碧,口之径弗知其尺寸。每当夕阳一下,即有若干之玩童,捡石块向炮口内掷。日久炮膛内石已满,其上部压力重。而炮房日久失修,经雨水侵,炮之车日蚀朽,某日因压力之重,车折而炮塌下,平放于地上。方近之儿童,乃群向炮口内取石块以为嬉。时花团宫有简姓者,其子颇顽皮,钻身进炮内弗能出,群儿亦惊散。事为街兵(即甲喇步兵也)知,揪而出,损一指。时负地面责者为吾戚金丈子玖,恐再肇祸,乃以碎石糁石灰塞炮口内,然未久又为一般之顽童将石块掘而出矣。此事为吾之所亲见。前阅某君之笔载,谓"清永固炮其内可藏成年之人,一般宵小多以其处为隐身地",是说也则又过甚矣。

"永固炮"亦为南怀仁之制品,铸自清康熙二十八年。炮身前狭而后粗,凸起之箍计十道,近口处有四道,中部二道,距尺余又二道,近底端为四道。炮身之左镌满文,右镌汉文。其文字为制造之年月、名称,用药之斤数(十斤),炮弹之重量(二十斤),照星之高低(四分九厘),及制法官、监造官、匠役之姓名。其款式与"小神威炮"同,仅监造官无钱、陶二人之名,而多一硕思泰耳。炮之底非将军帽状,乃作竹节形,"竹节雷"之名,即以此得也。又凸起之箍旁,多镌成小圆圈状,其名曰"罡星"。星之数,每一箍计二百有六十,其用意则弗知何所本也。其车颇长大,而载以四轮,轮甚高,其径可五尺,寻常人立轮旁,轮之高在肩上。车之长计一丈有六尺(《会典》作一丈五尺),广三尺有半(《会典》作三尺),其状与"小神威"车同。盖

是物虽巨,亦能左右射也。(本节未完)【民国十九年三月十七日】

四曰"神功炮",正称曰"神功将军炮",为铜制品,无俗名,亦南怀仁所制造也。其物与永固同铸于清康熙二十八年,长七尺,重千斤。凸起之箍计五道,近口处二道,中部二道,后端一道。无花纹,无漆饰。其状前细狭而后粗。其底作将军帽状。炮口之上部有一球状物,高四分,其名曰照星,亦用以描准者。炮之中镌汉文之楷字,述制造之年月及名称,用药之多寡(二斤,《会典》作一斤十二两),炮弹之轻重(三斤有半),与制法官等之姓名。其款式与永固炮同。炮之车俱三轮,前二轮,径四尺二寸,后一轮,无辐作板状,在两辕间,径二尺有三寸。车之形以二板状之巨木置轮轴上,车箱中无底板,以二短木及铁案横其间,用以承炮。车长一丈二尺,广二尺五寸(《会典》作一尺五寸),因车轮前高而后低,炮口乃上仰。

五曰"红衣铜",卢沟桥红衣发贡之庙所祀之红衣神,即此物也。是炮创自岳钟琪,而清世宗自为之监。康熙时红衣炮皆铁制,多为明室之故物,世宗嫌质劣,乃易之以铜。炮之形前微狭而后粗,底圆非帽状而有顶。髹以朱红漆,颇鲜艳,红衣之名,以此得也。炮之大者重五千斤,长一丈又五寸,小者重一千斤,长六尺又六寸。凸起之箍计八道,前部一,中部四,后端三。炮口之上端有一星,炮底之上端又一星。其制法皆仿自红衣铁炮者,仅无云龙之饰也。其车载四轮,前二轮径三尺九寸,后二轮二尺八寸。大小炮皆一车,车之长一丈一尺,广二尺又三寸,以二极厚之板状辕置轮轴上,箱无底,以三木横其间，用之以承炮。辕之端向下曲，置大铁环四为挽手，因两辕间之横木作斜度状，致炮口向上仰，其形状与红衣铁炮大同而小异也。会典中弗载此，相传世宗制此，以防年氏者，故炮弹之轻重，用药之多寡，无人知也。（本节未完）【民国十九年三月十八日】

　　六曰"铁心铜炮"。俗呼之为"金裹银"，又曰"套筒子"，盖是炮以铜为外□，而内为铁也。炮之筒前端□狭细而后粗。其口部颇奇异，作桃形，而其洞稍歪如螺旋，桃之下部，又如葫芦状。因口部制造之奇，旋放时弹射出，其作声先"嘟噜噜！"而后始"咚"然响，故其声每一出，皆作"嘟噜噜！咚"。一般炮手因其口部歪而直射，且响声异，故咸以"嘟噜噜歪子"呼之，其名称较前述之"歪嘴将军"又新奇矣。唯制此者始于何时，则无考，岂亦为南怀仁之作品乎？是炮无花纹，无漆饰，其铜作青碧色。长七尺（《会典》作五尺六寸），重一百一十斤。凸起之箍计六道，每一尺之距离为一箍。其□耳细而长，作轴状，其长可尺许。是物为清代火器中最奇者。其车有二式，大铁心车长一丈二尺又一寸，广三尺又五寸。

　　又有小铁心铜炮者，长三尺五寸，重四十斤，乃冲锋之小炮也。俗呼之为"小嘟噜"。其□名小铁心车，长二尺，宽二尺。《会典》中无此。轮之径，大铁心车四尺有一寸，小铁心车轮之径仅四寸耳。大铁心车载四轮，无车箱，以二直形辕置轮轴上，其间加横木二，用之以承炮。清代炮其口多上仰，而此则平放之，盖其弹之出作水平线也。承炮之横木下，伸出直木二，长出两辕外。木之端横缀木板一，板上置大铁环六，用之为挽手。小铁车则状如匣，与神机炮车同，如玩物。

七曰"神机炮"，亦曰"小牛腿"，因其短也，又曰"藕节"，以其形肖也。未鼎革前，五龙亭海墙一带，弃置此物颇夥。然今各城门上及瓮圈内，尚有此物之踪迹也。炮之形作藕状，长二尺六寸，或一尺八寸，箍四道。其重或十余斤，或四十斤。其口如喇叭状，无照星，无花纹，铁制品也。其车颇简单，为尺许长方形之木匣而缺其前，其下缀以二寸许高之小木板轮四，髹以朱，其前缀一铁环。弗知其物者，必疑其为儿童之顽物。初兴时用之为攻具，末季则以之为信炮矣。

八曰"神枢炮"，亦铁制品，似"神机"而筒直，非藕形。长一尺六寸，或二尺四寸七分。其口端亦为喇叭状。无花纹，起箍四道。其车及功用与神机同。（本节未完）【民国十九年三月十九日】

九曰"九节炮"，正称曰"九节十成铜炮"，俗呼之为"九节雷"，又曰"螺蛳炮"，亦南怀仁所创物也。其法始制自汤若望，献其法于明廷，明鼎革，汤氏又献之于清世祖。清室以炮裂尚弗可用，况断之以九节乎，疑汤氏有贰。后南怀仁继汤氏掌钦天监，仁帝颇信之，南氏乃以汤氏之成法铸成之，或谓九节炮，得之于台湾，非纪实也。

九节者，一炮分九节。每节各有螺旋，弗用时拆而下，分负于马背，可以涉水登山，及行远，用时合而成一长大之巨炮。是物在旧时盖为最轻便之巨物也。九节炮有三种。大者重千斤，长一丈，每一节皆有一定之重量，吾则弗能述之也。次者重七百九十斤，长七尺。小者重七百斤，长五尺。其形为直筒，非如前述之前狭后粗者。炮之底作大将军帽状，而环镌螭纹三。每一节之上及左右，各饰镌兽面一，作狮首状。炮之上镌有重若干，受药若干之汉文。小者用药一斤四两，弹重二斤八两。中者药一斤八两，弹重二斤八两。大者药五斤，弹七斤半。弹内空，为一极薄之铁殼，重一斤，内藏无数之小弹，共重六斤半。小弹之隙间，皆为药，射而出，小弹皆分迸而四击，宛如今之溜弹。故"大九节雷"又曰"开花雷"。今吾人视西产之开花弹惊为奇，殊弗知三百年前吾国已有之矣。庚子时，某管带（忘其名）领大九节雷二，战于八里桥，小有利，即此物也。后弹尽，弃敌遁。甫至城内，即为□香圃统领所戮，谓其为奸细，惜哉。

　　九节炮之车，制最简，而亦最奇。为长六尺一寸，广一尺一寸之木板，载于径一尺三寸之四木板轮轴上（无辐轮也）。大木板之中央，复立一高二尺之小木板，作界墙状，小木板之中，削成一月牙形之缺口，炮即置此缺口上。炮之底端下低，而口上仰。木板之前后缀大铁环四，用以为挽手。《清会典》所绘之两端宽，中央狭，作葫芦状之九节车，吾则未之见，且亦未之闻也。（本节未完）【民国十九年三月十二日】

　　属于明之遗物者有五。

　　一曰"冲天炮"，为铁制，口敞底狭，如大钟，与前述之威远炮同。因为铁制，故又名"铁威远"，又曰"铁罐子"。重三百八十斤，而长仅一尺九寸又五分。凸之箍计五道，前三道，后二道。其底端之中，有一球状顶。在后二道凸起之箍间，有双耳，近耳处镌花纹，作兽面状。施放法颇繁琐，与前述之威远同一手续,而轰炸力则稍微。近炮口之上部,中央有一星,有作球状者,有为立柱状者。清军用此,以补威远之弗足。

冲天车有二类,一曰"铁冲天车",一曰"铁冲天行车"。冲天车载四轮,轮径一尺又一寸,车之状如今敞篷之汽车(无车辕),长四尺二寸,广二尺又二寸,髹以朱。车箱中横木,上覆厚板,炮即置其上,双耳入于车箱之木槽内,而口上仰,与"威远"同一状态也。车之前后,缀大铁环六,用以为挽手。其行车则弗若是之小,车长一丈二尺又二寸,广三尺。载之以二轮。而轮颇高,其径可四尺。车之前有二辕,辕之端缀铁环,用以为挽手。非如上述之作敞篷汽车状,是炮小而车大者也。

二曰"木镶铜炮",乃内铸铜而外包之以木者也。其木色微红而紫,弗知为何木,木之外套铜制箍四,近口处有二箍,中部一,后部一,因其制法异,故又呼之为"软包硬"。炮之状前狭而后粗,底端状如将军帽,无花纹。瞄准之照星在炮口一,在炮底一,遥遥成一正直线。其重量计一千二百斤,长八尺(《会典》作七尺四寸),亦奇制也。其车载四轮,有辕而无箱,作板状,厚可尺许而低。两辕间横二木,炮身即平卧此二木上。炮底之中央又竖一木柱以钮之。自二横木下又出二直木,长出两辕外,木之端缀横板一,板上有大铁环七。其形状宛如"永固"车。车之长将及丈,而广可三尺,轮之径颇高大,可五尺,无辐,作板状。创制年代及弹之重量,与用药之多寡,弗知也。

三曰"发贡炮",一曰"法攻",铁制品也。往时与"红衣铜炮"或"红衣铁炮",皆为炮神之一。卢沟桥"红衣发贡之庙"所谓发贡者即此物,《顺天府志》述之颇详。炮之状前端狭,后端粗。口端向外敞如喇叭,底端亦如将军帽而颇尖。重六百斤,而长四尺余,弗足五尺,因其短,故炮之径颇粗大。凸状箍计八道,每距数寸有一道,其距离颇均匀。炮底之上部,有一环形星,孔极小,与弩弓之圭孔相仿佛。其车长九尺又五寸,广二尺(《会典》作一尺四寸五分),载二轮,轮之径计四尺。车之状有辕而无箱,二辕作板状,颇平直。以厚板作炮苫,炮身平放苫上,辕之间缀四铁环,用以为挽手。(本节未完)【民国十九年三月二十日】

　　四曰"红衣铁炮"。是炮有二种,大者重五千斤,长一丈又五寸,名曰"大红衣"。小者重一千五百斤,长六尺又六寸,名曰"小红衣"。为明季炮中之最烈者,然弗敌清之"大神威"。炮之形前端微细,后稍粗,底圆而微平,如将军帽而无顶。凸起箍状棱有八道,前端一道,中部四道,后端为三道。炮口上正中央有一星,炮底端正中央亦一星,前者名曰"星",后者名曰"斗"。周身饰云螭,颇工细。

　　车之制,亦有二。大红衣车长一丈又一寸,广二尺又三寸,小红衣车长八尺(《会典》作一丈一尺),广一尺又四寸(《会典》作二尺四寸)。大红衣车载四轮,前二轮径三尺又九寸,后二轮二尺又八寸。小红衣车亦四轮,径四尺又五寸,前后皆相等。车之状大小红衣皆相同,有辕无车箱,以板状辕,置轮轴上。辕之木厚极而高,辕之端则下曲,两辕间有横木二,用之以承炮。而炮耳则在板辕之槽内,炮口乃上仰。其挽手则于辕上缀大铁环四枚。

五曰"行营铁信炮",俗呼之为"行营铁",信炮也。与清之铁信炮同,而体大如"神机"。其形作直筒状,凸状箍计四道。长一尺有八寸,重八十斤。台湾郑氏之"铁信炮"则长一尺有六寸,重四十斤。后人因其小,往往误目之为手铳。如此粗笨之物,恐非双手所能持者也。是物有炮而无车,放时竖立地上而发之,与清之"信炮"同。

属之清军俘虏于各地者,计有三。

一曰"浑铜炮",清康熙二十年平三藩时,得自吴三桂者。其状前狭而后壮,底端作将军帽状,无花纹,无漆饰。凸状箍计九道,前端三道,后端六道,而中部无。炮口之上部有一星,作球状。炮之大者,重二千一百斤,长六尺,小者而细狭,重一千斤,而长亦六尺。其口径亦弗同。大者可射五斤弹。小者射三斤弹,而用药小者需一斤又十两,射力远而力弱。大者需药可三斤,射力近而力猛。车之状大小如"金龙"车,上有机,以铁碗承炮,能左右射。以二大铁环为挽手。髤以漆,而无花纹之饰,弗若金龙车之华丽也。(本节未完)【民国十九年三月二十二日】

二曰"台湾炮",一名"悬炮",俗呼之为"番炮",清康熙二十二年得自台湾郑克塽者,故曰"台湾炮"。其本名大者曰"大双龙",小者曰"小双龙"。炮之状,前狭细而后粗壮,口之形如覆钵。小者重三百斤,长四尺又三寸,名曰"小台湾"。大者重七千斤,长一丈又二尺,名曰"大台湾"。小者需药仅一斤,可射二斤之炮弹。大者需药十余斤,能轰射二十斤重之大弹。物之巨,力之猛,弗在清之"永固"下也。炮之饰颇美观,雕刻极细巧。花之纹作叶状,或蟠螭,或走兽,清炮之饰无其匹。花之间多杂以番字,岂其物为台番所制乎?凸状箍通身计十道,前端三道,中部二,又二道,后部三。当炮之中部以铜铸二行龙,长数尺,附炮上,隐□□铁钮。龙腹下有数空洞,可贯绳而悬之,故名曰"悬炮",曰"双龙"。

炮之车有二制,一曰"大台湾车",长一丈二尺又七寸,广三尺有半。载四轮,前二轮径长四尺又六寸,后二轮径长四尺又四寸。车无箱,有二辕作板状,高而厚,平而直,横以木及炮苫,炮身置苫上,因车轮前高而后低,炮口乃上仰。二曰"小台湾车",小者较大者长而狭,计一丈又五尺,广二尺。亦四轮,径高四尺又一寸,前后皆相等。车之状与大者同,仅炮身平放车上,其口弗上仰。

三曰"回子炮",是物乃清乾隆二十四年得自西北之俘虏品也。其物旧存紫光阁,后移武备院,文宗时又存紫光阁。相传是物架之于鞍上,使驼负之,随行随发如连珠。今其物弗知在何处,《会典》述之详,吾因未曾见其状,弗敢言之也。(本节未完)【民国十九年三月二十四】

除上所述,尚有数火器,亦名曰"炮"。吾则弗知其来源。其状则与今之"机关枪"同,其种计有三。一曰"旧子母炮",往时内火器营炮甲所射之物是也。炮之筒前细而后壮,底端如将军帽,长五尺许,其重弗足百斤。凸状箍有五道,前端一,后端四。双耳作轴状。髹以朱漆,无花纹,无文字。其火门(即燃药处也)作长方形,可尺许,是曰"母炮"。燃放时,塞以药,贯以弹,启火门。复以一尺许,两端狭,中央粗之小炮五(各重五六斤），亦各塞以药，实以小弹丸，而连贯纳于母炮之火门内，是名曰"子炮"。以火绳燃火门，则大小弹相续射出如连珠，咚咚然宛如今之机关枪也。唯发十余出后，弹尽而声止，可再塞药贯弹而燃之，弗如机关枪之灵便。

炮之车名曰车，无车形，乃一长三尺许，宽七寸之木板。其下置四长足作凳状，每一足下各缀以直径四寸之小木轮。板之上有铁机，竖一柱，置铁碗。碗之左右有二槽，将炮置碗上，炮耳入槽内。此即"子母车"也。施放时置地上，可上下左右自由射，而其车亦能左右前后推挽行。是物也较前述者尤轻便，其创制者，吾则弗能述之也。（本节未完）【民国十九年三月二十五日】

二曰"新子母炮"，又曰"连珠枪"，亦清内火器营物也。其状如旧时之鸟枪，炮之底端安木柄，形长而下弯曲，与鸟枪之枪把同。炮之筒前细而后粗，长五尺有八寸，无凸状箍，为一长形筒，其重量可八十斤。下端之火门，亦作长方形，燃放时纳子炮，数尤伙。子炮之状如莲子，细而长，亦尺许。塞药实弹之手术与前述者同。而一燃火门，则连珠之射较旧子母炮犹长久，可数十发，故曰"连珠枪"。

其车亦为凳状之木架，可左右射，仅炮之底与木板多连一铁案也。将此物支架于地上，与今之机关枪颇相同。往时内火器营有此物，仅四十架，施放之手术，弹之重量，药之多寡，非满军弗能知其数也。

三曰"奇炮"，满兵则谓之为"撅把子母炮"，又曰"连珠雷"。炮之形与上述二者同。仅炮之口如喇叭，其木柄可撅而下,其下端连以机,使木柄弗能坠于地,其情形与今之汽枪同。木柄之下端缀一物如香瓜状,施放时亦以多数之子炮纳火门内,其弹之连珠出,较上述者尤速而久也。

车之状亦与前述之二者同,然三足而高。足之下无小轮,而各置一三寸许之刺刀,可插入土地内,其形状与今照像机之木架无异也。

上述三者,吾仅见其二,即"新子母",与"旧子母",所谓"撅把子母炮"者,吾只闻人言而已。清代之炮类,吾所知者,尽于此矣。(本节完)【民国十九年三月二十六日】

八旗炮手①

家传射击技艺,演习时尤为精密

清代八旗,为胜朝特殊军制,又因保持军事秘密,故除军队之编制外,所用之军械,并无专书可考。个中情况,盖因当时环境关系,不得不如此也。作者隶编旗籍已九世,对此少识其略。今乘《武德报》诞生,拉杂记之,以为东亚武运长久,德被蒸民之祝。

今人尝言"满洲铁甲以骑射定[天]下",故人人皆知八旗以弓箭为主。其实八旗之"射"字,乃指鸟枪,炮铳,弓箭,三者合言。故演习弓箭,曰"较射",曰"阅射"。而演习枪炮曰"射弹",曰"射击铅丸"。是皆以射呼之也,不过演习弓箭为公开,其枪炮非本旗而又本营之官兵不能寓目。盖旗与旗,营与营,各有关防。而炮手之测量、射击等技艺,则又类皆子孙家传,

---

① 署名崇焕卿,《武德报》,民国二十七年九月二十五日,第六版《晨曦》。又载武德报社编《中国武事》,北京:武德报社,民国二十八年,第99页。

各立门户。此则乃为秘密中之秘密,虽朝廷峻法不能治之。因此八旗军械,尤其是火器之不能统一。兵力之日形颓败,此为最大原因。今京市尚有若干老炮手、老枪手,在睹吾说,必有所感焉。

八旗之枪,分御枪,旗枪二种。御枪又分鸟枪、线枪二类。御鸟枪有鸟交枪、鸟花枪,及自来火大枪三者。其御线枪则有线奇枪,线交枪,线花枪三者。其旗枪则仅鸟枪一类,而分满洲旗鸟枪,蒙古旗鸟枪,汉军旗鸟枪,绿旗鸟枪四种。满蒙汉三种鸟枪,构造相同,仅装放稍异,统名之曰"旗枪"。其绿旗者,则射力短,形式粗,因名之曰"汉枪"。御枪之鸟枪、线枪二类,可军猎两用。其旗鸟枪之旗枪与汉枪,则为清代主要军械品也。

土炮与番炮[①]

康熙十七年后八旗一变,景山造炮厂由西洋教士监管

清代八旗炮之种类甚繁,而大略可分六部,曰"土炮",曰"番炮",曰"明炮",曰"御炮",曰"景山炮",曰"铁局炮"。土炮俗曰"老炮",又名"关东炮",乃未入关前满洲旧物也。而此旧物中分三种,曰"东炮",又曰"高丽炮",曰"尼堪炮"。尼堪译言曰"汉",乃孔、耿、尚等藩降炮,及太祖太宗掳于朱明边军者。其二曰"固山炮",即关外八旗之土制者。此种土炮之创始虽无所考,而初入山海关之定燕京,戡西陲,平江南,皆赖此物。江南平后,乃又杂用"番炮"及"明炮"。其时期为顺治元

---

① 署名崇焕卿,《武德报》,民国二十七年十月五日,第六版《晨曦》。又载武德报社编《中国武事》,北京:武德报社,民国二十八年,第102页。

年至康熙十六年,乃清代火器变迁最重要之过渡时期。

"番炮"一名"西洋炮",乃明末清初八旗所购置舶来品。其"明炮"即朱明之自铸,及购自西洋者。康熙十七年后,西洋教士汤若望、南怀仁辈,以钦天监官先后兼任"景山造炮厂"(即今寿皇殿前之空地)监督官,而御炮、景山炮、铁局炮乃出现,八旗之火炮为之一大变。

景山炮厂成立后,出品曰"新炮"。旧有之关东土炮及番炮、明炮,曰"旧炮"。旧炮之精者,八旗留一二,其余皆拨给边境守军及各省驻防矣。

御炮与厂炮[①]

炮把式都是教士,御炮泰半为铜制

清代中叶之炮,皆为西洋教士汤若望、南怀仁等之遗法。其创制时期,始自康熙十七年至乾隆五十二年停铸。

炮之种类分"御制""厂制""局制""改制"四种。御制炮之设计,出自康熙帝。其工厂为养心殿造办处之炮枪处。监制为西洋客卿,工匠头目为工部虞衡司派出,匠役则造办处。收藏及射击者为御鸟枪处之炮拜唐阿(弁兵名)。炮之零件及炮车则制自武备院。厂制之炮,设计为汤若望、南怀仁……等。工厂在景山后,监制为工部司官,工头及匠役皆工部者。上述之御炮及厂炮,除御炮中之御用子母炮为铁制外,其余皆铜制品。其局制炮,则设计者为供职工部及武备院之八旗炮匠,俗曰"炮把式",皆为汤若望、南怀仁……等之直系子弟,故此辈

---

① 署名崇焕卿,《武德报》,民国二十七年十月二十九日,第三版《晨曦》。有载《中国武事》,第 87 页。

多为教士。其工厂为工部兼辖之八旗左右翼铁匠局（俗曰铁匠营）。盖局制之炮皆铁炮也。所谓铁炮，乃指八旗汉军之铁炮及信炮言。若满洲八旗火器营之子母炮，则与御用子母炮皆制至造办处，炮弹制自工部，不经两翼铁匠局之手。铁匠局铸炮所有设计、监制、工匠等，皆听于工部虞衡司。其改制之炮，为铁匠局副业，即将土炮、番炮、明炮之精者，由南怀仁等设计改制，而台湾铜炮则不在内。

上述炮之种类虽杂，而大别可分之铜铁二部。如神威无敌大将军炮、无敌炮、九节十成炮、神功大将军炮、制胜将军炮、神威将军炮、德胜炮、浑铜炮、神功将军炮、台湾炮、武成永固大将军炮、冲天炮、金龙炮、威远铜、西洋铜等，皆为铜炮。其行营铁信、神机、神枢、红夷、发熕、冲天铁、子母、威远铁、严威铁等，则皆为铁炮。然铁心铜炮（内铁外铜）及木镶铜炮（内铜外木），则皆属于铜者。

中国自制旧枪械[①]

鸟枪交枪花枪线枪奇枪，交枪花枪皆分十九部位

清代中国自制之旧式枪械，大别分为五类，曰"鸟枪"，曰"交枪"，曰"花枪"，曰"线枪"，曰"奇枪"。除鸟枪为军用，奇枪为回部军用品，线枪为纯粹猎枪外，其交枪、花枪，皆可军猎两用。就中尤以御制交枪、花枪为著名，且装饰极华丽。

御制交枪、花枪简称曰"御枪"，分为三类，曰"康熙御制枪"，曰"乾隆御用枪"，曰"乾隆御制枪"。康熙御制枪有五种，

---

① 署名焕卿，《武德报》，民国二十七年十二月十四日，第六版《晨曦》。又载《中国武事》，第88—89页。

曰"自来火大交枪"，曰"自来火一号交枪"，曰"自来火小交枪"，曰"禽花枪"，曰"小禽花枪"。交与花之分别，即百炼精钢制枪筒，钢质内含点点斑纹，如今铅铁状者，曰"花枪"，无者曰"交枪"。炼白铁而成者则曰"素枪"，乃市售之猎品也。

交枪花枪部位之名词分十九部。枪身曰枪筒。筒端曰枪口。筒尾曰枪底。傍筒曰火门。枪口上之珠状物曰照星。枪筒中部或近火门处之凹状物曰准斗。盖用斗之中缺处窥照星以瞄准也。筒下之木托曰枪床。床尾作牛角或牛蹄式曰枪靶。筒置床上束以铁箍。或韦束三道曰枪箍。枪床距枪口短三寸五分或二寸曰亮稍。筒内空隙曰枪膛，近口曰前膛，中部曰心膛，尾部曰后膛。枪口下部有小孔，直通筒内，而不与膛相通，孔内插桦木或鹿角制之箸形物，长出枪口寸余者，曰搠杖，俗曰枪阡子。阡之部饰铜或牛角。枪床前端之下部安一木制之镊形物，尖部锐而向下湾屈者曰枪权。权中安一枕状横梁，曰枪枕。火门成孔状，孔内曰火膛，孔外曰火道。孔下伸出一舌状物，用承药者，曰药托。上述十九部不论交枪、花枪，皆相同。且皆自枪口灌铁弹或铅丸，或铁砂，及红药，与火门置白药，盖则所谓"前膛灌馅儿枪"也。

燃火之法分三种。曰"杵绳"，即火门上部有铁制镊形物下联机簧，将火绳夹镊上。左手托枪床，右手握枪靶，以二指搬机簧，则绳随镊骤然前倒，火绳正杵于药托之白药上，药燃而枪发。其镊曰绳夹。搬机曰机舌。夹下舌上之机簧曰绷簧。此旧式燃法也。至末叶西洋砸帽儿之法兴，此杵绳之法乃废。

清代八旗新式器械①

清廷禁旅之创用新式火器，开自"神机营"。神机营为末叶挑选旗旅精锐新军，分二十三营，又两队为威霆制胜马队。左翼之中左右前后，右翼中左右前后等十营，及威霆制胜步队。中营之中、中左、中右、中前、中后，及左翼之左、右、左前、左后，右翼之左，右，右前，右后等十三营，与威霆制胜开花炮队，威霆制胜亲兵小队组编而成。每营队官兵额数，自二百五十五，二百六十六，二百七十二，五百，五（皆）〔百〕零二，一千，一千零二，一千零四，一千六百零九不等，而总数则为一万四千一百七十二员名。

此种军队之长官，名称既非旗制，而又非绿营，乃特创一格者。以掌印管理大臣一人为统帅，俗曰"总理"，为亲郡王专缺。其下设管理大臣，无定数。总全营翼长三，其领队军官有专操带操、管带、营总令官等名目，再下则为营兵矣。

此军队之器械，五花八门。初创仅为抬枪、鸟枪及神威将军、九节十成洋铜、制胜将军、神功将军、武成永固大将军、台湾、铁心、得胜、金龙等铜炮，及红衣、得胜、铁信、子母等铁炮，与工部濯灵厂之火箭火砖等。自洪杨役及剿捻，南方练军如湘、淮等军，及沪上洋枪队，采用新式火器后，而英俄德法美奥等国之亨利马梯呢枪、士乃得枪、俾尔达奴枪、尼尔根枪、沙士钵枪、林明登枪、哈乞开思枪、毛瑟枪、来复枪、后膛连珠枪，与克虏伯大小后钢炮、美造之格林、连珠炮……等十余种新式火器，与上述之旧式枪炮杂陈于神机营之各队内。熙溆庄

---

① 署名崇璋，《武德报》，民国二十八年二月二十五日，第六版《晨曦》。又载《中国武事》，第101—102页。

（敬）相国曾呼为枪炮博物馆，即可窥其概况矣。果然庚子一
役即烟消雾散而闭馆矣！

内火与炮营[1]

内火之器械精巧，炮营多技术人材，炮队冲锋为内火特技

八旗炮兵分满汉二大部。满洲炮兵曰"内火器营"（外火
器营另述之），简称曰"内火"。汉军炮兵曰"八汉炮营"，简称
"炮营"。论器械精巧，以内火为第一。因南怀仁发明之转盘
式金龙炮，及重机关枪式之子母开花炮等火器，为汉军所无。
论实力则汉军在内火上，内测算技术人才皆在汉，而汉军炮种
类多，大小皆备。故清代战勋，十九为汉军所有，其内火不过
为八汉之督战队，以防生贰而已。

内火器营不以炮名者，因其组织乃枪炮皆全，而为清帝御
用炮队也。内火之组织，上级长官曰总统（末叶改为管理大
臣），曰翼长，曰委翼长。中级曰鸟枪护军参领（枪队），曰鸟枪
骁骑参领（炮队），曰副鸟枪护军参领（管枪散秩官），曰副鸟枪
骁骑参领（管炮散秩官）。下级曰委署鸟枪护军参领（枪副散
秩官）、曰委署鸟枪骁骑参领（炮副散秩官）。曰鸟枪护军校
（枪步队），曰鸟枪骁骑校（枪骑队），曰炮骁骑校（炮骑队），曰
蓝翎长。此四者即俗称之曲路转达及锋路达，老鸟翎是也。

其正式兵分三部。步枪队曰"鸟枪护军"（俗曰枪拜牙拉
或枪拜拉），骑枪队曰"鸟枪骁骑"（俗曰枪甲），期炮骑队曰"炮
骁骑"（俗曰炮甲或炮拜牙拉或炮拜拉）。步骑两枪队以鸟枪

---

[1] 署名崇焕卿，《武德报》，民国二十八年三月五日，第六版《晨曦》。又载《中国武
事》，第76—77页。

为兵器,其炮队以子母炮为主要兵器。必清帝亲征始于每子母炮二架随金龙炮一位。炮队而以"骑"称者,乃因善以驮炮及推轮子母炮驰骋冲锋而名。若炮队冲锋为内火之特技,今日言之者必骇人听闻。

清代铜铁炮质料与成分①

我国旧式的火器,在今日仅午门历史博物馆尚有一部分,可供我们研究。不过博物馆的旧式火器,大部为蚀锈剥毁的铁炮,若铜炮和抬枪鸟枪等,则不足称为完全。仅就清代炮的质料种类说,平常人都知道分铜铁二部,在形式上皆为筒状,用法皆炮车射放或炮台射,且皆笨重异常,专射一面,不能自由转动,然而,在八旗兵器谱内的秘密转盘炮,他的形式仿佛现代的机关枪,这种火器,现在知道的人很少。

清代炮的质料,分精铁,炼铁,点金铜,炼铜,铁心铜,木镶铜,画铁,镀铜等八种。

精铁就是俗称的"加钢"。按工部虞衡司军需局事例载,精铁质料的成分,为白铁百分之五十,炼钢百分之四十五,白铅百分之二,赤金百分之三。嘉庆三年将白铅改为百分之三,赤金改为四等金百分之二。如红衣炮,威(达)[远]炮……都是这种成分。

次于精铁的就是炼铁。他的成分就是平常黑铁提净渣滓,如神机、神枢等信炮是这种铁铸成的。

铜炮以点金铜最佳,其成分是净红铜百分之八十,三等金

---

① 署名崇璋,《武德报》,民国二十八年七月十五日,第六版《晨曦》。又载《中国武事》,第92—93页。

百分之十五,点铜锡百分之五。因为这里含金质最多,所以在民国初年,造币厂曾搜索北京铜炮提炼金质,其结果竟一无所得。因为他们不知道仅金龙、神威大将军、木镶铜、九节十成等四种炮,是点金铜。而此三种炮,早于庚子役远渡重洋,作外国兵器馆陈列品去了。

次于点金铜的是炼铜,就是俗称的"净红铜"和"净黄铜"。不过红铜内加百分之五的点铜锡,黄铜内加百分之十的白铅。

次于炼铜的是"铁心铜",就是先用精铁铸炮,名曰"内炮",又曰"心炮",俗曰"炮瓢子"。再于铁炮的外面包铸铜衣一层,名曰"外炮",俗曰"炮皮子"。内炮和外炮厚薄相等。一般旗兵则称这种炮叫做"金裹银"。

次于铁心铜的是"木镶铜",乃用点心铜作内炮,而用吉林桦木作外炮。此桦木不去外层粗皮,用桐油大□腻平,饰红漆画金花。八旗炮兵俗称此炮叫做"软包硬"。铁心铜炮与木镶铜炮是清炮中最奇怪的,民国初年满洲医科大学教授黑田源次先生说,西洋古代也有这种炮。就此考证的结果,这木镶铜、铁心铜大概必是汤若望、南怀仁等的遗制了。

满洲初封之将军炮①

我国古炮,有封将军者,名曰"将军炮"。其制始自明永乐帝。明史载成祖平交趾,始得大炮,俘其相国越国大王黎澄为工部官,令司督造炮位。设神机营,造火药。其炮称"大将军蒺藜炮"。此为封将军之始。满洲之将军炮,始自天聪五年,

① 署名崇璋,《大同报》,民国二十九年六月七日,第四版。

首造者为红衣大炮,封曰"天佑助威大将军",并镌金衔封号于炮身。据八旗炮册载:"国朝天佑助威大将军神炮,首次出征告捷,为克锦州攻大凌河城。"此为满洲第一次所封之将军炮。入关后之"制胜将军炮""神威(炮)〔将〕军炮""得胜将军炮""神功将军炮""无敌大将军炮"等,则为康乾两朝所封者。其余如"浑铜炮""红衣炮""发熕炮""台湾炮""木镶铜炮""九节十成炮""威远炮""神机炮""神枢炮""子母炮""金龙炮"等,则无将军之封号。上所述皆为京旗之炮位,满洲各城之守城将军炮,以盛京之"神威永固大将军炮"为最古,为崇德三年封。其他如金州水师营之"威远将军炮",齐齐哈尔城、黑龙江城、黑而根城之"神威无敌大将军炮""神威将军炮"等,则为入关后,调自京旗用以守边者。又如奉天盛京之"大铁炮""小铁炮",广宁之"大铜炮""小铜炮",金州城、盖州城之"无名大铁炮",金州水师营之"子母炮""虎尾〔炮〕""发熕炮",锦州城、义州城之"牛腿炮""无名铜炮",吉林城之"大铁炮""小铁炮""马蹄炮""牛蹄炮""铜子炮""过山乌铜炮",宁古塔、伯都讷之"大铁□□""子母炮",黑龙江□齐齐哈尔城之"子母炮""冲天炮""龙炮""行营炮"等,则入关后,自京师工部调铁匠,各就本地铸造者也。

故宫之炮[1]

故宫之数尊铜炮,及一千三百六十九尊铁炮,在民国初年,曾被袁项城视为奇货,示意德州兵工厂及铜元造币厂,请陆军部转呈项城,并饬各旗营交出残余铜铁炮,分运两厂。精

---

[1] 署名刘振卿,《民言报》,民国三十四年十一月二十四日,第二版。

者制军械,次者造铜元。其结果,除运费工资,糜用巨费外,只嘉庆造之小铜炮,溶出些须汁液,铁炮则渣子一堆。盖清代之铜铁炮精华,如加金之十成永固大将军①(即九节雷),鎏金金龙炮,杂有白金之台湾炮……等,均在光绪庚子一役,不翼而飞! 除平市各旗炮局,地上地下所余之残物(即运至历史博物馆者)外,其各城门楼、箭楼,城上炮房,以及小白塔四周所弃者,十九均为嘉道以后所□之神机神枢(牛腿子)……等信炮。其间虽亦有康隆遗物,而为纯粹锈泥筒,原质早失矣。

四、欧阳琛《明末西洋火器传入中国之背景与影响》

解题

北京大学图书馆藏《明末西洋火器传入中国之背景与影响》二卷,抄本二册,总约二十万字,索书号 X/916.02/6513。朱丝栏稿纸,半叶十行,行约三十至五十字不等,无鱼尾,四周单边,无页码。墨笔、钢笔抄写,笔迹不一。钤"北京大学藏书"朱文方印。

第一册题"明末西洋火器传入中国之背景与影响(上卷)"。第二册题"明末西洋火器传入中国之背景与影响(下卷)"。上卷包括总目、第一章"西洋火器之传入中国",凡一百余叶。下卷为第二章"后金之经济发展与西洋火器传入"、第三章"后金之使用火器及其影响"、结论"略论明末西洋火器来

---

① 十成永固大将军 似当作"九节十成炮"。按《清代铜铁炮质料与成分》:"仅金龙、神威大将军、木镶铜、九节十成等四种炮,是点金铜。"又按《清代之炮》:"九节十成铜炮,俗呼之为九节雷。"

华之历史意义",凡二百余叶。章下分节,节后附注释。全书
未题撰人,卷下末署"三十四年三月三十一日,昆明"。①

江西师范学院历史系教授欧阳琛(1912—1994)与方志远
合撰之《明清中央集权与地域经济》(2002)一书,载有《明末购
募西炮葡兵考》,四万余字,文末注"未刊稿 1990 年整
理"。② 2006 年复于《文史》发表,改题作《明末购募西炮葡兵
始末考》,内容略有差异(末增一段)。方志远撰有附记,略云
"又先师欧阳琛教授生前撰有长篇论文《明末购募西炮葡兵始
末考》(为上世纪四十年代就读于清华研究院时之硕士论文,
全文 10 余万字)",乃遵师命,删繁就简,剪裁成篇。③ 对比《明
末西洋火器传入中国之背景与影响》,可知《明末购募西炮葡

---

① 闫俊侠曾引用"佚名撰《明末西洋火器传入中国之背景与影响》,1945 年抄本",然
未说明撰人、藏地。按,该抄本当即北京大学图书馆藏品。参见闫俊侠《晚清西方
兵学译著在中国的传播(1860—1895)》,上海:复旦大学博士论文,2007 年,第
41 页,第 265 页。

② 欧阳琛、方志远《明末购募西炮葡兵考》,《明清中央集权与地域经济》,北京:中国
社会科学出版社,2002 年,第 367—442 页。

③ 欧阳琛、方志远《明末购募西炮葡兵始末考》,《文史》2006 年第 4 辑,第 213—
256 页。本文原有附记,当时未能刊印。承蒙方志远先生许可,全文引用如下:
"附记:清末魏源首倡'师夷之长技以制夷',其说实有先例。战国时赵武灵王'胡
服骑射',已开'师胡之长技以制胡'先河;明永乐时得交址火器制造法,建'神机
营'以御蒙古,可谓'师越之长技以制虏'。迄明末因抵御后金,徐光启等力主购募
西炮葡兵,是可为'师夷之长技以制胡'。先师欧阳琛教授生前撰有长篇论文《明末
购募西炮葡兵始末考》(为上世纪四十年代就读于清华研究院时之硕士论文,全文
10 余万字)专论此事,1990 年曾行修订,自诩'颇有心得'。1994 年 11 月临终前,嘱
我删繁就简、再行整理。因杂事丛脞,2001 年夏方着手此事,翌春克成,即为现稿。
全文一依先师旧制。文字处理方面的问题,由我个人负责。方志远谨识。""方志远
按:此文发表于中华书局《文史》2006 年第 4 期。发表时因版面原因删去了附记。"
另有裁出之短篇:欧阳琛、方志远《明末购募西炮葡兵缘由考》,赵春晨等主编《中西
文化交流与岭南社会变迁》,北京:中国社会科学出版社,2004 年,第 59—82 页;欧
阳琛、方志远《登州之变与明末购募西炮葡兵之终结》,南开大学历史学院、北京大学
历史系、中国社科院研究所编《中国古代社会高层论坛文集 纪念郑天挺先生诞辰一
百一十周年》,北京:中华书局,2011 年,第 633—643 页。

兵始末考》出自该文第一章第三节"西洋火器传入之后期",又加增订。

　　按欧阳琛自述:"1934 年秋,我上了清华,开始了大学生活。卢沟桥事变后,离开清华南下,经长沙临时大学到昆明西南联大。1939 年冬我再念清华研究院。1945 年夏,通过论文答辩。"①《清华研究院历届毕业生论文题目一览》记载,民国三十四年(1945)七月,第十一届学生欧阳琛(江西宜春人,32 岁,文科研究所历史学部)的毕业论文题目为"火器史"。②

　　冯锦荣(2011)指出,抗战时期,欧阳琛撰写论文,得到向达(1900—1966)的指导和协助,得以借阅珍稀资料,并与方豪(1910—1980)通信论学;冯氏同时发表"欧阳琛《明末购募葡炮葡兵始末》(未刊硕士论文[1945 年])"抄本书影两幅。③

　　1944 年,《东方杂志》发表方豪《明末西洋火器流入我国之史料》,刊登欧阳琛与方豪往复论学书札,讨论满洲初次铸造西洋火器之由来及葡兵援明事。欧阳琛奉函方豪,请教二事:毛文龙麾下是否有铸炮匠为后金俘获,为之铸造西炮;孔

① 欧阳琛《大学生活杂忆》,《清华十级纪念刊》编辑组编《清华十级纪念刊 1934—1938—1988》,1988 年铅印本,第 169 页。
② 北京大学等编《国立西南联合大学史料·三·教学 科研卷》,昆明:云南教育出版社,1998 年,第 469—472 页,"清华研究院历届毕业生论文题目一览"(摘自清华校友联络处复制的《研究生毕业生名单》)。承蒙徐丁丁先生提示本条。
③ 冯锦荣获睹 1941 年 7 月 26 日向达致方豪书(论西洋火器及孙元化事)原件及欧阳琛《明末购募葡炮葡兵始末》原稿影印件,但未说明来源。参见冯锦荣《从向达致方豪的一封未刊书信谈起——兼论向达对明末清初西学之研究》,樊锦诗、荣新江、林世田主编《敦煌文献·考古·艺术综合研究:纪念向达先生诞辰 110 周年国际学术研讨会论文集》,北京:中华书局,2011 年,第 60—97 页。

有德投降满洲,是否携有登州虏获之葡萄牙铳师。方豪译出若干西文史料,作为答复。① 欧阳琛去函有云:"琛在此间之研究专题为清代武器之演变。"可知其核心问题并非明朝购募葡炮葡兵,而在于西炮对后金/清朝的影响。北京大图书馆藏论文稿本下册内容,正与所谓"清代武器之演变"相符。

综上所述,《明末西洋火器传入中国之背景与影响》当即欧阳琛提交清华大学文科研究所历史学部之研究生毕业论文。《明末购募葡炮葡兵始末》则应是根据毕业论文部分章节增订之专论,也是全书精华所在。

16—17 世纪欧洲火器技术传华及其影响,自 20 世纪初成为现代学术意义上的研究课题,迄今百年,成果丰富。早期研究较有深度者,诸如张维华《西铳传入中国考》(1930—1931)②,谟区查(C. R. Boxer)《1621—1647 年葡萄牙援明抗清的军事远征》(1938)③,均为期刊论文。1945 年,欧阳琛在昆明西南联大完成的《明末西洋火器传入中国之背景与影响》,应是该领域第一篇专书规模的长篇论文,系统梳理 16—17 世纪欧洲火器传华经过,侧重探讨后金政权如何获取、应用欧式火炮。该文较早直接利用《明实录》,参证西文史料,着

---

① 方豪《明末西洋火器流入我国之史料:复欧阳伯瑜(琛)先生论满洲西洋火器之由来及葡兵援明事(附来书)》,《东方杂志》第 40 卷第 1 号,1944 年,第 49—54 页。
② 张维华《西铳传入中国考》,《齐大月刊》第 1 卷第 6 期,1930 年 3 月,第 519—529 页;第 1 卷第 8 期,1931 年 5 月,第 775—793 页。
③ Charles Ralph Boxer, "Portuguese Military Expeditions in Aid of the Mings against the Manchus, 1621 - 1647," *T'ien Hsia Monthly* 7, no. 1 (August 1938): 24 - 36. 博克塞著,穆仪摘译《1621—1647 年葡萄牙援明抗清的军事远征》,《中国史研究动态》1984 年第 9 期。

力分析军事技术与社会经济变迁之互动,反映了抗战时期一位青年历史学者的努力与思考。

欧阳琛先生的火器史研究成果,直到 2002 年《明末购募西炮葡兵考》首次发表,方为学界分享。至于内容更为丰富的《明末西洋火器传入中国之背景与影响》,七十年来深藏书库,几不为人知。2013 年,笔者在北京大学图书馆古籍阅览室检索资料,偶然提阅这部稿本,略作考述如上。兹移录该文目录及结论"略论明末西洋火器来华之历史意义",谨供读者参考。原文为繁体并标句读,录文改作简体加新式标点,重分段落,漫漶难辨之字加方括号。

《明末西洋火器传入中国之背景与影响》目录

第一章　西洋火器之传入中国

第一节　明代中叶以前中国之火器

一　宋金元时代之枪炮

二　明代初叶之神机枪炮

第二节　西洋火器传入之前期

一　佛郎机与红夷炮

二　鸟铳及其来源

第三节　西洋火器传入之后期

一　西洋大炮传入之背景

二　葡炮葡兵之购募

三　孙元化与登州之变

第二章　后金之经济发展与西洋火器传入

第一节　建州部族之经济发展

略论明末西洋火器来华之历史意义

十五、十六世纪为中西交通史上新奇而伟大之世纪。自明永乐元年(公元一四〇三)成祖遣使爪哇、满剌加,开始对南洋之经营,中国远征舰队纵横于南洋与印度洋者廿余年,极西到达非洲东岸。距宣德二年(公元一四二七)郑和最后一次出使后六十年,葡人地亚士(Diaz)发现好望角(公元一四八七),又十一年(公元一四九八)葡人维斯哥达伽马(Vasco da Gama)航抵印度西海岸,又十八年(明正德十一年,公元一五一六)葡人拉斐尔伯斯德罗(Rafael Perestrello)入广州,由欧洲直航中国之海道乃告发现,而中西海上交通始于焉开始。

明初之海外发展，其主要动机为政治上之夸耀，与海外珍宝之搜罗，而非基于一般人民经济上之要求。故宣德而后，突告衰歇，而其影响与成就，几不能与①葡人相比拟。然于短短数十年中，东方与西方，先后相向作规模与影响俱属空前之航海外②探险，此一巧合，殊足令吾人为之惊奇不置也。

十六世纪初叶，欧洲宗教改革运动起，未几，旧教为自救与对抗新教计，遂亦有改良运动之发生。于一五四〇年，由西班牙人罗耀拉（Ignatius Loyola）所创立之耶稣会，实为此一运动之主力。十六世纪下半，欧洲新旧教之分野业已大定，耶稣会为觅取新传教区以弥补旧教在欧洲之损失，乃转移其目光于新近发现之海外世界。于是此辈教士之传教活动遂与葡萄牙之商人与探险家合［流？］而东，成为当时欧洲海外发展之一主要动力。耶稣会士之抵中国，较葡萄牙之商人略晚。葡人正式定居澳门（约在明嘉靖三十六年，公元一五六四）之十七年后（万历九年，公元一五八一），利玛窦始抵澳门，故当时耶稣会士之入华传教，固不能不先获葡人之同意与协助。然为时不久，由于欧洲局势之变化，荷兰海外势力之发展，葡人在中国海岸之商业优势已有岌岌不克自保之势，乃转而欲因在华耶稣会士之居间，以博取明廷之好感。至是，耶稣会士之传教活动遂进而居于中西关系之主导地位。

利玛窦入中国后，深感欲使中国皈依耶教，必先有以征服士大夫之自大心，而西方之科学与物质文明，实乃有力之武

---

① "与"原脱，据文意补。
② "航海外"原文如此。

器。基于此一基本认识，利玛窦及其领导下之教士，乃以谈授西学为与中国士大夫晋接之媒介，而此后遴选东来教士，亦多为绩学深思之士。于是十六世纪之商人探险家开路之中西关系，乃变为耶稣会士有计划传播西学西教之运动，开始中国文化史崭新之一页。吾人应予以认取者一也。

随耶稣会士以传入中国者，曰耶教，曰科学，曰自鸣钟、火器等工艺品。天主之教义因与中国君上祖先等传统观念抵牾。科学除天算有关历法，颇得明廷重视外，余如测量、地理、物理之学，亦不易为一般沉溺帖括、空谈性命之士大夫所能接受，故二者当时均未能引起广大之影响。西方之工艺品，中国士大夫本亦目为奇技淫巧，不予重视。唯火器为当时防御所急需，得明廷之青睐，而购葡炮、募葡兵之主张，遂在徐光启、李之藻，及教士、葡商之合作下，成为中西关系上一大节目，开近代购军火、用客卿之先例。结果虽亦因一部顽固士大夫反对而挫败，然在当时之影响，则远较前二者为深远。是中国与西洋文化最初之接触，即蹈舍体取用之偏见，而近世中体西用说之一再出现，实可从三百年前之社会觅得一部解答。此吾人应予以认取者二也。

中国于明代以前，因社会经济条件之限制，终未见金属炮铳之出现。明代初叶，因外来之刺激与边防之需要，而有炮铳之仿造。约于二百年中，火器传入者三次：安南火器使用后百年，而佛郎机、鸟枪之仿造，仍不能中程；佛郎机等传入后百年，又不得不进而购葡炮、募葡兵。此一历史事实，充分说明在明代二百余年之专制统治下，一般生产力与生产技术之停滞。举其有关火器制造者言之,如匠役制度之不合理与腐化,火器铸造与使用之珍秘,初叶对采矿之禁止与末叶税监之扰民,使天下决口不敢言矿利,遂致煤铁生产与冶铸技术均不能供应铸造新式火器之需要。此种粗劣仿制之火器,不仅不足以言防御,且偾事屡屡,致将士视使用火器为畏途,遂造成末季无火器无炮手可资防御之局势,而不得不乞助于葡人。此吾人应予以认取者三也。

武器因战争而获不断之改进,武器之发展又尝予社会组织以重大之影响。观火器传入后金所发生之变化,尤为显著。迄于太宗之世,后金犹为一未脱部落形式之国家,因火器之传入与使用,清太宗乃不能不擢用汉人,实行汉化,而崇德时代之文物制度,实为其入关后适应中国环境,采用明代[政?]体之准备阶段。此吾人应予以认取者四也。

葡人东来四百年后之今日,中国仍处于新旧脱节、中西体用之分歧中,吾人面对之局势,较明末为危迫。故吾人行将造成之后果,亦远较前人为严重。检讨此一段史实,而认取其历史意义,于今日之抉择去取,当不无裨益也。

三十四年三月三十一日,昆明。

参考文献

一、常用影印资料集

《续修四库全书》，上海：上海古籍出版社，2002 年。

《四库全书存目丛书》，济南：齐鲁书社，1997 年。

《四库未收书辑刊》，北京，北京出版社，1997 年。

《四库禁毁书丛刊》，北京：北京出版社，2000 年。

《四库禁毁书丛刊补编》，北京：北京出版社，2005 年。

《原国立北平图书馆甲库善本丛书》，北京：国家图书馆出版社，2013 年。

《北京图书馆藏珍本年谱丛刊》，北京：北京图书馆出版社，1999 年。

《明实录》，"中央"研究院历史语言研究所影印旧抄本，1962 年。

《清实录》，北京：中华书局影印清抄本，1986 年。

《李朝实录》，東京：學習院東洋文化研究所，1961 年。

《中国兵书集成》，北京：解放军出版社；沈阳：辽沈书社，1994 年。

《中国科学技术典籍通汇·技术卷》，郑州：河南教育出版社，1994 年。

《明清稀见兵书四种》，赵士桢等撰，郑诚整理，《中国科技典籍选刊》第三辑，长沙：湖南科学技术出版社，2018 年。

《明清之际西法军事技术文献选辑》，何良焘等撰，郑诚整理，《中国科技典籍选刊》第四辑，长沙：湖南科学技术出版社，2019 年。

二、原始文献

【中文日文】

《嘉靖十四年进士登科录》，嘉靖刻本，《明代登科录汇编》第 8 册，台北：台湾学生书局影印，1969 年。

《嘉靖四十四年乙丑科进士履历便览》，中国国家图书馆藏嘉靖刻本。

《崇祯十六年癸未科进士三代履历便览》，上海图书馆藏崇祯刻本。

《崇德七年奏事档》，郭美兰译，《清代档案史料丛编》第十一辑，北京：中华书局,1984 年,第 1—15 页。

《胡宫材书目》,俄罗斯国立图书馆写本部藏道光二十二年抄本。

《元戎济阵风雷集》,南京图书馆藏清抄本。

《海外火攻神器图说》,首都图书馆藏咸丰三年刘燿春刻本。

《火攻玄机》,南京图书馆藏清抄本。

《五火元机》,上海图书馆藏清抄本。

《克敌武略荧惑神机》,浙江图书馆藏抄本;影印并整理本:潘吉星、张明晤
  点校/注释,上海:上海远东出版社,2018 年。

《火龙经》,上海图书馆藏道光二十年刻本。

《火龙经》,中国人民大学图书馆藏咸丰七年刻本。

《火龙经》,福建师范大学图书馆藏本咸丰七年广州刻本。

《火龙经》,清末刻本,《中国科学技术典籍通汇·技术卷》第 5 册影印。

《火龙神器阵法》,道光二十年翁心存抄本,《续修四库全书》子部第 959 册
  影印。

《火龙神器阵法》,顾祖禹旧藏抄本,《中国科学技术典籍通汇·技术卷》第
  5 册影印。

《火攻备要》,清末刻本,沈云龙主编《近代中国史料丛刊》第 384 号影印,台
  北:文海出版社,1982 年。

《江东志》,占旭东、贺姝袆整理,上海:上海社会科学院出版社,2006 年。

《闽省水师各标镇协营战哨船只图说》,柏林国立图书馆藏清抄本。

《墨娥小录》,中国书店 1959 年影印隆庆五年刻本。

《戎事汇纂》,大连图书馆藏清初抄本。

《神机营官兵衔名数目》,中国国家图书馆藏清末抄本。

《韬略世法·新编张靖峰家藏火攻急务》,崇祯刻本,《四库未收书辑刊》第
  3 辑第 22 册影印。

《雄县》,1921 年 10 月 26 日,手绘地图,"中央"研究院近代史研究所档案馆藏
  全国经济委员会档案,地图编号:R/3‐118‐38‐1‐1、R/3‐118‐
  38‐1‐2

《怡府书目》,中国国家图书馆藏抄本,林夕主编《中国著名藏书家书目汇
  刊·明清卷》第 22 册影印,北京:商务印书馆,2005 年。

《奏遵旨询问西洋人汪达洪所进攻守城池技法之画样片》,军机处满文录副奏
  折,乾隆三十四年五月包,中国第一历史档案馆,档号:03‐0183‐

2317 - 016。

阿尔芒:《出征中国和交趾支那来信》,许方、赵爽爽译,上海:中西书局,
　　2011 年。

艾儒略:《西方答问》,梵蒂冈图书馆藏崇祯十年晋江景教堂刻本。影印本
　　见 Mish, John L. "Creating an Image of Europe for China: Aleni's *Hsi-
　　fang ta-wen.*" *Monumenta Serica* 23 (1964): 1 - 87.

邦特库:《东印度航海记》,姚楠译,北京:中华书局,2001 年。

毕懋康:《军器图说》,崇祯十一年刻本,《四库禁毁书丛刊》子部第 29 册
　　影印。

采九德:《倭变事略》,中国国家图书馆藏天启三年刻盐邑志林本。

陈弘绪:《陈士业先生集》,康熙二十六年刻本,《四库全书存目丛书补编》
　　第 54 册影印。

陈仁锡:《无梦园初集》,崇祯六年刻本,《四库禁毁书丛刊》集部第 59 册
　　影印。

陈子龙等编:《皇明经世文编》,崇祯间平露堂刻本,《四库禁毁书丛刊》集
　　部第 27 册影印。

程开祐辑:《筹辽硕画》,明刻本,《国立北平图书馆善本丛书》影印,上海:
　　商务印书馆,1937 年。

程其珏修,杨震福等纂:光绪《嘉定县志》,光绪八年刻本,《中国地方志集
　　成·上海府县志辑》第 8 号影印,上海:上海书店,1991 年。

程子颐辑:《武备要略》,崇祯五年刻本,《四库禁毁书丛刊》子部第 28 册
　　影印。

戴名世:《戴名世集》,王树民编校,北京:中华书局,1986 年。

邓永芳修,李馥蒸纂:康熙《蒲城志》,中国国家图书馆藏康熙五年刻本。

邓锺:《筹海重编》,万历二十年刻本,《四库全书存目丛书》史部第 227 册
　　影印。

丁宝铨辑:《傅青主先生年谱》,《霜红龛集》附录,宣统三年刊本,《续修四
　　库全书》集部第 1396 册影印。

丁丙:《善本书室藏书志》,光绪二十七年钱塘丁氏刻本,《续修四库全书》
　　史部第 927 册影印。

丁拱辰:《演炮图说》,中国国家博物馆藏道光二十一年广州刻本。

丁拱辰:《演炮图说》,哈佛燕京图书馆藏道光二十二年广州刻本。

丁拱辰：《演炮图说辑要》，哈佛燕京图书馆藏道光二十三年刻本。

丁日昌编辑：《西法炮台图说》，哈佛燕京图书馆藏光绪二十五年上海易堂书局铅印本。

董诰等纂修：《钦定军器则例》，嘉庆二十一年兵部刻本，《续修四库全书》史部第 857 册影印。

恩祥：《军火备览》，中国国家图书馆藏咸丰九年武昌刻本。

范景文：《范文忠公初集》，中国国家图书馆藏康熙十二年刻本。

范景文辑：《战守全书》，崇祯十一年刻本，《四库禁毁书丛刊》子部第 36 册影印。

范涞辑：《两浙海防类考续编》，万历三十年刊本，《四库全书存目丛书》史部第 226 册影印。

范钟湘等修：《嘉定县续志》，民国十九年铅印本。

方家驹修：光绪《汾阳县志》，中国国家图书馆藏光绪十年刻本。

方以智：《物理小识》，潭阳天瑞堂刻本，《中国科技典籍选刊》第二辑影印，长沙：湖南科学技术出版社，2019 年。

冯惟敏纂修，王国桢续修：万历《保定府志》，万历三十六年增修本，《日本藏中国罕见地方志丛刊》影印，北京：书目文献出版社，1992 年。

冯应京辑：《皇明经世实用编》，万历三十一年刻本，《四库全书存目丛书》史部第 267 册影印。

傅德新：《傅文恪公文集》，中国国家图书馆藏天启五年刻本。

傅浚：《铁冶志》，圣彼得堡国立大学东方系图书馆藏康熙间抄本。

高建勋修，王维珍纂：《通州志》，光绪五年刻本，《新修方志丛刊》影印，台北：台湾学生书局，1968 年。

高天凤修，金梅纂：《通州志》，乾隆四十八年刻本，《华东师范大学图书馆藏稀见方志丛刊》第 18 册影印，北京：北京图书馆出版社，2005 年。

龚深等纂修：《松门龚氏总谱》，中国国家图书馆藏民国三年活字本。

顾炎武著，黄汝成集释：《日知录集释》，栾保群、吕宗力校点，上海：上海古籍出版社，2014 年。

顾炎武：《亭林文集》，潘氏遂初堂刻亭林遗书本，《四库禁毁书丛刊》集部 118 册影印。

顾应祥：《静虚斋惜阴录》，明刻本，《四库全书存目丛书》子部第 84 册影印。

國友當榮：《國朝砲煩榷輿録》，早稻田大学图书馆藏安政二年序刻本。

郭孔延:《资德大夫兵部尚书郭公青螺年谱》,民国间朱丝栏抄本,《北京图书馆藏珍本年谱丛刊》第 52 册影印。

郭造卿:《海岳山房存稿》,中国国家图书馆藏万历三十七年刻本。

郭造卿:《卢龙塞略》,万历三十八年刻本,《中国史学丛书三编》影印,台北:台湾学生书局,1987 年。

郭子章:《城书》,中国国家图书馆藏清抄本,《明清稀见兵书四种》影印。

郭子章:《蠙衣生黔草》,万历刻本,《四库全书存目丛书》集部第 155 册影印。

郭子章:《蠙衣生传草》,万历刻本,《四库全书存目丛书》集部第 156 册影印。

韩霖:《慎守要录》,《丛书集成初编》第 962 册据海山仙馆本排印,北京:中华书局,1991。

韩霖:《守圉全书》,上海图书馆藏崇祯九年刻本,《四库禁毁书丛刊补编》第 32—33 册影印。

韩霖:《守圉全书》,傅斯年图书馆藏崇祯九年刻本。

韩琦、吴旻校注:《熙朝崇正集　熙朝定案(外三种)》,北京:中华书局,2006 年。

韩世琦:《抚吴疏草》,康熙五年刻本,《四库未收书辑刊》第 8 辑第 6 册影印。

郝玉麟监修,谢道承等纂:乾隆《福建通志》,中国国家图书馆藏乾隆二年刻本。

何良焘:《祝融佐理》,上海图书馆藏道光抄本,《明清之际西法军事技术文献选辑》影印。

何孟春:《馀冬序录》,嘉靖刻本,《四库全书存目丛书》子部第 102 册影印。

何汝宾辑,平山潜校:《西洋火攻神器说》附物茂卿《西洋火攻神器说国字解》平山潜《西洋火攻神器说国字解补阙》,早稻田大学图书馆藏享和二年刊本。

何汝宾辑:天启《舟山志》,影抄天启六年何氏刊本,《中国方志丛书·华中地方》第 499 号影印,台北:成文出版社,1983 年。

何汝宾辑:《兵录》,崇祯元年刻本,《四库禁毁书丛刊》子部第 9 册影印。

何士晋:《工部厂库须知》,万历四十三年刻本,《续修四库全书》史部第 878 册影印。

河北省文物局长城资源调查队编：《河北省明代长城碑刻辑录》，北京：科学出版社，2009 年。

侯继高：《全浙兵制考》，旧抄本，《四库全书存目丛书》子部第 31 册影印。

侯绍岐辑：《金沙魏公将军壮烈志》，中国国家图书馆藏顺治十七年刻本。

胡博文：《毕司徒东郊先生年谱》，清抄本，《北京图书馆藏珍本年谱丛刊》第 56 册影印。

胡德琳修：乾隆《历城县志》，乾隆三十八年刻本。

胡林翼：《胡林翼集》，胡渐逵、胡遂、邓立勋校点，长沙：岳麓书社，2008 年。

花村看行侍者：《谈往录》，清抄本，《续修四库全书》史部第 442 册影印。

黄培芳：《黄氏家乘》，道光三十年广州纯渊堂刻本，《北京图书馆藏家谱丛刊·闽粤（侨乡）卷》第 5 册，北京：北京图书馆出版社，2000 年。

黄训编：《皇明名臣经济录》，中国国家图书馆藏嘉靖三十年刻本。

黄虞稷：《千顷堂书目》，瞿凤起、潘景郑整理，上海：上海古籍出版社，2001 年。

黄佐纂：嘉靖《广东通志》，中山图书馆藏嘉靖四十年刊本，广东省地方史志办公室 1997 年影印。

嵇璜等纂：《钦定续文献通考》，天津图书馆藏武英殿刻本。

嵇璜等纂：《皇朝文献通考》，中国国家图书馆藏武英殿刻本。

计六奇：《明季北略》，魏得良、任道斌点校，北京：中华书局，1984 年。

姜埰：《敬亭集》，康熙间刻本，《四库全书存目丛书》集部第 193 册影印。

姜际龙纂修：《新续宣府志》，中国国家图书馆藏抄本。

蒋德璟：《蒋氏敬日草》，中国国家图书馆藏明刻本。

焦源溥：《逆旅集》，道光十九年刻本，《四库未收书辑刊》第 6 辑第 30 册影印。

李东阳等：正德《大明会典》，东京大学附属图书馆藏明刊本，东京：汲古书院影印，1989。

李恒法、解华英编著：《济宁历代墓志铭》，济南：齐鲁书社，2011 年。

李鸿章等修，黄彭年等纂：光绪《畿辅通志》，光绪刻本，《续修四库全书》史部第 638 册影印。

李化龙：《平播全书》，万历刻本，《四库全书存目丛书》史部第 50 册影印。

李侃、胡谧纂修：成化《山西通志》，民国二十二年影钞成化十一年刻本，

《四库全书存目丛书》史部第 174 册影印。

李盘辑：《金汤借箸十二筹》，中国国家图书馆藏崇祯间刻本。

李清：《三垣笔记》，顾恩点校，北京：中华书局，1982 年。

李守锜：《督戎疏纪》，京都大学文学研究科图书馆藏崇祯九年刻本。

李维桢：《大泌山房文集》，万历三十九年刻本，《四库全书存目丛书》集部第 152 册影印。

李汶：《总督三边奏议》，大连图书馆藏万历刻本。

李先芳纂：(康熙)《濮州志》，中国国家图书馆藏康熙十二年刻本。

李诩：《戒庵老人漫笔》，万历刻本，《续修四库全书》子部第 1173 册影印。

李颐：《李及泉先生奏议》，咸丰六年刻本，《四库全书存目丛书》史部第 63 册影印。

李昭祥：《龙江船厂志》，王亮功点校，南京：江苏古籍出版社，1999。

李之藻辑：《天学初函》，明刻本，《中国史学丛书》影印，台北：台湾学生书局，1978 年。

李中馥：《原李耳载》，凌毅点校，北京：中华书局，1987 年。

利玛窦著：《耶稣会与天主教进入中国史》，文铮译，梅欧金校，北京：商务印书馆，2014 年。

利玛窦、金尼阁著：《利玛窦中国札记》，何高济等译，北京：中华书局，2001 年。

栗在庭辑：《九边破房方略》，万历十五年成书，日本公文书馆藏明刊本(台北汉学研究中心藏影印本)。

廖希颜辑：《三关志》，嘉靖二十四年刻本，《续修四库全书》史部第 738 册影印。

林云程修，沈明臣纂：万历《通州志》，万历五年刻本，《天一阁藏明代方志选刊》影印，上海：上海古籍书店，1982 年。

刘崇本纂：《雄县乡土志》，光绪三十二年排印本。

刘畿修，朱绰等纂：嘉靖《瑞安县志》，嘉靖三十四年刻本，中国科学院图书馆编《稀见中国地方志汇刊》第 18 册影印，北京：中国书店出版社，1992 年。

刘敏宽：《定园集》，中国国家图书馆藏万历间刻康熙四十七年重修本。

刘若愚：《酌中志》，清抄本，《四库禁毁书丛刊》史部第 71 册影印。

刘绍攽纂修：乾隆《三原县志》，乾隆四十八年刻本。

刘显第修,陶用曙纂:康熙《绛州志》,中国国家图书馆藏康熙九年刻本。

刘献廷:《刘继庄先生广阳杂记》,同治四年周星诒家抄本,《续修四库全书》子部第 1176 册影印。

刘效祖:《四镇三关志》,万历四年刻本,《中国文献珍本丛书》影印,北京:全国图书馆文献缩微复制中心,1991 年。

刘效祖辑:《四镇三关志》,万历四年刻本,《四库禁毁书丛刊》史部第 10 册影印。

刘汋编:《刘忠介公年谱》,乾隆四十二年刻本,《北京图书馆藏珍本年谱丛刊》第 58 册影印。

柳成龙:《惩毖录》,早稻田大学图书馆藏朝鲜刻十六卷古刊本。

柳成龙:《西厓先生文集》,早稻田大学图书馆藏朝鲜刻十一行本。

柳成龙:《西厓先生别集》,早稻田大学图书馆藏朝鲜刻十一行本。

柳思瑗:《文兴君控于录》,郑期远《见山先生实纪》卷四,韩国国立中央图书馆藏朝鲜刻本。

栾尚约辑:《宣府镇志》,嘉靖四十年刻本,《中国方志丛书· 塞北地方察哈尔》第 19 号影印,台北:成文出版社,1970 年。

罗振玉录:《天聪朝臣工奏议》,《史料丛刊初编》,东方学会铅印本,1924 年。

吕坤:《吕坤全集》,王国轩、王秀梅整理,北京:中华书局,2008 年。

马廷俊等修,吴森纂:乾隆《盂县志》,中国国家图书馆藏乾隆四十九年刻本。

马之骕:《古调堂初集·诗集》,中国科学院图书馆藏顺治刻本,《四库未收书辑刊》第 7 辑第 24 册影印。

马之骕:《古调堂初集·文集》,宁波市图书馆藏顺治刻本。

马之骕:《雄县志四修详考》,故宫博物院(台北)图书文献馆藏抄本。

茅瑞徵:《万历三大征考》,天启刻本,《续修四库全书》史部第 436 册影印。

茅元仪:《武备志》,浙江图书馆藏天启刻本,《续修四库全书》子部第 963—966 册影印。

茅元仪:《武备志》,中国国家图书馆藏天启刻本,《中华再造善本》影印,北京:国家图书馆出版社,2013。

茅元仪:《石民四十集》,崇祯刻本,《四库禁毁书丛刊》集部第 109 册影印。

梅国桢:《西征集》,日本公文书馆藏崇祯刻本(傅斯年图书馆藏影印本)。

梅文鼎：《绩学堂诗钞》，乾隆间梅毂成刻本，《续修四库全书》第 1413 册影印。

穆尼阁：《火法》，薛凤祚纂《历学会通·致用部》，康熙刊本，《四库未收书辑刊》第 8 辑 11 册影印。

欧阳璨等修，陈于宸等纂：万历《琼州府志》，万历四十五年刻本，《日本藏中国罕见地方志丛刊》影印，北京：书目文献出版社，1990 年。

庞迪我：《七克》，天学初函本，《中国史学丛书》影印，台北：台湾学生书局，1978 年。

平山潜编：《拥膝草庐藏书目录》，关西大学图书馆藏 1936 年林正章油印本。

戚继光：《纪效新书》（十八卷本），曹文明、吕颖慧校释，北京：中华书局，2001 年。

戚继光：《纪效新书》（十四卷本），范中义校释，北京：中华书局，2001 年。

戚继光：《练兵实纪》，邱心田校释，北京：中华书局，2001 年。

戚继光：《止止堂集》，王熹校释，北京：中华书局，2001 年。

祁彪佳：《守城全书》，台北故宫博物院图书文献馆藏稿本。

祁彪佳：《守城全书》，辽宁省图书馆藏抄本。

祁承㸁：《澹生堂藏书目》，光绪十八年徐氏铸学斋刻本。

祁承㸁：《澹生堂藏书目》，郑诚整理，上海：上海古籍出版社，2015 年。

钱曾著，管廷芬、章钰校证：《读书敏求记校证》，上海：上海古籍出版社，2007 年。

钱栴辑：《城守筹略》，崇祯刻本，《中国兵书集成》第 37 册影印。

乔因阜：《远志堂集》，万历三十七年刻本，《原国立北平图书馆甲库善本丛书》第 818 册影印。

秦国经主编：《清代官员履历档案全编》，上海：华东师范大学出版社，1997 年。

秦廷秀修，刘崇本纂：《雄县新志》，民国十九年排印本。

屈大均：《广东新语》，康熙刻本，《四库禁毁书丛刊补编》第 37 册影印。

瞿九思：《万历武功录》，万历刻本，《四库禁毁书丛刊》史部第 35 册影印。

瞿汝说辑：《皇明臣略纂闻》，崇祯八年刻本，《四库禁毁书丛刊补编》第 17 册影印。

萨穆哈：《题覆[两江总督]范承勋请销造换京口红彝炮位绳索用过麻觔人

夫银两比前造浮多应照例逐一核减具题到日再议》，康熙三十七年五月十六日，"中央"研究院历史语言研究所内阁大库档案，登录号119954－001。

申钦：《象村稿》，杜宏刚等主编《韩国文集中的明代史料》第9册影印，桂林：广西师大出版社，2006年。

申时行等修：《大明会典》，万历刻本，《续修四库全书》史部第792册影印。

申时行等修：《明会典》，北京：中华书局缩印1936年商务印书馆万有文库排印本，1989年。

申叔舟等编：《国朝五礼序例》，早稻田大学图书馆藏朝鲜刊本。

沈国元：《两朝从信录》，崇祯刻本，《续修四库全书》史部第356册影印。

施闰章：《施愚山先生学馀堂文集》，中国科学院图书馆藏康熙四十七年曹寅刻本。

史可法：《史可法集》，张纯修编辑，罗振常校补，上海：上海古籍出版社，1984年。

宋琬撰次，张朝琮续纂：康熙《永平府志》，中国国家图书馆藏康熙五十年刻本。

宋瑛等修，彭启瑞等纂：光绪《泰和县志》，光绪五年刻本，《中国方志丛书·华中地方》第841号影印，台北：成文出版社，1989年。

宋应昌：《经略复国要编》，万历刻本，《四库禁毁书丛刊》史部第38册影印。

宋应星：《天工开物》，崇祯十一年刻本，《续修四库全书》子部第1115册影印。

苏铣纂修：《西镇志》，顺治刻本，《四库全书存目丛书》史部212册影印。

孙承泽：《山书》，浙江图书馆藏清抄本，《续修四库全书》史部第367册影印。

孙弘喆修，王永年等纂：顺治《庐江县志》，中国国家图书馆藏顺治十三年刻本。

孙诒让：《温州经籍志》，民国十年刻本。

孙元化：《西法神机》，中国科学院自然科学史研究所藏光绪二十八年刻本，《明清之际西法军事技术文献选辑》影印。

谈迁：《国榷》，中国国家图书馆藏清抄本，《续修四库全书》史部第363册影印。

汤沐：《汤廷尉公馀日录》，李如一编《藏说小萃十集》，中国国家图书馆藏万历三十四年刻本。

汤若望授,焦勖纂:《火攻挈要》,海山仙馆丛书本,《中国科学技术典籍通汇·技术卷》第 5 册影印。

汤若望授,焦勖述:《火攻挈要》,中国国家图书馆藏莫友芝跋清抄本,《明清之际西法军事技术文献选辑》影印。

唐鹤徵:《皇明辅世编》,崇祯十五年刻本,《续修四库全书》史部第 524 册影印。

唐顺之:《重刊荆川先生文集》,天津图书馆藏万历元年纯白斋刊本。

唐顺之纂:《武编》,万历四十六年刻本,《中国科学技术典籍通汇·技术卷》第 5 册影印。

唐仲冕修,汪梅鼎等纂:嘉庆《海州直隶州志》,嘉庆十六年刻本。

唐胄编纂:正德《琼台志》,正德十六年刊本,《天一阁藏明代方志选刊》影印,上海:上海古籍书店,1982 年。

田艺蘅:《留青日札》,万历三十七年重刻本,《续修四库全书》子部 1129 册影印。

涂宗濬:《抚延疏草》,傅斯年图书馆藏明刻本。

托津等纂:嘉庆《大清会典图》,清刻本,《近代中国史料丛刊三编》第 705 号影印,台北:文海出版社,1992 年。

万士和:《万文恭公摘集》,万历二十年刻本,《四库全书存目丛书》集部第 109 册影印。

万斯同:《明史》,中国国家图书馆藏清抄本,《续修四库全书》史部 330 册影印。

王道通:《简平子集》,崇祯九年刻本,《天津图书馆孤本秘籍丛书》第 12 册影印,北京:中华全国图书馆文献缩微复制中心,1999 年。

王弘海:《天池草》,康熙刻本,《四库全书存目丛书》集部第 138 册影印。

王鸿绪:《明史稿》,雍正间敬慎堂刻本,台北:文海出版社影印,1962 年。

王友怀编:《咸阳碑刻》,西安:三秦出版社,2003 年。

王家彦:《王忠端公集》,顺治十六年刻本,《四库禁毁书丛刊》集部第 162 册影印。

王耒贤、许一德纂修:万历《贵州通志》,万历刻本,《日本藏中国罕见地方志丛刊》影印,北京:书目文献出版社,1990 年。

王鸣鹤:《登坛必究》,万历刻本,《四库禁毁书丛刊》子部第 35 册影印。

王齐：《雄乘》，嘉靖十六年刻本，《天一阁藏明代方志选刊》影印，上海：上海古籍书店，1982年。

王邶：《王太史遗稿》，中国国家图书馆藏清刻本。

王应遴辑：《备书》，贵州省图书馆藏万历天启间刻本。

王用舟修，傅汝凤纂：《井陉县志料》，天津义利印刷局，1934年。

王馀佑：《五公山人集》，张京华点校，上海：华东师范大学出版社，2011年。

王在晋辑：《海防纂要》，万历四十一年刊本，《四库禁毁书丛刊》史部第17册影印。

王赠芳等修，成瓘等纂：道光《济南府志》，道光二十年刻本。

魏学曾：《魏恭襄公文集》，中国人民大学图书馆藏民国十四年铅印本。

魏源：《海国图志》，光绪二年刻本，《续修四库全书》第744册影印。

温编：《利器解》，关西大学图书馆、奈良女子大学图书馆藏文化六年井上清正刊本。

温编：《利器解》，日本公文书馆藏明刻本，《明清稀见兵书四种》影印。

温纯：《温恭毅公文集》，中国国家图书馆藏崇祯刻乾隆间后印本。

温良儒编：《关中温氏丛书第五集之二存稿》，中国科学院图书馆藏民国三十八年铅印本。

温自知，《海印楼文集》，温良儒编《温氏丛书》，民国二十五年铅印本。

（澳门）文化杂志编：《十六和十七世纪伊比利亚文学视野里的中国景观》，郑州：大象出版社，2003年。

翁万达：《翁万达集》，朱仲玉、吴奎信点校整理，上海：上海古籍出版社，1992年。

吴存礼纂修：康熙《通州志》，中国国家图书馆藏康熙三十六年刻本。

吴惟顺、吴鸣求辑：《兵镜》，崇祯刻本，《四库禁毁书丛刊》子部第33册影印。

邢玠：《经略御倭奏议》，中国国家图书馆藏明刻本，《御倭史料汇编》第4册影印，北京：全国图书馆文献缩微复制中心，2004年。

徐复祚：《花当阁丛谈》，借月山房汇钞本，《续修四库全书》子部1175册影印。

徐光启：《兵机要诀》，清抄本，《中国兵书集成》第40册影印。

徐光启：《徐光启集》，王重民辑校，上海：上海古籍出版社，1984年。

徐光启等：《西洋新法历书·奏疏》，明刻清印本，《故宫珍本丛刊》第383册影印，海口：海南出版社，2000年。

徐光启译撰，上海市文物保管委员会主编：《徐光启著译集》，上海：上海古籍出版社，1983年。

徐准修，涂国柱纂：万历《永平府志》，中国国家图书馆藏万历二十七年刻本。

徐宗干辑：《兵鉴全集》四卷附《火攻答》一卷，中国国家图书馆藏咸丰二年刻本。

许孚远：《敬和堂集》，日本公文书馆藏万历刻本（台北汉学研究中心藏影印本）。

许国忠修，叶志淑纂：万历《续处州府志》，南京图书馆藏万历三十三年刻本。

薛凤祚辑：《历学会通·致用部》，康熙刻本，《四库未收书辑刊》第8辑第11册影印。

严从简：《殊域周咨录》，余思黎点校，北京：中华书局，2000年。

杨嗣昌：《杨嗣昌集》，梁颂成辑校，长沙：岳麓书社，2008年。

杨寅秋：《临皋文集》，《景印文渊阁四库全书》集部第1291册，台北：台湾商务印书馆，1986年。

杨应琚纂修：乾隆《西宁府新志》，1954年青海省人民政府文史研究馆重印乾隆刻本。

姚士麟：《见只编》，中国国家图书馆藏天启三年刻盐邑志林本。

姚莹：《康輶纪行》，欧阳跃峰整理，北京：中华书局，2014年。

姚文燮纂修：康熙《雄乘》，康熙十年成书，中国科学院图书馆藏抄本。

叶农整理，金国平、罗曼玲、蒋薇翻译：《耶稣会士庞迪我著述集》，广州：广东人民出版社，2019年。

应槚编，刘尧诲重修：《苍梧总督军门志》，万历九年刻本，《明代史籍汇刊》影印，台北：台湾学生书局，1970年。

俞大猷：《洗海近事》，江苏省立国学图书馆影印明刻本，1934年。

俞大猷：《正气堂全集》，范中义点校，上海：上海辞书出版社，2011年。

岳冠华纂修：（雍正）《渭南县志》，中国国家图书馆藏雍正十年刻本。

曾德昭著：《大中国志》，何高济译，李申校，上海：上海古籍出版社，1998年。

曾国藩：《曾国藩全集》第十六册《日记之一》，修订版，长沙：岳麓书社，

2011 年。

曾铣：《复套议》，万历刻本，《四库全书存目丛书》史部第 60 册影印。

曾异：《纺授堂文集》，崇祯刻本，《四库禁毁书丛刊》集部第 163 册影印。

曾钊：《面城楼集钞》，光绪二年学海堂丛刻本，《续修四库全书》集部第
　　1521 册影印。

张尔介修，曹晟纂：康熙《安定县志》，抄本，《中国方志丛书·华北地方》第
　　350 号影印，台北：成文出版社，1970 年。

张瀚：《松窗梦语》，萧国亮点校，上海：上海古籍出版社，1986 年。

张镜心：《云隐堂文集》，中国国家图书馆藏康熙十一年刻本。

张时彻纂修：（嘉靖）《定海县志》，嘉靖四十二年刻本，《天一阁藏明代方志
　　选刊续编》影印，上海：上海书店出版社，1990 年。

张世伟：《张异度先生自广斋集》，崇祯十一年刻本，《四库禁毁书丛刊》集
　　部第 162 册影印。

张廷玉等：《明史》，北京：中华书局，1974 年。

张同敞辑：《三甲兵书》，傅斯年图书馆藏清抄本。

张英等纂：《渊鉴类函》，中国国家图书馆藏康熙四十九年刻本。

张岳：《小山类稿》，林海权、徐启庭点校，福州：福建人民出版社，2000 年。

张萱辑：《西园闻见录》，民国二十九年哈佛燕京学社铅印本，《续修四库全
　　书》第 1168—1170 册影印。

赵士桢：《备边屯田车铳议》《车铳图》《倭情屯田议》，艺海珠尘本。

赵士桢：《东事剩言》，东洋文库藏万历二十二年序刊本。

赵士桢：《神器谱》，《玄览堂丛书》影印，上海：玄览居士，1941 年。

赵士桢：《神器谱》，文化五年刻五卷本，长泽规矩也辑《和刻本明清资料
　　集》第六集影印，東京：古典研究會，1974 年。

赵士桢：《神器谱》，蔡克骄点校，上海：上海社会科学院出版社，2006 年。

赵士桢：《神器谱》《续神器谱》《神器谱或问》《神器谱（三编）》，北京大学图
　　书馆藏万历初刻本，《明清稀见兵书四种》影印。

赵士桢：《神器谱或问》，贵州省图书馆藏万历初刻本。

赵士桢：《神器谱》，日本公文书馆藏明刻五卷本，《明清稀见兵书四种》
　　影印。

赵昕修，苏渊纂：康熙《嘉定县志》，康熙十二年刻本，《中国地方志集成·
　　上海府县志辑》第 8 号影印，上海：上海书店，1991 年。

赵学敏：《火戏略》，天津图书馆古籍部影印稿本，1985 年。

郑大郁辑：《经国雄略》，隆武元年刊本，《美国哈佛大学哈佛燕京图书馆藏中文善本汇》第 20 册影印，北京：商务印书馆，桂林：广西师范大学出版社，2003 年。

郑汝璧等纂修：(万历)《延绥镇志》，霍光平等点校，上海：上海古籍出版社，2011 年。

郑若曾：《筹海图编》，复旦大学图书馆藏嘉靖四十一年刻本，《中国兵书集成》第 16 册影印。

郑若曾：《筹海图编》，清华大学图书馆藏隆庆六年刻本。

郑若曾：《江南经略》，中国国家图书馆藏康熙刻本。

郑文彬辑：《筹边纂议》，万历十八年成书，辽宁省图书馆藏抄本，《中国公共图书馆古籍文献珍本汇刊》影印，北京：中华全国图书馆文献缩微复制中心，2001 年。

中央研究院历史语言研究所编：《明清史料·甲编》，铅印本，1931 年。

中央研究院历史语言研究所编：《明清史料·乙编》，上海：商务印书馆，1936 年。

中国第一历史档案馆编：《嘉庆道光两朝上谕档》，桂林：广西师范大学出版社，2000 年。

中国第一历史档案馆、香港中文大学文物馆编：《清宫内务府造办处档案总汇》，北京：人民出版社，2005 年。

中国科学院编：《明清史料·丁编》，上海：商务印书馆，1951 年。

中国科学院近代史研究所史料编辑室、中央档案馆明清档案部编辑组编：《洋务运动》，上海，上海人民出版社，1961 年。

锤方：《炮图集》，北京大学图书馆藏道光二十一年稿本。

周鑑：《将略标》，南京图书馆藏崇祯十年刻本。

周鑑辑：《金汤借箸》，崇祯间刻本，《原国立北平图书馆甲库善本丛书》第 487 册影印。

周士英纂修，熊人霖增修：崇祯《义乌县志》，崇祯十三年刻本，《稀见中国地方志汇刊》第 17 册影印，北京：中国书店，1992 年。

朱鼎臣编：《新刻邺架新裁万宝全书》，东京大学东洋文化研究所藏万历四十二年序刻本。

朱纨：《甓馀杂集》，明刻本，《四库全书存目丛书》集部第 78 册影印。

朱维铮主编:《利玛窦中文著译集》,上海:复旦大学出版社,2001 年。

朱翊钰:《广谦堂集》,日本公文书馆藏崇祯元年序刊本(台北汉学研究中心藏影印本)。

邹爱莲、吴小新主编:《清中前期西洋天主教在华活动档案》,北京,中华书局,2003 年。

左宗棠:《左宗棠全集·书信(二)》,刘泱泱、廖运兰点校,长沙:岳麓书社,1996 年。

【西文】

Anon. *Regimento do Lingua da Cidade*, *e dos Jurubaças menores*, *e Escrivaens*. Biblioteca da Ajuda (BA). *Jesuítas na Ásia* (JA). Códice 49 – V – 6, fols. 457v – 463v.

Bernard, Jean-François. *Nouvelle maniére fortifier les places*, *tirée des methodes du Chevalier de Ville*, *du Comte de Pagan*, *et de Monsieur de Vaubon*. Paris: Estienne Michallet, 1689.

Biringuccio, Vannoccio. *The Pirotechnia of Vannoccio Biringuccio*. Translated and edited by Cyril Stanley Smith and Martha Teach Gnudi. Cambridge, MA: MIT Press, 1966.

Collado, Luys. *Pratica manuale di arteglieria*. Venetia: Dusinelli, 1586.

d'Elia, Pasquale M., ed. *Fonti Ricciane*, *Storia dell'Introduzione del Cristianesimo in China scritta da Matteo Ricci*. 2 vols. Roma: Libreria dello Stato, 1942 – 1949.

Firrufino, Julio Cesar. *Platica manual y breve compendio de artilleria*. Madrid: por la viuda de Alonso Martin, 1626.

Maggi, Girolamo, and Jacopo Fusto Castriotto. *Della fortificatione delle città*. Venetia: Appresso Rutilio Borgominiero, 1564.

Prado y Tovar, Diego de. *La obra manual y platica de la artillería*. manuscript of 1591. Biblioteca Nacional España. Mss. 9024

Prado y Tovar, Diego de. *Encyclopaedia de fundición de artillería y su plática manual*. manuscript of 1603. Cambridge University Library. Add. 2883

Prado y Tovar, Diego de. *New Light on the Discovery of Australia: As*

Revealed by the Journal of Captain Don Diego de Prado y Tovar. Translated by George F. Barwick. London: Hakluyt Society, 1930; reprint, Millwood, NY: Kraus, 1967.

Prado y Tovar, Diego de. *Hir buscando a quien me sigue*. edición del manuscrito por John V. Falconieri. Kassel: Reichenberger, 1992.

Schall von Bell, Johann Adam. *Relation Historique*. Texte latin avec traduction française du P. Paul Bornet. Tientsin: Hautes Études, 1942.

Semedo, Álvaro. *Relatione della grande monarchia della Cina*. Roma: Sumptibus Hermann Scheus, 1643.

Venturi, Pietro Tacchi, ed. *Opere storiche del P. Matteo Ricci*. Vol. 2, *Le Lettere dalla Cina*, Macerata: Premiato Stabilimento Tipografico, 1913.

三、研究论著
【中文】

北京大学、清华大学、南开大学、云南师范大学编:《国立西南联合大学史料·三·教学 科研卷》,昆明:云南教育出版社,1998年。

博克塞:《明末清初华人出洋考(一五〇〇—一七五〇)》,载朱杰勤译《中外关系史译丛》,北京:海洋出版社,1984年,第96—97页。

博克塞:《1621—1647年葡萄牙援明抗清的军事远征》,穆仪摘译,《中国史研究动态》1984年第9期,第28—32页。

常修铭:《16—17世纪东亚海域火器交流史研究》,新竹:清华大学历史研究所博士论文,2016年。

陈春声:《从"倭乱"到"迁海"——明末清初潮州地方动乱与乡村社会变迁》,朱诚如、王天有主编《明清论丛》第二辑,北京:紫禁城出版社,2001年,第73—106页。

陈琳:《明代泗州城考》,《历史地理》第十七辑,上海:上海人民出版社,2001年,第184—196页。

陈琳主编:《贵州省古籍联合目录》,贵阳:贵州人民出版社,2007年。

陈希育:《中国帆船与海外贸易》,厦门:厦门大学出版社,1991年。

陈又新:《清代驻藏帮办大臣锺方对西藏的认识》,蓝美华主编《汉人在边疆》,台北:政大出版社,2014年,第149—176页。

成东:《碗口铳小考》,《文物》1991年第1期,第89—90页。

成东:《明代后期有铭火炮概述》,《文物》1993年第4期,第79—86页。

成东、钟少异编著:《中国古代兵器图集》,北京:解放军出版社,1990年。

程瑜、李秀辉、范学新:《北京市延庆县出土兵器的初步研究》,《文物科技研究》第7辑,北京:科学出版社,2010年,第148—159页。

赤城县博物馆:《河北赤城发现明代窖藏火器》,《文物春秋》1994年第4期,第12—21页。

崇璋(是我):《旗兵之炮手》,《民言日报》第四版,民国十七年十月五日。

崇璋(是我):《红衣庙》,《民言日报》第七版,民国十八年九月九日至九月十三日。

崇璋(是我):《清代之炮》,《民言日报》第八版,民国十九年三月一日、三日至十二日、十四日、十五日、十七日至二十六日。

崇璋(崇焕卿):《八旗炮手》,《武德报》第六版,民国二十七年九月二十五日。

崇璋(崇焕卿):《土炮与番炮》,《武德报》第六版,民国二十七年十月五日。

崇璋(崇焕卿):《御炮与厂炮》第三版,民国二十七年十月二十九日。

崇璋(焕卿):《中国自制旧枪械》,《武德报》第六版,民国二十七年十二月十四日。

崇璋:《清代八旗新式器械》,《武德报》第六版,民国二十八年二月二十五日。

崇璋(崇焕卿):《内火与炮营》,《武德报》第六版,民国二十八年三月五日。

崇璋:《清代铜铁炮质料与成分》,《武德报》第六版,民国二十八年七月十五日。

崇璋:《满洲初封之将军炮》,《大同报》第四版,民国二十九年六月七日。

崇璋(刘振卿):《故宫之炮》,《民言报》第二版,民国三十四年十一月二十四日。

崔晓荣:《长治市出土铁炮初探》,《文物世界》2019年第4期,第31—33页。

邓之诚:《清诗纪事初编》,上海:上海古籍出版社,1984年。

邸和顺、沈朝阳:《抚宁县发现明代"胜字"小型子母炮》,《文物春秋》1989年第4期,第89—90页。

邸和顺：《河北抚宁县出土明代火铳》，《考古》1992 年第 3 期，第 286—287 页。

董少新、黄一农：《崇祯年间招募葡兵新考》，《历史研究》2009 年第 5 期，第 65—86 页。

杜婉言：《赵士桢及其〈神器谱〉初探》，《中国史研究》1985 年第 4 期，第 59—73 页。

恩华纂辑：《八旗艺文编目》，关纪新整理，沈阳：辽宁民族出版社，2006 年。

范中义：《戚继光评传》，南京：南京大学出版社，2011 年。

方豪：《明末西洋火器流入我国之史料：复欧阳伯瑜（琛）先生论满洲西洋火器之由来及葡兵援明事（附来书）》，《东方杂志》第 40 卷第 1 号，1944 年，第 49—54 页。

方豪：《中国天主教史人物传》，上海：天主教上海教区光启社，2003 年。

方豪：《中西交通史》，上海：上海人民出版社，2008 年。

费赖之：《明清间在华耶稣会士列传（1552—1773）》，梅乘骐、梅乘骏译，上海：天主教上海教区光启社，1997 年。

冯家昇：《冯家昇论著辑粹》，北京：中华书局，1987 年。

冯锦荣：《从向达致方豪的一封未刊书信谈起——兼论向达对明末清初西学之研究》，樊锦诗、荣新江、林世田主编《敦煌文献·考古·艺术综合研究：纪念向达先生诞辰 110 周年国际学术研讨会论文集》，北京：中华书局，2011 年，第 60—97 页。

冯锦荣：《西洋炮台筑城学典籍在东亚的传播》，王宏志主编《翻译史研究（2014）》，上海：复旦大学出版社，2015 年，第 107—132 页。

冯永谦、薛景平：《绥中县九门口明长城遗址》，《中国考古学年鉴 1990》，北京：文物出版社，1991 年，第 193—194 页。

冯永谦：《明万里长城九门口城桥与一片石考》，《北方史地研究》，郑州：中州古籍出版社，1994 年，第 66—81 页。

冯震宇、高策：《〈守圉全书〉与明末西方传华铳台技术》，《自然辩证法通讯》2013 年第 6 期，第 52—58 页。

高寿仙：《明万历年间北京的物价和工资》，《清华大学学报（哲学社会科学版）》2008 年第 3 期，第 45—62 页。

公孙季：《燕市闲人刘振卿》，《一四七画报》第 19 卷第 1 期，1948 年。

故宫博物院编：《清史图典·太祖太宗朝》，北京：紫禁城出版社，2002年。

故宫博物院图书馆编：《故宫普通书目》，民国二十三年铅印本，煮雨山房编《故宫藏书目录汇编》影印，北京：线装书局，2004年。

郭永亮：《澳门香港之早期关系》，台北："中央"研究院近代史研究所，1990年。

韩凤冉：《南图藏严杰校本汤若望〈坤舆格致〉初考》，《中国典籍与文化》2015年第4期，第58—64页。

韩琦、吴旻校注：《熙朝崇正集　熙朝定案（外三种）》，北京：中华书局，2006年

韩汝玢、柯俊主编：《中国科学技术史·矿冶卷》，北京：科学出版社，2007年。

何堂坤：《中国古代金属冶炼和加工工程技术史》，太原：山西教育出版社，2009年。

黑龙江省博物馆历史部：《康熙十五年"神威无敌大将军"铜炮和雅克萨自卫反击战》，《文物》1975年第12期，第1—5页。

洪镇寰：《赵士桢：明代杰出的火器研制家》，《自然科学史研究》1983年第1期，第89—96页。

胡振祺：《明代铁炮》，《山西文物》1982年第1期，第57页。

华觉明：《中国古代金属技术——铜和铁造就的文明》，郑州：大象出版社，1999年。

黄裳：《翠墨集》，北京：三联书店，1985年。

黄裳：《前尘梦影新录》，济南：齐鲁书社，1989年。

黄裳：《来燕榭书跋》，上海：上海古籍出版社，1999年。

黄裳：《来燕榭读书记》，沈阳：辽宁教育出版社，2001年。

黄裳：《劫馀古艳：来燕榭书跋手迹辑存》，郑州：大象出版社，2008年。

黄裳：《前尘梦影新录》，北京：中华书局，2015年。

黄维等：《川陕晋出土宋代铁钱硫含量与用煤炼铁研究》，《中国钱币》2005年第4期，第38—44页。

黄一农：《红夷大炮与明清战争——以火炮测准技术之演变为例》，《清华学报》新26卷第1期，1996年，第31—70页。

黄一农：《天主教徒孙元化与明末传华的西洋火炮》，《"中央"研究院历史语言研究所集刊》第67本第4分，1996年，第911—966页。

黄一农：《欧洲沉船与明末传华的西洋大炮》，《"中央"研究院历史语言研究所集刊》第 75 本第 3 分，2004 年，第 573—634 页。

黄一农：《红夷大炮与皇太极创立的八旗汉军》，《历史研究》2004 年第 4 期，第 74—105 页。

黄一农：《两头蛇——明末清初的第一代天主教徒》，上海：上海古籍出版社，2008 年。

黄一农：《明末萨尔浒之役的溃败与西洋大炮的引进》，《"中央"研究院历史语言研究所集刊》第 79 本第 3 分，2008 年，第 377—413 页。

黄一农：《明清之际红夷大炮在东南沿海的流布及其影响》，《"中央"研究院历史语言研究所集刊》第 81 本第 4 分，2010 年，第 769—832 页。

黄一农：《明清独特复合金属炮的兴衰》，《清华学报》新 41 卷第 1 期，2011，73—136 页。

黄展岳、王代之：《云南土法炼铁的调查》，《考古》1962 年第 7 期，368—381 页。

吉田光邦：《明代的兵器》，载薮内清等著《天工开物研究论文集》，章熊、吴杰译，北京：商务印书馆，1959 年，第 196—220 页。

吉尾宽：《论明朝中央政府所实施的城市防卫策——以明末的北直隶与京师为例》，收入吴春梅主编《安大史学》第 2 辑，合肥：安徽大学出版社，2006 年，第 298—310 页。

冀光编著：《亳州文物珍宝》，北京：中国文史出版社，2008 年。

江场山起：《清初南怀仁铸造火炮的技术及其评价》，阎纯德主编《汉学研究》第 11 集，北京：学苑出版社，2008 年，第 309—325 页。

江伟伟：《大同出土的明代天字四号西洋炮》，《文物世界》2019 年第 4 期，第 21—23 页。

金国平、吴志良：《郑和船队冷、热兵器小考》，《过十字门》，澳门：澳门成人教育学会，2004 年，第 378—393 页。

金国平、吴志良：《澳门博卡罗铸炮场之始终》，《早期澳门史论》，广州：广东人民出版社，2007 年，第 257—264 页。

金受申：《埋在地下的古炮》，《北京晚报》1958 年 11 月 4 日第三版"北京今昔谈"。

鞠德源：《清代耶稣会士与西洋奇器》，《故宫博物院院刊》1989 年第 2 期，第 13—23 页，第 83 页。

军事科学院主编:《中国军事通史・第 15 卷・明代军事史》,北京:军事科学出版社,1998 年。

康宁:《古代战争中的攻防战术》,北京:人民出版社,1992 年。

雷梦辰:《清代各省禁书汇考》,北京:北京图书馆出版社,1989 年。

李斌:《明清火器技术研究》,合肥:中国科学技术大学博士论文,1991 年。

李斌:《关于明朝与佛郎机最初接触的一条史料》,《文献》1995 年第 1 期,第 105—112 页。

李斌:《〈火龙经〉考辨》,《中国历史文物》2002 年第 1 期,第 33—38 页。

李斌:《西式武器对清初作战方法的影响》,《自然辩证法通讯》2002 年第 4 期,第 45—53 页。

李德征等编:《八国联军侵华史》,济南:山东大学出版社,1990 年。

李迪:《中国数学通史・明清卷》,南京:江苏教育出版社,2004 年。

李凤昆主编:《雄县志》,北京:中国社会科学出版社,1992 年。

李弘祺:《中国的第二次铜器时代——为什么中国早期的炮是用铜铸的?》,《台大历史学报》第 36 期,2005 年 12 月,第 1—34 页。

李湖光:《古代与世界接轨的筑城体系——明末雏形棱堡初探》,《明帝国的新技术战争》,北京:台海出版社,2017 年,第 302—321 页。

李开升:《万斯同〈明史稿〉研究述论》,虞浩旭、饶国庆主编《万斯同与〈明史〉》,宁波:宁波出版社,2008 年,第 517—538 页。

李守义:《民国时期国立历史博物馆的展览》,《文史知识》2012 年第 8 期,第 26—35 页。

李子春、杨士维:《玉田县石河村出土明代铁炮》,《文物春秋》1999 年第 6 期,第 53—55 页。

廖大珂:《明代"佛郎机黑番"籍贯考》,《世界民族》2008 第 1 期,第 79—87 页。

辽宁省博物馆编:《馆藏中国历代书画著录 书法卷》,沈阳:辽宁美术出版社,2015 年。

梁家勉:《徐光启年谱》,上海:上海古籍出版社,1981 年。

林文照、郭永芳:《明末一部重要的火器专著〈西法神机〉》,《自然科学史研究》1987 年第 3 期,第 251—259 页。

林则徐全集编辑委员会编:《林则徐全集》第七册《信札卷》,福州:海峡文艺出版社,2002 年。

刘鸿亮、张建雄：《鸦片战争前后中国复合金属炮技术兴衰的问题研究》，《科学技术哲学研究》2010 年第 2 期，第 86—93 页。

刘谦：《明辽东镇长城及防御考》，北京：文物出版社，1989 年。

刘广定：《鲁迷初考》，《中国科学史论集》，台北：台湾大学出版中心，2002 年，第 361—375 页。

刘申宁：《中国兵书总目》，北京：国防大学出版社，1990 年。

刘纬毅主编：《山西文献总目提要》，太原：山西人民出版社，1998 年。

刘仙洲：《我国古代慢炮、地雷和水雷自动发火装置的发明》，《文物》1973 年第 11 期，第 46—51 页。

刘旭：《中国古代火药火器史》，郑州：大象出版社，2004 年。

卢雪燕：《〈中国地方志总目提要〉补遗——以院藏方志为例》，《故宫学术季刊》第 18 卷第 2 期，2000 年，第 117—157 页。

麦尼尔：《竞逐富强：西方军事的现代化历程》，倪大昕、杨润殷译，北京：学林出版社，1996 年。

欧阳琛：《明末西洋火器传入中国之背景与影响》，北京大学图书馆藏民国三十四年稿本。

欧阳琛：《大学生活杂忆》，《清华十级纪念刊》编辑组编《清华十级纪念刊1934—1938—1988》，1988 年铅印本。

欧阳琛、方志远：《明末购募西炮葡兵考》，《明清中央集权与地域经济》，北京：中国社会科学出版社，2002 年，第 367—442 页。

欧阳琛、方志远：《明末购募西炮葡兵缘由考》，赵春晨等主编《中西文化交流与岭南社会变迁》，北京：中国社会科学出版社，2004 年，第 59—82 页

欧阳琛、方志远：《明末购募西炮葡兵始末考》，《文史》2006 年第 4 辑，第213—256 页。

欧阳琛、方志远：《登州之变与明末购募西炮葡兵之终结》，南开大学历史学院、北京大学历史系、中国社科院研究所编《中国古代社会高层论坛文集 纪念郑天挺先生诞辰一百一十周年》，北京：中华书局，2011 年，第 633—643 页。

欧阳哲生主编：《傅斯年全集》第 6 卷，长沙：湖南教育出版社，2003 年。

潘吉星：《中国火箭技术史稿——古代火箭技术的起源和发展》，北京：科学出版社，1987 年。

潘吉星：《阿格里柯拉的〈矿冶全书〉及其在明代中国的流传》，《自然科学史研究》1983 年第 1 期，第 32—44 页。

庞乃明：《欧洲势力东渐与晚明军事工程改良》，《东岳论丛》2011 年第 7 期，第 31—38 页。

秦保生：《四川宜宾市合江门出土明代铜炮》，《考古》1987 年第 7 期，第 610 页。

厦门大学中国语言文学研究所汉语方言研究室主编：《普通话闽南方言词典》，福州：福建人民出版社，1982 年。

山根幸夫：《郭子章及其著作》，南开大学历史研究所编《南开大学历史研究所建所二十周年纪念文集》，天津：南开大学出版社，1999 年，第 108—124 页。

沈朝阳主编：《秦皇岛长城》，北京：方志出版社，2002 年。

史景迁：《利玛窦的记忆之宫》，陈恒、梅义征译，上海：上海远东出版社，2005 年。

苏峰先生古稀祝贺纪念刊行会编纂：《成簣堂善本书影七十种》（民友社，1932 年），南江涛选编《日藏珍稀中文古籍书影丛刊》第一册影印，北京：国家图书馆出版社，2014 年。

孙文良、李治亭：《明清战争史略》，南京：江苏教育出版社，2005 年。

谭平国：《邢侗年谱》，上海：东方出版中心，2018 年。

谭玉华：《汪鋐〈奏陈愚见以弥边患事〉疏蜈蚣船辨》，《海交史研究》2019 年第 1 期，第 28—44。

汤斌：《耶稣会士汪达洪的在华活动》，李世愉主编《清史论丛 2010 年号》，北京：中国国际广播出版社，2009 年，268—279 页。

汤开建：《明代澳门城市建置考》，《文化杂志》第 35 期，1998 年，第 77—98 页。

汤开建：《澳门开埠初期史研究》，北京：中华书局，1999 年。

汤开建：《委黎多〈报效始末疏〉笺正》，广州：广东人民出版社，2004 年。

汤开建：《天朝异化之角：16—19 世纪西洋文明在澳门》，广州：暨南大学出版社，2016 年。

汤开建汇释、校注：《利玛窦明清中文文献资料汇释》，上海：上海古籍出版社，2017 年。

王彬主编：《清代禁书总述》，北京：中国书店，1999 年。

王冠倬:《中国古船图谱(修订版)》,北京:三联书店,2011 年。

王宏斌:《清代前期海防:思想与制度》,北京:社会科学文献出版社,
　　2002 年。

王庆余:《徐光启与炮台建筑》,席泽宗、吴德铎主编《徐光启研究论文集》,
　　上海:学林出版社,1986 年,第 182—186 页。

王全福:《军事博物馆藏明代火器》,《文物春秋》2018 年第 5 期,第 67—
　　77 页。

王颋、屈广燕:《芦林兽吼——以狮子为"贡献"之中西亚与明的交往》,《西
　　北民族研究》2004 年第 1 期,第 136—147 页。

王兆春:《中国火器史》,北京:军事科学出版社,1991 年。

王兆春:《中国科学技术史·军事技术卷》,北京:科学出版社,1998 年。

王兆春:《中国古代军事工程技术史(宋元明清)》,太原,山西教育出版社,
　　2007 年。

王重民:《冷庐文薮》,上海:上海古籍出版社,1992 年。

吴恩裕:《曹雪芹丛考》,上海:上海古籍出版社,1980 年。

吴丰培:《吴丰培边事题跋集》,乌鲁木齐:新疆人民出版社,1998 年。

吴历著,章文钦笺注:《吴渔山集笺注》,北京:中华书局,2007 年。

吴廷燮:《明督抚年表》,北京:中华书局,1982 年。

吴志良、汤开建、金国平主编:《澳门编年史·第一卷 明中后期(1494—
　　1644)》,广州:广东人民出版社,2009 年。

武德报社编:《中国武事》,北京:武德报社,1939 年。

肖彩雅:《与俞大猷一起抗倭的泉州籍将士考略》,陈继川、俞建辉主编《俞
　　大猷研究论文集》,厦门:厦门大学出版社,2016 年,第 226—228 页。

辛格等主编:《技术史·第 3 卷:文艺复兴至工业革命(约 1500 年至约
　　1750 年)》,高亮华、戴吾三主译,上海:上海科技教育出版社,2004 年。

谢兴尧:《回忆〈逸经〉与〈逸文〉》,《读书》1996 年第 3 期,第 121—130 页。

熊月之编:《晚清新学书目提要》,上海:上海书店出版社,2007 年。

徐景贤:《明孙火东先生致王葵心先生手书考释(初稿)》,《圣教杂志》第
　　20 卷第 9 期,1931 年,第 531—538 页。

徐平芳:《明清北京城图》,北京:地图出版社,1986 年。

延庆县文化委员会编:《妫川壁画》,北京:中国商业出版社,2010 年。

延庆县志编纂委员会编著:《延庆县志》,北京:北京出版社,2006 年。

闫俊侠：《晚清西方兵学译著在中国的传播（1860—1895）》，上海：复旦大学博士论文，2007 年。

严绍璗编著：《日藏汉籍善本书录》，北京：中华书局，2007 年。

严忠明、叶农：《澳门城市的兴建与发展》，吴志良等主编《澳门史新编》第三册，澳门：澳门基金会，2008 年，第 769—802 页。

燕鸣：《谈林则徐致冯柳东手札》，《文物》1963 第 10 期，第 54—56 页。

杨宽：《中国古代冶铁技术发展史》，上海：上海人民出版社，1982 年。

尹晓冬：《火器论著〈兵录〉的西方知识来源初探》，《自然科学史研究》2005 年第 2 期，第 144—155 页。

尹晓冬：《明末清初几本火器著作的初步比较》，《哈尔滨工业大学学报（社会科学版）》2005 年第 2 期，第 9—18 页。

尹晓冬、仪德刚：《明末清初西方火器传华的两个阶段》，《内蒙古师范大学学报（自然科学汉文版）》2007 年第 4 期，第 504—508 页。

尹晓冬：《十六、十七世纪传入中国的火器制造技术及弹道知识》，北京：中国科学院自然科学史研究所博士论文，2007 年。

尹晓冬：《明代佛郎机与鸟铳的制造技术》，张建雄主编《明清海防研究论丛》第三辑，广州：广东人民出版社，2009 年，第 51—71。

于力凡：《首都博物馆藏明代铜火铳火炮》，《文物春秋》2013 年第 3 期，第 64—69 页。

张能耿：《祁承㸁家世》，北京：北京出版社，2004 年。

张维华：《西铳传入中国考》，《齐大月刊》第 1 卷第 6 期，1930 年 3 月，第 519—529 页；第 1 卷第 8 期，1931 年 5 月，第 775—793 页。

张维华：《明史欧洲四国传注释》，上海：上海古籍出版社，1982 年。

张小青：《明清之际西洋火炮的输入及其影响》，中国人民大学清史研究所编《清史研究集》第四辑，成都：四川人民出版社，1986 年，第 48—106 页。

张星烺：《中西交通史料汇编》第二册，北平：辅仁大学图书馆，1930 年。

张之杰：《成化十九年〈撒马儿罕贡狮图〉试释》，《科学文化评论》2018 年第 4 期，第 104—114 页。

张志军：《论明代允许地方自己制造火铳的时间和地点》，《宁夏社会科学》2004 年第 2 期，第 83—86 页。

赵新来：《在株州鉴选出一件明代铜炮》，《文物》1965 年第 8 期，第 52 页。

浙江图书馆：《浙江图书馆特藏书目甲编》，油印本，1956年。

郑诚：《李之藻家世生平补正》，《清华学报》新39卷第4期，2009年，第653—684页。

郑诚：《守圉增壮——明末西洋筑城术之引进》，《自然科学史研究》2011年第2期，第129—150页。增订稿收入中国科学院自然科学史研究所、中国科学院传统工艺与文物科技研究中心编《鉴古证今：传统工艺与科技考古文萃》，合肥：安徽科学技术出版社，2014年，第485—509页。

郑诚：《〈祝融佐理〉考——明末西法砲学著作之源流》，《自然科学史研究》2012年第4期，第457—483页。修订稿收入中国科学院自然科学史研究所编《科学技术史研究六十年——中国科学院自然科学史研究所论文选》第四卷，北京：中国科学技术出版社，2018年，第150—165页。

郑诚：《发熕考——16世纪传华的欧式前装火炮及其演变》，《自然科学史研究》2013年第4期，第504—522页。

郑诚：《乾隆与沃邦——耶稣会士汪达洪介绍西洋筑成术史事钩沉》，《澳门历史研究》第13期，2014年，第201—205页。

郑诚：《宁远城的西洋炮》，石云里、陈彪主编《多学科交叉视野中的技术史研究——第三届中国技术史论坛论文集》，合肥：中国科学技术大学出版社，2015年，第225—228页。

郑诚：《从佛郎机到叶公炮——明代后期火器技术之演变》，中国社会科学院历史研究所、日本东方学会、首都师范大学历史学院编《第七届中日学者中国古代史论坛文集》，北京：中国社会科学出版社，2016年，第285—335页。

郑诚：《中国火器史研究二题：〈火龙经〉与火药匠》，《自然科学史研究》2016年第4期，第439—450页。

郑美卿：《麦吉尔大学图书馆藏〈闽粤南澳镇标左营额设军装炮械等项图册〉》，徐鸿、马小鹤主编《天禄论丛：中国研究图书馆员学会会刊》第2卷，桂林：广西师范大学出版社，2012年，第175—182页。

郑巍巍等：《明后期锻造大将军炮的金相学研究案例》，《第十届科学史研讨会汇刊》，台北："中央"研究院科学史委员会，2015年，第57—84页。

中岛乐章：《16世纪40年代的双屿走私贸易与欧式火器》，牟方赞译，收入郭万平、张捷主编《舟山普陀与东亚海域文化交流》，杭州：浙江大学出版社，2009年，第34—43页。

中岛乐章：《16 世纪中期的东亚海域与火器传播》，沈玉慧译，李庆新主编《海洋史研究》第十辑，北京：社会科学文献出版社，2017 年，第 198—224 页。

中国科学院图书馆整理：《续修四库全书总目提要（稿本）》，济南：齐鲁书社，1996 年。

中国科学院自然科学史研究所主编：《中国古代建筑技术史》，北京：科学出版社，1985 年。

"中央"研究院近代史研究所档案馆编目室编：《近史所档案馆藏中外地图目录汇编》，台北："中央"研究院近代史研究所，1991 年。

中央研究院文书处编：《国立中央研究院二十年度总报告》，南京：中央研究院总办事处，1931 年。

钟少异：《关于"焦玉"火攻书的年代》，《自然科学史研究》1999 年第 2 期，第 147—157 页。

钟少异：《中国青铜铳炮总叙》，《中国历史文物》2002 年第 2 期，第 18—25 页。

钟少异：《中国古代科技史上的停滞退化现象》，《古兵雕虫——钟少异自选集》，上海：中西书局，2015 年，第 64—70 页。

周维强：《明朝早期对于佛郎机铳的应用初探（1517—1543）》，《全球华人科学史国际学术研讨会论文集》，台北县：淡江大学，2001 年，第 203—232 页。

周维强：《明代战车研究》，新竹：清华大学历史研究所博士论文，2008 年。

周维强：《佛郎机铳在中国》，北京：社会科学文献出版社，2013 年。

周铮、许青松：《佛郎机铳浅探》，《中国历史博物馆馆刊》第 17 期，1992 年。

宗复：《旧炮简史》，《大公报·史地周刊》第 39 期，1935 年 6 月 14 日。

【日文韩文】

有坂鉊藏：《兵器考·炮煩篇一般部》，東京：雄山閣，1936 年。

有馬成甫：《朝鮮役水軍史》，東京：海と空社，1942 年。

有馬成甫：《火砲の起原とその伝流》，東京：吉川弘文館，1962 年。

井上進：《〈千頃堂書〉と〈明史芸文志〉稿》，《書林の眺望：伝統中国の書物世界》，東京：平凡社，2006 年，第 338—369 頁。

氏家幹人：《書物方年代記④　寬政七年～文化十年》，《国立公文書館報》

(46),2014 年 1 月,第 3—42 页。

宇田川武久:《東アジア兵器交流史の研究:十五—十七世紀における兵
　　器の受容と伝播》,東京:吉川弘文館,1993 年。

宇田川武久:《江戸の炮術:継承される武芸》,東京:東洋書林,2000 年。

久芳崇:《東アジアの兵器革命:十六世紀中国に渡った日本の鉄砲》,東
　　京:吉川弘文館,2010 年。

黒田源次:《神機火砲論》,《満洲學報》第 4 号,1936 年 9 月,第 43—78 页。

坂本保富:《幕末期日本におけるオランダ語号令の受容とその日本語化
　　問題:土佐藩"徳弘家資料"所収のオランダ語号令関係資料の解読
　　と分析》,《研究報告書》第 3 号,松本:信州大学坂本保富研究室,
　　2003 年 9 月,第 1—38 页。

佐久間重男:《明代製鉄業の発達と変遷》,佐久間重男先生米寿記念会編
　　《明代史論集:佐久間重男先生米寿記念》,東京:汲古書院,2002 年,
　　第 3—32 页。

長澤規矩也:《和刻本漢籍分類目録》,東京:汲古書院,1976 年。

藤井宏:《神器譜の成立》,岩井博士古希記念事業会編《岩井博士古希記念
　　典籍論集》,東京:岩井博士古希記念事業会,1963 年,第 568—591 页。

三上次男:《明崇禎十四年銘のある大砲に就いて》,《歴史學研究》第 6 巻
　　第 5 号,1936 年 5 月,第 101 页。

諸橋轍次:《大漢和辭典》,東京:大修館書店,2001 年。

山形欣哉:《歴史の海を走る:中国造船技術の航跡》,東京:農山漁村文
　　化協会,2004 年。

吉尾寛:《最末期·明朝の華北における都市防衛策:〈中国明朝档案総
　　匯〉を用いた一考察》,《大阪市立大学東洋史論叢》特集号,国際シン
　　ポジウム"中国都市の時空世界",2005 年,第 102—117 页。

ルードウィヒ·ベック(Ludwig Beck):《鉄の歴史》第 2 巻第 2 分冊《16 世
　　紀における鉄の歴史》,中沢護人訳,鳥取県米子市:たたら書房,
　　1978 年。

和田博徳:《明代の鉄炮伝来とオスマン帝国——神器譜と西域土地人物
　　略》,《史學》第 31 巻 1—4 号,1958 年,第 692—719 页。

鄭巍巍:《洪武大砲をめぐって:明前期の火砲技術および制度の一断
　　面》,《同志社グローバル·スタディーズ》第 2 号,2012 年 3 月,第

41—68 页。

趙仁福编著：《韓國古火器圖鑑》，漢城：大韓公論社，1975 年。

【西文】

Arnold, Thomas F. *The Renaissance at War*. London: Cassell, 2001.

Baert, Annie. "Don Diego de Prado y Tovar dans la mer du Sud." *Derroteros de la Mar del Sur*, no.8 (2000): 9 - 20.

Banks, George. "Chinese Guns." *Illustrated London News* 38, no. 1082 (April 6, 1861): 325.

Bennett, Natasha. "A Consideration of a Series of X-rays of Asian Pivoted Matchlock Mechanisms." *Arms & Armour* 10, no. 1 (2013): 14 - 29.

Biblioteca Nacional España. *Inventario general de manuscritos de la Biblioteca Nacional XIII (8500 a 9500)*. Madrid: Biblioteca Nacional, 1995.

Blair, Emma Helen, and James Alexander Robertson, eds. *The Philippine Islands, 1493 - 1898*. Vol. 19. Cleveland: The Arthur H. Clark Co., 1904.

———. *The Philippine Islands 1493 - 1898*. Vol. 22. Cleveland: The Arthur H. Clark Co., 1905.

Boxer, Charles Ralph. "Macao, Three Hundred Years Ago. As Described by Antonio Bocarro in 1635, and now Translated with an Introduction and Notes." *T'ien Hsia Monthly* 6, no. 4 (April 1938): 281 - 316.

———. "Portuguese Military Expeditions in Aid of the Mings against the Manchus, 1621 - 1647." *T'ien Hsia Monthly* 7, no. 1 (August 1938): 24 - 36.

———. "Notes on Chinese Abroad in the Late Ming and Early Manchu Periods Compiled from Contemporary European Sources (1500 - 1750)." *T'ien Hsia Monthly* 9, no. 5 (December 1939): 447 - 68.

———. *Jan Compagnie in Japan, 1600 - 1817: An Essay on the Cultural, Artistic and Scientific Influence Exercised by the Hollanders in Japan from the Seventeenth to the Nineteenth Centuries*. Tokyo: Oxford University Press, 1968.

Braga, José Maria. "Interpreters and Translators in Old Macao." *International Conference on Asian History at the University of Hong Kong.* Paper no. 49. Hong Kong: 1964, 1 - 11.

Breman, Paul. *Books on Military Architecture Printed in Venice. An Annotated Catalogue.* 't Goy-Houten: Hes & de Graaf, 2002.

Cardarelli, Francois. *Encyclopaedia of Scientific Units, Weights, and Measures: Their SI Equivalences and Origins.* London: Springer, 2003.

Chase, Kenneth Warren. *Firearms: A Global History to 1700.* Cambridge: Cambridge University Press, 2003.

Costa, María de Lourdes Rodrigues. "História da Arquitecura em Macau." *Revista de Cultura*, 2nd ser., 34 (1998): 181 - 240.

Dalgado, Sebastião Rodolfo. *Portuguese Vocables in Asiatic Languages.* Translated by by Anthony Xavier Soares. Baroda: Oriental Institute, 1936.

Dana, Charles E. "Cannon Notes in the Far of Past." *Bulletin of the Pennsylvania Museum* 5, no. 18 (1907): 21 - 8.

De la Croix, Horst. "The Literature on Fortification in Renaissance Italy." *Technology and Culture* 4, no. 1 (1963): 31 - 50.

De Lucca, Denis. *Jesuits and Fortifications: The Contribution of the Jesuits to Military Architecture in the Baroque Age.* Leiden: Brill, 2012.

Dehergne, Joseph. *Répertoire des Jésuites de Chine de 1552 à 1800.* Rome: Institutum Historicum S. I., 1973.

DeVries, Kelly. "Facing the New Technology: Gunpowder Defenses in Military Architecture before the Trace Italienne, 1350 - 1500." In *The Heirs of Archimedes: Science and the Art of War through the Age of Enlightenment.* Edited by Brett D. Steele and Tamera Dorland. Cambridge MA: MIT Press, 2005, 37 - 71.

Forbes, Frederick. "Great Brass Gun at Bijapur." *Asiatic Journal and Monthly Register for British and Foreign India, China and Australasia.* new series, 32 (May-August, 1840): 84 - 6.

Gardiner, Robert, ed. *Cogs, Caravels and Galleons: The Sailing Ship 1000 - 1600*. London: Conway Maritime, 1994.

Graça, Jorge. *Fortifications of Macau: Their Design and History*. Macau: Instituto Cultural de Macau, 1990.

Guilmartin, John F. *Gunpowder and Galleys: Changing Technology and Mediterranean Warfare at Sea in the Sixteenth Century*. Rev. ed. Annapolis, MD: United States Naval Institute, 2003.

———. "The Earliest Shipboard Gunpowder Ordnance: An Analysis of Its Technical Parameters and Tactical Capabilities." *The Journal of Military History* 71, no. 3 (2007): 649 - 69.

Hall, Alfred Rupert. *Ballistics in the Seventeenth Century: A Study in the Relations of Science and War with Reference Principally to England*. Cambridge: Cambridge University Press, 1952.

Hall, Bert S. *Weapons and Warfare in Renaissance Europe: Gunpowder, Technology, and Tactics*. Baltimore: Johns Hopkins University Press, 1997.

Huber, Rudolf, and Renate Rieth. *Festungen: der Wehrbau nach Einführung der Feuerwaffen: systematisches Fachwörterbuch*. München: K. G. Saur, 1990.

Khan, Iqtidar Alam. *Gunpowder and Firearms: Warfare in Medieval India*. New Delhi: Oxford University Press, 2004.

Konstam, Augus. *Renaissance War Galley 1470 - 1590*. Oxford: Osprey, 2002.

Leitão, Henrique. "The Contents and Context of Manuel Dias' *Tianwenlüe*." In *The Jesuits, the Padroado and East Asian Science (1552 - 1773)*, edited by Luis Saraiva and Catherine Jami, Singapore: World Scientific, 2008. 99 - 121.

López-Martín, Francisco Javier. "Historical and Technological Evolution of Artillery from its Earliest Widespread Use until the Emergence of Mass-Production Techniques." PhD diss., London Metropolitan University, 2007.

Lourenço, Miguel Rodrigues, and Elsa Penalva, eds. *Fontes para a*

História de Macau no Século XVII. Lisboa: Centro Científico e Cultural de Macau, 2009.

Needham, Joseph, with the collaboration of Ho Ping-Yü, Lu Gwei-Djen, and Wang Ling. *Science and Civilisation in China*. Vol. 5, *Chemistry and Chemical Technology*. Pt. 7, *Military Technology: The Gunpowder Epic*. Cambridge: Cambridge University Press, 1986.

Parker, Geoffrey. *The Military Revolution: Military Innovation and the Rise of the West, 1500 – 1800*. 2nd ed. Cambridge: Cambridge University Press, 1996.

Partington, James R. *A History of Greek Fire and Gunpowder*. Cambridge: Heffer, 1960.

Pelliot, Paul. "Henri Bosmans, S. J." *T'oung Pao*. 2nd ser. 26, no. 2/3 (1928): 190 – 9.

Pfister, Louis. *Notices biographiques et bibliographiques sur les jésuites de l'ancienne mission de Chine (1552 – 1773)*. Vol 2. Shanghai: Imprimerie de la Mission Catholique, 1934.

Reed, Robert R. "Intramuros: A City for Spaniards." Chap. 5 in *Colonial Manila*. Berkeley: University of California Press, 1992.

Schemmel, Matthias. *The English Galileo: Thomas Harriot's Work on Motion as an Example of Preclassical Mechanics*. London: Springer, 2008.

Singer, Charles, Eric John Holmyard, Alfred Rupert Hall, and Trevor Illtyd Williams, eds. *A History of Technology*. Vol. 3, *From the Renaissance to the Industrial Revolution, c. 1500 – c. 1750*. Oxford: Oxford University Press, 1957.

Verhaeren, Hubert Germain, ed. *Catalogue of the Pei-t'ang Library*. Peking: Lazarist Mission Press, 1949.

Waley-Cohen, Joanna. "God and Guns in Eighteenth-Century China: Jesuit Missionaries and the Military Campaigns of the Qianlong Emperor (1736 – 1795)." In *Contacts between Cultures, Eastern Asia: History and Social Sciences*. Vol. 4, edited by Bernard Hung-Kay Luk. Lampeter: Edwin Mellen Press, 1992, 94 – 9.

——. "China and Western Technology in the Late Eighteenth Century." *American Historical Review* 98，no. 5 (December 1993)：1525 – 44.

Walker, Robert，and Alexzandra Hildred. "Manufacture and Corrosion of Lead Shot from the Flagship 'Mary Rose'." *Studies in Conservation* 45，no. 4 (2000)：217 – 25.

Williams, Samuel Wells. *A Tonic Dictionary of the Chinese Language in the Canton Dialect*. London：Ganesha Publishing，2001.

Yuan Dongshan，and Hu Limin. "A Preliminary Study on the Spherical Bombs (*Huolei*) of the Southern Song Dynasty Unearthed in Chongqing." *Chinese Annals of History of Science and Technology* 3，no. 1 (2019)：44 – 61.

Zupko, Ronald Edward. *British Weights & Measures: History form Antiquity to the Seventeenth Century*. Madison：University of Wisconsin Press，1977.

四、部分网络资源

全国古籍普查登记基本数据库　http：//www.nlc.cn/pcab/zhgjsmsjk/

日本所藏中文古籍数据库　http：//www.kanji.zinbun.kyoto-u.ac.jp/kanseki

四库系列丛书书目索引　http：//202.120.227.5：8080/guji/index.htm

明人文集联合目录与篇目索引资料库　http：//ccsdb.ncl.edu.tw/ttsweb/top_02.htm

明清人物传记资料查询　http：//archive.ihp.sinica.edu.tw/ttsweb/html_name/search.php

内阁大库档案检索　http：//archive.ihp.sinica.edu.tw/mctkm2/index.html

日本古典籍综合目录数据库　https：//kotenseki.nijl.ac.jp/

中华古籍资源库　http：//mylib.nlc.cn/web/guest/shanbenjiaojuan

中国国家图书馆数字方志　http：//mylib.nlc.cn/web/guest/shuzifangzhi

早稻田大学图书馆古典籍综合数据库　https：//www.wul.waseda.ac.jp/kotenseki/index.html

明实录清实录　http：//hanchi.ihp.sinica.edu.tw/mql/login.html

朝鲜王朝实录　http：//sillok.history.go.kr/main/main.jsp

人名索引

（正文未出现之本名加星号；西文人名附后，耶稣会士标注 SJ）

后　记

　　本书主要讨论中国历史上的火器与战争，时段集中在十六、十七世纪，自正德、嘉靖之际至明清易代百余年间。个别章节涉及明初、清乾隆中叶、鸦片战争，大体不出明清五百年范围。十六、十七世纪，中国的火器技术发生了系列或显或隐的重要变革，影响深远。传统时代火器知识的传播，技术的应用、演变；域外知识如何输入，舶来器物如何本土化；军事技术领域的中外交流得失，都是本书试图探索的问题。

　　正文凡九章，第一章为通论，其余八章都是专题论文。第四章至第八章主体部分由我的博士学位论文《明代后期的火器与筑城》（中国科学院研究生院，2012）改写而成。第一、二、三、九章，第六章第四、第五节及附录，第八章附录二，为2013年以来陆续完成。本次结集，统一增订，补充插图，制作人名索引。附编收录稀见火器史资料四种，各有解题。多数章节曾经单独发表，随文注明原刊出处。

　　九年前的博士论文后记谈及，这篇学位论文属于"读《守圉全书》而后作"。2008年，因搜集李之藻遗文，翻检韩霖《守圉全书》（1636），颇感新奇。2010年10月，为准备研究生年度论文报告，开始认真阅读该书，抽取有关西洋筑城术的内容撰写论文,由此转入军事技术史研究。《守圉全书》卷首"采证书目"也成为探索明代兵学文献的第一份指南。追寻文献文物,令人精神愉快,且不乏意外收获。"这些史料实在很有意思,值得介绍,这便是本文选题的初衷。"

军事技术史是我过去十年间的主要研究方向,陆续点校出版《武经总要前集》(2017)、《明清稀见兵书四种》(2018)、《明清之际西法军事技术文献选辑》(2019)。后两种资料集也成为本书的基础文献。另撰《火药与火器》(2020)一册,系插图本中国古代火器简史,可视作本书的配套读物。以上四种图书均由湖南科学技术出版社发行。

《明清火器史丛考》致力考证史实,偏重技术问题,自信有所发明。对于战争的残酷面目,未免揭露不足。希望读者关怀人物、书物、器物之余,勿忘战争之恶。"天涯静处无征战,兵气销为日月光。"是所祷也。

本书的出版得到中国科学院青年创新促进会"战争、技术与社会"课题资助。承蒙诸多图书馆员先生、女士给予的善意与支持;业师韩琦先生多年鼓励、引导;吴慧女士邀约出版,精心编辑;赵现海先生提供宝贵修改意见。没有家人、师长和朋友们的帮助与温情,本书是无法完成的。谨此统致谢忱。

拙稿错谬疏漏之处,尚祈高明,不吝指正。

郑诚

2020 年 9 月 21 日初稿

2021 年 6 月 28 日修订

中国科学院自然科学史研究所

zhengcheng@ihns.ac.cn

图书在版编目(CIP)数据

明清火器史丛考 / 郑诚著.—上海：上海三联书
店,2022.3
ISBN 978-7-5426-7408-1

Ⅰ.①明… Ⅱ.①郑… Ⅲ.①火器－历史－中国－明
清时代 Ⅳ.①E92-092

中国版本图书馆 CIP 数据核字(2021)第 076589 号

明清火器史丛考

著　　者 / 郑　诚

责任编辑 / 吴　慧
装帧设计 / 徐　徐
监　　制 / 姚　军
责任校对 / 张大伟　王凌霄

书名题签并封面插图 / 集自日本国立公文书馆藏《神器谱》明刻五卷本

出版发行 / 上海三联书店
　　　　　　(200030)中国上海市漕溪北路 331 号 A 座 6 楼
邮购电话 / 021-22895540
印　　刷 / 上海展强印刷有限公司

版　　次 / 2022 年 3 月第 1 版
印　　次 / 2022 年 3 月第 1 次印刷
开　　本 / 890×1240　1/32
字　　数 / 340 千字
印　　张 / 17.125
书　　号 / ISBN 978-7-5426-7408-1/E·18
定　　价 / 98.00 元

敬启读者,如发现本书有印装质量问题,请与印刷厂联系021-66366565